思想的・睿智的・獨見的

經典名著文庫

學術評議

策劃 楊榮川

五南圖書出版公司 印行

經典名著文庫

學術評議者簡介（依姓氏筆畫排序）

- 丘為君　美國俄亥俄州立大學歷史研究所博士
- 吳惠林　美國芝加哥大學經濟系訪問研究、臺灣大學經濟系博士
- 宋鎮照　美國佛羅里達大學社會學博士
- 林玉体　美國愛荷華大學哲學博士
- 邱燮友　國立臺灣師範大學國文研究所文學碩士
- 洪漢鼎　德國杜塞爾多夫大學榮譽博士
- 孫效智　德國慕尼黑哲學院哲學博士
- 秦夢群　美國麥迪遜威斯康辛大學博士
- 高明士　日本東京大學歷史學博士
- 高宣揚　巴黎第一大學哲學系博士
- 張光宇　美國加州大學柏克萊校區語言學博士
- 張炳陽　國立臺灣大學哲學研究所博士
- 陳秀蓉　國立臺灣大學理學院心理學研究所臨床心理學組博士
- 陳思賢　美國約翰霍普金斯大學政治學博士
- 陳清秀　美國喬治城大學訪問研究、臺灣大學法學博士
- 陳鼓應　國立臺灣大學哲學研究所
- 曾永義　國家文學博士、中央研究院院士
- 黃光國　美國夏威夷大學社會心理學博士
- 黃光雄　國家教育學博士
- 黃昆輝　美國北科羅拉多州立大學博士
- 黃政傑　美國麥迪遜威斯康辛大學博士
- 楊維哲　美國普林斯頓大學數學博士
- 葉海煙　私立輔仁大學哲學研究所博士
- 葉國良　國立臺灣大學中文所博士
- 廖達琪　美國密西根大學政治學博士
- 劉滄龍　德國柏林洪堡大學哲學博士
- 黎建球　私立輔仁大學哲學研究所博士
- 盧美貴　國立臺灣師範大學教育學博士
- 薛化元　國立臺灣大學歷史學系博士
- 謝宗林　美國聖路易華盛頓大學經濟研究所博士候選人
- 簡成熙　國立高雄師範大學教育研究所博士
- 顏厥安　德國慕尼黑大學法學博士

經典名著文庫 197

哲學史講演錄 第一卷

Vorlesungen über die Geschichte der Philosophie

Erster Band

黑格爾（Georg Wilhelm Friedrich Hegel）著

賀麟、王太慶等 譯

楊植勝 導讀

經典永恆・名著常在

五十週年的獻禮・「經典名著文庫」出版緣起

總策劃 楊榮川

閱讀好書就像與過去幾世紀的諸多傑出人物交談一樣——笛卡兒

五南，五十年了。半個世紀，人生旅程的一大半，我們走過來了。不敢說有多大成就，至少沒有凋零。

五南忝爲學術出版的一員，在大專教材、學術專著、知識讀本出版已逾壹萬參仟種之後，面對著當今圖書界媚俗的追逐、淺碟化的內容以及碎片化的資訊圖景當中，我們思索著：邁向百年的未來歷程裡，我們能爲知識界、文化學術界做些什麼？在速食文化的生態下，有什麼值得讓人雋永品味的？

歷代經典・當今名著，經過時間的洗禮，千錘百鍊，流傳至今，光芒耀人；不僅使我們能領悟前人的智慧，同時也增深加廣我們思考的深度與視野。十九世紀唯意志論開創者叔本華，在其〈論閱讀和書籍〉文中指出：「對任何時代所謂的暢銷書要持謹慎的態度。」他覺得讀書應該精挑細選，把時間用來閱讀那些「古今中外的偉大人物的著作」，閱讀那些「站在人類之巔的著作及享受不朽聲譽的人們的作品」。閱讀就要「讀原著」，是他的體悟。他甚至認爲，閱讀經典原著，勝過於親炙教誨。他說：

「一個人的著作是這個人的思想菁華。所以，儘管一個人具有偉大的思想能力，但閱讀這個人的著作總會比與這個人的交往獲得更多的內容。就最重要的方面而言，閱讀這些著作的確可以取代，甚至遠遠超過與這個人的近身交往。」

爲什麼？原因正在於這些著作正是他思想的完整呈現，是他所有的思考、研究和學習的結果；而與這個人的交往卻是片斷的、支離的、隨機的。何況，想與之交談，如今時空，只能徒呼負負，空留神往而已。

三十歲就當芝加哥大學校長、四十六歲榮任名譽校長的赫欽斯（Robert M. Hutchins, 1899-1977），是力倡人文教育的大師。「教育要教眞理」，是其名言，強調「經典就是人文教育最佳的方式」。他認爲：

「西方學術思想傳遞下來的永恆學識，即那些不因時代變遷而有所減損其價值的古代經典及現代名著，乃是眞正的文化菁華所在。」

這些經典在一定程度上代表西方文明發展的軌跡，故而他爲大學擬訂了從柏拉圖的《理想國》，以至愛因斯坦的《相對論》，構成著名的「大學百本經典名著課程」。成爲大學通識教育課程的典範。

歷代經典·當今名著，超越了時空，價值永恆。五南跟業界一樣，過去已偶有引進，但都未系統化的完整舖陳。我們決心投入巨資，有計劃的系統梳選，成立「經典名著文庫」，希望收入古今中外思想性的、充滿睿智與獨見的經典、名著，包括：

- 歷經千百年的時間洗禮，依然耀明的著作。遠溯二千三百年前，亞里斯多德的《尼各馬科倫理學》、柏拉圖的《理想國》，還有奧古斯丁的《懺悔錄》。
- 聲震寰宇、澤流遐裔的著作。西方哲學不用說，東方哲學中，我國的孔孟、老莊哲學，古印度毗耶娑（Vyāsa）的《薄伽梵歌》、日本鈴木大拙的《禪與心理分析》，都不缺漏。
- 成就一家之言，獨領風騷之名著。諸如伽森狄（Pierre Gassendi）與笛卡兒論戰的《對笛卡兒沉思錄的詰難》、達爾文（Darwin）的《物種起源》、米塞斯（Mises）的《人的行爲》，以至當今印度獲得諾貝爾經濟學獎阿馬蒂亞・森（Amartya Sen）的《貧困與饑荒》，及法國當代的哲學家及漢學家朱利安（François Jullien）的《功效論》。

梳選的書目已超過七百種，初期計劃首爲三百種。先從思想性的經典開始，漸次及於專業性的論著。「江山代有才人出，各領風騷數百年」，這是一項理想性的、永續性的巨大出版工程。不在意讀者的眾寡，只考慮它的學術價值，力求完整展現先哲思想的軌跡。雖然不符合商業經營模式的考量，但只要能爲知識界開啓一片智慧之窗，營造一座百花綻放的世界文明公園，任君遨遊、取菁吸蜜、嘉惠學子，於願足矣！

最後，要感謝學界的支持與熱心參與。擔任「學術評議」的專家，義務的提供建言；各書「導讀」的撰寫者，不計代價地導引讀者進入堂奧；而著譯者日以繼夜，伏案疾書，更是辛苦，感謝你們。也期待熱心文化傳承的智者參與耕耘，共同經營這座「世界文明公園」。如能得到廣大讀者的共鳴與滋潤，那麼經典永恆，名著常在。就不是夢想了！

二〇一七年八月一日　於

五南圖書出版公司

導讀

國立臺灣大學哲學系副教授　楊植勝

一、《哲學史講演錄》作為黑格爾哲學的終點與起點

黑格爾的作品卷帙浩繁，《哲學史講演錄》通常被當作他的最後一部作品。例如德國Suhrkamp出版社所出版的「黑格爾作品集二十冊」（Hegel, Georg Wilhelm Friedrich: Werke in 20 Bd.），就把《哲學史講演錄》放在最後的第十八到二十冊。這個放法符合黑格爾的哲學系統。所謂「黑格爾的哲學系統」，是從他的《哲學全書》來看，三分為「邏輯學」、「自然哲學」與「精神哲學」。其中「精神哲學」的部分，再三分為「主觀精神」、「客觀精神」與「絕對精神」；而「絕對精神」的部分，又三分為「藝術」、「宗教」與「哲學」。黑格爾過世以後，後人集結他的學生在其課堂上所寫的筆記，編輯成為四部講演錄：《世界史哲學講演錄》、《美學講演錄》、《宗教哲學講演錄》與《哲學史講演錄》。其中《世界史哲學講演錄》屬於他的哲學系統裡「客觀精神」的最後環節；而《美學講演錄》、《宗教哲學講演錄》與《哲學史講演錄》則分別對應到「絕對精神」當中的「藝術」、「宗教」與「哲學」三個環節。在《哲學史講演錄》最後的〈結論〉裡，黑格爾說：「因此

我們現在的觀點是對於理念的認識、認識到理念就是精神，就是絕對精神，於是這個絕對精神就與另一種精神、有限的精神相對立，而有限精神的原則便在於認識絕對精神，使絕對精神可以成爲有限精神的對象。」《哲學史講演錄》就是使絕對精神成爲有限精神對象的一部作品。它對應到黑格爾哲學系統當中「精神哲學」的「絕對精神」的最後環節，作爲黑格爾哲學的終點，當之無愧。

然而，在他的許多哲學作品當中，黑格爾都提到，眞正的哲學系統是一個「圓圈」。《哲學史講演錄》的〈導言〉裡也有相同的說法，就是關於哲學的思想：「這種具體的運動，乃是一系列的發展，並非像一條直線抽象地向著無窮發展，必須視爲像一個圓圈那樣，乃是回復到自身的發展。」在一個圓圈裡，一個終點同時是一個起點。在這裡，我要說的是，雖然《哲學史講演錄》作爲黑格爾最後的一部作品，在他的哲學系統當中，要算是他整個系統的「拱頂石」（keystone），但是從另一方面來說，這部作品也是哲學人在讀過黑格爾哲學的學者專家所撰寫的各種引介導論之後，打算自行閱讀黑格爾的文本，最適合作爲他起步的一部作品。

主要的原因，是黑格爾大部分的作品都不適合作爲他的文本閱讀的起步。依照黑格爾顚沛流離的一生所住過的歐洲德語區九個城市，他的生平可以分成九個階段：（一）斯圖加特（Stuttgart）階段、（二）圖賓根（Tübingen）階段、（三）伯恩（Bern）階段、（四）法蘭克福（Frankfurt）階段、（五）耶拿（Jena）階段、（六）班堡（Bamberg）階段、（七）紐倫堡（Nürnberg）階段、（八）海德堡（Heidelberg）階段，以及（九）柏林（Berlin）階段。在耶拿階段以前，黑格爾的哲學思想未臻成熟，所撰寫的作品都被稱爲「早期著作」。這些早期著作不適合作爲黑格爾哲學文本閱讀的起步，因爲當中的思想在黑格爾哲學成熟以後有很大的改觀。

在黑格爾耶拿階段以後的成熟作品，只有兩部是完全由黑格爾親手撰寫完成，就是在耶拿與班堡兩個階段之間所出版的《精神現象學》，以及在紐倫堡階段所出版的《邏輯學》。黑格爾在海德堡取得大學專任教職之後，就未再親手撰寫像這兩部作品一樣的大部頭著作。他的另外兩部作品，在海德堡階段所出版的《哲學全書》，與在柏林階段所出版的《法哲學原理》，由於是要作爲教學之用，他僅親手撰寫內容綱要與部分的「說明」（Anmerkungen/remarks）；後來出版的時候，加上了來自於他的課堂上學生所寫的筆記作爲「附釋」（Zusätze/additions）。《哲學全書》完整書名的標題爲《哲學科學百科全書大綱》（*Enzyklopädie der philosophieschen Wissenschaften im Grundrisse/ Encyclopedia of the Philosophical Sciences in Outline*），《法哲學原理》書名的主標題則是《法哲學綱要》（*Grundlinien der Philosophie des Rechts/ Outlines of the Philosophy of Right*）。從書名可以看出它們都是綱要性的作品。

以上四部作品都十分艱澀，難以閱讀。只有其中《哲學全書》與《法哲學原理》的「附釋」部分，因爲來自於黑格爾課堂上的口頭講授，較爲淺顯。即使如此，兩部作品的內容綱要與「說明」部分仍然非常困難。總的說來，它們都不適合作爲黑格爾哲學文本閱讀的起步；一個入門者要從當中任何一部作品開始閱讀黑格爾的文本，多半會陷入難以爲繼，最終鎩羽而歸的結局。

相形之下，在黑格爾過世以後，由後人集結他的學生在其課堂上所寫的筆記，編輯而成的四部講演錄，毋寧是比較好的起步選擇。但是這四部講演錄，與《哲學全書》、《法哲學原理》兩部作品的「附釋」有同樣的問題，就是內容都不是出自黑格爾親手所寫，而是經由課堂上的學生所寫。寫筆記的學生不只一人，寫出來的筆記有好幾本，內容雖然大同小異，仍然不免分歧扞格；後人整理編輯，有時並呈不同的記錄，使得內容相互牴觸，有時淘汰甲本的記錄，獨留乙本的記錄，雖然少了牴觸，卻可能流於偏頗。其中，最啟人疑竇的，莫過於《世界史哲學講演錄》。這部講演錄不像其他的講演錄是由黑格爾哲學的學者整理編輯，而是由黑格爾的兒子查爾斯・黑格爾（Charles Hegel）操刀。查爾斯・黑格爾本人是歷史教授，但未必了解他父親的哲學思想。《世界史哲學講演錄》裡有多少比例是老黑格爾本人的授課實錄，有多少比例是小黑格爾在整理編輯父親的學生筆記時加入他自己的歷史思想，殊難定論。由於它是黑格爾最簡短也最淺顯（因此也最可疑）的一部講演錄，一些非黑格爾哲學專業的哲學人都從這部講演錄入手閱讀黑格爾的文本。有人甚至在這部講演錄先入爲主的觀念下，寫出對黑格爾哲學的批判。其中最典型的例子，就是有名的科學哲學家卡爾・雷姆恩德・波頗（Karl Raimund Popper）。依照他的《開放社會及其敵人》（*The Open Society and Its Enemies*）一書的說法，黑格爾的「歷史主義」（historicism）是當代開放社會主要的威脅；他甚至給黑格爾冠上「現代歷史主義與極權主義之父」的惡名。波頗的批判，當然有很大的一部分出自他的誤讀，但是《世界史哲學講演錄》白紙黑字的內容亦難辭其咎。

擱置《世界史哲學講演錄》不談，在其餘三部講演錄當中，《美學講演錄》涉及「藝術」的領域，《宗教哲學講演錄》涉及「宗教」的領域，對於一個哲學人而言，除非他本來就嫻熟藝術或宗教的內容，否則在著手閱讀黑格爾這兩種文本時，不免要涉入一個陌生的領域內。與此相反，哲學史是所有哲學人初入哲學領域基本的科目。比起其他的講演錄，黑格爾的《哲學史講演錄》毋寧是一個哲學人起步閱讀黑格爾文本最好的選擇。我在臺大哲學系教授黑格爾哲學多年，幾乎所有關於黑格爾哲學原典——包括《精神現象學》、《邏輯學》、《法哲學原理》、《美學講演錄》等——閱讀的科目，都在研究所開課；大學部的課程，除了導論性的「黑格爾哲學」之外，唯一一門有關黑格爾哲學原典的科目，就是「黑格爾的哲學史」。哲學系的學生在修過哲學史的課程之後，經由黑格爾的《哲學史講演錄》，可以看到黑格爾如何運用他的哲學思想來詮釋哲學史的內容，從中把握他的哲學思想。

二、《哲學史講演錄》的〈導言〉作爲黑格爾哲學的導言

如果《哲學史講演錄》可以作爲閱讀黑格爾哲學的一個起點，那麼《哲學史講演錄》裡的〈導言〉（Einleitung/introduction），就可以算作是黑格爾哲學的導言。在本書「導言」之前以「哲學史講演錄」爲標題的短文裡，黑格爾強調他的導言的重要性：「……在哲學史裡，比在任何別的科學裡，更必須先有一個導言，把需要講述的哲學史的對象首先正確地加

以規定。」

在〈導言〉裡，黑格爾主要處理三個問題。其中的第一個問題，是「哲學史」（Geschichte der Philosophie/history of philosophy）概念本身的矛盾。哲學史一詞包含「哲學」與「歷史」。其中的哲學以思想爲對象：「思想本質上既是思想，它就是自在自爲和永恆的。凡是眞的，只包含在思想裡，它不僅今天或明天爲眞，而是超出一切時間之外，即就它在時間之內來說，它也是永遠眞、無時不眞。」哲學史的「歷史」卻與此相反：「歷史所講述的，乃是在一個時代存在，而到另一時代就消逝了，就爲別的東西所代替了的事物。」因此，〈導言〉第壹章的開頭開宗明義述明「哲學史」概念的矛盾在於：「如果我們以『眞理是永恆的』爲出發點，則眞理就不會落到變化無常的範圍，也就不會有歷史。但是如果哲學有一個歷史，而且這歷史只是一系列已過去了的知識形態的陳述，那麼在這歷史裡就不能夠發現眞理，因爲眞理並不是消逝了的東西。」黑格爾對於這個矛盾的解決，可以帶領讀者把握黑格爾的哲學思想。

黑格爾提出兩個概念來解決這個矛盾，就是〈導言〉第壹章第二節的「發展」（Entwicklung/development）的概念與「具體」（das Konkret/the concrete）的概念。發展的概念是一個「歷時性的」（diachronical）概念，涉及前後兩個階段，較早的階段稱爲「潛能、能力或我所謂的『潛在』（Ansichsein，拉丁文作 potentia，希臘文作 δύναμις）」，後來的階段稱爲「『自爲自在』，亦即眞在或『實在』（Fürsichsein，拉丁文作 actus，希臘文作 ἐνέργεια）。」簡言之，發展的概念用到黑格爾哲學的兩個專有名詞：「自在存在」（Ansichsein/being-in-itself）與「自爲存在」（Fürsichsein/being-for-itself）。「自在存在」雖然存在於自身，但是還看不到或還沒有被發覺，因此只是一個「潛在」；「自爲存在」則是已經出現或被發覺的存在，因此它不再是潛在，而是眞實的存在，或「顯在」。所謂發展，就是從「自在存在」轉變爲「自爲存在」，有如古希臘哲學家亞里斯多德（Ἀριστοτέλης/Aristotle）所謂的「潛能實現」。黑格爾也用亞里斯多德的說法——「人有理性」——爲例來解釋這個概念。人有理性，在一開始只是「自在存在」的理性：「我們說：人是有理性的，人的本性具有理性；是指人之理性，只是在潛能裡、在胚胎裡。在這個意義下，人一生下來，甚至在娘胎中，就具有理性、理智、想像、意志。小孩也是一個人，但是他只有理性的能力、只有理性的眞實可能性；他有理性簡直和無理性幾乎沒有什麼差別，理性還沒有存在於他裡面，因爲他還不能夠做理性的事情，也還沒有理性的意識。」要經過「發展」，「自在存在」的理性才成爲「自爲存在」的理性。黑格爾特別強調發展的內在性：「潛在變成存在，是一個變化的過程，在這變化的過程裡，它仍保持爲同一物。它的潛在性支配著全部過程。」

與「發展」的概念相對照，「具體」的概念是一個「共時性的」（synchronical）概念。具體的反義詞是「抽象」；黑格爾特別強調哲學的不抽象：「一般成見總認爲：哲學只從事研究抽象的東西和空洞的共性……哲學是最敵視抽象的，它引導我們回復到具體。」具體的概念要如何理解？正如發展的概念可以用一對概念——「自在存在」與「自爲存在」——來理解，具體的概念可以用「同」與「異」一對概念，或「一」與「多」一對概念來理解。

當自在存在發展爲自爲存在，就會出現分化，出現分化，就是出現「異」或「多」。這異或多在自在存在裡並非不存在，而是潛在著，直到發展爲自爲存在，才成爲眞實，正如植物的根、莖、葉、花與果實是在種子裡潛在著，直到發展爲樹，才成爲眞實。所謂具體，就是異與同、多與一的共同存在。所以黑格爾說：「具體的必須變成自爲的。它是自身分化的，作爲潛在、可能性，它是尚未分化的，尚在原始的統一裡（這種統一是與分化、殊異相矛盾的）；它是簡單的，卻是有區別的。」這裡所謂的「簡單的」，就是同或一。所謂的「有區別的」，就是異或多。這樣的具體性——既有同又有異，既有一又有多——在「原始的統一」裡看不到，正如同在一顆種子裡看不到一棵樹的根、莖、葉、花或果實一樣，但是它們的潛能都在一顆種子裡。所謂「具體的必須變成自爲的」，就是這個同一顆種子所具有的異與多，或分化性與區別性，原本只是自在存在，終究必須變成自爲存在。同與異、一與多是相反，因此它們的共同存在是一個內在的矛盾。黑格爾所謂的具體，就是這種內在矛盾的存在：「具體的東西，這種內在的矛盾本身，就是促進發展的推動力。因而就產生了區別。但同樣給予這區別應得的權利。它這權利就是揚棄它自身的區別，再回復到統一；它的眞理唯有在統一裡。」

發展的概念與具體的概念是開啟黑格爾哲學大門的兩把鑰匙。了解這兩個概念，就不難了解在它們之後第三小節的標題：「哲學是認識具體事物發展的科學」。不僅如此，這門認識具體事物發展的科學——也就是哲學——本身也是具體的和發展的。黑格爾既然可以把相反的同與異、一與多用具體的概念結合在一起，那麼，在「哲學史」的概念裡，就可以把相反的「哲學」（追求永恆的眞理）與「歷史」（呈現變化的內容）兩者結合在一起。對於黑格爾而言，永恆並非不變；相反地，正是透過變化，才使眞理得以成爲永恆。哲學追求的眞理在人類的歷史上不斷展現不同的新貌，如《大學》所述，苟日新，日日新，又日新，以此造就因變化而永不止息的哲學史進程。

三、黑格爾《哲學史講演錄》的特色

黑格爾運用他的哲學觀念來呈現哲學史，因此他的《哲學史講演錄》的寫法肯定有別於其他的哲學史。對此，黑格爾是有自覺的；在本書「導言」之前的「哲學史講演錄」，他明白告訴讀者：「我們必須承認這是一個正當的要求，即對於一種歷史，不論它的題材是什麼，都應該毫無偏見地陳述事實，不要把它作爲工具去達到任何特殊的利益或目的。但是像這樣一種空泛的要求對我們並沒有多大幫助。因爲一門學問的歷史必然與我們對於它的概念密切地聯繫著。根據這概念就可以決定那些對它是最重要、最適合目的的材料，並且根據事變對於這概念的關係就可以選擇那必須記述的事實，以及把握這些事實的方式和處理這些事實的觀點。」這樣一種符合當代詮釋學的說法，顯示沒有所謂客觀的歷史事實；任何歷史事實都是歷史的編寫者所編纂撰寫出來，所以重點就不在於主觀或客觀（因爲根本沒有客觀），而在於使用什麼樣的概念來編寫。黑格爾使用的，正是前述的發展與具體的概念。這是黑格爾《哲學史講演錄》最重要的特色，有必要詳細說明。

相對於黑格爾，某些哲學史的撰寫者，本身沒有什麼哲學的概念，卻以爲只要「毫無偏見地陳述事實」，就可以寫出一部哲學史。黑格爾批評他們說：「這樣的哲學史家有點像某些動物，它們聽見了音樂中一切的音調，但這些音調的一致性與諧和性，卻沒有透進它們的頭腦。」換言之，沒有哲學概念的哲學史，就像沒有感覺的樂音一樣。黑格爾也批評這樣的哲學史作品說：「我們可以舉出許多哲學史的著述，在那裡面我們什麼東西都可以找得到，就是找不到我們所了解的哲學。」那樣的哲學史，充其量只是「哲學家列傳」，在哲學家與哲學家之間找不到發展的傳承、找不到思路的脈絡，而只有零散的個人哲學家介紹。

與此相反，黑格爾的哲學史不在於平鋪直敘哲學家的思想，而是如其〈導言〉第壹章開頭所述，有「這樣一個主觀目的，即透過哲學史的研究以便引導我們了解哲學的本身。」在第壹章第三節，黑格爾在批評「就像我們所看見的許多哲學史一樣，只是把一堆毫無秩序的意見羅列在不知理念的人的眼前。」之後，接著說明他自己的工作：「給諸位闡明這種理念，並因而說明它的現象，就是講授哲學史的人的任務。因爲觀察者必定已具有他所觀察的事物的概念，才可以看見這概念在它的現象裡，並且才能夠眞實地說明這對象。」在《哲學史講演錄》，這個觀察的對象就是哲學史。

黑格爾在〈導言〉第壹章第三節的很多地方都指出「哲學」與「哲學史」的等同，例如：「哲學是在發展中的系統，哲學史也是在發展中的系統……」，或如：「哲學史的研究就是哲學本身的研究，不會是別的。」但是我們仍需把握在黑格爾的思想裡，哲學與哲學史的差異。依據黑格爾的說法，哲學是：「揭示出理念發展的一種方式，亦即揭示出理念各種形態的推演和各種範疇在思想中的、被認識了的必然性，這就是哲學自身的課題和任務。但因爲在哲學裡所涉及的乃是純粹理念，尙不是理念特殊化的形態——自然和精神，所以對於這些進展過程的發揮，主要地乃是邏輯哲學的課題和任務。」哲學史則是：「……理念發展的另一種方式，亦即理念的不同階段和不同發展環節之出現在時間中、在變化的形態中、在某些特殊的地域中、在這個或那個民族裡、在某些政治環境裡，或在由政治環境而引起的錯綜複雜的關係裡。簡言之，出現在經驗的形式內——這就是哲學史所要揭示給我們的一幕一幕的戲劇。」在這裡，黑格爾把《哲學史講演錄》與《邏輯學》一同論列，從而使兩部作品處於平起平坐的地位：《邏輯學》是純粹理念各種形態的推演，而《哲學史講演錄》則是理念在時間中、地域中、民族裡、政治環境裡的經驗形式。

〈導言〉第壹章第三節的第二小節有四條結論，其中最重要的是第一條結論：「全部哲學史是一有必然性的、有次序的進程。這進程本身是合理性的，爲理念所規定的。偶然性必須於進入哲學領域時立即排除。概念的發展在哲學裡面是必然的，同樣概念發展的歷史也是必然的。這種發展的主導力量是各種多樣性的形態之內在的辯證法則。」黑格爾的哲學史就是在編寫這樣一個必然的進程。從另一面來看，它也證成了他自己的哲學在哲學史進程當中的必然性：黑格爾哲學作爲哲學從古代萌芽以來，經歷兩千多年的生長，最後所結的果實。

黑格爾的《哲學史講演錄》的第二個特色，是它是黑格爾哲學系統當中「精神哲學」的一環，而且是絕對精神最後一個環節。哲學，和藝術、宗教一樣，都是成熟精神的環節。

但，什麼是「精神」？黑格爾在《哲學史講演錄．導言》第壹章第三節做了如下的說明：

「……精神並不僅是個人的有限的意識，反而，它自身乃是普遍的具體的精神。這種具體的普遍性包括著它自身一切發展出來的形態和方面，在這些形態和方面裡，精神是並且將成爲符合理念的對象。所以精神對於它自身的思維的認識，同時就是那充滿了發展的全部實在的進展。」簡言之，哲學和藝術、宗教一樣，都是精神進展的活動。但是精神爲什麼——爲了什麼目的——要進展？答案是：爲了要成其爲眞實的精神！黑格爾回溯到古希臘蘇格拉底的時代：「精神的事業就是認識自己。我是一個直接的存在，但這只是就我是活的有機體而言；只有當我認識我自己時，我才是精神。『認識你自己』，這個在德爾斐的智慧神廟上的箴言，表達了精神本性的絕對命令。意識在本質上包含著這樣的意義：我是自爲的，我是我自己的對象。」認識自己，正是黑格爾這個專有名詞的原始片語「自爲」（für mich/for me，即「對於我」）字面上顯豁出來的意思。從發展的概念來說，精神就是我從「自在」（an mir/in myself，即「在我自身」）成爲自爲，也就是認識到我自己。另一方面，從具體的概念來說，則是作爲異與多、互相區別的個人，與作爲同與一的整體，亦即「自我認識的精神」相結合，而成爲引文所說的「普遍的具體的精神」。因此，黑格爾的《哲學史講演錄》和《美學講演錄》、《宗教哲學講演錄》一樣，是人類的精神自我認識的歷程；並且，在超越了藝術與宗教之後，哲學是這個自我認識的最後完成。

黑格爾的《哲學史講演錄》的第三個特色，在於它對希臘哲學的重視。從《哲學史講演錄》的篇幅來看，這部作品扣除第一卷的〈導言〉與〈東方哲學〉，主要分爲三部，即第一部〈希臘哲學〉、第二部〈中世紀哲學〉，與第三部〈近代哲學〉。在中譯的四卷本當中，

〈希臘哲學〉的篇幅從第一卷一直進行到第三卷，獨占一半以上的分量。與之相比，〈中世紀哲學〉僅有不足半卷的分量；而〈近代哲學〉的分量則居兩者之間，占據最後一卷。《哲學史講演錄》三部曲篇幅懸殊的差距應如何解釋？讀者可以從黑格爾的生平獲知，他從年輕的時候就熱愛古希臘的文化。這樣的熱愛終身未嘗稍減，例如在〈希臘哲學〉的〈引言〉裡，他對希臘的感情溢於言表：「一提到希臘這個名字，在有教養的歐洲人心中，尤其在我們德國人心中，自然會引起一種家園之感。歐洲人遠從希臘之外，從東方，特別是從敘利亞獲得他們的宗教、來世、與超世間的生活。然而今生、現世、科學與藝術，凡是滿足我們精神生活，使精神生活有價値、有光輝的東西，我們知道都是從希臘直接或間接傳來的，間接地繞道透過羅馬。後一種途徑，是希臘文化傳給我們所取得較早的形式。……那更高的、更自由的科學（哲學），和我們的優美自由的藝術一樣，我們知道，我們對於它的興趣與愛好都根植於希臘生活，從希臘生活中我們吸取了希臘的精神。如果我們可以心神嚮往一個東西，那便是嚮往這樣的國度、這樣的光景。」

但是《哲學史講演錄》對於〈希臘哲學〉的偏重，不應該只從黑格爾的私人感情來解釋，這當中還有前述哲學概念的作用。在〈希臘哲學〉之前，〈東方哲學〉的部分，黑格爾說明他爲什麼不把東方哲學當作哲學的開端，而是把它當作宗教思想。東方的思想在黑格爾的哲學系統裡，與其說它隸屬於「哲學」，毋寧說它隸屬於「宗教」的範疇。黑格爾的理由是，宗教只有具絕對精神的主觀性，但哲學還必須具有客觀性：「眞正客觀的思想基礎植根於主體的眞實自由之中。普遍性、本體本身必須具有客觀性。因爲思想就是這個普遍性，就是本體的基礎，並且同時也就是『我』，思想是自在的，是作爲自由的主體而存在著：因此普遍性是有直接的存在的；它不僅是一個應該達到的目的或境界，它的絕對性是客觀的。這個特點，是我們在希臘世界中所發現的……」。這使得黑格爾追溯哲學的根源到希臘，而非東方：「正如希臘人在生活上安於家園一樣，哲學也是暢適自足，哲學上的暢適自足，亦即人在精神上暢適自足，怡然如在家園。如果我們對希臘人有家園之感，就應該對他們的哲學特別有家園之感……」

在〈希臘哲學〉之後的〈中世紀哲學〉與〈近代哲學〉都來自於這個希臘的家園。〈中世紀哲學〉在中譯的四卷本當中只有不到半卷的篇幅，而且眞正的篇幅可能更短。〈中世紀哲學〉共有三篇，最後的第三篇是「文藝復興」，其中第參章是「宗教改革」。黑格爾在〈近代哲學〉的「引言」告訴讀者：「眞正說來，從宗教改革開始，我們就進入了第三個時期……」換言之，〈中世紀哲學〉有一部分的篇幅應該隸屬於〈近代哲學〉。另兩個中世紀哲學的篇章，第一篇是「阿拉伯哲學」，〈中世紀哲學〉的〈引言〉說：「……阿拉伯人和猶太人，只值得當作一種外在的事物、當作歷史事件提一提。」第二篇是「經院哲學」。從表面上看，它是嶄新的基督教哲學，但是依據黑格爾的哲學史：「基督教的觀念，我們已經由新柏拉圖學派哲學十分熟識了。」這是黑格爾對希臘哲學與中世紀哲學在觀念上的嫁接。更進一步，近代哲學在一方面固然是中世紀哲學繼續發展的結果，如〈近代哲學〉的〈引言〉所述：「中世紀的觀點認爲思想中的事物與實存的宇宙有差異，近代哲學則把這個差異發展成爲對立，並且以消除這一對立作爲自己的任務。」但在另一方面，近代哲學又直接以古代的希臘哲學作爲出發點：「近代哲學的出發點，是古代哲學最後所達到的那個原則，即現實自我意識的立場……」這顯示希臘哲學、中世紀哲學與近代哲學三者錯綜複雜的關係。但是在黑格爾的概念裡，後人所看到的哲學這棵大樹，是它在古希臘定根、萌芽，進而開枝散葉、乃至盤根錯結的過程與結果。

目次

開講詞

一八一六年十月二十八日在海德堡大學

諸位先生：

我所講授的對象既是哲學史，而今天我又是初次來到本大學，所以請諸位讓我首先說幾句話，就是我特別感到愉快，恰好在這個時候我能夠在大學裡面重新恢復我講授哲學的生涯。因爲這樣的時機似乎已到來，即可以期望哲學重新受到注意和愛好，這門幾乎消沉的科學可以重新揚起它的呼聲，並且可以希望這個對哲學久已不聞不問的世界又將傾聽它的聲響。時代的艱苦使人對於日常生活中平凡的瑣碎興趣予以太大的重視，現實上很高的利益和爲了這些利益而做的鬥爭，曾經大大地占據了精神上一切的能力和力量以及外在的手段，因而使得人們沒有自由的心情去理會那較高的內心生活和較純潔的精神活動，以致許多較優秀的人才都爲這種艱苦環境所束縛，並且部分地被犧牲在裡面。因爲世界精神太忙碌於現實，所以它不能轉向內心，回復到自身。現在現實的這股潮流既然已經打破，日耳曼民族既然已經從最惡劣的情況下開闢出道路，且把它自己的民族性——一切有生命的生活的本源——拯救過來了：所以我們可以希望，除了那吞併一切興趣的國家之外，教會也要開始上升，除了那爲一切思想和努力所集中的現實世界之外，天國也要重新被思維到，換句話說，除了政治的和其他與日常現實相聯繫的興趣之外，科學、自由合理的精神世界也要重新興盛。

我們將在哲學史裡看到，在其他歐洲國家內，科學和理智的教養都有人以熱烈和敬重的態度在從事鑽研，唯有哲學，除了空名字外，卻衰落了，甚至到了沒有人記起，沒有人想到的情況，只有在日耳曼民族裡，哲學才被當作特殊的財產保持著。我們曾接受自然的較高的號召去做這個神聖火炬的保持者，如同雅典的歐墨爾波斯家族（Eumolpidae）是厄琉息斯的神祕信仰的保持者，又如薩莫色雷斯島上的居民是一種較高的崇拜儀式的保存者與維持者，又如更早一些，世界精神把它自己最高的意識保留給猶太民族，俾使它自己作爲一個新精神從猶太民族裡產生出來。〔我們現在一般地已經達到這樣一種較大的熱忱和較高的需要，即對於我們只有理念以及經過我們的理性證明了的事物才有校準。確切點說，普魯士國家就是這種建築在理智上的國家。〕[1]但是像前面所提到的時代的艱苦和對於重大的世界事

[1]〔　〕內這一段話據霍夫邁斯特（Johannes Hoffmeister）考證，是黑格爾後來在柏林大學任教時期加在底稿上，於此海德堡大學開講詞原稿所沒有。米希勒本第一版（即「格洛克納本」）將這段話附在注腳，而且放在一個不適宜的地方。現據米希勒本第二版（即「英譯本」。本書皆用「英譯本」表示。）把這段話加在正文中。此外，米希勒本第一版中無，但翻譯過程爲使讀者更易理解，均用〔　〕補入，若有據霍夫邁斯特本或英譯本增補、說明的文字，注腳以[1]、[2]……形式呈現。（若爲整段文字補入，不加〔　〕，直接附注腳說明）後同。——譯者

變的興趣也曾經阻遏了我們深澈地和熱誠地去從事哲學工作，分散了我們對於哲學的普遍注意。這樣一來堅強的人才都轉向實踐方面，而淺薄空疏就支配了哲學，並在哲學裡盛行一時。我們完全可以說，德國自有哲學以來，哲學這門科學的情況看起來從未像現在這樣差過。空洞的詞句、虛驕的氣焰從來沒有這樣漂浮在表面上，而且以那樣自高自大的態度在這門科學裡說出來、做出來，就好像掌握了一切的統治權一樣。爲了反對這種淺薄思想而工作，以日耳曼人的嚴肅性和誠實性來工作，把哲學從它所陷入的孤寂境地中拯救出來，去從事這樣的工作，我們可以認爲是接受我們時代的較深精神的號召。讓我們共同來歡迎這一個更美麗的時代的黎明。在這時代裡，那前此向外馳逐的精神將回復到它自身，得到自覺，爲它自己固有的王國贏得空間和基礎，在那裡人的性靈將超脫日常的興趣，而虛心接受那眞的、永恆的和神聖的事物，並以虛心接受的態度去觀察並把握那最高的東西。

我們老一輩的人是從時代的暴風雨中長成的，我們應該贊羨諸君的幸福，因爲你們的青春正是落在這些日子裡，你們可以不受擾亂地專心從事於眞理和科學的探討。我曾經把我的一生貢獻給科學，現在我感到愉快，因爲我得到這樣一個地方，可以在較高的水準，在較廣的範圍內，與大家一起工作，使較高的科學興趣能夠活躍起來，並幫助引導大家走進這個領域。我希望我能夠值得並贏得諸君的信賴。但我首先要求諸君只須信賴科學，信賴自己。追求眞理的勇氣和對於精神力量的信仰是研究哲學的第一個條件。人既然是精神，則他必須而且應該自視爲配得上最高尙的東西，切不可低估或小覷他本身精神的偉大和力量。人有了這樣的信心，沒有什麼東西會堅硬頑固到不對他展開。那最初隱蔽蘊藏著的宇宙本質，並沒有力量可以抵抗求知的勇氣；它必然會向勇毅的求知者揭開它的祕密，而將它的財富和寶藏公開給他，讓他享受。

哲學史講演錄

在哲學史裡，我們立刻可以看到，如果從一個恰當的觀點去看它的題材，它自然會引起我們很大的興趣，但是即使它的目的被誤解了，它仍然具有它的興趣。甚且一般人對於哲學和哲學史的目的愈是看錯，這種興趣的程度好像反而愈益增加。因爲從哲學史裡人們特別可以推出一個足以證明哲學這門科學無用的理由。

我們必須承認這是一個正當的要求，即對於一種歷史，不論它的題材是什麼，都應該毫無偏見地陳述事實，不要把它作爲工具去達到任何特殊的利益或目的。但是像這樣一種空泛的要求對我們並沒有多大幫助。因爲一門學問的歷史必然與我們對於它的概念密切地聯繫著。根據這概念就可以決定那些對它是最重要最適合目的的材料，並且根據事變對於這概念的關係就可以選擇那必須記述的事實，以及把握這些事實的方式和處理這些事實的觀點。很可能一個讀者依據他所形成的什麼是一個眞正國家的觀念去讀某一個國家的政治史，會在這歷史裡面找不到他所要尋找的東西。在哲學史裡尤其是這樣，我們可以舉出許多哲學史的著述，在那裡面我們什麼東西都可以找得到，就是找不到我們所了解的哲學。

在別種歷史裡，我們對於它們的題材有一個確定的概念，至少對於它們的主要特性我們是有確定概念的。我們知道它們是關於一個特殊國家、特殊民族或人類一般的歷史，或知道它們的題材是數學、物理學或藝術、繪畫等。但是哲學有一個顯著的特點，與別的科學比較起來，也可說是一個缺點，就是我們對於它的本質、對於它應該完成和能夠完成的任務，有許多大不相同的看法。如果這個最初的前提，沒有確立起對於歷史題材的看法，那麼，歷史本身就必然會成爲一個游移不定的東西。只有當我們能夠提出一個確定的史觀時，歷史才能得到一貫性，不過由於人們對它的題材有許多不同的看法，這樣就很容易引起片面性的責難。

這個缺點只是由於從外面去考察歷史的敘述才產生的。但是卻另有一個較大的缺點與它相聯結。如果對於哲學有了不同的概念，那就只有眞的哲學概念，才能使我們理解那些根據哲學的眞概念從事工作的哲學家的著作。因爲在思想裡，特別在思辨的思想裡，把握哲學內容是與僅僅了解文字的文法意義，和僅僅了解它們在表象或感性範圍裡的意義很不相同的。因此我們可以知道許多哲學家的論斷、命題或意見，我們可以很辛勤地去尋求這些意見的根據，或是去推究這些意見的後果，然而我們這樣辛勤地所做的一切也許還沒有得到主要之點——沒有透澈理解那些命題的哲學意義。因此我們並不缺乏卷帙繁多，甚至學問廣博的哲學史，在這些哲學史裡，他們所費力尋求的關於哲學實質的知識反而沒有。這樣的哲學史家有點像某些動物，它們聽見了音樂中一切的音調，但這些音調的一致性與諧和性，卻沒有透進它們的頭腦。

上面所說的這些情況，使得在哲學史裡，比在任何別的科學裡，更必須先有一個導言，把需要講述的哲學史的對象首先正確地加以規定。因爲假如我們對於一個對象的名字雖很熟悉，但還不知道它的性質，我們怎能開始去研究它呢？像這樣搞不清楚哲學的性質就想研究哲學史，除了在任何時候任何地方，凡是遇著有哲學這個名字的東西就去尋求並採取材料外，便沒有別的指導原則了。但是事實上如果我們不採取武斷的方式，而採取科學的方式去規定哲學的概念，那麼，這種研究也就是哲學這門科學本身了。因爲哲學有這種特性，即它的概念只在表面上形成它的開端，只有對於這門科學的整個研究才是它的概念的證明，我們甚至可以說，才是它的概念的發現，而這概念本質上乃是哲學研究的整個過程的結果。

所以在這個導言裡，我們同樣地陳述了哲學的概念和哲學史的對象的概念。同時這個導言雖只涉及哲學史，但所說的話也同樣適用於哲學本身。在導言裡所說的並不是一些已經完成的定論，而只是必須透過研究哲學史本身才可以得到辯護和證明的原則。只有根據這樣的看法，這些序言式的說明才可以不被放在武斷假定的範疇之內。但是一開始就說出須經長篇證明才可達到的結論，其意義只能在於事先說出這個科學裡面最一般性的內容的綱要。這種辦法可以幫助我們撇開許多由於人們對哲學史的一般成見所引起的問題和要求。

導言

關於哲學史的意義，可以有多方面的看法。如果我們要想把握哲學史的中心意義，我們必須在似乎是已過去了的哲學與哲學所達到的現階段之間的本質上的聯繫裡去尋求。這種聯繫並不是哲學史裡面需要加以考慮的一種外在的觀點，而是眞正表示它的內在本性。哲學史裡面的事實，和所有其他的事實一樣，仍繼續保持在它們的結果裡，但卻各在一種特定的方式下產生它們的結果。這些就是我們在這裡需要加以詳細討論的。

哲學史所昭示給我們的，是一系列高尚的心靈，是許多理性思維的英雄們的展示，他們憑藉理性的力量深入事物、自然和心靈的本質——深入上帝的本質，並且爲我們贏得最高的珍寶、理性知識的珍寶。因此，哲學史上的事實和活動有這樣的特點，即：人格和個人的性格並不十分滲入它的內容和實質。與此相反，在政治的歷史中，個人憑藉他的性情、才能、情感的特點，性格的堅強或軟弱，概括而言，憑藉他個人之所以爲個人的條件，就成爲行爲和事件的主體。在哲學史裡，它歸給特殊個人的優點和功績愈少，而歸功於自由的思想或人之所以爲人的普遍性格愈多，這種沒有特異性的思想本身愈是創造的主體，則哲學史就寫得愈好。

這些思想的活動，最初表現爲歷史的事實，過去的東西，並且好像是在我們的現實以外。但事實上，我們之所以是我們，乃是由於我們有歷史，或者說得更確切些，正如在思想史的領域裡，過去的東西只是一方面，所以構成我們現在的，那個有共同性和永久性的成分，與我們的歷史性也是不可分離地結合著的。我們在現世界所具有的自覺的理性，並不是一下子得來的，也不只是從現在的基礎上生長起來的，而是本質上原來就具有的一種遺產，確切點說，乃是一種工作的成果，人類所有過去各時代工作的成果。一如外在生活的技術、技巧與發明的積累，社會團結和政治生活的組織與習慣，乃是思想、發明、需要、困難、不幸、聰明、意志的成果，和過去歷史上走在我們前面的先驅者所創獲的成果，所以同樣在科學裡，特別在哲學裡，我們必須感謝過去的傳統，這傳統有如赫爾德[1]所說，透過一切變化的、因而已過去了的東西，結成一條神聖的鍊子，把前代的創獲保存下來並傳給我們。

但這種傳統並不僅僅是一個管家婆，只是把她所接受過來的忠實地保存著，然後毫不改變地保持著並傳給後代。它也不像自然的過程那樣，在它的形態和形式的無限變化與活動裡，仍然永遠保持其原始的規律，沒有進步。這種傳統並不是一尊不動的石像，而是生命洋溢的，有如一道洪流，離開它的源頭愈遠，它就膨脹得愈大。

這個傳統的內容是精神的世界所產生出來的，而這普遍的精神並不是老站著不動的。但我們這裡所須研究的，主要的也正是這普遍的精神。在個別的國家裡，的確有這樣的情形，即：它的文化、藝術、科學，簡言之，它的整個理智的活動是停滯不進的；譬如中國人也許就是這樣，他們兩千年以前在各方面就已達到和現在一樣的水準。但世界精神並不沉陷在這種沒有進展的靜止中。單就它的本質看來，它就不是靜止的，它的生命就是活動。它的活動以一個現成的材料爲前提，它針對著這材料而活動，並且它並不僅是增加一些瑣碎的材

1〈論哲學與歷史〉，載《赫爾德全集》，第五部，第一八四—一八六頁。（一八二八年斯圖加特和圖賓根版）

料，而主要是予以加工和改造。所以每一世代對科學和對精神方面的創造所產生的成績，都是全部過去的世代所積累起來的遺產——一個神聖的廟宇，在這裡面，人類的各民族帶著感謝的心情，很樂意地把曾經增進他們生活的東西，和他們在自然和心靈的深處所贏得的東西保存起來。接受這份遺產，同時就是掌握這份遺產。它就構成了每個下一代的靈魂，亦即構成下一代習以為常的實質、原則、成見和財產。同時這樣接受來的傳統，復被降為一種現成的材料，由精神加以轉化。那接受過來的遺產就這樣改變了，而且那經過加工的材料因而就更為豐富，同時也就保存下來了。

這是我們時代的使命和工作，同樣也是每一個時代的使命和工作：對於已有的科學加以把握，使它成為我們自己所有，然後進一步予以發展，並提高到一個更高的水準。當我們去吸收它，並使它成為我們所有時，我們就使它有了某種不同於以往所有的特性。在這種吸收轉化的過程裡，我們假定一個已有的精神世界，並把它轉變成為我們自己的一部分，因此足見：我們的哲學，只有在本質上與前此的哲學有了聯繫，才能夠有其存在，而且必然地從前此的哲學產生出來。因此，哲學史的過程並不昭示給我們外在於我們的事物的生成（Werden），而乃是昭示我們自身的生成和我們的知識或科學的生成。

對於哲學史的任務所存在著的一些觀念和問題的說明與解答，皆依賴於剛才所提示的這種關係的性質。明瞭這種關係，同時就足以更確切地說明這樣一個主觀目的，即透過哲學史的研究以便引導我們了解哲學的本身。明瞭這種關係，更可以提供我們處理哲學史的一些原則，因此對於這種關係的更詳細的討論，就是本篇導言的主要目的。當然我們必須對於哲學的目的有一個概念，因爲這是很基本的。像前面所提到的那樣，這裡尚不能對這個概念加以科學的發揮：我們目前的討論，目的不在於詳細說明哲學概念的生成，而只在於提出一個初步的觀念。

哲學的活動並不僅只是一個機械的運動，像我們所想像的太陽、月亮的運動那樣，只是一種在無阻礙的時空中的運動。而在哲學史裡，我們所了解的運動乃是自由思想的活動，它是思想世界理智世界如何興起如何產生的歷史。認爲人之所以異於禽獸在於人能思想，乃是一個古老的看法，我們贊成這種看法。人之所以比禽獸高尚的地方，在於他有思想。由此看來，人的一切文化之所以是人的文化，乃是由於思想在裡面活動並曾經活動。但是思想雖說是那樣基本的、實質的和有實效的東西，它卻具有多方面的活動。我們必須認爲，唯有當思想不去追尋別的東西而只是以它自己——也就是最高尚的東西——爲思考的對象時，即當它尋求並發現它自身時，那才是它的最優秀的活動。我們目前所研究的這種歷史，就是思想自我發現的歷史；而思想的情形是這樣，即：它只能於產生自己的過程中發現自己；也可以說，只有當它發現自己時，它才存在並且才是眞實的。這樣的產物就是各種哲學系統。思想藉以出發去發現它自己的這一系列的產生或發現，乃是一種有二千五百年歷史的工作。

思想本質上既是思想，它就是自在自爲和永恆的。凡是眞的，只包含在思想裡，它不僅今天或明天爲眞，而是超出一切時間之外，即就它在時間之內來說，它也是永遠眞、無時不眞。然而思想的世界如何會有一個歷史呢？在歷史裡所敘述的都是變化的、消逝了的，消失在過去之黑夜中，已經不復存在了。但是眞的、必然的思想——只有這才是我們這裡所要

15

16

研究的對象——是不能有變化的。這裡提出的問題，是我們首先想要加以考察的。其次，哲學之外還有很多重要的產物，這些產物也是思想的作品，但我們卻必須排斥在我們的考察之外。這些作品就是宗教、政治史、法制、藝術與科學。問題是：這些作品如何區別於作爲我們研究的對象的這種作品？同時也是：它們彼此間在歷史中的關係是如何呢？就這兩個觀點而論，爲了使得我們獲得一個正確的出發點起見，指出我們這裡所說的哲學史是什麼意義，是對我們有益的。第三，在進入個別的事實以前，我們首先必須有一個一般的概觀，不然，我們就會只見部分而不見全體、只見樹木而不見森林、只見許多個別的哲學系統，而不見哲學本身。我們願意知道個別哲學與普遍哲學的聯繫。我們要求，對於全體的性質和目的有一個概括的觀念，或許我們可以知道，我們所期待的是什麼。猶如我們首先要對於一個地方的風景加以概觀，如果我們只流連於這風景的個別地方，我們就會看不到它的全景。事實上個別部分之所以有其優良的價值，即由於它們對全體的關係。這種情形在哲學裡更是如此，在哲學史裡也是如此。在歷史裡面，一般原則性的建立，比起在個別科學部門裡面，好像沒有那樣的需要。因爲歷史最初好像只是一系列的偶然事變之相續。每一事實在那裡孤立著，只有依時間才表示出它們的聯繫。但是，即使在政治史裡面，我們對於這種外在聯繫，也就感覺到不滿。我們要知道並預見它們的必然聯繫，在這種聯繫裡，個別的事實取得它們對於一個目的或目標的特殊地位和關係，並因而獲得它們的意義。因爲歷史裡面有意義的成分，就是對「普遍」的關係和聯繫。看見了這個「普遍」，也就是認識了它的意義。

所以在這個導言裡，我只想對下列幾點加以討論：

第一，將考察哲學史的性質：它的意義、概念和目的，從這裡面就可以推究出如何處理哲學史。我們將要特別借此對於哲學史和哲學這門科學本身的關係有所認識，這將是最有興趣的一點。這就是說，哲學史將不只是表示它內容的外在的偶然的事實，而乃是昭示這內容——那看來好像只屬於歷史的內容——本身就屬於哲學這門科學。換言之，哲學史的本身就是科學的，因而本質上它就是哲學這門科學。

第二，哲學的概念必須加以嚴密規定，從哲學概念裡，就可以規定各個民族精神文明的無限材料和諸多方面中什麼是必須排斥於哲學史之外的。例如宗教與宗教中所包含的思想和關於宗教的思想，特別是神話形式的宗教思想，由於它們的內容這樣地接近哲學，又如別的科學（如關於國家、義務、法律的思想），由於它們的形式，也這樣地接近哲學，以致哲學的歷史顯得似乎完全沒有確定的範圍。也許有人會以爲，哲學史對於所有這些思想都必須加以考慮；人們不是把任何東西都稱爲哲學和哲學思想了嗎？一方面必須詳細考察哲學和與它相關的領域，如宗教、藝術和別的科學以及政治史的密切聯繫，另一方面當哲學的領域已予以明確的規定時，我們就達到了什麼是哲學的定義，和什麼屬於哲學的範圍，這也就是**哲學史的起始點**，這個起始點必須與宗教觀念和有思想意味的預感的起始區別開來。

從對象的概念本身（這概念已包含在上面兩個觀點之內），就會引導我們到**第三點**，即對於哲學史的概觀，並將這種歷史發展的過程，區分爲若干必然的時期——這種區分將哲學史認作一個有機的進展的全體，一個理性的聯繫，唯有這樣，哲學史才會達到科學的尊嚴。〔哲學是理性的知識，它的發展史本身應當是合理的，哲學史本身就應當是哲學的。〕[1]這裡我將不多費篇幅去考慮哲學史的用途和處理哲學史的其他方法。它的用途是很顯明的。最後我願意講一下哲學史的史料來源，因爲這是慣例。

壹、哲學史的概念

一提到哲學史，我們首先就會想到，這個對象本身就包含著一個內在的矛盾。因爲哲學的目的在於認識那不變的、永恆的、自在自爲的。它的目的是眞理。但是歷史所講述的，乃是在一個時代存在，而到另一時代就消逝了，就爲別的東西所代替了的事物。如果我們以「眞理是永恆的」爲出發點，則眞理就不會落到變化無常的範圍，也就不會有歷史。但是如果哲學有一個歷史，而且這歷史只是一系列已過去了的知識形態的陳述，那麼在這歷史裡就不能夠發現眞理，因爲眞理並不是消逝了的東西。

我們可以說：「這種一般的論證，將不僅適用於別的科學，也同樣適用於基督教」，同

---

[1] 據霍夫邁斯特本，第二十四頁增補。——譯者

時也會發現一個與此相矛盾的說法，認爲「基督教史和別的科學的歷史是應該有的，但進一步去研究這種論證卻是多餘的，因爲這種論證已被這些歷史的存在直接推翻了」。爲了對這種矛盾的意義加以較細密的考察，我們必須區隔一種宗教或一門科學的外在命運的歷史與這種對象自身的歷史。所以我們必須考慮到：哲學史由於它的題材的特殊性質，是與別種科學的歷史不同的。我們立刻就可以明白看到，剛才所提到的這種矛盾，不能涉及外在的歷史，而只能涉及內在的亦即內容自身的歷史。譬如基督教便有它的傳播史或它的信徒之命運的歷史；因爲它曾經把它的存在建築在教會上，而教會本身便是這一類的外在存在，這種外在存在與多樣的、時間性的事物相接觸，有了多樣不同的命運，所以本質上具有一個歷史。即就基督教教義本身而論，它誠然還是具有它的歷史，但是它必然地不久便達到它的充分發展，而獲得它的確定的解釋。這種舊的信條，曾經被每個時代承認爲權威，而且現在仍然將會被承認爲不變的眞理，雖說這種承認只是虛假的，這些信條的文字只是口頭上的空虛的公式。但是，基督教教義的歷史，就廣義來說，只包含著兩方面：一方面是對於那原來的固定眞理的多樣性的附加和歪曲，另一方面是對於這些錯誤的鬥爭，和把所遺留下來的原則從附加的成分中淨化出來，並回復到原來的單純信條。

像宗教所有的這種外在歷史，別的科學，包括哲學在內，也是有的。哲學有它的起源、傳布、成熟、衰落、復興的歷史，它的教師、推進者和反對者的歷史——這歷史常常又與宗教、有時又與政治有外在關係。哲學這一方面的歷史，同時引起了一些很有趣味的問題。譬如，有人問：哲學既是關於絕對眞理的學說，爲什麼大體上它只是啟示給少數的個人，給特殊的民族，並且只限於特殊的時代呢？同樣，就基督教看來，在這裡面，眞理比它在哲學的形式內表現得更爲普遍，我們曾遇著一個困難問題：這個宗教在時間上出現得這麼晚，並且那樣久甚至到現在還仍然只限於一些特殊的民族裡，這裡面是不是包含一種矛盾呢？但這一類的問題是屬於更特殊的細節的問題，而不僅屬於剛才所提到的那個較一般的衝突。只有等到我們進一步討論哲學知識的特有性質時，我們才可以更進而討論關於哲學的外在存在和外在歷史這一方面的問題。

但是我們試著把宗教史和哲學史的內在內容比較一下，便可以知道，在哲學裡並不像在宗教裡那樣，自始就承認一個固定的基本的眞理作爲內容，這眞理由於是不變的，因而就是獨立於歷史之外的。基督教的內容就是眞理，它本身是保持不變的，因此它就沒有或者等於沒有歷史。[2]因此在宗教裡面，由於基督教的基本性質，剛才所提到的那種衝突是沒有的。後人的附加和錯誤，並沒有引起什麼困難。因爲它們是變化無常的，而且性質完全是歷史性的。

別的科學，依內容而論，誠然也有歷史。這歷史誠然也有一部分是關於內容的改變和前此所公認爲有效準的原則的放棄，但另一部分，也許是它的內容的較大部分，則是關於有永久性的成分；而新興的成分並不是從前所贏得的原則的改變，而只是對於固有的原則的增加

2　參看馬海內克，《基督教的信仰和生活》，一八二三年柏林版，第一三三—一三四節。

或補充。這些科學透過一種增補過程而進步。誠然，植物學、礦物學之類的進步有許多地方是基於校正前此的成就，但絕大部分是保持原狀的，這些科學只是由於新材料的增加而豐富其自身，卻沒有引起內在的變化。像數學這種科學，它的歷史在內容方面大體上只是一種記載或列舉新貢獻的愉快工作而已。例如初等幾何學自歐幾里得創立以來，可以說是沒有歷史。

相反地，哲學的歷史所昭示的，既不是毫無增加的簡單內容的停滯不前，也不只是新的珍寶平靜地增加到已有的基礎上的過程；因而有人會以爲哲學史所提供給我們的，頗像是一些不斷地全部更新和變化的戲劇，而這些變化最後又不復有一個單純的目的作爲共同的聯繫。在這樣的哲學史裡抽象對象本身、理性知識既消失不見，則這個科學的建築最後必成爲空的架子，徒然分享著哲學的虛名和僞號罷了。

一、關於哲學史的普通觀念

說到這裡，立刻就會發生關於哲學史的普通膚淺的觀念，必須提出來談一談並予以糾正。關於這些很流行的看法，諸位無疑地是很熟知的，因爲事實上這些看法乃是當人們最初對於哲學史加以粗率的思想時，就會浮現在頭腦裡的最直接的想法，我將要簡單地說明那需要說明的，而對於哲學派別之分歧的說明，將會更進一步引導我們到哲學的實質本身。

（一）哲學史作爲分歧意見之堆積

歷史初看起來似乎只應該敘述各個時代、民族和個人的偶然事件，這些事件是偶然的，一部分是就時間的次序來說，而一部分是就它們的內容來說。關於時間次序的偶然性，將在以後討論。現在我們首先要討論的乃是關於內容的偶然性的觀念，亦即關於偶然的行爲的觀念。但是，哲學所有的內容不是行爲，也不是外在的快樂和悲痛的事情，而是思想。偶然的思想不是別的，只是意見，而哲學意見也就是關於較爲特殊的內容和哲學特有的對象的意見，關於上帝、自然和精神的意見。

所以我們就常碰到對於哲學史很普通的看法，認爲它應當是對於一大堆在時間中產生和表現出來的哲學意見的羅列和陳述。像這類的材料，我們客氣一點可以稱之爲意見；而在那些自信可以比較澈底判斷的人，也許會乾脆稱這種哲學史爲無意識的東西的展示，或者至少是單純沉溺在思想和概念中的人們所犯的許多錯誤的展示。這種說法我們不只是在那些自己承認不懂哲學的人那裡可以聽到（他們自己承認不懂哲學，因爲在一般人看來對於哲學的無知並不妨礙他們對哲學隨便下判斷；正相反，他們每個人都自信能夠對哲學的價值和性質下判斷，雖說他們對於哲學毫無所知）；而且從那些自己在寫哲學史和曾經寫過哲學史的人那裡也同樣可以聽到。哲學史照這樣說來，既是各式各樣的意見的羅列，那麼，它將變成一個無聊的好奇的東西，或者我們也可以說只是一種博學的興趣。因爲所謂博學，主要地只是知道一大堆無用的東西，這就是說，除了對那些無用的東西具有一些知識之外，本身沒有任何別的內在意義和價值。

然而有人卻以爲像這樣學習別人的不同意見和思想也是有用的：有刺激思維能力、引起許多好的思想的好處，這就是說，有可以引起另一些意見的好處，於是哲學史這門學問的功用，就在於從一些意見引起另一些意見。

如果哲學史只是一些意見的展示——即使是關於上帝或關於自然事物和精神事物的本質的意見——，則它將是一種多餘的、無聊的學問，無論我們從這類的博學和思想活動裡能夠得到多少益處。還有什麼東西能夠比學習一系列的單純意見更爲無用嗎？還有什麼東西比這更爲無聊嗎？有許多著作就是這種意義下的哲學史，它們把哲學的理念只是當作意見一樣來羅列、處理，對於這些東西我們只須隨便翻閱一下，就可以發現其中的一切是如何地空疏無聊，缺乏興味。

一個意見是一個主觀的觀念，一個任意的思想、一個想像，我可以這樣想，別人可以那樣想；一個意見是我私有的，它本身不是一個有普遍性的自在自爲地存在著的思想。但哲學是不包含意見的，所謂哲學的意見是沒有的。一個人即使他本人是個哲學史的作家，當他說哲學的意見時，我們立刻就可以看得出，他缺乏對於哲學的基本修養。哲學是關於眞理的客觀科學，是對於眞理之必然性的科學，是概念式的認識；它不是意見，也不是意見的產物。

對於哲學史的這種看法，還有一個特有的意義，即：我們所知道的只是一些意見。著重點是在意見上面。與意見對立的是眞理。在眞理面前，一切意見都褪色了。但是，只在哲學史裡面去尋求意見或以爲在哲學史裡面只能發現意見的人們，對於眞理這個字是會掉頭不顧的。哲學在這裡曾經受到從兩方面來的反對。一方面，如所熟知，注重虔誠信仰的人會公開宣稱，理性或思維不能夠認識眞理：正相反，理性只會引導到懷疑的深淵，於是我們必須放棄理性和獨立思想，必須使理性和思想屈服於盲目信仰的權威之下，才能達到眞理。關於哲學和哲學史與宗教間的關係，下面還要討論。另一方面，也是人所熟知的，所謂「理性」又只圖堅持其自身的效準，否認信仰的權威，努力使基督教合理化；所以它認爲要承認任何東西，只有完全信賴個人自己的見解和個人的信念。但這種對於理性的權利的肯定，卻得出這樣令人驚異的結果：理性不能認識眞理。這種所謂理性，一方面用思維理性的名義和力量向宗教信仰鬥爭，而同時它也同樣轉而反對理性，是理性的敵人。它堅持本能和情感以反對理性，因而就把主觀的東西當作眞理的標準，像每個人純從主觀出發任意獨斷所形成的個人信念那樣。這類的個人信念不是別的，而只是一種意見，不過這種意見卻被當作人們的至高無上的標準罷了。

如果我們從首先碰到的觀念開始，則不得不提一下對於哲學史的這種見解。這種見解浸透了一般文化生活的信念，同時也是我們時代的成見，是人們藉以彼此互相了解互相認識的基本原則，是一個被認爲確定無疑的，作爲一切其他科學研究的基礎的前提。這一基本原則也就是時代的眞正的標誌。在神學裡，教會的教條無法完全代表基督教的教養，而是每一個人依照他自己的信念，或多或少地有他自己的基督教教義，而另一個人則依照他另一個信念也有他另一種基督教教義。我們常常看見，在歷史上神學被迫使去尋求各種不同的意見，以便引起對於神學的興趣。而最初的結果之一，就是尊崇所有一切的信念，把它們視爲只是每一個人必須自己解決的問題，它的目的當然不在認識眞理。

個人的信念，事實上就是理性或理性的哲學從主觀性出發在知識方面所要求的最後的、絕對本質的東西。但是，我們必須區別開：什麼是基於感情、願望和直觀等主觀的根據，一般而言，即基於主體之特殊性的信念，與什麼是基於思想的信念，即由於洞見事物的概念和性質而產生的思想的信念。前一種形態的信念，只是意見。

意見與眞理的對立，像這裡所明確劃分的，即在蘇格拉底和柏拉圖時代（希臘生活之墮落的時代）的文化生活裡，我們已經可以看到，柏拉圖曾經把意見（δόξα）和知識（ἐπιστήμη）對立起來。同樣的對立，我們在奧古斯都和其後的羅馬社會政治生活衰落的時代裡也可以看到。在這時，伊壁鳩魯學派以傳播一種無所謂的態度來反對哲學。當基督說：「我是來到世間爲眞理作見證的。」彼拉多以蔑視眞理的態度答道：「眞理是什麼東西？」[3]這話說得很高傲，意思是：「眞理這個觀念已經是一個口頭禪，我們已經對它很厭煩了。我們已經看穿了它是什麼東西，現在已經說不上認識眞理了。我們已經超出它了。」誰說這樣的話，才眞可算是「超出眞理」——被摒於眞理之外了。

如果一個人從這種觀點出發來研究哲學史，則它的全部意義只在於知道別人的特殊意見，而每一個意見又不同於另一意見。但這些個別的特殊的意見，對於我是生疏外在的，在這裡面，我的思維理性是不自由的，也是沒有活動於其中的：它們對於我只是一堆外在

3 見《新約・約翰福音》，第十八章，第三十七、三十八節。——譯者

的僵死的歷史材料，一堆本身空疏的內容。只有自己主觀空疏的人，才會滿足於這些空疏的東西。

對於天眞淳樸的人，眞理永遠是一個偉大的名詞，可以激動他的心靈。對於認爲眞理不可知的說法，我們在哲學史裡適當的地方還要加以詳細的考察，現在只需要提一句：如果我們承認眞理不可知這個前提，像坦納曼那樣，那眞是無法了解，爲什麼我們還要耗費精神來研究哲學。因爲每一個意見都錯誤地自詡爲具有眞理。這就立即令我回憶起一個古老的信念：眞理是在知識裡，但我們只有在反省時，不是在走來走去時，才能認識眞理；眞理既不能在直接的知覺、直觀裡，亦不能在外在的感覺直觀或理智的直觀裡（因爲每一個直觀作爲直觀，就是感性的）被認識，而只能透過思維的勞作才能被認識。

（二）透過哲學史本身去證明哲學知識的無用

上面這種對於哲學史的看法，從另一方面看來也可以有另一種結果，這結果，如果我們願意，也可以把它看作或者有害，或者有利。我們看見如此分歧的意見和如此繁多的哲學系統，於是就感覺到一種困惑，不知道應該接受哪一個。我們知道，許多偉大的人物都曾對於那些足以令人嚮往——而哲學也聲言要將關於它們的知識給予人們——的偉大事物，犯過錯誤，因而他們都曾遭受過別人的反對。「既然這樣偉大的人物都曾走錯路，像我這樣平庸之人，如何能夠去下決定性的判斷呢？」從哲學系統之分歧中推出來的這個結論，就是我們認爲有害的一方面，但同時也有一種主觀的用處。因爲這種分歧通常被許多人用作遁詞，這些人裝出很內行的樣子，表示他們對於哲學很有興趣——來掩飾他們對於哲學的忽視，即他們雖然好像是抱著一番善意，並且也承認有努力研究這門學問的必要，但事實上他們卻完全忽視了這門學問。然而哲學系統的分歧，卻遠不只是一種被這些人用作忽視哲學的藉口。它還更可以被當作一種嚴肅的眞實的論據，用來反對從事哲學研究所需的熱忱，用來作爲忽略哲學的理由，並作爲一個無可辯駁的例證，以表明努力達到對於眞理的哲學認識，是徒勞無益之事。但假如我們承認，哲學應當是一種眞正的科學，而且眞的哲學只有一個，於是就發生了這個問題：哪一個哲學是眞的哲學？我們如何可以認識這個眞的哲學？既然每一個哲學自認爲眞的哲學，既然每一個哲學各自提出一些不同的標誌和標準，作爲認識眞理的指標；那麼，一個頭腦清醒的人於下判斷時必會徘徊遲疑。

這一點，據說就是哲學史可以提供的進一步的意義。西塞羅（《論神的性質》第一章第十節以下）曾經雜亂地列舉出關於上帝的許多哲學思想的歷史。他假借一個伊壁鳩魯學派的學者的口氣說話，但他自認他不知道有比那更好的說法，所以那就代表他自己的見解。那個伊壁鳩魯學派的學者說，我們尙沒有達到確定的知識。對於哲學努力之爲無用的證明，可以直接從這種對於哲學史通常的膚淺看法引申出來：即認爲哲學史的結果所昭示的，不過只是分歧的思想、多樣的哲學的發生過程，這些思想和哲學彼此對立、互相矛盾、互相推翻。這個不可否認的事實，似乎包含有可以把耶穌基督下面的一句話應用到哲學上面來的理由和必要：「讓那死了的人去埋葬他們的死人；跟著我來。」[4]全部哲學史這樣就成了一個戰場，堆滿著死人的骨骼。它是一個死人的王國，這王國不僅充滿著肉體已死亡的個人，而且充滿著已經推翻的和精神上死亡的系統，在這裡面，每一個殺死了另一個，並且埋葬了另一個。這裡不是「跟著我走」，按照這裡的意思倒必須說，「跟著自己走」。這就是說，堅持你自己的信念，不要改變你自己的意見。何必採納別人的意見呢？

這樣的情形當然就發生了：一種新的哲學出現了。這哲學斷言所有別的哲學都是毫無價值的。誠然，每一個哲學出現時，都自詡爲：有了它，前此的一切哲學不僅是被駁倒，而且它們的缺點也被補救了，正確的哲學最後被發現了。但根據以前的許多經驗，倒足以表明新約裡的另一些話同樣地可以用來說這樣的哲學，使徒彼得對亞拿尼亞說：「看吧！要將你抬出去的人的腳，已經站在門口。」[5]且看那要駁倒你並且代替你的哲學不會久久不來，正如它對於其他的哲學不曾久久不去一樣。

4　見《新約．路加福音》，第九章，第五十九、六十節。——譯者

5　見《新約．使徒行傳》，第五章，第九節。——譯者

（三）關於哲學之分歧的解釋

無疑地，現在有著並且曾經有過許多不同的哲學，乃是一個有充分根據的事實。但眞理只有一個，這乃是理性的本能所具有的根深蒂固的直覺和信念。於是有人便因此推論說：「只能有一個哲學是眞的，但由於有如此之多不同的哲學，所以其餘的哲學都只能是錯誤的。但每一種哲學都確信、保證並證明它自身是那唯一眞的哲學。」這是通常的形式推論，而且從冷靜思想看來，好像也是正確的見解。至於談到思想之冷靜——這個好聽的名詞，從日常的經驗我們就可以知道冷靜這個名詞的意義，即當我們是冷靜或空乏時，我們立刻或不久就會感覺饑餓。（譯者按：「冷靜的」——德文原作 nüchtern，此字有指饑餓時腹中枵然或空乏之意，又有冷靜、空疏、抽象、枯燥的意思。黑格爾此處兼用這兩層意義。）但冷靜的思想卻有一種本領和技巧，可以不讓自己由於冷靜或空乏而變成饑餓和渴求，而能使自己感到滿足並安於滿足。因此，用這種字眼所表示的這種思想，就是那僵死的抽象理智；因爲只有僵死的東西才是冷靜的，並且同時才是滿足的、安於滿足的。但無論物質生活或精神生活皆不會停留在滿足於冷靜或空疏中，而乃是一種衝力，它是饑渴地追求眞理，追求對眞理的知識，迫切要求滿足對這種求眞和求知的衝力，它絕不會對這樣的抽象思想加以飽餐並感到滿足的。

但是，對於上面這種思想，有一點尚需更確切地說明一下，即無論哲學派別是如何地分歧，卻至少有一個共同點，即它們同是哲學。所以，如果任何人研究過或熟悉過任何一種哲學（只要它在任何意義下是一種哲學），則他就可以說是具有「哲學」。那提出一些抽象的論證或藉口、一味堅持哲學的分歧性的人，由於他厭惡或害怕特殊性，不知道特殊性也包含普遍性在內，他是不願意理解或承認這普遍性的，在別的地方[6]我曾經把他比做一個患病的學究，醫生勸他吃水果，於是有人把櫻桃、杏子或葡萄放在他前面，但他由於抽象理智的學究氣，卻不伸手去拿，因爲擺在他面前的，只是一顆顆櫻桃、杏子或葡萄，而不是水果。

但重要的是對於哲學系統之分歧性的意義，去進一步獲得一個更深刻的見解。對於眞理和哲學的性質，加以哲學的理解，這樣我們就可以認識到，這種哲學系統的分歧，絕不意味著眞理與錯誤是抽象地對立著的。說明這點，就會使我們明瞭全部哲學史的意義。

我們必須講明白：哲學系統的分歧和多樣性，不僅對哲學本身或哲學的可能性沒有妨礙，而且對於哲學這門科學的存在，在過去和現在都是絕對必要的，並且是本質的。

由於這番討論，就可以說明我們認識，哲學的目的即在於用思維和概念去把握眞理，並不是去發現沒有東西可以被認識，也不是去發現我們不能認識眞正的眞理，而只能認識暫時的、有限的眞理（這就是說，一種眞理同時又是不眞的眞理）。此外並可以說明我們認識，在哲學史裡我們所研究的就是哲學本身。

6《哲學全書》，第十三節附釋。

我們可以在這裡把重要之點單用「發展」這一概念來加以概括。如果我們明白發展的意義，則所有其餘部分自然會產生並引申出來。哲學史的事實並不是一些冒險的行爲，一如世界的歷史並不只是一些浪漫的活動；換言之，它們並不只是一些偶然的事實，迷途騎士漫遊事蹟之聚集：這些騎士各自爲戰，作無目的的掙扎，在他們的一切努力裡，看不出任何效果。哲學史同樣也不是在這裡異想天開地想出一個東西，在那裡又主觀任性地想出另一個東西，而是在思維精神的運動裡有本質上的聯繫的。精神的進展是合乎理性的。我們必須本著對於世界精神這樣的信心去從事歷史，特別是哲學史的研究。

二、關於哲學史的定義的解釋

上面所提到的「眞理只有一個」那句話，還是很抽象、很形式的。在較深的意義下，這話就是我們的出發點。哲學的目的就在於認識這唯一的眞理，而同時把它當作源泉，一切其他事物，自然的一切規律，生活和意識的一切現象，都只是從這源泉裡面流出，它們只是它的反映，或者把所有這些規律和現象，依照著表面上似乎相反的路線，引回到那唯一的源泉，但爲的是根據它來把握它們，這就是說，認識它們是從它派生出來的。所以，最要緊的倒是要去認識那唯一的眞理並不只是一個單純的、空虛的思想，而乃是一個自身規定的思想。

要得到這種知識，我們必須進入一些抽象的概念，這些概念是異常概括和枯燥的：這就是「發展」和「具體」這兩個原則。思維的產物一般地就是思想；但思想是形式的，思想更進一步加以規定就成爲概念，而理念就是思想的全體——一個自在自爲的範疇。因此，理念也就是眞理，並且唯有理念才是眞理。本質上，理念的本性就在於發展它自身，並且唯有透過發展才能把握它自身，才能成爲理念。

（一）發展的概念

發展是一個熟知的觀念。但哲學的特點，就在於研究一般人平時所自以爲很熟悉的東西。一般人在日常生活中，不知不覺間曾經運用並應用來幫助他生活的東西，恰好就是他所不眞知的，如果他沒有哲學的修養的話。對於這個概念的進一步討論，屬於邏輯學的範圍。說理念是發展的，並且說它首先必須使它自己成爲它自身，從理智看來，似乎是一個矛盾，但哲學的本質正在於消除理智的對立。[2]

爲了理解發展的意義，我們必須區隔兩種不同的情況。第一，就是大家所知道的潛能、能力或我所謂的「潛在」（Ansichsein，拉丁文作 potentia，希臘文作 δύναμις）。發展的

[2] 這句話米希勒本第一版意思不全，茲據霍夫邁斯特本第一〇一頁譯出。這裡所謂「理念首先必須使它自己成爲它自身」，意指理念必須實現其自身的意思。——譯者

第二個意義，就是「自爲自在」，亦即眞在或「實在」（Fürsichsein，拉丁文作 actus，希臘文作 ἐνέργεια）。我們說：人是有理性的，人的本性具有理性；是指人之理性，只是在潛能裡、在胚胎裡。在這個意義下，人一生下來，甚至在娘胎中，就具有理性、理智、想像、意志。小孩也是一個人，但是他只有理性的能力、只有理性的眞實可能性；他有理性簡直和無理性幾乎沒有什麼差別，理性還沒有存在於他裡面，因爲他還不能夠做理性的事情，也還沒有理性的意識。首先由於人是由自在（即潛在——譯者）而成爲自爲（即實在——譯者），因此，也就成爲自爲的理性。所以人如果從任何一方面看來具有實在性，就是說，他眞實地具有理性，這樣他就是爲理性而存在。

這究竟是什麼意義呢？凡是自在的東西必定要成爲人的對象，必定要進入人的意識，因而成爲「爲人」的存在。一個東西是人的對象，這就等於說它是人的潛在性；所以人由於有了對象，他才由自在成爲自爲，這樣他就雙重化了，他就保持著他自身，而沒有變成另外一個東西。人是能思維的，他就思維著思想。在思維裡，只有思想才是對象；同樣，理性產生合理的東西，理性也就是理性的對象。（思想也可以墮入非理性，這還須進一步去考察。）一個自在的有理性的人，當他成爲自爲地有理性時，好像只是依然保持著他固有的潛在理性，並沒有什麼增加。但是這區別卻非常大，雖說沒有出現新的內容，但由自在而取得自爲的形式，卻有一個非常大的區別。世界歷史的整個區別都建築在這個區別上面。所有的人都是有理性的，由於具有理性，所以就形式方面說，人是自由的，自由是人的本性。然而，在許多民族裡，曾經有過奴隸制度，甚至現在還有部分存在；而且這些民族還自安於這種制度。非洲人、亞洲人與希臘人、羅馬人及近代人之間，唯一的區別只在於後者意識到他們是自由的，而前者雖說潛在地也一樣是自由的，但他們卻沒有意識到，因而他們就不是自由地生存著。這一點便構成他們生活情況的重大區別。一切知識、學問、科學甚至於行爲，除了把內在的潛在的性能加以發揮，並使它客觀化其自身以外，就沒有別的目的了。

潛在變成存在，是一個變化的過程，在這變化的過程裡，它仍保持爲同一物。它的潛在性支配著全部過程。譬如，植物並不消失其自身於單純無規範的變化裡。植物的種子也是如此。在種子裡，最初什麼也看不出來。種子有發展它自身的衝力，它不能忍受只處於自在的情況。這衝力就是這樣的矛盾：即它只是自在的而又不應只是自在的。這衝力發揮其自身爲存在。它可以產生出許多東西，但是這一切都早已潛伏在種子裡，當然尚未發展出來，而只是含蘊著並在抽象觀念中。在完成這種發展過程之中，它趨向著一個目的。它的最高的外在化（即實現——譯者）和先在的目的，就是果實，這就是說，種子的長成或回復到最初的狀況。種子要發展它自身，回復到它自身。它裡面所蘊含的將要發揮出來，再回復到它所從出發的統一體。在自然事物裡，情形誠然是這樣的：一個東西藉以開始的主體和構成結果的存在——果實和種子——兩者都是個體。這種二重性似乎會引起分裂爲兩個個體的結果；但就內容說，它們是同一之物。同樣，在動物的生活裡，母與子是不同的個體，然而，它們的本性是同一的。

在精神裡，情形便不同。它是意識，因此它是自由的，在它裡面，開端與終結是結合著的。在自然裡，當種子變化成另一物之後，又回復到它自身的統一。同樣，在精神裡，凡是潛在的，當發展成爲精神時，它也就成爲自爲了。水果和種子就不會發展成爲最初的種子，但只是爲我們；在精神裡，自在和自爲這兩個階段不只是本身同一的性質，而且是互爲的存在，同時即是自爲的存在。凡是爲對方之物，即與對方是同一之物。唯有由於這樣，精神才在它的對方裡回復其自身。精神的發展是自身超出、自身分離，並且同時是自身回復的過程。

精神的這種內在性或自身回復，也可以說是它的最高的、絕對的目的。它所追求的只是這一點，沒有別的。舉凡一切在天上或地上發生的——永恆地發生的，上帝的生活以及一切在時間之內的事物，都只是力求精神認識其自身，使自己成爲自己的對象，發現自己，達到自爲，自己與自己相結合。精神自己二元化自己、自己乖離自己，但卻是爲了能夠發現自己、爲了能夠回復自己。只有這才是自由；〔因爲即使從外在的看法，我們也說：〕[3]自由乃是不依賴他物，〔不受外力壓迫〕，[4]不牽連在他物裡面。當精神回復到它自己時，它就達到了更自由的地步。只有在這裡才有眞正的自性，只有在這裡才有眞正的自信。只有在思想裡，而不在任何別的東西裡，精神才能達到這種自由。譬如在直觀裡、在感覺裡，我發現我自己是被決定的而不是自由的，但只要我對於我的感覺有了意識，那麼我便是自由的。在

[3] 據霍夫邁斯特本，第一一〇頁增補。——譯者

[4] 據霍夫邁斯特本，第一一〇頁增補。——譯者

意志裡，人有一定的目的、一定的興趣，一方面我誠然是自由的，因爲這是屬於我的，但這種目的或興趣總是包含有另一個東西，或者對於我說，是我的對方，如欲望、嗜好之類。只有在思想裡，一切的外在性都透明了、消失了；精神在這裡是絕對自由的。由此，理念和哲學的興趣都同時表達出來了。

（二）具體的概念

關於發展，我們可以問：什麼東西發展著？什麼是它的絕對內容？人們總以爲，發展只是一種形式的活動，沒有內容。不過行爲除了活動以外，沒有別的性質，透過這種活動，那內容的普遍性格便被規定了。自在和自爲（即潛在和實現——譯者）就是活動的兩個環節。行爲就是包含這些不同的環節在內的活動。因此，行爲本質上是一個整體，而整體就是具體的，不只行爲是具體的，而且潛在，那開始活動的主體，也是具體的，那活動的產物，一如活動和開始活動，也同樣是具體的。發展的過程亦即是內容、理念的本身。它是其一，也是其他，二者合一，構成其三。因爲其一在其他裡面乃是回復其自身，並非外在於其自身。

一般成見總認爲：哲學只從事研究抽象的東西和空洞的共性，並以爲直觀我們經驗的自我意識、我們的自我感覺、生活感覺，反而是屬於自身具體的和自身決定的領域。其實哲學屬於思想的領域，因而從事研究的是共性，它的內容是抽象的，但只是就形式、就表面說才如此，而理念自身本質上是具體的，是不同的規定之統一。就在這裡，便可看出理性知識與單純理智知識的區別；而哲學的任務與理智相反，是在於指出：眞理、理念不是由空洞的普遍所構成的，而乃包含在一種普遍裡，這種普遍自身就是特殊，自身就是有決定性的。如果眞理是抽象的，則它就是不眞的。健康的人類理性趨向於具體的東西。理智的反省才是抽象的理論，不是眞的，只是在頭腦裡是正確的，而且沒有實踐性。哲學是最敵視抽象的，它引導我們回復到具體。

所以理念就內容而論，是自身具體的，也是自在的，而它的興趣（即目的——譯者）即在於由自在發展爲自爲。把自在和自爲兩個觀念結合起來，我們就得到具體事物的運動。因爲自在的自身已經是具體的，我們只是發揮出已經潛伏在那裡的成分，所以新形式的增加，那現在好像是有分別的，只不過是從前包含在原始的統一裡面的。具體的必須變成自爲的。它是自身分化的，作爲潛在、可能性，它是尚未分化的，尚在原始的統一裡（這種統一是與分化、殊異相矛盾的）；它是簡單的，卻是有區別的。具體的東西，這種內在的矛盾本身，就是促進發展的推動力。因而就產生了區別。但同樣給予這區別應得的權利。它這權利就是揚棄它自身的區別，再回復到統一；它的眞理唯有在統一裡。這種統一就是生命，既是自然的生命，又是包含在理念、精神裡面的生命。理念不是抽象的、不可言說的最高本質；這樣的上帝是近代抽象理智的產物。理念是運動、過程，但裡面也有靜止；它也有區別，但這區別只是行將消失的，透過消除區別的過程才可達到充分的具體的統一。

我們可以舉出一些感性事物爲例，對於「具體」這概念作一較詳細的說明。花雖說具有多樣的性質，如香、味、形狀、顏色等，但它卻是一個整體。在這一朵花裡，這些性質中的任何一種都不可缺少，這朵花的每一個別部分，都具有整個花所有的特性。同樣，金子在它每一小粒裡，完整不可分地包含著它的一切特性。在感性事物裡我們可以承認這些殊異的性質是湊合在一起，但在精神現象裡，有區別的被認爲是對立的。花的色和香雖然是相反的，卻仍同在一個對象裡，我們不把兩者彼此對立起來，我們並不覺得這是矛盾或違反事實。但是理智和理智性的思想，卻認爲不同的東西擺在一起是不能容忍的。譬如物質是複合的，空間是連續不斷的；但我們又可以把空間分成點。物質是聯結著的，但人們也可以把它加以分裂，並分割至無窮。於是，人們又說，物質既是原子和積點所構成，因此不是連續的。於是這裡我們就有了連續性和點積性兩種特性的結合。但這兩者理智卻認爲是不相容的，它以爲「物質不是連續的，就是點積成的」。但事實上物質兼有兩種特性。

或者我們說，人是有自由的，而他的另一特性卻是必然。「如果精神是自由的，則它必不受必然性的支配。」反過來說：「它的意志、思想爲必然性所決定，則它就是不自由的。」人們說「這兩個性質是互相排斥的」。這裡我們便認爲這種區別，這種作爲互相排斥的區別，是不能構成具體事物的。但是眞理、精神是具體的，它的特性是自由和必然。所以較高的觀點是：精神在它的必然性裡是自由的，也只有在必然性裡才可以尋得它的自由，一如它的必然性只是建築在它的自由上面。但要說明精神的這種統一性，在這裡較爲困難。也有許多存在，片面地屬於必然性；這就是自然事物。因此自然是抽象的，尚未達到眞實的存在；這倒並不是說抽象的東西根本不存在。譬如紅色便是一個抽象的感性觀念，當說到紅色時，並不意味著它所指謂的是抽象物。但是一朵紅色的玫瑰花，卻是一種具體的紅物，對這個具體的紅物，我們是可以區別和孤立出許多抽象物的。同樣，自由也可以是沒有必然性的抽象自由。這種假自由就是任性，因而它就是眞自由的反面，是不自覺地被束縛的、主觀空想的自由，僅僅是形式的自由。

發展的果實，那第三者，乃是運動的一個結果。就它只是一個階段的結果而言，它是這個階段的最後者，但同時它又是另一發展階段的出發點和最先者。所以歌德在某處曾經很正確地說過：「已受陶鑄者自身不斷地又將成爲材料。」受了陶鑄的材料有它的形式，它又成爲另一個新形式的材料。精神向內反省，以自身爲對象，它的思維的方向因此便給它以形式和思想的範疇。精神據以反省的概念也就是它自身、它的形式、它的存在；它重新把它自己與它的概念範疇分開，把這概念作爲對象，重新加以思考。這樣，這種思維活動更加陶鑄了前此已陶鑄過的材料，予以更多的範疇，使它更確定、更發揮、更深邃。這種具體的運動，乃是一系列的發展，並非像一條直線抽象地向著無窮發展，必須視爲像一個圓圈那樣，乃是回復到自身的發展，這個圓圈又是許多圓圈所構成；而那整體乃是許多自己回復到自己的發展過程所構成的。

（三）哲學是認識具體事物發展的科學

既已一般地說明了具體的東西的性質，關於它的意義，現在我願補充幾句，即：那自身決定的眞理有一種衝力去發展它自身。只有那有生命的和精神的事物，才有自身衝動，自身發展，所以作爲自身具體、自身發展的理念，乃是一個有機的系統，一個全體，包含很多的階段和環節在它自身內。

而哲學就是對於這種發展的認識，並且作爲概念的思維，哲學就是這種思維的發展。這種發展愈增進，則哲學便愈完善。

再者，哲學的發展並不是向外追逐，失掉其自身於外界，而它之向外發展同樣也是向內深入。這就是說，普遍的理念始終是內在的根本，是無所不包的和永恆不變的。

哲學理念之向外發展並不是一種變化，從一物變成他物，而同樣是一種進入自身的向內深入，所以哲學的進步在於使前此的一般的、不明確的理念，更加自身明確。理念的較高發展與它的更大的明確性乃是同一意義。在這裡，外延最廣也就是內包最深。〔精神的內涵愈深，則它的外延亦愈廣，因此它的領域也愈大。〕[5]發展意義的外延，並不是各自分散，彼此外在，而乃是一種結合，發展的外延愈廣、內容愈豐富，則這種結合也就愈深而有力。

這就是關於理念的性質和它的發展的一些抽象的命題。高度發展的哲學便是這樣的理念構成的；哲學系統是一個理念的全體和它的一切部分之發揮，好像在一個有生命的個體裡，一個生命、一個脈搏跳動貫穿著所有肢體一樣。在理念中出現的一切的部分和所有這些部分的系統結合，均由此唯一理念產生。一切特殊部分都只是這唯一生命的反映和摹本。它

[5] 據英譯本增補。——譯者

們只有在理念的統一裡，才得到它們的實在性，而它們的區別或不同的特性，也只是理念的表現和包含在理念裡的形式。所以理念是中心，同時也是邊緣，是光明的泉源，在它的一切向外發展裡並不走出它自身，而只是內在並現在於它自身。所以理念是必然性和它自身的必然性的系統，而理念的這種必然性同樣又是它的自由。

三、哲學史的概念所產生的後果

由此可見，哲學是在發展中的系統，哲學史也是在發展中的系統；這就是哲學史的研究所須闡明的主要之點或基本概念。

要說明這點，首先必須指出理念在表現的方式上可以發生的差異。在思想的進展裡，不同階段的出現，可以具有必然性的意識，每一繼起階段的派生及其所以僅具這種特性和形式，皆依此必然性而出；或者也可以沒有必然性的意識，而只是採取一種自然的、好像是偶然出現的方式，在這種方式下，概念誠然仍內在地依規律產生效果，但這種規律卻沒有被明白表現出來：像在自然裡，枝、葉、花、果的發展階段，皆各自出現，而內在理念才是這種依次開展的過程之主導的決定的力量；又如兒童的體力，特別是他的精神活動依次出現，那樣單純而且自然，所以有些做父母的人，初次得到這種經驗，會訝異，不知道這些原來內在而現在發展出來的能力是從哪裡來的，因爲這些現象的整個系列只是採取在時間中相續的形式。

揭示出理念發展的一種方式，亦即揭示出理念各種形態的推演和各種範疇在思想中的、被認識了的必然性，這就是哲學自身的課題和任務。但因爲在哲學裡所涉及的乃是純粹理念，尚不是理念特殊化的形態——自然和精神，所以對於這些進展過程的發揮，主要地乃是邏輯哲學的課題和任務。然而理念發展的另一種方式，亦即理念的不同階段和不同發展環節之出現在時間中、在變化的形態中、在某些特殊的地域中、在這個或那個民族裡、在某些政治環境裡，或在由政治環境而引起的錯綜複雜的關係裡。簡言之，出現在經驗的形式內——這就是哲學史所要揭示給我們的一幕一幕的戲劇。這種觀點才是唯一配得上這門科學的觀點。由於這門科學的性質，即可證明這觀點本身就是眞的，透過哲學史的研究，即可實際地表明這個觀點的正確。

根據這種觀點，我認爲：歷史上的那些哲學系統的次序，與理念裡的那些概念規定的邏輯推演的次序是相同的。我認爲：如果我們能夠對哲學史裡面出現的各個系統的基本概念，完全剝掉它們的外在形態和特殊應用，我們就可以得到理念自身發展的各個不同的階段的邏輯概念了。反之，如果掌握了邏輯的進程，我們亦可從它裡面的各主要環節得到歷史現象的進程。不過我們當然必須善於從歷史形態所包含的內容裡去認識這些純粹概念。〔也許有人會以爲，哲學在理念裡發展的階段與在時間裡發展的階段，其次序應該是不相同的；但大體上兩者的次序是同一的。〕[6]此外一方面是歷史裡面的時間次序，另一方面是概念發展

[6] 據英譯本增補。——譯者

的次序，兩者當然是有區別的。但是現在要充分地說明此點，就會離開我們的目的太遠了。

我只須指出從上面所說的，即已昭示哲學史的研究就是哲學本身的研究，不會是別的。一個人研究物理學、數學的歷史，當然也就是熟悉了物理學、數學本身。但是爲了從哲學出現在歷史上時所取的經驗的形態和外在形式裡，去認識哲學的發展乃是理念的發展，我們必須具有理念的知識，猶如當我們判斷人的行爲是否正當和適宜時，我們必須具有「正當」和「適宜」的概念〔作爲標準〕一樣。不然，就像我們所看見的許多哲學史一樣，只是把一堆毫無秩序的意見羅列在不知理念的人的眼前。給諸位闡明這種理念，並因而說明它的現象，就是講授哲學史的人的任務。因爲觀察者必定已具有他所觀察的事物的概念，才可以看見這概念在它的現象裡，並且才能夠眞實地說明這對象，所以我們用不著感覺奇怪，何以會有這樣多淺薄的哲學史，將一系列的哲學系統表現成一系列的單純的意見、錯誤和思想遊戲——這些思想遊戲誠然炫耀了很大的聰明和理智的努力，並且就哲學系統的形式說來，也設計得盡美盡善，値得恭維。像這類缺乏哲學頭腦的歷史家，他們怎麼會有能力把握並表現理性思維的內容呢？

從上面所論理念的形式性質，足見只有能夠掌握理念系統發展的那一種哲學史，才夠得上科學的名稱（也只有因爲這樣，我才願意從事哲學史的演講）；一堆知識的聚集，並不能構成科學。哲學史只有作爲以理性爲基礎的現象的連續，本身以理性爲內容，並且揭示出這內容，才能表明它是一個理性的歷史，並表明它所記載的事實是合理性的。那一切透過理性而發生的事實，自身怎麼會不是合理性的呢？相信人世間的事變不是受「偶然」所支配，應該已經是一個理性的信仰，而哲學的任務，就在於認識哲學自己的表現雖這樣的是歷史，而它卻只爲理念所規定。

透過這些初步闡明的一般的概念，我們現在就規定了哲學史的範疇了。我們必須考察這些範疇在哲學史上進一步的應用，這種應用，將可以使我們得到哲學史上最有意義的觀點。

（一）各種哲學在時間上的發展

關於哲學史的第一個問題，涉及剛才所提及的理念在表現上的差異。這問題是：哲學怎麼會表現爲在時間上有發展而且有一個歷史？對這問題的回答，就會牽涉到時間的形上學。而我們現在的目的，只在於指出幾個要點，以解答這個問題，我們不願意離題太遠、說得太多。

上面已經提到，精神的本質在於它的存在就是它的活動。反之，自然就它本身說來，它的變化因此只是些重複，它的運動只是一個循環的過程。更確切點說，精神的事業就是認識自己。我是一個直接的存在，但這只是就我是活的有機體而言；只有當我認識我自己時，我才是精神。「認識你自己」，這個在德爾斐的智慧神廟上的箴言，表達了精神本性的絕對命令。意識在本質上包含著這樣的意義：我是自爲的，我是我自己的對象。根據這一絕對的判斷，「我的」與我自身有了區別，精神使自身成爲定在（或譯「限有」——譯者），把自身當作自身以外的東西；它建立其自身於外在性裡，而外在性正是自然的、一般的有區別的存在方式。但是外在性的一種形式就是時間，這種形式在自然哲學和精神哲學裡，將要予以詳細的討論。

這種「定在」（Dasein）因此亦即在時間中的存在，不只是一般個人意識的一個環節（個人意識本質上是有限的），而且也是哲學理念在思維領域內的發展。因爲理念，若在它的靜止中去思維它，當然是沒有時間性的。在靜止中去思維理念或在直接性的形象裡去執著它，這意思即等於在內在的直觀中去認識它。但有如上面所說，理念乃是具體的，乃是相異者的統一，本質上並不是靜止的，它的定在本質上也不是直觀。反之，理念是自身區別，因而是自身發展的，它實現它自身，外在化它自身於思維領域內。因此純粹哲學表現其自身於思維中作爲在時間中進展著的存在。但是這種思想成分本身是抽象的，是個人意識的活動。（但精神並不僅只是個人的有限的意識，）反而，（它自身乃是普遍的具體的精神。）這種具體的普遍性包括著它自身一切發展出來的形態和方面，在這些形態和方面裡，精神是並且將成爲符合理念的對象。所以精神對於它自身的思維的認識，同時就是那充滿了發展的全部實在的進展。這種進展並不是透過個人思想，表現在個人意識裡面的進展，而乃是具有豐富形態，揭示其自身於世界史中的普遍精神的進展。在這種發展的過程裡，理念的某一形式某一階段在某一民族裡得到自覺；而這一民族在這一時間內，只表現這一形式，即在這一形式內它造成它的世界，它造成它的情況。反之，那較高的階段，在許多世紀以後，又發現在另一民族裡。

如果我們掌握住「具體」和「發展」的原理，那麼「多樣性」的性質就具有大不相同的意義了。而關於哲學派別的分歧性的說法，就好像那多樣性的學說是固定的、死板的、彼此互相排斥的，一下子就被打倒，而被安置在它應有的地位似的。這說法乃是有些輕視哲學的人自信爲他們所擁有的用來反對哲學的不可征服的武器，而他們對於這些可憐的看法，還感到驕傲——眞是一種乞丐式的驕傲——，正足見他們對所具有的這一小點知識，如關於哲學學說之分歧和多樣性的知識，他們還完全不知道其意義。但多樣性或分歧乃是人人都了解的範疇，這範疇乃是人人所熟知的，誰也不會感覺到了解它有什麼困難。他們總以爲他們充分了解它，可以隨便運用它——它是一個自身明白，爲他們明確知道的概念。但那些把「多樣性」認作絕對固定的概念的人，對於它的性質和辯證發展卻毫無所知。多樣性是在流動中，本質上必須視爲在發展運動中，是一個暫時的過渡的環節。哲學的具體理念是揭示出它所包含的區別或多樣性之發展的活動。這些區別概指思想而言。因爲我們這裡是在說思想的發展。包含在理念裡面的區別是被建立爲思想的。這是第一點。第二點是：這些區別必取得存在，其一在這裡，其他在那裡。這些區別爲了取得存在，它們必須成爲整個、全體，必須包含理念的全體在內。唯有包含有區別在內的具體的東西才是實在的。所以區別須當作全體的形式來看。

像這樣包括了多樣性、區別於其中的完整思想，就是一種哲學。但這些區別各在其特定形式下包含了理念。也許有人說：形式是不相干的，唯有內容、理念才是主要的。當他承認不同的哲學僅在不同的形式中包含了理念，因而便說這些形式是偶然的時，他也許還自以爲他這種看法相當公正。但須知形式是攸關重要的。因爲這些形式不是別的，只是理念自身的原始的區別。理念之所以為理念，只是因它在它的區別中；區別對於理念仍是本質的，並構成理念的內容。內容展開出來成為多，它就有了形式。但這種形式或範疇的多樣性卻並不是無規定的，而是有必然性的。這些多樣的形式結合起來構成一個總的形式。它們就是那原始的理念的各個範疇，它們結合起來構成全體的形象。所以當它們彼此是外在的時，它們便沒有結合在自身之內，而只是結合在我們、在觀察者之內。

每一個哲學系統即是一個範疇，但它並不因此就與別的範疇互相排斥（或譯「互相外在」——譯者）。這些範疇有不可逃避的命運，這就是它們必然要被結合在一起，並被降為一個整體中的諸環節。每一系統所採取的獨立的形態又須被揚棄。在擴張為多之後，接著就會緊縮為一，回復到「多」最初所自出的「統一」。而這第三個環節自身又可以僅是另一較高發展的開端。這種進展的步驟似乎可以延至無窮。但它卻有一絕對的目的。關於這點以後我們將有更多的認識。在精神解放自身達到自我意識的途中，須有許多曲折的道路。唯有這種觀點才值得為哲學史所依據來觀察那自覺的理性之廟宇。這座廟宇是那樣合理地為一個內在的建築師所造成，而並不是像猶太人或共濟會員（Freimaurer）那樣建造所羅門的廟宇。

使得哲學史令人感到有真實興趣的偉大前提，即是認為在我們這邊，在世界裡所發生的一切都是符合理性的，這種看法不是別的，實不過是相信「天道」之另一方式。世界上最有價值的東西，都是理性產生出來的，因此相信理性只在自然裡，不在精神裡，是很不適當的。一個人如果認為精神領域內的成果——如各個哲學系統——僅僅是偶然性的，則他便是並非真誠地信仰神聖的世界規律，而他對於「天道」的信仰也只是空話。

無疑地，精神曾經費了很長的時間去發揮出哲學來，而這時間之長，初看起來是驚人的，有點像天文學上所說的空間那樣遼闊。就世界精神進展之緩慢而論，我們須知它有充分時間，用不著緊張忙迫。「在神的面前，千年如一日。」它有充分時間，即因它在時間之外，即因它是永恆的。那飄忽即逝的當日事變卻沒有充分時間去完成許多目的。（誰不是在他的目的沒有完成以前就死去了？）它不只是有充分的時間，要想達到一個目的，實現一個理想，所需的不只是時間，還需要許多別的東西。說它利用了許多民族，許多世代的人類來完成它尋求自我意識的工作，說它造成了萬物生生滅滅的龐大展示，也還不夠。它有充分富足的資源造就無限的展示，它大規模地進行它的工作，它有無數的國家，無數的個人供它使用。有一句流行的話：「自然採取最短的道路以達到它的目的」，這話是不錯的，但殊不知精神的道路是間接的、是曲折的。凡有限生活裡所須考慮的問題，如時間、勞力、費用，它都不在意。我們也不可太性急，以爲某些見解直至現在還沒有發揮出來，或這一眞理、那一眞理還不是已在那裡。在世界歷史裡，進步是很遲緩的。

（二）前一節的理論之應用於哲學史的研究

從上面所說推出來的**第一條**結論就是：全部哲學史是一有必然性的、有次序的進程。這進程本身是合理性的，爲理念所規定的。偶然性必須於進入哲學領域時立即排除。概念的發展在哲學裡面是必然的，同樣概念發展的歷史也是必然的。這種發展的主導力量是各種多樣性的形態之內在的辯證法則。有限的事物不是眞的，尙沒有達到它的「應如此」。它既有了存在（即成爲「定在」——譯者），因而也就有了它的局限性。但內在的理念摧毀了這些有限的形態。一個哲學若沒有與它的內容相一致的絕對的形式，它必須消逝，因爲它的形式並不是眞的。〔在哲學史裡，理念的這種辯證〕[7]進展先驗地是有必然性的。這點就是哲學史可作爲範例予以證明的。

從前此所說可以推出的第二條原則就是：每一哲學曾經是，而且仍是必然的，因此沒有任何哲學曾消滅，而所有各派哲學作爲全體的諸環節都肯定地保存在哲學裡。但我們必須將這些哲學的特殊原則視爲特殊原則，和這原則之透過整個世界觀的發揮區別開。各派哲學的原則是被保持著的，那最新的哲學就是所有各先行原則的結果，所以沒有任何哲學是完全被推翻的。那被推翻的並不是這個哲學的原則，而只不過是這個原則的絕對性、究竟至上性。例如：原子論的哲學曾經達到這樣的原則，即原子是絕對者，原子是不可分的「單位」，這不可分的「單位」，深一層說，就是個體、主體。那單純的單位僅只是抽象的「自爲之有」，於是便視絕對爲無限多的單位。這種原子論的原則是被推翻了；我們都不是原子論者。照原子論說來，精神也是一「自爲之有」的單位，原子。但這乃是一個空疏的說法，不能表達出絕對者的性格。但這個原則仍然是保持著的，只不過它並不是絕對者的整個定義

[7] 據霍夫邁斯特本，第一二六頁增補。——譯者

罷了。這樣的否定表現在一切發展過程中。樹的發展就是種子的否定，花的發展就是葉的否定，即由於它們都不是樹的最高和最眞的存在。最後花又被果實所否定。但如果沒有一切較早的先行的階段，就沒有一個階段可以得到眞實存在。因此我們對於哲學的態度，必包含一個肯定的和一個否定的方面。我們必須對於一個哲學的這兩方面有了正確的認識，態度才算公正。肯定的方面在生活和科學裡是較遲才被認識的。因此否定比證明（即肯定——譯者）更容易。

第三：我們特別限制於對原則的討論。每一原則在一定時間內都曾經是主導原則。當整個世界觀皆據此唯一原則來解釋時，這就叫做哲學系統。我們自然必須了解這全部解釋。但如果這原則還是抽象的、不充分的，則它就不能完全地解釋屬於我們世界觀內的各種形態。例如：空疏的「單一」（即原子——譯者）這範疇便不能表達出精神的深度。譬如，笛卡兒的原則就只能很好地適用於解釋機械性，而不適宜於解釋別的東西。他對於別的界域的看法（譬如，對於植物性和動物性的解釋），就很不充分，因此也就沒有趣味。所以我們只討論這些哲學的原則，但討論到更具體的哲學系統時，我們又必須注意到這些原則的主要發展和應用。那些從低級原則出發的哲學每每是不連貫的；它們雖不無深刻的識見，但這些深刻的識見每每超出所據以出發的原則之外。譬如，柏拉圖的對話《蒂邁歐篇》所討論的是自然哲學，他對這個自然哲學的發揮，從經驗來說，仍然是很貧乏的，因爲他的原則尚未得到充分發揮。這篇對話所包含的深刻見解，我們並不是從他所根據的原則得到的。

第四：由此對於哲學史我們得到這樣的見解，即：雖說它是歷史，但它所研究的卻並不是已過去的東西。哲學史的內容是理性的科學成果。而科學的成果是不能消滅的東西。在哲學領域內勞作所得的成就乃是眞理，而眞理是永恆的，它並非這時存在，而他時就不復存在的東西。偉大的靈魂——哲學史上的英雄們的身體，他們在時間裡的生活（哲學家的外在命運），誠然是一去不復返了，但他們的著作（他們的思想，原則）卻並不隨著他們而俱逝。因爲他們著作的理性內容並不是從幻想、夢想、揣想得來。哲學不是夢遊者的囈語，而乃是清醒的意識。哲學家的工作只在於把潛伏在精神深處的理性，（這理性最初只是潛伏在那裡的內在本質或內心本性）揭示出來，提到意識前面，成爲知識——哲學的工作實在是一種連續不斷的覺醒。因此哲學工作的產物並不是寄存在記憶的廟宇裡，作爲過去年代的古董，而它們現在仍同樣新鮮、生動，如它們初產生時一樣。哲學的著作和效果是不會爲後繼者所推翻和摧毀的，因爲其中的原則不是已過去了的；我們自己也是出現在其中的。它們不是以帆布、不是以大理石、不是以紙張、不是以圖像和紀念碑作媒介以資保存。這些媒介本身就是變滅的，或者是變滅事物的基礎。它們乃是用思想（概念），精神中不變滅的本質，作爲媒介，這媒介是蟲所不能蛀蝕的、賊所不能偷竊的。思維所創獲的成果，就其爲思想而言，構成了精神自身的存在。這種哲學的知識因此也並不是博聞強記——一種對於已死去了的、埋葬在地下的、已腐朽事物的知識。哲學史所研究的是不老的、現在活生生的東西。

（三）哲學史與哲學本身的進一步比較

我們可以把那分布在時間內的全部財富變成自己所有，並指出一系列的哲學如何就是哲學這門學問之自身的系統化。我們也許會以爲，哲學在理念階段上發展的次序與它在時間上出現的次序是不一致的，但大體上這次序是相同的。在這裡只須指出一個區別：那初期開始的哲學思想是潛在的、直接的、抽象的、一般的，亦即尚未高度發展的思想。而那較具體、豐富的總是較晚出現；最初的也就是內容最貧乏的。這種看法似乎與我們最通常的觀念相違反。但哲學的觀念常常正是通常觀念的反面；而我們通常所假想的觀念每每發現與事實不符。我們可以這樣想：那最初出現的是具體的。譬如，當一個兒童的本性尚在原始的完整狀態時，我們可以說他是較成人更具體的。成人受了限制，已不復有這種渾樸的完整性，我們會以爲他過的生活較兒童生活更爲抽象。成人的行爲有一定的目的，沒有全心全意去做一件事，而分裂成一些抽象的個別目標。反之，兒童、青年卻用全部心情去行動。在他們，情感、直觀是第一的，思想是最後的。看起來似乎情感較之思想，更爲抽象、普遍性的活動又更爲具體，但事實上恰好與此相反。感性意識一般地誠然是較爲具體，雖說在思想方面最貧乏，但在內容方面卻最豐富。因此我們必須把自然的具體性與思想的具體性加以區別，而思想的具體性方面卻又最缺乏感性。兒童也可說是最抽象、最缺乏思想的人。與自然的具體性相比較，成人是抽象的。但就思想的具體性言，他卻較兒童更爲具體。成人的目的在處理一般事務時無疑的是抽象的，譬如維持他的家庭、履行他的職務，但他卻在貢獻他的力量於一個客觀的、有機的全體，應付這全體、推進這全體。而在兒童的行爲裡卻只有一個幼稚的、一時的「自我」，所以在青年的行爲裡，主要的原則只是主觀的天性和散漫無目標。由此足見，科學〔的思想〕較〔感性的〕[8]直觀更爲具體。

應用這種說法來看各種形態的哲學，第一個結論是：最初期的哲學是最貧乏最抽象的哲學。在這些哲學裡面，理念得到最少的規定，它們只停滯在一般的看法上，沒有充實起來。我們必須認清這點，才可不至於在古代哲學裡面去尋找較多於所應找得到的東西。因此我們無須要求古代哲學具有一些屬於較深刻意識的概念。譬如，有人提出這樣的問題：究竟泰利斯的哲學是有神論還是無神論呢？[7]究竟他相信有人格的神，還只是持一個無人格的普遍的本質之說呢？這問題就涉及了最高理念之主觀性格，上帝之人格性的概念。像我們所了解的這樣的主觀性，乃是個遠爲豐富、遠爲集中，也就是很晚出的一個概念，這在古代一般是找不到的。在幻想和表象裡、希臘的諸神誠然是有人格的，一如猶太教所信奉的一神是有人格的。但是，想像裡的表象是很不同於純粹思想和概念的理解的。如果我們以較深的觀念作爲衡量基礎，那麼，無疑地古代哲學可以正確地說是無神論。但這種說法同時也是錯誤的，因爲初期的思想還沒有發展到我們現在所達到的階段。深度似乎是指內涵而言。但精神

[8] 據霍夫邁斯特本，第一四一頁增補。——譯者

7 弗拉特，《論米利都人泰利斯的有神論》，一七八五年圖賓根版，第四頁。

的內涵愈豐，則它外延愈廣、愈能發揮其自身於外。所謂「較大的」這裡是指對立、分離的強度而言。較大的力量方可克服較大的分離。

從上面這種結論就可看到，既然發展的推進即是更進一步的規定，而更進一步的規定即是深入理念本身，所以最晚出的、最年輕的、最新近的哲學就是最發展、最豐富、最深刻的哲學。在這裡面，凡是初看起來好像是過往的東西，被保存著、包括著，它必須是整個歷史的一面鏡子。開始的即是最抽象的，即因爲它只是一種萌芽，它自身尚沒有向前進展。由這種向前進展的過程所達到的最後的形態，作爲一種進一步的規定而出現，當然是最具體的。首先須指明，這不是狂妄地對我們自己時代的哲學引爲驕傲，因爲這全部陳述的精神，就在於認識到：時間較晚的進一步發揮出來的哲學乃是思維精神的先行工作所獲得的主要結果；它被較早的觀點驅迫著前進，並不是孤立地自己生長。

還有一點須記得的，即我們用不著遲疑去說出，這個看法的本質所包含的意思，即在最新的哲學裡所把握的和所發揮出來的理念將是最發展的、最豐富的、最深邃的。我提出這點來說，因爲新哲學、最新的哲學、全新的哲學已經成爲很流行的徽號。那些以爲使用這些徽號能夠表示某種意義的人，就隨他們的高興，可以很容易地，在許多哲學中，要貶斥誰就貶斥誰，要推崇誰就推崇誰，不僅把每一個流星，甚至把每一支燭光都當作太陽來看待，或者把每一個通俗的空論，也高叫作哲學，因而以此爲根據來證明：這裡有這樣多的哲學，每天都有一個哲學擠掉昨天的哲學。這樣他們就同時尋得了一個範疇，可以把一個看似將獲得重要性的哲學放進去，憑藉這個範疇他們立刻就把它處理了，他們把它叫做「時髦哲學」，而輕蔑地一概不予理會。

當人們的精神在不斷地、更新地、嚴肅地追求更高的形式，你卻輕蔑地叫它做「時髦」。

第二條結論關涉對於古代哲學的研究。上面這種對於哲學史的發展的看法，還可以使我們不要動輒去責備過去的一些哲學家，假如我們在他們的哲學裡面找不著在他們的文化水準裡尚沒有出現的思想。同時又可以使我們不致妄加一些結論和論斷給過去的哲學家，這些結論和論斷他們從沒有做過，也從沒有想到過，雖說我們可以很正確地從他們的哲學思想裡面推演出來。我們只須忠於歷史去進行工作，對於過去的哲學我們只應歸給它那些直接給予我們的材料。大多數的哲學史都在這一點上犯了錯誤。我們常看見有些哲學史家把一連串的形上學命題歸給一個哲學家，並當作歷史事實引證出來，說是那位哲學家所作的論斷，而其實對於這些論斷，他從來沒有想到過，也不知道任何一個字，在歷史上也尋不出絲毫痕跡。譬如在布魯克爾的巨著《哲學史》裡面，關於泰利斯[8]及別的哲學家就列舉了一系列的，三十，四十，甚或一百條哲學命題，其實在歷史上誰也找不出這些哲學家曾有過關於這些命

---

[8] 布魯克爾，《批評的哲學史》，第一部，第四六五—四七八頁。

題的思想。他又從許多與他同類的著者的論證裡面，提出了許多命題並引用許多話來支持他的解釋，對於這些論證我們也實在沒有那麼多時間去研究。布魯克爾的方法是這樣的：他在一個古代哲學家的簡單原則上面，附會進去這原則所可能有的一些結論和前提，這依照沃爾夫的形上學的觀念應該是那個原則的前提和結論，這樣就天眞地建造一種純粹的、空虛的幻象，而以爲這是眞實的歷史事實。我們太容易傾向於拿我們的思想方式去改鑄古代哲學家。但構成思想發展的進程的關鍵乃在這裡，即：時間上、文化上、哲學上的區別正在於某些觀念、某些思想範疇和某些概念的聯繫出現在意識裡面與否，正在於一種意識是否已經發展到了某種階段。哲學史所研究的只是這些思想之發展和發揮出來的次序。某些範疇是很正確地自某一原則推出的，但是這些範疇是否已經很明白地發揮出來，乃完全是另一問題。但把一個哲學所內在包含的內容發揮出來卻是至關重要的。

因此我們只須引用哲學家自己的字句，至於原字句之發展或引申乃是進一步的思想範疇，尙不屬於原哲學家本人的意識。譬如，亞里斯多德說過，泰利斯曾提出：一切事物的原則（ἀρχή）是水。但阿那克西曼德才是第一個用 ἀρχή 這個字。所以足見泰利斯還沒有這一思想範疇。他認爲 ἀρχή 是時間上的起始，但並不是內在的根據。泰利斯哲學裡還沒有提出「原理」這一思想範疇，「第一原理」乃是更進一步的規定。有許多民族一直還沒有「第一原理」這個概念。要具有這個概念還需很大一個階段的發展。既然文化上的區別一般地基於思想範疇的區別，則哲學上的區別更是基於思想範疇的區別。所以，依布魯克爾，泰利斯曾經說過，「無中不能生有」，因爲泰利斯說過，水是永恆的，因此他也應算在否認從無中創造有的哲學家之內。但關於這點，泰利斯——至少就歷史事實看來——是無所知的。又如李特教授（Ritter）很辛勤地寫出的一部《伊奧尼亞哲學史》，大體上他很小心，避免摻雜外在材料進去，但他附會給泰利斯的材料比歷史上所證明的要多。他說：[9]「因此，我們必須認爲泰利斯始終把自然視爲是生動的。他認世界爲一無所不包的有生命的動物，這動物與所有別的動物一樣是從一個種子裡發展出來的，這種子也與一切別的動物的種子一樣是溼的，或水。所以泰利斯的基本觀點是認世界爲一有生命的全體，是從種子裡面發展出來的，依照動物的方式靠一種合於它的生存的養料繼續生活下去。」[10]這個說法是與亞里斯多德的話完全不同的。所有這些關於泰利斯的話，古代的人都不曾描述過。他這結論是易於引出的，但在歷史上卻得不到證據。我們不應該用這樣的推論方法把一種古代哲學造成一些與原來不同的東西。

第三：一如在思想的邏輯系統裡，每一思想的形態有它獨自有效準的地位，並且透過進一步向前的發展而被貶降爲附從的環節，同樣每一個哲學在全部過程裡是一特殊的發展階段，有它一定的地位，在這地位上有它的眞實意義和價值。必須依照這樣的規定去認識它的特殊性格，必須承認它的地位，對於它才有正確合理的處理。也就因爲這樣，我們對於它的

9 《伊奧尼亞哲學史》，第十二至十三頁。

10 參看該書第十六頁。

成就，不可要求並希望得過多。我們不要在它裡面去尋求須於較高發展的知識裡才可提供的滿足。我們不必相信，我們思想上的問題，或現代世界感興趣的問題，可以在古代哲學家那裡去找到答案。我們現代的問題有了某些思想上的教養作為先在的條件。因此每一哲學屬於它的時代，受它的時代的局限性的限制，即因為它是某一特殊的發展階段的表現。個人是他的民族，他的世界的產兒。〔他的民族和世界的結構和性格都表現在他的形體裡。〕[9]個人無論怎樣為所欲為地飛揚伸張——他也不能超越他的時代、世界。因為他屬於那唯一的普遍精神，這普遍精神就是他的實質和本質，他如何會從它裡面超越出來呢？這同一的普遍精神就是哲學要用思維去加以把握的。哲學就是這普遍精神對它自身的思維，因此也就是它的確定的實質的內容。每一哲學都是它的時代的哲學，它是精神發展的全部鎖鏈裡面的一環，因此它只能滿足那適合於它的時代的要求或興趣。

因此一個較早時期的哲學現在不能令一個有較深邃、較明確的概念活躍於其中的精神感到滿意。這個概念已構成精神的存在之根底和內在性格。精神在哲學裡所要作的，就是尋求這個概念，把它作為思維的對象來把握。這樣，精神所要求的實即是認識它自己。但理念在早期哲學裡還沒有很明確地出現。因此柏拉圖、亞里斯多德的哲學，和一切哲學，就它們的原理來說，儘管直到現在還存在著，但哲學已不復是在柏拉圖和亞里斯多德哲學的形式和階

---

[9] 據英譯本增補。——譯者

段中了。我們不能夠停留在他們那裡，他們已不能復興了。因此我們今天不復有柏拉圖學派、亞里斯多德學派、斯多噶學派、伊壁鳩魯學派。要復興他們即無異於把更完善、更深入自身的精神帶回到一個較早的階段，但這樣的事是不存在的。這也是不可能的，甚至是極愚蠢的事，就好像一個成年人費盡氣力要想退回到青年，青年要想回復到童年或嬰兒時期一樣，雖說成人、青年、孩童是那同一的個人。十五和十六世紀所展開的文藝復興時期、求知的新時代，其起始不只是復興了古典文藝，而又是古典哲學之獲得新生命。馬爾西利奧．費奇諾（Marsilius Ficinus）是一個柏拉圖學派，科西莫．麥地奇（Kosmos Medicis）聘請了許多教授，建立了一個專門研究柏拉圖哲學的學院，而以費奇諾爲領袖。於是也有純粹的亞里斯多德學派，如蓬波那齊（Pomponatius）。稍後，伽桑第（Gassendi）提倡伊壁鳩魯哲學，用伊壁鳩魯的觀點來研究物理學。利普修斯（Lipsius）想要作一個斯多噶學派，諸如此類的例子甚多。這時，對立的觀點異常普遍。古代哲學與基督教（這時還沒有眞正的哲學從基督教中發展出來）如此對立，以致從基督教中不可能發揮出眞正的哲學。這時的哲學，無論順從或反對基督教，都只是某一派的古代哲學之重新恢復。但是把木乃伊帶到活人裡面去是不能在那裡支持很久的。精神早就有其更充實的生活，早就對它自己具有一個更深邃的觀念，因此它的思想也就有了較高的需要，而不會滿足於那種襲取來的哲學。因此像這樣的復興只能被認作借那有限的先行的形態以深入認識自身的過渡，或者被認作透過必要的文化進展的階段把那已過去了的東西重新經歷一遍罷了。像這樣的模仿並複習那對於精神很生疏的原則的作風，只能作爲一個轉瞬即逝的階段出現在歷史上，而且也只是借一種刻板文字做出來。這種模仿複習的成果只是些譯品，而非原本；而精神只能於認識它自己的原始性裡得到滿足。

如果我們在近代，同樣地想要提倡回復到古代哲學的觀點，（特別是像我們竭力推崇柏拉圖的哲學那樣，）爲了想要尋得一個工具，以拯救我們逃出這時代中的一切麻煩和困難，則這種回復也已經不像初次那樣天眞淳樸的景象了。這個謙遜的勸告，其來源頗有點像文明社會中人要求到北美洲森林裡去回復那些野人的風俗習慣和相應的觀念形態一樣，也有點像費希特[10]有一次推薦麥基洗德的宗教，認之爲最純潔最簡單而爲我們所必將達到的境界。一方面，無可否認，在這種回復裡所追求的乃是在獲得一原始開端和堅定的出發點，但這只能在思想理念本身內去尋求，而不能從外在的權威裡去尋求。另一方面，那已經發展豐富的精神要想回復到淳樸的境界——亦即回復到一種孤寂的、抽象的境界或思想，也只能被認作無可奈何的逃避；這表示著精神的無能，無能去享受那擺在面前的高度發展了的豐富的材料（這材料要求我們的思想去克服它，並深入掌握它），因而對它（即材料——譯者）採取逃避的方式而逃避到荒漠之野。

從上面所說，即可明白，何以有許多人，或者受了這種浪漫想法的特殊引誘，或者一般

---

[10]《現代的基本特點》，第二一一、二一二頁，比較「幸福生活的指標」，第一七八、三四八頁。（這個小注據英譯本增補。——譯者）

地受了柏拉圖和古代的哲學的名聲的吸引，去鑽研古典哲學，爲了從源頭去爲創立自己的哲學找基礎，結果卻是他們對於這種研究皆不感到滿意，反而很不應該地索性就把它丟掉了。我們在古典哲學裡只能得到某種程度的滿足。我們必須知道我們要在古代哲學或每一特定時期的哲學中所要尋求的東西，或者至少必須知道，每一種哲學都代表一特定的發展階段，在它裡面只有在它那一階段範圍內的精神的形式和需要才被揭示出來。在近代精神裡，沉睡著更深的理念，爲促使這些理念得到明晰的意識，需要在古代的抽象的不明晰的晦暗的思想以外，去另覓一種環境和現狀。例如：在柏拉圖那裡，關於自由的性質、罪惡的起源、神的意旨等問題均找不到哲學的解答。關於這些問題，我們當然一部分可以採納通常的虔誠信仰的人的看法，或者一部分採取哲學的觀點，決心把這些通俗的看法完全拋在一邊，或者把罪惡、自由都僅認作一種消極的東西。但當這些問題，一旦成爲精神研究的對象時，當自我意識的對立達到了一種強度，有了深入去解答這些問題的興趣時，精神對於兩種辦法都不會感到滿意。同樣，關於知識限度，關於主體與客體對立的問題，在柏拉圖時期也還沒有提出。自我本身的獨立性或自爲性，對於柏拉圖也是生疏的。人尚沒有回復到他自己、尚沒有建立他自己爲一獨立自主的人。主體誠然被視爲一自由的個體，但他意識到自己的自由只在於與他的本質的合一裡。雅典人知道他是自由的，正如一個羅馬公民，一個出身貴胄的人也是自由的。至於說到一個人本身就是自由的，依照他的本質，作爲一個人生來就是自由的，這點柏拉圖不知道，亞里斯多德也不知道，西塞羅不知道，羅馬的立法者也不知道，雖說唯有自由這一概念才是法律的泉源。只有在基督教的教義裡，個人的人格和精神才第一次被視為有無限的絕對的價值。一切的人都能得救是上帝的意旨。基督教裡有這樣的教義：在上帝面前所有的人都是自由的，所有的人都是平等的，耶穌基督解救了世人，使他們得到基督教的自由。這些原則使人的自由不依賴於出身、地位和文化程度。這的確已經跨進了一大步，但仍然還沒有達到認自由構成人之所以為人的概念的看法。多少世紀，多少千年以來，這種自由之感曾經是一個推動的力量，產生了最偉大的革命運動。但是關於人本性上是自由的這個概念或知識，乃是人對於他自身的知識，這卻並不古老。

貳、哲學與其他知識部門的關係

講哲學史這門科學，必須依時間次序對個別人物逐一加以陳述，因為哲學史的外表形象是由個別人物構成的。但這種陳述必須排除時間方面的外在歷史，而只須揭示民族和時代的一般性格和一般情況。而事實上哲學史的確陳述了這種一般的性格，並且還陳述了它的最高點。哲學史和這一般的性格有著最密切的關係，而屬於某一時代的一定的哲學形態，本身只是那個時代一般性格的一個方面、一個環節。由於這種密切的關係，一方面，我們必須詳細考察一種哲學與它的歷史環境有什麼樣的關係，而另一方面，也是主要的一方面，我們必須研究哲學史所特有的內容，當我們既已區分開一切與它有密切關係的東西之後，唯有這種特有的內容才是我們應該集中注意力去從事研究的。這種不僅只是外在的而是內在的聯繫，因此就有了兩方面，我們必須予以考察。第一方面是純屬歷史的聯繫，第二方面是實質的聯繫，如哲學與宗教的聯繫。透過對於哲學與宗教的聯繫的研究，我們對於哲學同時亦可得到一較深切的概念。

一、歷史方面的聯繫

人們慣常說，我們必須考察政治局勢和宗教等，因為它們對於哲學有很大的影響，而哲學亦同樣對於政治、宗教有影響。如果我們滿足於像「很大影響」這類的範疇，那麼我們就是把兩者放在一種外在的關係裡面，並且以承認兩者各自獨立為出發點。但這裡我們卻必須用另一種範疇來考察，而不可用互相影響或相互作用等說法。主要的範疇乃是所有這些不同的形態之統一，即認為：只有一個精神顯現於或表示在各個不同的環節裡。

（一）支配哲學思想的外在的歷史條件

首先必須指出的，即一個民族的精神文明必須達到某種階段，一般地才會有哲學。亞里斯多德曾說過：「首先要生活上的需要得到了滿足，人們才開始有哲學思想。」[11]因爲哲學既是自由的與私人利益無關的工作，所以首先必須等欲求的逼迫消散了，精神的壯健、提高和堅定出現了，欲望驅走了，意識也高度地前進了，我們才能思維那些普遍性的對象。因此我們可以把哲學叫做一種奢侈品，如果奢侈品是指那不屬於外在必需品的享受或事業而言。就這點看來，無疑地，哲學不是必需的。但這又要看「必需」是什麼意義。從精神方面說來，我們正可以把哲學當作是最必需的東西。

（二）哲學研究的精神需要在歷史上的起始

哲學作爲一個時代的精神的思維和認識，無論是如何先驗的東西，本質上卻也是一種產物；思想是一種結果，是被產生出來的，思想同時是生命力、自身產生其自身的活動力。這種活動力包含有否定性這一主要環節，因爲產生也是消滅。當哲學自身產生出來時，是以自然的階段作爲它加以否定的出發點的。哲學是在這樣一個時候出發：即當一個民族的精神已經從原始自然生活的蒙昧混沌境界中掙扎出來了，並同樣當它超出了欲望私利的觀點，離開了追求個人目的的時候。精神超出了它的自然形態、超出了它的倫理風俗、它的生命飽滿的

11《形上學》，第一卷，第二章。

力量，而過渡到反省和理解。其結果就是它攻擊並搖動了現實的生活方式、倫理風俗和傳統信仰。因而出現了一段破壞的時期。再進一步於是思想又集中向內。我們可以說，當一個民族脫離了它的具體生活、當階級地位發生了分化和區別，而整個民族快要接近於沒落，內心的要求與外在的現實發生了裂痕，而舊有的宗教形式已不復令人滿足，精神對它的現實生活表示漠不關心，或表示厭煩與不滿，共同的倫理生活因而解體時，哲學思想就會開始出現。精神逃避在思想的空曠領域裡，它建立一個思想的王國以反抗現實的世界。

所以哲學對於思想所開始破壞的世界要予以調和。哲學開始於一個現實世界的沒落。當哲學帶著它的抽象概念出現，用灰色的顏料繪灰色的圖畫時，青年人有生命力的新鮮朝氣已經消逝了。因此哲學所做的調和工作不是現實的調和而只是在理想世界裡的調和。所以希臘哲學家大都逃避了國家的事務，而成爲一般人民所稱的偷閒者，因爲他們退避到自己的思想世界裡面。

這是保持在整個哲學史裡的主要特點。當小亞細亞的伊奧尼亞城邦沒落時，伊奧尼亞的哲學反而隨之興起。蘇格拉底與柏拉圖對於走向沒落的雅典的政治生活再也不感興趣。柏拉圖很想在狄奧尼修斯那裡實現一個較好的國家。於是在雅典，由於雅典民眾生活的敗壞，哲學興盛的時期反而到來。在羅馬，哲學之開始傳播，乃在原來的羅馬生活和共和國沒落，羅馬皇帝專制統治之時——在這段社會災難嚴重政治生活沒落時期內，傳統宗教生活搖動，一切解體，而嚮往於新的生活。亞歷山德里亞的新柏拉圖學派哲學家對於希臘古典哲學之高度輝煌的發揮，是與羅馬帝國的沒落——這樣偉大、富庶、光榮，但靈魂已死的羅馬帝國的沒落——密切聯繫著的。同樣在十五、十六世紀，當中世紀日耳曼人的生活獲得了一種新的形式時，（因爲在前些時候，政治生活仍然與宗教沒有分開，或者國家雖在不斷地與教會作鬥爭，但教會仍居於統治的地位）而且到了這時，國家與教會才正式分裂：因此，也開始學習哲學，雖說直到近代，哲學才達到獨立的境地。所以哲學的出現只在於全部文化發展過程的某一時期內。

（三）哲學作爲時代的思想

但人們在某一時代內並不只是作一般的哲學思考，而某一特定哲學之出現，是出現於某一特定的民族裡面的。而這種哲學思想或觀點所具有的特性，亦即是那貫穿在民族精神一切其他歷史方面的同一特性，這種特性與其他方面有很緊密的聯繫並構成它們的基礎。因此一定的哲學形態與它所基以出現的一定的民族形態是同時並存的：它與這個民族的法制和政體、倫理生活、社會生活、社會生活中的技術、風俗習慣和物質享受是同時並存的。而且哲學的形態與它所隸屬的民族在藝術和科學方面的努力與創作，與這個民族的宗教、戰爭勝敗和外在境遇——一般講來，與受這一特定原則支配之舊國家的沒落和新國家的興起（在這新國家中一個較高的原則得到了誕生和發展）也是同時並存的。精神對它所達到的自我意識每一特定階段的原則，每一次都把它多方面的全部豐富內容發揮出來，宣揚出來。一個民族的這種豐富的精神是一個有機的結構——一個大教堂，這教堂有它的拱門、走道、多排圓柱和多間廳房以及許多部門，這一切都出於一個整體、一個目的。在這多方面中，哲學是這樣一個形式：什麼樣的形式呢？它是最盛開的花朵、它是精神的整個形態的概念、它是整個客觀環境的自覺和精神本質、它是時代的精神，作爲自己正在思維的精神。這多方面的全體都反映在哲學裡面，以哲學作爲它們單一的焦點，並作爲這全體認知其自身的概念。

那在基督教內必然出現的哲學是不能在羅馬找到的，因爲全體的各方面都只是同一特性的表現。因此政治史、國家的法制、藝術、宗教對於哲學的關係，並不在於它們是哲學的原因，也不在於相反地哲學是它們存在的根據。毋寧應該這樣說，它們有一個共同的根源——時代精神。時代精神是一個貫穿著所有各個文化部門的特定的本質或性格，它表現它自身在政治裡面以及別的活動裡面，把這些方面作爲它的不同的成分。它是一個客觀狀態，這狀態的一切部分都結合在它裡面，而它的不同的方面無論表面看起來是如何地具有多樣性和偶然性，並且是如何地互相矛盾，但基本上它絕沒有包含著任何不一致的成分在內。這個特定的階段是由一個先行的階段產生出來的。但揭示出一個時代的精神如何依據它自己的原則去鑄造它的整個實在和時代的命運，用概念的方式去說明這整個結構，這卻不在我們的範圍之內——這乃是一般的哲學的世界史（按：即歷史哲學——譯者）所須處理的對象。我們這裡所關切的只在於指出，其他各種文化形態如何在一個與哲學有內在聯繫的精神領域內去表現那同一的精神原則。

這就是哲學在各個文化形態中的地位。由此可以推知哲學與它的時代是不可分的。所以哲學並不站在它的時代之外，它就是對它的時代的實質的知識。同樣，個人作爲時代的產兒，更不是站在他的時代之外，他只在他自己的特殊形式下表現這時代的實質，這也就是他自己的本質。沒有人能夠眞正地超出他的時代，正如沒有人能夠超出他的皮膚。但另一方面從形式看來，哲學也可以說是超出它的時代，即哲學是對時代精神的實質的思維，並將此實質作爲它的對象。就哲學是在它的時代精神之內來說，則這精神就是哲學的特定的內容，但同時哲學作爲知識又超出了這內容，而與這內容處於對立的地位。但這種超出只是形式的，因爲哲學除此以外更沒有別的內容。這種哲學知識的本身無疑地就是精神的實現、精神的自我認識。所以這種形式的區別也就是一種眞正的實際的區別。這種知識於是就成爲產生一種發展的新形式的媒介。這些新形式只是知識的不同形態。透過這種知識，精神建立了知識與對象間的區別。這又包含著一個新的區別，因而就產生了新的哲學。這新的哲學已經是精神的一種較廣的性格。它是此後即將實現出來的精神的內在誕生之地。關於這一點的具體情形，以下即將討論到。於是我們將會看出：在希臘還只是哲學，而在基督教世界裡就進入現實了。

二、哲學與其他相關部門的區別

其他部門的科學和文化的歷史，特別是藝術和宗教的歷史，部分地就它們所包含的成分，部分地就它們特有的對象說，都是與哲學的歷史密切聯繫著的。也就是由於這種聯繫特別使得哲學史的研究有些麻煩。如果哲學史要包括進去一般的文化財產，特別是科學文化的財產，或甚至於要包括民間的神話，神話中所包含的哲學思想，或更進而要包括宗教思想（這些宗教思想是已經有思辨成分出現在內的思想），這樣一來，則哲學史就沒有邊界，一部分由於材料的繁多和蒐集整理的煩難，一部分由於這些材料又與其他的部門有直接的聯繫，牽涉太廣。但我們劃分界限卻不可任意隨便，而須依據根本的性質予以規定。如果我們單看「哲學」這個名詞，則所有這些材料都會屬於它的歷史。

關於這些材料我將從三個觀點來說：即三個有關的方面均須確切地提出來，並與哲學區隔。第一方面為人們一般算作科學知識的材料；這乃是理智思維的開端。第二部門為神話與宗教；這兩者對於哲學的關係常常表現為敵對的，在希臘如此，在基督教時代亦如此。第三部門為抽象理智的哲學，即理智的形上學。

（一）哲學與科學知識的關係

說到特殊科學，知識和思維誠然是它們的要素，正如是哲學的要素一樣。但特殊科學的對象只是有限的對象和現象。把關於這種內容的知識聚積起來本身就不是哲學的任務。這種內容以及它的形式均與哲學不相干。如果它們是系統的科學，包含有普遍性的原則和定律，並根據這些原則和定律進行研究，則它們涉及的也只是有限範圍的一些對象。它們所出發的根本原則正如它們所研究的對象一樣都是假定的。外在的經驗或內心的情感，出於自然或基於教育的法律觀念和義務觀念，就是構成這些科學的源泉。它們的方法假定了邏輯和一般思維的範圍和原則。

通行於各種特殊科學之中、並構成其材料的最後支柱的思維形式，以及觀點和原則，並 72
不是它們所特有的，而乃是一個時代和一個民族的文化一般所共同具有的。這文化一般是由
共同的觀念和目的以及支配意識和生活的特定的精神力量所構成。我們的意識就以這些觀念
作爲它的最後準則，並運用它們作爲指導和聯繫的原則，但它卻並不知道這些觀念，也沒有
把它們作爲考察的對象。試舉一個抽象的例子：每一個意識都具有並運用那極其抽象的範
疇——「有」（或譯「是」〔Sein〕——譯者），譬如說：太陽是在天上、這葡萄是成熟的
等等，以至無窮。或者在較高的學術領域裡，我們的意識進而又有了因與果的關係，力量與
它的表現的關係等等，所有我們意識內的知識和觀念都爲這類的形上學的觀念所意識著，所
支配著。這樣的形上學是一個網，網羅著或把握著人在實踐和活動中所從事的一切具體材
料。但這個網和它的結在我們通常意識裡是沉沒在多層性的材料之中，這材料包含著我們意
識著的當前的興趣和對象。但我們對於這些普遍的線索卻沒有抽引出來，明白地作爲我們反
省的對象。

我們德國人很少把一般的科學知識視爲哲學。但也並不是沒有這樣的跡象。譬如大學中
的哲學院，就包含有不是直接爲了教會和國家目的的一切科學。聯繫到哲學這一名詞的意義
的問題，現在在英國尚引起重要的討論。在英國一個爲湯姆森編的「哲學雜誌」討論到化
學、農業（肥料）、農業經濟、技術知識，有點像《黑爾謨布施泰特雜誌》（*Hermobstädts* 73
Journal），並且描述與這些科目有關的許多發明。英國人並稱物理學的儀器，如風雨表和

寒暑表，為哲學的儀器。又如許多理論，特別是關於道德或倫理學的理論，一些從人心的情感和經驗得來的理論也被稱為哲學，最後關於政治經濟學的理論和原則亦被稱為哲學。所以至少在英國，「哲學」這一名字是受到尊重的。日前，利物浦舉行的歡宴財政大臣康寧的宴會上——在他的答謝詞裡，他祝賀英國，因為在英國管理政府的哲學原則已付諸實施。在這裡，至少哲學不僅是一個開玩笑的名詞。

在文明初啟的時代，我們更常會碰到哲學與一般文化生活混雜在一起的情形。但是一個民族會進入一個時代，在這時精神指向著普遍的對象，用普遍的理智概念去理解自然事物，譬如說，去要求認識事物的原因。於是我們可以說，這個民族開始哲學思考了。因為尋求因果與研究哲學一樣，皆以思維為其共同內容。或者就精神方面看來，當關於倫理、意志（義務、人的主要關係）的普遍原則被說出來了，而說出這些原則的人就被稱為賢人或哲學家。所以在希臘哲學起始的時候，我們就遇見了七賢和伊奧尼亞的哲學家。從他們那裡傳遞給我們許多接近哲學命題的觀念和發現。所以據說泰利斯（據別的人說，不是泰利斯，而是另一人）解釋日食由於月亮或地球在中間隔開。這類的說法人們也叫做哲學思想。畢達哥拉斯發現了音調諧和的原則。別的哲學家對於天體有一些觀念：認穹蒼是為有孔隙的金屬所構成，透過這孔隙我們可以看見那最高天，那圍繞世界的永恆之火。像這一類的命題乃是理智的產物，不屬於哲學史範圍，雖說這些科學的命題已超出了單純感覺的直觀，並同樣超出了只是憑想像去表象那些對象。在這種方式下天和地都沒有神靈居住了；理智把事物外在的自然的特性與精神對立起來。在這時期我們又發現具有一般倫理內容的倫理訓條和道德箴言，有如七賢所說的許多話。此外還有一些關於一般自然事變的一些命題。

在稍晚一些時候，文藝復興時代，就這方面而論，亦值得注意。關於政治等等方面的一些普遍原則是說出來了，這些原則裡面有其哲學的一面，霍布士和笛卡兒的哲學就是如此。笛卡兒的著作包含有哲學原則，但他的自然哲學和他的倫理學卻只是經驗的，反之斯賓諾莎的倫理學卻包含有普遍的理念，關於神和自然的知識。雖然從前醫學只是一些孤立的個別事實堆集，而且摻雜有通神論的成分，與占星術等相混合（而且即在不久以前，還有用神靈的遺物來治療疾病的事），但與此甚相反，現在出現了一種考察自然的方式，人們根據這種方式去發現自然的規律和力量。依據宗教或經院哲學的形上學、借先驗推理來觀察自然事物的辦法，這時人們已經放棄了。牛頓的哲學所包含的沒有別的東西，只是自然哲學，亦即從經驗、從知覺所產生的關於自然定律、力量、普遍性質的知識。這種知識雖顯得與哲學的原則有些違反，但是兩者有其共同之點，即兩種知識的基本原則都是普遍性，再則，這經驗是我所具有的，它存在於我的意識之內，因此它是屬於我的。

這種形式的知識大體講來是與權威對立的，而它的出現特別是與宗教相對立，與宗教中的權威成分相對立。如果說在中世紀教會堅持它的教條作爲普遍眞理，那麼現在恰好與此相反，人們是以自己的思想、[12]情感、觀念爲憑據，引起了對於教條的不相信。同樣，這種主

12 「我自己的思想」其實乃是重複的語句。因爲每人必須爲他自己思想，沒有人可以替別人思想。

觀的原則曾經轉而反對當時公認的政治制度，進而尋求別的新原則，校正那舊的制度，因而普遍的政治原理也就建立起來了。又由於同樣的觀點，正如宗教是權威的，所以平民之服從權威，服從封建侯王的根據也同樣是基於權威的。國王的即位是經過主的傳油儀式的，有如猶太的國君那樣，他的權力據說是從上帝那裡得來的，但只須對上帝負責，他的權威是上帝所賦予的。在這意義下，神學和法律學大體上皆是固定的權威的科學，姑且不論這權威是從那裡來的。反思的作用就在於反對這種外在的權威。這樣，特別在英國，國家法和民法的來源已不復僅來自上帝的權威，像摩西的法律那樣。例如胡果·格老秀斯曾著了一本關於國際法的書，把各民族歷史上的東西，當作法律，把大眾的公意看作法律中的主要環節。於是只能從別的方面去爲國王的權威尋找根據，譬如國家的內在目的或人民的幸福等。這完全是眞理的另一種來源，與那天啟的，給予的和權威的眞理來源，恰好對立。這種於權威之外另尋別的根據來代替的活動，人們便叫做哲學思想。

所以這種知識就是關於有限事物的知識，這世界只被認作知識的內容。這內容既是透過了自我的反省，來自人的理性，所以人就是主動的。這樣的自己思維甚受尊重，會被稱爲人的智慧或世界的智慧，因爲它是以地上的事物作爲對象，而且又是從世界本身之內湧現出來的。這就是哲學的意義。人們所以正確地稱哲學爲世界的智慧。哲學誠然研究有限事物，但依斯賓諾莎，是長存於神聖理念中的有限事物。而哲學與宗教還有著同一的目的。施勒格爾曾經使得哲學是世界智慧這徽號又活躍起來，他意在指出哲學必須脫離那些較高的領域，譬如說宗教。他這種說法得到很多贊同者。精神的主動活動在這裡是屬於哲學的完全正確的環節，雖說哲學的本質由於這種形式的定義，把它只限於有限的對象，尚沒有充分發揮出來。對於這些現在與哲學也有區別的有限科學，教會早就加以排斥，認爲他們足以引導人離開上帝，即因爲它們只是以有限事物作爲研究的對象。這些科學在內容方面的缺點，可以引導我們到與哲學相關聯的第二個部門——宗教。

（二）哲學與宗教的關係

科學是透過形式的獨立的知識一般地與哲學有關聯，而宗教雖由於內容與科學相反，卻透過內容與哲學相關聯。宗教的對象不是地上的、世間的，而是無限的。哲學與藝術，尤其是與宗教，皆共同具有完全普遍的對象作爲內容。藝術和宗教是最高的理念出現在非哲學的意識——感覺的、直觀的、表象的意識中的方式。由於在文化發展的過程中，依時間次序，宗教的現象總是先行於哲學的出現，所以主要地必須對這種關係加以討論。而且這與決定哲學的起始是密切關聯著的，因爲哲學史必須指出那些屬於宗教的成分，並把這些成分從它裡面排除開，而哲學切不可從宗教開始。

在宗教裡各民族無疑地已表示出他們對於世界的本質，對於自然的和精神的實體，以及人與這本質的關係的看法。這裡，絕對本質就是他們的意識的對象。這對象是外在於他們的，是超越於他們的，是或近或遠、或友或仇甚或可畏的。在默禱或崇拜的儀式中，人就取消了這種對立，進而意識到他與這絕對存在——他的絕對本質——的統一，提高到對神的依賴之感或對神恩的感謝之忱，並感覺到神是可以接受人與它相和合的。像這種對神的觀念，例如像古希臘人那樣，這種絕對的本質已經是對人非常友好，所以崇拜神靈的儀節愈成爲對於這種神人合一的狂歡與享樂。這個絕對本質一般說來就是那獨立自存的理性，那普遍具體的實體，那客觀地意識到它自己的根源的精神。因此絕對本質不僅是對於一般合理性的觀念，而又是對於普遍無限的合理性的觀念。正如上面提到過的，我們首先必須認識宗教，像認識哲學一樣，這就是說，必須確認並承認宗教是合理性的。因爲宗教是理性自身啟示的作品，是理性最高和最合理的作品。認爲宗教只是教士們虛構出來以欺騙人民、圖謀私利的東西，乃是可笑的說法。同樣誤認宗教爲出於主觀願望和虛幻錯覺也是淺薄和顚倒事實的看法。教士們誠然常有濫用宗教的事實，這種可能性乃是宗教的外在關係和時間存在的一個後果。由於它是宗教，它不免受這些外在聯繫的牽制。但本質上它是堅決地反對有限的目的和與之相關的糾紛，並形成一崇高的領域超出世俗目的之上。這種精神領域就是眞理的聖地，在這聖地裡，所有一切感官世界的幻覺，有限的觀念和目的——意見和任性的場所皆消失了。

這種理性的成分既是宗教的主要內容，似乎可以抽引出來，並依歷史次序排列成一系列的哲學命題。哲學與宗教站在同一基礎上，有一共同的對象：普遍的獨立自存的理性。但精神要使這對象成爲自己的一體，譬如在宗教裡就有默禱和禮拜的儀式以期達此目的。但宗教與哲學內容雖同，而形式卻異，因此哲學的歷史必然與宗教的歷史有區別。默禱只是虔誠地默念著那對象，而哲學便要透過思維的知識實現這種神人和合（Versöhnung），因爲

精神要求回復到它自己的本質。哲學透過思維意識的形式與它的對象相聯繫。宗教便不採取
這種形式。但兩個領域的區別又不可抽象地去看，好像只有哲學裡才有思想，而宗教裡卻沒
有。殊不知宗教亦有表象和一般的思想。由於宗教與哲學是如此密切關聯著，所以哲學史裡 79
有一個舊傳統，常常列舉出一個波斯哲學、印度哲學之類，這個慣例尚有部分地保持在整個
哲學史裡。因此有一個很流行的傳說，說畢達哥拉斯的哲學是從印度和埃及傳授過來的。這
些民族的智慧是有古老的聲譽的，而這智慧據了解是包括有哲學在內。又如在羅馬帝國時期
浸透了西方的東方思想和宗教儀式也得到東方哲學的名稱。在基督教世界內，基督教與哲學
是更明確地區隔的，反之，在古代東方，宗教與哲學是沒有分開的，宗教的內容仍然保持著
哲學的形式。由於宗教與哲學不分的看法流行，爲了要使哲學史與宗教觀念的關係有一更明
確的界限，對於足以區別宗教觀念與哲學思想的形式略加以確切考察，應該是很適合的。

宗教不僅有一般的思想作爲它的內在內容，潛伏在它的神話、虛幻的想像、傳統的歷史
裡，對於這種內容，我們首先必須從神話裡加以發掘，形成哲學思想；而且宗教又具有顯明
的思想的形式作爲它的內容。在波斯和印度的宗教裡有許多很深邃、崇高、思辨的思想被說
出了。我們甚至在宗教中還遇見顯明昭著的哲學，譬如教父的哲學。經院哲學基本上是神 80
學，在這裡我們發現神學與哲學的結合，或者也可以說是混合，這使我們相當煩難。現在的
問題是：一方面，如何區別哲學與神學（作爲對宗教的知識）或宗教（作爲意識）？其次：
在什麼程度內我們在哲學史裡面必須討論到有關宗教的問題？要解答這後一問題須分三層來
說，第一，須討論宗教的神話和歷史方面，及其與哲學的關係；第二，須討論哲學的和思辨

的思想之明白表示在宗教裡面的；〔第三，須討論在神學中的哲學。〕[11]

第一：〔哲學與宗教的區別〕[12]

考察宗教的神話方面，其中包括一般歷史的傳統的方面，是很有趣味的，因爲從形式方面的區別看來即可以表明它的內容是與哲學相對立的。的確，就兩者的關係看來，它們的對立簡直到了好像不相容的地步。這種對立並不僅在我們的認識裡面，而且甚至構成了歷史的一特定階段。哲學達到了與宗教相對立的階段，反之宗教和教會亦仇視哲學、排斥哲學。因此我們不只要問，哲學史裡面是否要涉及宗教，而這乃是既成的事實：哲學曾涉及宗教，宗教也曾涉及哲學。既然在歷史上兩者不是互不相干涉，所以我們也不能置兩者的關係於不問。

哲學自然必須證明它的起始和它的認識方式的正確性。即在希臘，民眾的宗教已驅逐了好幾位哲學家，但宗教與哲學的對立在基督教教會裡尤其劇烈。對於兩者的關係，我們必須明確地、公開地、誠實地加以說明，像法國人稱爲「aborder la question」[13]那樣。我們用不著顧慮，好像這問題太微妙，亦用不著說空話塞責，更用不著規避閃躲，致使得到後來別

[11] 據英譯本，第六十四頁增補。——譯者

[12] 據英譯本，第六十四頁增補。——譯者

13 有「接觸問題」或「針對問題」的意思。——譯者

人不知所云。我們不可以裝出對宗教不聞不問的樣子。這種僞裝沒有別的，只不過想掩蓋哲學曾經反對宗教這一事實罷了。宗教或神學家也裝出不理會哲學的樣子，但也不過是爲了當他們作主觀任性的抽象推論時，不致遭到哲學的反駁罷了。

這顯得好像是宗教要求人放棄對於普遍對象的思維，放棄哲學，因爲哲學的思維僅只是世間的智慧、人間的工作。這樣人的理性就與神的智慧對立了。在這裡我們眞是聽慣了關於神聖的教訓和法則與人的制定和智巧的區別，意思是說後者包括了一切從人的意識、理智和意志產生出來的現象，以及一切與神的知識和神聖事物（神的啟示）相違反的東西。由這種對立所表示出來的對於人的一切貶抑，尙有更進一步的趨向，即包含在這樣的看法中：認人的使命在於讚美上帝在自然中的智慧，植物的種子、高山的雄壯、黎巴嫩的柏樹的榮茂、枝頭雀鳥的歌唱、動物神奇的技巧和自保的本能，皆可讚美爲出於上帝的神功與擘劃。不用說關於人生方面許多事物，也須歸功於上帝之大智、大仁和大公，但人的建樹、法律以及透過人的意志而創造出來的事業和世界進程方面卻認爲與上帝無關，反而說它所主宰的主要的乃在於人的命運，亦即外在於人的知識和自由意志的活動，換言之，偶然的事變方面，所以這外在的偶然的方面卻主要地被認作上帝的作爲，而那本質的一方面，即根源於意志和良心而產生的活動，乃被視爲人的作爲。外在的關係、環境和事變與人的一般目的之諧和誠然是很高的境界，但這也只是因爲這裡所講的諧和是指符合人的目的而言，而不是符合自然的目的，如一隻麻雀尋覓食物而生活。如果認爲上帝是自然界的主宰，爲一切事物的頂峰，那麼，什麼是自由意志呢？難道它不是超出於精神世界的主宰，或者既然它自身是精神性的，難道它不是內在於精神世界的主宰嗎？那種從自然事物本身，從樹木、動物出發，而不從人生方面出發去讚美上帝，與古代埃及宗教，在崇拜紅鶴，或在崇拜貓、狗中去尋求神靈有什麼區別呢？這又與那古代和近代印度人的可悲狀況，有什麼區別呢？他們現在仍然崇拜母牛和猿猴，他們很虔誠和小心翼翼地去飼養並保護這些牲畜，而讓人去挨餓，人若由於避免饑餓而殺戮牲畜甚或分享牲畜的食物，就是犯罪！

這些貶抑人性的看法似乎認爲人的行爲與自然相比是瀆神的，自然的產物是神的作品，而人的作品卻是瀆神的。但人的理性所產生的東西至少與自然有同等的貴重。不過像這樣說來，我們還沒有給予理性以應有的地位。如果動物的生活和作爲都是神聖的，那麼人的作爲應遠爲較高，應在無限較高的意義下更爲神聖。人的思維的優越性必須立即予以承認。關於這點，基督曾說過（〈馬太福音〉，第六章，二十六—三十節）：「你們看那天上的飛鳥」——（這裡面當然包括有紅鶴和蜂鳥）——「……你們不比飛鳥貴重得多嗎？……野地裡的草，今天還在，明天就丟進爐裡，上帝還給它這樣的裝飾，何況你們呢？」作爲上帝的肖像，人之優越於動物和植物是誰都承認的，但一問到在什麼地方去尋求神性，去看見神性，於是像前面那些說法，卻不從優越方面而從低級方面去求。同樣，即就關於上帝的知識而論，最值得注意的，即基督不把對於上帝的知識和信仰放在對於自然產物的讚美上，亦不放在所謂對自然的主宰的驚歎或對預兆與奇蹟的驚歎上，而乃放在精神的證驗上。精神是無限地高於自然；神性表現在精神裡較多於在自然裡。

但那自在自爲的普遍內容藉以初次成爲哲學的形式乃是思想的形式，亦即普遍者自身的形式。在宗教裡這內容卻透過藝術成爲直接的外在的直觀、表象和感覺的對象。它的意義是供性靈體味的，這意義是精神的見證，唯有精神才能理解那個內容。說得更明白一點，我們必須謹記著這一區別：我們的所是和所有，是區別於我們如何知道我們所是和所有的，這就是說，區別於在什麼方式下我知道我之所是所有，並把它作爲對象。這個區別有無限的重要性，它特別關涉民族和個人的文化陶冶，並且也包含著上面所說的文化發展階段的區別。我們是人，並且有理性。凡是人的和理性的事物都在我們這裡，在我們的情感、性靈、內心——一般地在我們的主觀性裡激起一種共鳴。透過這種共鳴，這種特定的激動，一個內容一般地便成爲我們的並爲我們所有了。這內容所包含的多樣性就在內心裡集中並蘊蓄了，這是精神的一種不知不覺地在它自身中、在普遍的精神本質中交織的過程。所以這內容與我們自身的單純抽象的確定性或自我意識是直接地相同一的。但精神由於它是精神，它本質上亦同樣是一個意識。那單純地潛蘊在自身內的內容必須成爲自己的對象，必須成爲知識。就在精神的這種客觀化的方式和形態裡——亦即在意識的方式和形態裡，存在著意識和文化在發展階段上的整個區別。

這種方式和形態由蒙昧的感覺之單純的表現伸張到最客觀，或自在自爲的客觀，思想、精神。最單純、最形式的客觀化表現在用一個名字或一句話來表示某種情緒或某種情調，譬如說：「默禱」、「祈禱」，或「讓我們祈禱」、「讓我們虔心默禱」等等，就只是單純地令人回憶起某種感覺。但譬如說：「讓我們思維上帝」，那就進了一大步。這就表示出那一充實的情感之絕對廣包的內容了，也就表示出主觀自覺活動形式的內容。但這對象雖說包括了整個充實的內容，它自身仍然是沒有發揮出來的，完全沒有確定性的。但發揮出它的內容，並把包含的各種關係掌握住、表示出、提到意識前面——這也就是宗教的起始、創造和啟示了。這種已發展的內容，主觀化其自身最初所採取的形式乃是當下的直觀，感覺的表象的形式，或者從自然的、物理的或精神的現象和關係中得來的較爲明確的表象的形式。

藝術是表現這種意識的媒介，由於它能將這內容之客觀化在感覺裡的飄忽即逝的假象把捉住，並予以固定永久的形式。那沒有形式的聖石，那單純的地點，或任何與客觀性的需要有密切聯繫的東西，都從藝術那裡得到了形式、色彩、性格和確定的內容，這內容是可被意識到的，而且現在是作爲對象呈現在意識前面。這樣，藝術就成爲人民的教師，譬如，「荷馬和海希奧德，他們是爲希臘人制定神譜的人」，[14]因爲他們把所得來的（不管是從什麼地方得來的）現成的混亂的與民族精神一致的觀念和傳說加以提高、加以固定，使之得到明確的意象和觀念。他們所代表的不是那樣的藝術，這藝術只是把一個在思想、觀念和文字方面已經發揮完成的宗教內容現在又弄到石頭上、畫布上或文字上，像近代的藝術那樣。

14 希羅多德，第二卷，第五十三節。

* 編按：《哲學史講演錄》爲黑格爾學生整理的黑格爾哲學史課堂筆記，注腳則是後來的整理者所加。原文引用出處在作者只有單一著作情況下，均以人名呈現。尊重原始整理者原則，本書（第一卷）只於首次附注「書名」，後皆依原始整理者寫法，以「人名」或「書名」呈現。

當近代的藝術家處理一個宗教題材，或處理一個歷史題材時，都有了現成的觀念和思想作爲根據。他們所作的，只是把那已經完善地表現了的題材，再依他們自己的方式重新表現一番。這種宗教的意識是思維的想像產物，或者是思維的產物，這種思維只有透過想像的機能才能把握對象，也只有透過想像的形式才能得到它自身的表現。

如果無限思想、絕對精神曾啟示其自身或正啟示其自身於眞正的宗教裡，則它所藉以啟示其自身的媒介就是內心、能表象的意識和有限個人的理智。宗教並不僅是一般地向著每一形態的文化而傳播的——「福音是向著貧窮的人宣說的」——；但宗教既是宗教，必須明白地指向內心和性靈，打進主觀性的範圍，因而進入有限的表象方式的領域。在知覺的和對知覺加以反省的意識裡，人對於絕對者的思辨的關係，他所能憑藉的只是一些有限的關係，唯有透過這些有限關係，他才能夠（無論在完全眞實的意義下或僅在象徵的意義下）認識並表示出無限者的本性和關係。

在作爲最切近地最直接地啟示上帝的宗教裡，表象的形式和反省的有限思維的形式並不是上帝存在於意識內的唯一形式，但是它卻必須顯示其自身於這種形式內，因爲只有這種形式對於宗教意識才是可理解的。爲了講明白這點，必須說明一下什麼叫做「理解」（Verstehen）。一方面，如上面所說，理解主要地就是內容的實質的基礎，這基礎出現在精神裡就成爲精神的絕對本質，激動了精神的最深處，即在這最深處引起了共鳴，而且即在這裡面得到了關於精神的證明。這就是理解的第一個絕對條件。凡不是潛在於（即自在——譯者）精神自身之內的對象，即不能自外進入到它裡面，也不能使它實現出來（即自爲——

譯者），換言之，這種內容就是無限的和永恆的。因爲實體之所以爲無限，即由於不受與它相關聯的對象的限制，因爲若不如此它就會是被限制的而不是眞正的實體了。精神不只是潛在的東西，不只是有限的、外在的東西。即因爲凡有限的和外在的東西便不復是潛在的東西，而乃是對方，爲他物而存在，與他物相關聯。但另一方面，既然眞的和永恆的東西必應是被意識到的，換言之，必應進入有限意識，作爲精神的對象：所以，爲這眞的永恆的事物所寄託的精神乃是有限的，而精神之意識到它的方式也只包含在對有限事物和關係的觀念和形式裡。這些形式是意識內最流行熟習的東西，也就是表達有限性的一般方式；意識掌握這些方式並運用這些方式使成爲它表象有限事物的一般媒介，它必須把任何進入意識的事物，均歸結到這種媒介，以便借此保持它自身，並認識它自身。

宗教的態度是這樣的：透過宗教而達到我們的眞理，只是外在地給予的。人們說：眞理的啟示是給予人的，他只須謙卑地加以接受就得了，因爲人的理性是不能掌握眞理的。宗教的眞理是存在著的，但我們不知道它是從哪裡來的。所以這給予的內容是高於理性、超越理性的。這就是傳統宗教的看法。眞理的啟示是透過不知什麼地方來的先知或神聖的使者。他是一個個人；究竟這個個人是誰，對於宗教內容的本身是無關輕重的。譬如：塞雷斯（Ceres）[15]和特里普托勒摩斯（Triptolemos）[16]曾經介紹了農業和婚姻，他們就受到了希

---

15 羅馬神話的司穀女神。——譯者

16 希臘厄琉息斯國王，傳播農業。——譯者

臘人的尊重。民眾對摩西和穆罕默德的感謝，也由於類似的情況。眞理透過那一個個人啟示出來，這乃是外在的歷史事實，與絕對的內容不甚相干的。人身不是教義內容的本身。但基督卻沒有這樣的特異之處：即這個人身，基督本人，他的作爲上帝的兒子的使命，是屬於神性的本身的。如耶穌基督對於基督徒只是一個教師，像畢達哥拉斯、蘇格拉底——甚或哥倫布那樣，那麼，這就不是普遍的神聖內容，不是神的啟示，不是對於神性的教義了，而唯有這點才是我們在宗教裡面所要尋得的教訓。

眞理無論在什麼階段，它進入人的意識首先必須在外在方式下作爲感覺表象的、現前的對象；像摩西在烈火的叢林中曾見了上帝，和希臘人用大理石雕像或別的具體表現使神顯示在意識面前那樣。不過另外一個事實就是，眞理是不能停留，也不應停留在這種外在形式裡的。在宗教如此，在哲學亦是如此。這樣的想像形態或歷史內容（如基督）必應是爲精神而存在的精神性的對象。這樣他就停止其爲一外在的存在了，因爲外在的形態是沒有靈性的。我們應當「在精神內並在眞理內」認識上帝。上帝就是那普遍的、絕對的、本質的精神。人的精神與這絕對精神的關係，有下面這些特點。

人是要信奉一個宗教的。他信仰宗教的根據何在呢？基督教說：精神自身就是這種內容的見證。基督斥責那想要看奇蹟的法利賽人；只有精神才可了解精神，奇蹟只是精神的預感，奇蹟是自然律的中斷，只有精神才是逆著自然過程的奇蹟。精神也就只是對於它自身的了解。天地間只有一個精神，普遍神聖的精神，這並非僅因爲它是無所不在。它不是散漫雜湊的多數獨立個體之外在的全體或共同性，而是浸透一切事物，是它自身和它對方的假象的統一，它是主觀性和特殊性的統一。作爲普遍者，精神自己以自己爲對象，作爲特殊者，精神就是一個個體。但作爲普遍者，它又超出了這個體性，統攝了它的對方，是它的對方和它自身的統一。眞正的普遍者，用通俗的話說來，表現爲普遍者自身和特殊者的結合。在精神理解其自身的過程中產生二元化，精神就是了解者與被了解者的統一。被了解的對象是神聖的精神；主觀的精神即是能了解者。但精神不是被動的，被動性對於精神只能是暫時的；精神是一實質的統一。主觀精神是能動的，但客觀精神本身就是這種能動性。那能了解神聖精神的能動的主觀精神，就其了解神聖精神而言，就是神聖精神的自身。精神的這種只是自己與自己發生關係就是絕對的使命。神聖的精神是生活於並顯示於它的教團裡。這樣的了解就叫做信仰。這卻不是歷史的信仰。我們路德宗的人——我個人是屬於路德宗並願意繼續屬於這宗——只有那種本源性的信仰。這種統一性並不是斯賓諾莎式的本體，乃是在自我意識內能知的本體，這自我意識無限化其自身，並與普遍性相關聯。侈談人類思維的限制是淺薄無聊的；認識上帝是宗教的唯一目的。精神對宗教內容的證驗就是宗教性本身。精神的證驗是證明同時又是證明者。精神首先在證驗中證明其自身。精神之被證明，只在於它自己證驗、自己表示、自己顯現其自身。

還有一點就是：這種精神的證驗，亦即它自己內在的自我意識、它自身的交織、它在內心虔禱中的生活，乃是一種本身混沌朦朧的意識，這種意識還沒有達到它眞正的意識，因而也就沒有達到客觀化，因爲規定主體與對象的區別還沒有建立起來。[17]但那自身浸透著並浸透了的精神現在便進入到表象裡，上帝過渡到它的對方，而以它自身爲對象。於是舉凡給予了的和接受了的一切宗教上的觀念，皆出現在神話裡，宗教的一切歷史方面和傳統方面皆在這裡有其適當地位。更確切點說，我們這時有了基督，他約略在兩千年前就來到世界了。但他說：「我與你們在一起，直到世界的邊緣，只要什麼地方有兩個人用我的名義，聚會在一處，我就與你們在一起。」如果我的肉身不復在你們前面，則「我的精神將會引導你們達到一切眞理」。外在的關係不是眞正的關係，它將會被揚棄。

這裡就指明了宗教的兩個階段：第一，默禱、崇拜的階段，譬如聖餐的儀式。這就是在教團中傾聽著神聖的精神，在教團中現在那親臨的、內在的、活的基督，作爲自我意識，得到了實在性。第二爲已發展的意識的階段，在這階段裡宗教的內容成爲對象。在這裡親臨的內在的基督退回到二千年前，回到巴勒斯坦的一個小角落，他是遠在拿撒勒或耶路撒冷歷史上的一個個人。同樣在希臘宗教裡，在默禱中的神變成了現實化的雕像和大理石或在畫圖中變成了畫布和木片；宗教達到了外在化的形式。聖餐在路德宗只是在信仰中、在神聖的欣賞中，並不當作聖餅來崇拜。所以對於我們一個聖靈的圖像除了被當作一塊石頭、一件物品外

17 從這段起始到這裡，米希勒本第一版似有誤植，意思不明，這裡是根據霍夫邁斯特本，第一七九頁，第十四—二十一行譯出。——譯者

沒有別的。這第二個觀點當然必須認作我們據以得到意識的開始。意識必須從這種形態的外在認識出發，被動地接受啟示，保留所接受的於記憶中。如果只停留在這一階段，則這種觀點就是非精神的觀點。停留在這第二觀點——在這歷史的死去了的遙遠之處——就叫做摒棄精神。一個人欺騙了聖靈，他的罪惡是不能贖的。這種對聖靈的欺騙無異於說，聖靈不是普遍的、不是聖潔的，亦即認基督只是一分離的或孤立的，只是另一個人，只在猶太地方，或者他雖然現在還存在，但是在他界、在天上、在無何有之鄉，而不是眞實地親臨在會眾裡。一個只是說人的理性、只是說理性的限度的人，他是欺騙了聖靈。因爲聖靈或精神作爲無限的、普遍的、自己認識自己的存在，絕不認識其自身於僅只有限的事物裡，它與有限的東西不相涉，它只在它的無限性中自己認識自己。

有人說：哲學認識本質。這裡主要之點在於本質並不是外在於現象。我的精神的本質即在我的精神之內，不在外面。同樣，一本書的本質、內容也就沒有了，如果我們抽掉了它的封皮、紙張、油墨、語言和千千萬萬的字母等。單純普遍的內容，作爲本質，並不在書之外。同樣，定律並不在個體之外，反之，它是構成個體的眞實存在。我的心靈的本質是我的眞實存在、我的實質，不然我就會是沒有本質的東西。這種本質，我們可以說，是可以燃燒的材料，它是可以爲那客觀的普遍本質所引燃、所照明的。只要這種燐質或火種在人心中，則認識、著火、照明就是可能的。只有人心中對於神的情緒、預感、知識才是這樣的火種。沒有這一點，即使那神聖的精神也就不是自在自爲的普遍性了。本質本身就是一有內容的實質，不是無內容的、不確定的。一如一本書尚有別的內容，同樣在個人的心靈裡尚有一大堆別的東西，只屬於這個本質的現象。宗教就是認識到這本質的一種境界，而那爲許多外在事物所圍繞著的個人必須與這本質區別開。本質是精神，不是抽象的東西。「上帝不是死人的上帝，乃是活人的上帝。」[18] 眞正講來，是活生生的精神的上帝。92

偉大的造物主感到孤獨無友是它的缺陷，
於是它就創造出眾多的精神，
作爲它的聖潔性的聖潔表現。
那最高的本質是無對無雙的，
從整個精神世界的盃中，
湧現出它本性的無限。[19]

就知識形態在宗教和哲學中的不同而論，則哲學顯得是對宗教的知識形態發揮了摧毀的作用，因爲在宗教裡這普遍的精神只是最初表現於外在的、客觀形式的意識裡。從外在的儀式開始的宗教的崇拜，如前面所說那樣，它就轉而揚棄這種外在的形式，所以透過默禱與崇

18 這是從《新約．馬太福音》，第二十二章，第三十二節引用來的。——譯者

19 這幾行詩句是從德國大詩人席勒（Schiller）的一首名詩——〈友誼〉中摘錄出來的。——譯者

拜更可以證明哲學的作用了，因爲哲學所作的，也就與崇拜一樣，在於揚棄這種外在性。哲學所處理的約有兩點：第一，哲學與宗教的崇拜一樣，所要把握的同是實質的內容、精神的靈魂；第二，把這種內容提到意識前面作爲對象，但具有思維的形式。被宗教所表象爲意識的對象的東西，不論是想像的作品，或是歷史的存在，哲學均加以思維、加以把握。在宗教意識裡，對於對象的知識是屬於表象的形式，多少包含有一些感性成分。在哲學裡面我們不會說，上帝生下一個兒子，這類從自然生活中借來作爲譬喻的關係。這種關係中的實質，當然在哲學裡要予以承認。哲學既然思維它的對象，它便有了一種優點，即在宗教中兩個不同的環節，在哲學中便是統一著的。在宗教的崇拜裡，意識沉沒在絕對本質裡面。這兩個階段的宗教意識，在哲學思維裡均合而爲一了。

這兩種形式，（表象和思想）[13]是彼此不同的，因而好像是互相對立，彼此衝突似的。這是很自然而且也是必然的現象，即當它們以較明確的形式出現，且僅意識到兩者間的區別時，則它們最初是會顯得彼此互相敵對的。在現象裡，那前一形式是一有規定性的自爲的存在，與另一形式對立。但只有在後一形式裡，思維才具體地認識它自身，深入它自身，而精神之所以爲精神才得到自覺。具體者就是有規定性的普遍者，因此包含有它的對方在內。在前一階段裡，精神是抽象的；受了抽象性的拘束，它只意識到它自己是相異於並相反於它的

---

[13] 據霍夫邁斯特本，第一一八頁增補。——譯者

對方。當精神具體地把握住它自身時，則它便不復拘束在規定性裡面，只自知其區別並自安於區別了。但作爲具體的理智，精神在與它相異的形態裡面同樣能把握實體，精神只有把握住實體的現象，並轉而反對這現象，它才能在實體的眞實內容裡，在實體的內在核心裡，認識它自身，而且才算把握它的對方，使對方受到公正的處理。

一般說來，這就是這種對立在歷史上的過程：第一，思維之最初出現在宗教內是不自由的，是在個別的外在表現中。第二，思維堅強起來，感覺到自己是建築在自己的基礎之上，對於與它不同的形式，採取敵對的態度，而不能在對方中認識自己。第三，於是這過程就完成於即在對方之內認識到自己，（把對方認作它自己的一個環節。）[14]

因此哲學必須從自己獨立處理自己的事務開始，必須將思維從一切民間信仰裡孤立出來，尋找完全另外的一個領域，把表象世界丟在一邊。這樣思維與表象便安靜地彼此並列著，或者亦可以說，哲學一般地尚未達到反省它的對立者的階段，也同樣沒有想到要把兩者加以調解，因而對民間信仰予以解釋和合理化，（因爲民間信仰所表現的乃是同一內容，不過只透過另一外在形式而不是透過概念罷了。）——因而能反過來用民間宗教的形式以表示自由思維的概念。

所以我們看見，哲學最初受了束縛並局限在希臘的異教信仰範圍內。等到它自己站穩了

[14] 據霍夫邁斯特本，第一八九頁增補。——譯者

腳跟，它乃起來反對民間信仰，並對它採取敵對態度，直到哲學把握住民間信仰的內在核心，並在其中認識到它自身時爲止。所以最早的古代希臘哲學家大都尊崇民間宗教，至少他們不反對它，或不去反省它。後來，自色諾芬尼起始，即已猛烈地攻擊民間幻想，於是就出現了許多號稱爲無神論者。一如民間信仰與抽象思想之彼此對立，相安無事，我們還看到稍後一點的許多有教養的希臘哲學家，他們的思辨活動與崇拜的儀式，虔敬地祈求神靈，獻祭等尚一起共存著，而沒有絲毫虛僞勉強之感。蘇格拉底被控訴，說他教導民間宗教以外的神靈，無疑地，他的「精靈」是與當時希臘的倫理和宗教原則相違反的。但同時他卻很忠誠地遵守他的宗教習俗，我們知道他最後的一句話，尚在囑託他的朋友，請他們替他對埃斯庫拉普（希臘藥神——譯者）獻祭一隻雄雞。這個遺志是與蘇格拉底對神的本質之一貫的思想，特別是與他的道德思想很不一致的。柏拉圖劇烈攻擊詩人和詩人所歌頌的神靈。等到後來，新柏拉圖學派才認識到爲前期哲學所拋棄的民間神話中所包含的普遍內容，於是他們把這些神話改造成、翻譯成思想所能夠掌握的意義，於是神話就被用來象徵地表示他們哲學思想的形象化的語言。

同樣在基督教裡，我們看見，思維沒有獨立性地與這種宗教形態相結合，並且只在宗教範圍以內活動；這就是說，思維以宗教作爲根據，且自基督教教義的絕對前提出發。後來我們看見所謂信仰與所謂理性的對立，及當思維的翅膀長得強而有力時，這個少年之鷹便獨自飛向眞理的太陽，但也像一個鷙鳥，它反對宗教，向宗教鬥爭。最後，哲學對於宗教內容透過思辨的概念予以合理的解釋，亦即在思想面前予以正確公平的處理。由於這樣，概念必須得到具體的掌握，並浸透在具體的精神活動裡。這應是現時的哲學觀點，這哲學是在基督教之內成長起來的，它除了以世界精神作爲它的內容外，更沒有別的內容。當世界精神在哲學中認識它自身時，則它也復是在前此與哲學相敵對的形態——宗教——中認識它自身。

因此宗教和哲學有一共同的內容，只是形式不同罷了。主要問題只在於概念的形式須完善到相當高的程度才能夠把握住宗教的內容。眞理正是人們所謂宗教的神祕；眞理也就是宗教的思辨成分。新柏拉圖學派把這種思辨成分叫做 μνεῖν, μνεῖθαι「進入祕奧」或從事於思辨概念的體認。粗淺地講，一般人所了解的神祕是神奇不可知的意思。但在厄琉息斯的神祕信仰裡[20]卻沒有不可知的東西，（在這意義下，所有的雅典人都已進入神祕的境界，唯蘇格拉底沒有進入。）說到這裡，我要順便提一下，那些考據家們也是這樣，因爲在考據學裡也流行著這種保守祕密的觀念。在生人面前公開使人知道祕密乃是唯一被禁止的事。在有些情形下洩露祕密乃是犯罪的事。〔宗教的神祕既然是神聖的，就不應該隨便說出來。希羅多德常常明白宣稱（例如第二卷四十五至四十七節），他也願意說出埃及的神靈和神祕信仰，除非這樣說出是虔敬的。他知道很多東西，但完全說出來卻是不虔敬的。〕[15]基督教的教條是被稱爲神祕的。這些教條就是人所知道的關於上帝的本性的東西。但教條也不是什麼神祕的

20　希臘北部民間信仰的一派，注重在群眾性的狂歡裡與神和合。開講詞中也曾提到這派，請參看。——譯者

[15]　據英譯本，第七十九頁增補。——譯者

東西，而是爲這個宗教的所有信徒都知道的，其所以與別的宗教的信徒的區別就在這點。既然所有的基督徒都知道基督教的信條——神祕，足見神祕並不是什麼不可知的東西。神祕作爲思辨的內容，就它的性質說來，只是對於理智是不可知的祕密，而不是對於理性；從思辨的意義看來，神祕的正是那合理性的。理智不能把握思辨原則，思辨原則是具體的，而理智總是執著區別，認之爲完全分離開的；神祕卻又包含了理智的矛盾，但同時又解除了理智的矛盾。

因此哲學對於新近神學中的所謂理性主義是持反對態度的。理性主義者口頭上老是掛著理性，但實際上那只是枯燥的理智、抽象的思維，從它裡面一點也認識不到具有自我思維成分的理性。這種理性主義，在內容與形式兩方面，都是與哲學對立的。它使得內容、使得天國空疏化，一切的一切都被它降低成有限的關係。即單就形式而論，它也是與哲學對立的。因爲它的形式只是抽象推理，不自由的抽象推理，而不是把握本質。宗教中的超自然主義是反對理性主義的，但就眞實內容看來，它卻與哲學很親近，不過形式不同罷了。但當它變成麻木不仁毫無精神意味時，它便只知接受外在的權威以作支持。經院哲學家卻還不是這類的超自然主義者。他們曾用思維、概念去認識教會的教條。當宗教以僵化的抽象權威去反對思維，宣稱「地獄的大門將不能戰勝它」時，則理性的大門較地獄的大門更堅強，不過其目的不在戰勝教會，而在與教會相調和。哲學作爲把握宗教內容的思維，與宗教的表象比較起來，有一優點，即它能理解雙方。哲學能理解宗教，它又能理解理性主義和超自然主義，它又能理解它自己，但反過來，宗教卻不能這樣。宗教從表象的觀點只能理解與它處於同等地位的東西，卻不能理解哲學、概念、普遍的思想範疇。所以我們從哲學出發去責備哲學之反對宗教，對於哲學常常還算不得不公平；但如果我們從宗教觀點出發去責備哲學之反對宗教，對於哲學則常常是很不公平的事。

宗教的形態對於自在自爲的精神是必要的。宗教是對任何人，對任何形態的意識皆眞的眞理形式。這種人類的普遍教化最初採取感性意識的形式，其次爲普遍形式之滲入感性的現象，這就是反省。表象的意識，神祕的、傳統的、權威的形式都屬於理智的形式。那包含在精神的見證內的本質，只有當它表現在理智的形式內時，才能成爲意識的對象。我們的意識必早已從生活中、從經驗中熟習了這些形式。因此宗教必具有眞理或精神性的意識，必具有理性的形式。或換言之，眞理的意識必具有宗教的形式。這就是宗教之所以有存在價值的一般理由；但這種〔思辨性的〕思維的意識並不是一切人〔都共有的〕[16]外在的一般的思維形式。

現在我們已說明哲學與宗教的區別。此外尚有幾點與研究哲學史有關，擬部分地根據上面所說過的略談。

第二：〔宗教成分之必須從哲學史的內容裡排出去〕[17]

[16] 據霍夫邁斯特本，第一九二頁增補。——譯者

[17] 據英譯本，第八十一頁增補。——譯者

對於其他與宗教有關的材料，我們在哲學史裡應如何處理呢？我們首先碰見神話。它似乎也可以被引入哲學史中。神話是想像的產物，但不是任性（Willkür）的產物，雖說在這裡任性也有其一定的地位。但神話的主要內容是想像化的理性的作品，這種理性以本質作爲對象，但除了憑藉感性的表象方式外，尙沒有別的機能去把握它；因此神靈便被想像成人的形狀。神話可以爲了藝術、詩歌等而被研究。但思維的精神必須尋求那潛伏在神話裡面的實質的內容、思想、哲學原則，一如我們須在自然裡面去尋求理性一樣。新柏拉圖主義者便是採取這種方式來處理神話的。近年來這就是我的朋友克勞澤[21]所研究的象徵學主要的任務。這種處理方式曾遭到許多人反對和指責：我們只須確實地去做歷史工作，而這種摻雜哲理進入神話或從神話中紬繹出哲理——這哲理是古代的人想也沒有想到過的——的作風是反歷史的。這一方面是完全正確的，因爲這只是克勞澤的研究方式，也是古代亞歷山德里亞的新柏拉圖學派所從事過的工作。在有意識的思維裡古代人的確沒有想到過那些哲理。也沒有人這樣肯定過；但說那些哲理的內容沒有潛伏在神話中，卻未免有些可笑。民間的宗教，以及神話，無論表面上如何簡單甚或笨拙，作爲理性的產物（但不是思維的產物），無疑地它們與眞正的藝術一樣包含有思想、普遍的原則、眞理。理性的本能是它們所自出的基礎。也就由

[21] 克勞澤（Friedrich Kreuzer）著有《古代民族，特別是希臘人的象徵和神話》一書，第二版改訂本共四冊，於一八一九年在海德堡出版。——譯者

於這樣，當神話過渡到感性的認識方式時，總是摻雜有不少偶然、外在的材料。因爲用感性的方式去表達概念總是包含有不相適合的成分的，在想像的基礎上是不能很眞實地表達理念的。這種基於歷史的或自然的情況產生出來的感性形式，必須從各方面去予以規定。這種外在的特性必是或多或少地不能與理念相符合的。這些解釋裡面也可能包含許多錯誤，特別是從個別事例出發。在一大堆習俗、行爲、工具、衣飾、祭品等等之中，總包含有一些與思想類似和有關係的東西；不過距離理念還很遠，而且裡面必夾雜有很多偶然的成分。但這裡面包含有理性，本質上是我們必須承認的。而且採取這種方式去了解神話乃是一種必要的研究方法。

不過神話仍然必須從我們的哲學史中排除。其理由是：哲學史所研究的不是潛伏在某些表現裡的一般哲理和思想，而是明白表示出來的思想，而且只研究明白表示出來的思想，只研究這樣的、已經進入意識取得了思想的形式的宗教內容。這表明了一種巨大的區別。[22]譬如，小孩也具有理性，但理性在小孩中僅是一種潛在的稟賦。哲學所研究的是形式，是內容發揮成爲思想的形式。只有思想才是理念的絕對形式。潛伏地包含在宗教中的哲理與我們無關，必須這哲理取得思想的形式時，才是我們研究的對象。

在許多神話裡面，誠然是有形象的，並且同時有關於形象的意義，或者形象自身就帶

22　指潛在與實在的區別。——譯者

有意義。古代波斯人崇拜太陽或火作爲最高的存在。波斯宗教的本源爲澤爾萬·阿克侖（Zervane Akerene按：即無限的時間或永恆）。這個單純的無限的存在具有「兩個原則：奧爾穆茲德（'Ωρομάσδος）和阿里曼（'Αρειμάνιος），主宰善惡之神」。[23]普魯塔克[24]說：「它不是一個保持並主宰全體的存在，而是夾雜有惡在內的善，自然一般地絕不產生任何純潔的和單純的東西。所以它並不是一個授予者，像一個主人從兩個瓶子中取出飲料來加以分配與混合。反之它乃是透過兩個相反的敵對的原則，其中之一遵循正當的方向，而另一原則向著相反的方向進行，如果不是整個世界，至少這地球是在不平衡的情形下運動著。瑣羅亞斯德曾經很好地把其一原則（奧爾穆茲德）解釋爲光明，而把另一原則（阿里曼）解釋爲黑暗；在兩者的中間爲米特拉，因此波斯人稱米特拉爲調解者。」於是米特拉又是本體、普遍的存在，也就是提高到全體的太陽。它不是奧爾穆茲德與阿里曼間的調解者，好像它要維持和平以便兩者各自獨立存在，而它乃是站在奧爾穆茲德一邊，與它一起向惡鬥爭。米特拉並不是分有或兼有善惡的一種不吉祥的中間物。

阿里曼有時被稱爲光明所產生的第一個兒子，但只有奧爾穆茲德才長住在光明裡。在創造這可見的世界時，奧爾穆茲德在地球上面，在它的不可掌握的光明王國內，放置那堅固的

23 第歐根尼·拉爾修，《哲人言行錄》，第一卷，第八節。

24 《論伊西斯和歐西里斯》，第二卷，第三六九頁（希蘭德本）。

穹蒼，這穹蒼高在天上，尚完全爲那最初的原始光明所圍繞著。在地的中間有一高山名阿爾波第，其山頂直達到原始光明。奧爾穆茲德的光明王國一直擴張到天上堅固的穹蒼，到阿爾波第山上，且又到地上直至第三時代。這時前此只局限在地下的黑暗世界的阿里曼才衝進奧爾穆茲德的形體世界，與他共同主宰這世界。於是那介於天與地的中間才分割爲光明黑暗兩半。正如奧爾穆茲德前此只是一精神的王國，所以阿里曼也只是一黑暗的王國，但爲了混合起來，他於創造地上的光明時又建立一地上的黑暗與它對立。從這時開始這兩個形體世界就彼此對立，一是純潔而善的，一是不純潔而惡的。這種對立貫穿了整個自然界。在阿爾波第山上奧爾穆茲德曾經創造了米特拉作爲地上的調解者。創造形體世界的目的沒有別的，只在於使從它的創造主那裡墮落下來了的存在，回復其地位，補償其缺陷，因而使得惡永遠消失。形體世界是善與惡鬥爭的舞臺或戰場。但光明與黑暗的鬥爭本身並不是一個絕對不可解決的對立，而是過渡的階段，奧爾穆茲德，光明的原則，將最後取得勝利。

我要指出，從哲學看來，這種二元論特別值得注意。有了這種二元，於是（統一這對立的）概念就成爲必要了。概念在二元裡乃直接是它自身的反面，但它在它的對方（即反面——譯者）裡又與它自身相統一。因此，就兩者而論，只有光明的原則是本質，而黑暗的原則乃是虛無。因此光明的原則就與前此被稱爲最高存在的米特拉合而爲一了。如果我們用這些和哲學有比較密切關係的觀念來看這些對立的成分，我們就會發現這種看法中有一普遍的原則最有興趣：一個單純的存在，它的絕對的對立表現爲它自身內在的對立和這對立的揚棄。這種對立表面上的偶然性因而被取消了。但精神原則與物質原則又不是分離的，因爲善與惡同時被規定爲光明與黑暗。這裡我們就看見思想與現實的分裂，而同時又不是一種分裂，像只是在宗教裡所發生的那樣，把超感官的東西重新表象爲感性的、非概念的、分散的狀態。而在這裡感官世界之完全分散的狀態已經集中爲單純的對立，而對立的運動過程亦同樣單純地表象出來了。這些看法很接近思想，它們已不僅是形象了。但這類的神話仍不屬於哲學範圍。因爲在神話裡，思想並不占第一位，主要的是神話的形式。在一切宗教裡，都有搖擺於形象化的想像與思想之間的情形；這種夾雜不純的東西仍屬於哲學範圍以外。

在腓尼基人中，桑楚尼亞松[25]的天地開闢說裡也同樣地說：「萬物起源於混沌，在混沌中各種元素混同一起，沒有發展出來，形成一種洪濛之氣。這洪濛之氣彌漫於混沌中，逐漸形成一種流質的泥漿，這泥漿包含有生命力及動物的種子在內。由於泥漿與混沌的材料之混合和由此發生的發酵作用，於是就化分爲許多元素。火的元素高飛天空，形成了星球。由於星球對空氣的影響，而產生了雲，地球也因而能生長萬物了。由於泥漿凝固過程中水與土的混合而產生動物，不完全和沒有感官。這種動物又產生別的較完全的有感官的動物。暴風雨

---

25 《桑楚尼亞松殘篇》，坎伯蘭本，一七二〇—一七二八年倫敦版；德文本是卡塞爾（J. P. Kassel）所譯，一七七五、一七七八年馬德堡版（第一—四頁）。——歐瑟比（Eusebius）的書（《福音之準備》，第一卷，第十節）中所載的這些殘篇，是從一個文法學家比布羅人斐洛（Philo aus Biblus）由腓尼基文譯成希臘文的「桑楚尼亞松」來的，斐洛生於維斯帕先朝，他把桑楚尼亞松歸之於一個遠古的時代。

中巨雷的震撼喚醒了最初沉睡在胎膜中的動物的生命。」

在迦勒底人中，貝羅索斯[26]說：「原始的神是貝耳和女神奧摩洛加（海洋之神），在它們之外尚有許多別的神靈。貝耳把奧摩洛加分割成兩半，爲了要從這兩部分裡構造成天與地。於是他砍下他自己的頭，從他這神聖的血液的點滴裡便產生了人類。創造了人之後，貝耳掃除了黑暗，分開了天地，形成了這自然形狀的世界。他覺得地上個別的地區尚沒有足夠的人居住，他強迫另一個神打傷他自己，從他的血液中又產生了更多的人和更多種類的動物。最初人生活得野蠻而沒有文化，直到一個巨靈產生（貝羅索斯稱這個巨靈爲奧內斯），把人們聯合起來成一個國家，並教導他們藝術、科學和一般人的文化。這巨靈當太陽自海洋中升起時，開始爲這目的而工作；日落後，他又隱藏在波濤裡了。」

神話也可以自詡爲一種哲學。也有許多哲學家利用神話的形式以使得哲理更接近想像；神話的內容是思想。但在古代神話中，神話並不僅是外衣；人們不僅是先有了思想，然後才用神話掩蓋思想。在我們反省的方式下，可以是這樣；但原始的詩卻不是從詩與散文的分離

26〈迦勒底人貝羅索斯〉，約瑟夫（Josephus）、辛塞勒斯（Syncellus）與歐瑟比編輯的殘篇；斯卡利傑（Scaliger）所集錄的殘篇附在《論時代的改進》中，全載於法布里修斯（Fabricius），《希臘文庫》，第十四卷，第一七五─二一一頁（第一八五─一九〇頁）。──貝羅索斯生於亞歷山大時代，據說是貝耳神的祭司，從巴比倫的神廟藏書中取得了材料。

出發。如果哲學家運用神話，那大半由於他先有了思想，然後才尋求形象以表達思想。譬如，柏拉圖有了不少美麗的神話，許多別的哲學家也常用神話的語言說話。又如耶可比用基督教的形式來處理哲學，也用宗教的方式來談思辨的問題。但宗教形式並不是研究哲學的適當形式。思想既以自身爲對象，則它的這種對象亦必須具有思想的形式，它自身亦必須提高到它自己的形式。柏拉圖由於他的神話曾得到好評。這種詩的或神話的成分曾證明了他比別的哲學家有更高的天才。人們以爲柏拉圖的神話比抽象的表現方式較爲美好。無疑神話是柏拉圖對話中很美的表現。但細究起來，一部分由於他不能夠用純粹的思想方式來表現他自己，一部分柏拉圖只在導言中使用神話，及談到中心問題時，他就採用別的方式來表達了。譬如，在《巴門尼德篇》裡，只是單純的思想範疇，而沒有採用神話的語言。從表面看來，這些神話誠有用處：從思辨的高度降低一點，用較容易的形象化的語言來表達。但柏拉圖的價值並不在於他的神話。如果思維一經加強了，要求用自己的要素以表達自己的存在時，就會覺得神話乃是一種多餘的裝飾品，並不能藉以推進哲學。人們常常只執著這種神話。所以亞里斯多德被誤解，由於他處處摻雜了不少的比喻。比喻不能完全適當地表達思想，它總附加有別的成分。由於缺乏能力把思想表達成思想，於是乃借助於感性的形式來表達。思想是不應爲神話所掩蔽的。因爲神話的目的乃在於表達、揭示思想。這種表達的方式和象徵當然是有缺點的。誰把思想掩蔽在象徵中，誰就沒有思想。思想是自己顯示其自身的，神話並不是表達思想的正確方式。亞里斯多德[27]說過：「對於那用神話的方式來談哲學的人，是不值得我們予以認眞看待的。」神話並不是傳達思想的主要形式，只是次要的方式。

與神話相關聯，另有一表現普遍內容的方式：即用數、線條、幾何圖形來表現。數、幾何圖形等是形象的，但又不像神話那樣具體地形象化。譬如，我們可以說：永恆是一圓形，一條咬著自己尾巴的長蛇，這是一個形象，但精神不需要這類的象徵。它有語言作爲它的表現工具。有許多民族仍停留在這種象徵的表現方式裡。但這類的表現方式並不能達到多遠。許多極抽象的概念誠然可以用這種工具來表示，但進一步就會引起混亂。譬如，共濟會會員們（中世紀的祕密結社——譯者）有一些象徵性的東西，被認爲是深邃的智慧，所謂深邃就好像一個無法看透底的深潭那樣，所以凡是掩蔽著的東西很容易被人們當作深邃，以爲掩蔽在後面的東西就是深邃的。但須知，也很有可能那掩蔽著的後面卻沒有東西，共濟會就是這樣，不論對會外或對會內的人，一切都掩藏著，它裡面實在沒有東西，既沒有特殊的智慧，也沒有科學。反之，思想之所以爲思想即在於它的表現。清楚明晰就是它的本性、它的自身。表現並不是一種可以存在，也同樣可以不存在的情況，因而思想即使不表現出來仍然是思想。須知思想的表現就是它的存在。

27《形上學》，第三卷，第四章。

從上面所說，畢達哥拉斯學派所謂「數」，並不是把握思想的適合工具。試就畢達哥拉斯所說的 μονάς, δυάς, τριάς（一、二、三、）而論。μονάς 是統一（或單一——譯者）δυάς 是區別，τριάς 是單一與區別的統一。三等於一加二，但這類的相加已是很糟糕的結合。前兩個數透過加法結合在一起。但這類的結合實在是最糟糕形式的統一。「三」以較深刻的形式表現在宗教裡爲三位一體，表現在哲學裡爲概念。但數乃是〔表現思想的〕糟糕的方式。〔再則，如果以衡量空間的方式作爲表示絕對的媒介，也應受到同樣的反對。〕[18]

有人提到中國的哲學，伏羲哲學，說其中也是用數來表達思想。但中國人對於他們的符號也還是加了解釋，因此也還是把它們所象徵的意義說明白了。普遍、單純的抽象概念是浮現於一切多少有一些文化的民族裡的。

其次，必須指出，即在宗教本身，以及在詩歌裡實包含有思想。宗教不只是表現在藝術形式內，卻包含有眞正的思想、哲理。在詩歌裡〔詩歌是藝術，以語言爲表現的要素〕也還是要進一步而去表達思想，所以在詩人那裡我們也發現深刻、普遍的思想。關於實在的普遍的思想，在「各民族裡」[28]都可找到。特別是在印度宗教裡普遍的思想曾經被明白地表達出來。所以人們說，這個民族也有眞正的哲學。但我們在印度的書籍裡所遇見的有趣的普遍的

[18] 據英譯本，第八十九頁增補。——譯者

28 米希勒本作「在各地」，茲據霍夫邁斯特本，第二一七頁改爲「在各民族裡」。——譯者

思想，卻局限在最抽象的觀念裡——局限在生滅的觀念和生滅循環往復的觀念裡。譬如，長生鳥（Phönix）[29]的故事是大家所熟知的。這故事通常是來自東方。同樣我們在古代人中也可發現關於生與死、由有到無這樣的思想：死出於生，生出於死；在肯定的存在裡已包含有否定在內。否定的亦同樣地包含在肯定的之內；一切變化和生命過程都以此爲基礎。但這類思想只是有時偶然出現，還不可當作眞正的哲理。只有當思想本身被認作基礎、絕對、一切其他事物的根本時，才算得有了哲學。但在上述那些表達方式裡卻不是這樣。

哲學並不是對已存在於背後作爲基質（Substrat）的某一對象的思想。哲學的內容即是思想，普遍的思想。唯有思想才是第一義；哲學裡的絕對必是思想。在希臘宗教裡我們發現有「永恆的必然性」這一絕對的、普遍的關係或思想範疇。但這種永恆必然性的思想只表示一種相對的關係，除了必然性外還有〔自由的〕主體。這種必然性不能當作眞實的、無所不包的存在。所以這樣的方式也不是我們須加研究的對象。我們可以這樣說，有尤里比底斯哲學、有席勒哲學、有歌德哲學。但所有這些詩人的思想——對於眞理、人的使命、道德等普遍的觀念，一方面只是偶然順便提出來的，一方面這些觀念尚沒有取得眞正的思想形式，因爲凡是根據眞正的思想形式表達出來的，必應是最後的，構成絕對基礎的東西。〔在印度人

29 東方神話中的一種神鳥，有人譯作「鳳凰」。相傳這種鳥活了五百年便積香木自焚，化爲灰燼，從灰燼中躍出成爲年輕的鳥，如是往復，永遠不死。——譯者

那裡，一切與思想相關聯的東西互相貫穿在一起。〕[19]

第三：〔宗教內的特殊理論〕[20]

我們在宗教裡面發現的哲學亦與哲學史無關。不僅在印度宗教裡，即在教父和經院哲學家那裡，我們均可見得關於上帝性質的深刻的思辨的思想，熟悉這些思想，是研究教條歷史的主要興趣，但卻不屬於哲學史的範圍。不過對於經院哲學家比起對於教父又須更加注意。教父們誠然是偉大的哲學家，基督教文明的形成，許多地方應該歸功於他們。他們的思辨思想一部分應屬於別的哲學，譬如柏拉圖哲學。〔這哲學自身有其獨立的存在，在適當的地方將對它的最初形態予以考察。〕[21]這些思辨思想的另一部分是出自宗教的思維內容，這內容作爲教會的教義是他們思想的基礎，首先是屬於教會信仰的範圍。因此這些思想是建築在一個前提上面的。它們算不得眞正的哲學，這就是說，算不得建築在自身上的思想，而是爲了一個固定的觀念或前提而活動，或是反駁別的觀念和哲理，或借攻擊別的觀念和哲理去爲自己的宗教教義作哲學的辯護。因此這種思想並未認識並發揮其自身爲內容之最後的、絕對的頂點，亦未認識並發揮其自身爲內在地自身規定的思想。內容本身已被當作眞理，但

[19] 此句與上文不相連屬，霍夫邁斯特本及英譯本均沒有，似是衍文。——譯者

[20] 據英譯本，第九十一頁增補。——譯者

[21] 米希勒本關於這句話意思欠明確，這裡是根據霍夫邁斯特本，第二一八頁譯出。——譯者

它不是建築在思想自身上面。理智不能把握宗教的眞理；當理智自稱爲理性（像啟蒙思想那樣），〔要去討論宗教和宗教的思辨內容〕，並自己宣稱爲〔這種內容的〕主人和統治者時，則它就〔把這內容弄成淺薄平庸〕了。[22]基督教的內容只有借思辨的方法才能把握。因此當教父們在教會的教義範圍內思想的時候，他們的思想本來是很有思辨意味的，但它的內容卻沒有透過思想本身予以證明，而這種宗教內容的最後的辯護亦只是依賴教會的教義。於是哲學就局限於固定的教條之內，而不是自由地從自身出發的思想。同樣在經院哲學裡，思想並不是憑藉自身形成的，而是依靠於一些前提。在經院哲學裡，思想已愈趨於自己建築在自己上面，但並不與教會的教義對立。教義與思想二者應一致，也是一致的，但教會已經證明爲眞的眞理、思想應該從自身出發予以證明。

這樣我們就劃分開那些與哲學相關聯的部門了。但我們同時又要注意這些相關聯的部門所包含的成分，哪些是屬於哲學的概念，哪些是與哲學分開。這樣我們才能夠認識哲學的概念。

[22] 這三個括弧內的譯文，都是根據霍夫邁斯特本，第二一九頁增補的，米希勒本語意不夠明白充足。——譯者

（三）哲學與通俗哲學的區別

就上述兩個與哲學相關聯的領域而論：其一，那些特殊的科學，如果要視為哲學，就有了這樣的缺點：它們是沉陷在有限的材料中的自己觀察、自己思想，是主觀能動地去認識有限事物，但缺乏內容（指無限的普遍的內容——譯者），只代表形式的主觀的那一環節。其二，宗教的領域：它與哲學有了共同的內容，代表客觀的那一環節，其缺點在於自己思想不是中心環節，而其對象或內容也只是透過形象的形式或歷史的形式表現出來。哲學所要求的是兩個環節的統一與貫穿，它結合這兩方面為一體：它結合了生活的休沐日和工作日，在休沐日，人謙卑地否定他自身於莊嚴神聖的上帝之前，在工作日，人立定腳跟，是自己的主人，為自己的利益而奮鬥。另外有一領域似乎想兼備這兩方面，那就是「通俗哲學」。通俗哲學也研究普遍的對象，也對上帝與世界加以哲學思考。在這裡思想也是能動地去認識這些對象。但這類的哲學我們仍須把它拋在一邊。西塞羅的著作可算是這樣的通俗哲學。那也是一種哲學思想，有它一定的地位，而且裡面說了很多很好的話。他有了多方面的生活體驗和性靈體驗，及他觀察了世事的變化後，他便體會到真理。他以教化人群的精神，去說出人生的重大問題，所以很為眾人所喜愛。從另一方面看來，狂熱者、神祕主義者也可以算作通俗哲學家。他們道出了他們深刻的宗教信念，他們在高尚神聖的領域裡有了體驗，他們能夠說出最高的內容，而他們的文字表達也是很感人的。像帕斯卡的著作就是這樣。他的《沉思錄》（*Pensées*）一書中有最深刻的見解。

從哲學觀點看來，這種哲學還有一個缺點。它所訴求的究竟至極的東西是植根於人的自然本性中的（近代的人也是這樣看法）。這種看法，西塞羅也是很常有的。現在大家常說到「道德的本能」，但人們卻稱之爲一種情緒。據說，現在宗教不應建築在客觀內容上而應建築在宗教情緒上：人對於上帝的直接意識就是最後的根據。西塞羅常用「眾心一致」（consensus gentium）這名詞。這種訴諸眾心的辦法在近代是或多或少被擯棄了，因爲主體是應該建築在自身上面的。他們首先抬高感情的地位，然後再爲感情找根據，說理由。但這種根據和理由也只能在當下的直接性中尋求。誠然這裡所要求的是自己思想，思想的內容也是從自身出發的。但這種思想形態我們也同樣應予以排斥。因爲思想內容所自出的本源仍與前面所討論的第一領域（指科學——譯者）是相同的。在第一領域裡本源是自然，但在第二種領域（指宗教——譯者）內，本源卻是精神，不過在這裡本源只是權威、外在給予的內容、只有在默禱中才暫時取消了這種外在性。〔而在第三領域（通俗哲學）裡，其權威的本源卻是自然的內心的權威〕。[23]這本源是心情、衝動、天性、我們的自然存在、我對正義、上帝的感情。這內容只是在自然的形式中。在情感中〔誠然〕[24]我有了一切，但神話的內容也包含一切。但無論情感或神話的內容都不是在眞正的形式裡。在〔國家的〕[25]法律和宗教

[23] 據霍夫邁斯特本，第二二二頁增補。——譯者
[24] 據霍夫邁斯特本，第二二二頁增補。——譯者
[25] 據霍夫邁斯特本，第二二三頁增補。——譯者

的教義裡，這種無限的內容在一較確定的形式下達到了意識；而在感情裡，主觀的任性尚混雜在內容裡面。

三、哲學和哲學史的起始

哲學以思想、普遍爲內容，而內容就是整個的存在。這個普遍的內容我們必須予以規定。我們即將指出，對這內容種種不同的規定如何逐漸在哲學史裡面出現。最初這些規定是直接的，進一步，這個普遍者就會被視爲自己無限地規定著自己的存在。我們既已這樣說明了哲學的性質，就可以問哲學和哲學史是從哪裡起始的了。

(一) 思想的自由是哲學和哲學史起始的條件

一般的答覆即根據前面所說：什麼地方普遍者被視爲無所不包的存在，或什麼地方存在者在普遍的方式下被把握或思想之思想出現時，則哲學便從那裡開始。這事何時發生？這事何時起始？這就是歷史所要解答的問題。思想必須獨立，必須達到自由的存在，必須從自然事物裡擺脫出來，並且必須從感性直觀裡超拔出來。思想既是自由的，則它必須深入自身，因而達到自由的意識。哲學眞正的起始是從這裡出發：即絕對已不復是表象，自由思想不僅思維那絕對，而是把握住絕對的理念了：這就是說，思想認識思想這樣的存在是事物的本質，是絕對的全體，是一切事物的內在本質。這本質一方面好像是一外在的存在，但另一方面卻被視爲思想。因此那爲猶太人所當作思維對象的上帝（因爲一切宗教均包含思維）的單純的超感官的本質不是哲學的對象。但反之，譬如這樣的命題：事物的本質是水、或火、或思想，則是哲學的命題。

這種普遍的規定，那自己建立自己的思想，是抽象性的。它卻是哲學的起始，這起始同時是歷史性的，是一個民族的具體的思想形態，這個思想形態的原則構成我們所說的哲學的起始。一個有了這種自由意識的民族，就會以這種自由原則作爲它存在的根據。一個民族的法律的制定，和這民族的整個情況，只是以它的精神所制定的概念和所具有的範疇爲根據。如果我們說，哲學的出現屬於自由的意識，則在哲學已起始的民族裡，必以這自由原則作爲它的根據。從實踐方面看來，則現實的自由和政治的自由之發苞開花，必與自由的意識相聯繫著。現實的政治的自由僅開始於當個人自知其作爲一個獨立的人，是一個有普遍性的有本質性的，也是有無限價值的時候，或者當主體達到了人格的意識，因而要求本身得到單純的尊重的時候。這樣，對於對象的自由思維就包含了對絕對的、普遍的、本質的對象的思維。所謂思維就是把一個對象提高到普遍性的形式。所謂自己思維或自由思維就是自己知道自己具有普遍性、自己給予自己以普遍的特性、自己與自己相關聯。自由思維裡即包含有實踐的自由的成分。哲學的思想因此是兩方面的結合：第一，就哲學思想之爲思維能力言，它有一普遍的對象在它前面，它以那普遍者爲它的對象，或者它把對象規定爲一有普遍性的概念。在感覺意識內的個別的自然事物，它規定爲一普遍者、爲一思想、爲一客觀的思想——爲一作爲思想的客觀東西。第二，在哲學思想裡，我認識、規定、知道這個普遍者。只有當我保持或保存我自己的自爲性或獨立性時，我才會與普遍者有能知的認識的關係。一個對象儘管保持其爲對象，並與我對立，同時只要我在思維它，則它就成爲我的了：雖說它是我的思維，但它對於我仍是一絕對的普遍者；我在它裡面發現我自己，我保持我自身於這客觀的無限的對象中，我對它有了意識，我仍然站在客觀對象的立場。這就是政治自由與思想自由出現的一般聯繫。所以在歷史上哲學的發生，只有當自由的政治制度已經形成了的時候。精神必須與它的自然意欲，與它沉陷於外在材料的情況分離開。世界精神開始時所取的形式是在這種分離之先，是在精神與自然合一的階段，這種合一是直接的，還不是眞正的統一。這種直接合一的境界就是東方人一般的存在方式；故哲學實自希臘起始。

（二）東方及東方的哲學之不屬於哲學史

關於上面這種東方意識的形態尚需有一些解釋。精神是有意識的、有意志的、有欲求的。如果自我意識停留在這第一階段，則它的表象和意志的範圍是有限的。由於在這裡理智既是有限的，則那種精神與自然的合一也不是完美的境界。它的目的也還不是一個具有普遍性的東西。如果我志在求正義、求道德，則我的意志是以普遍性爲對象，且必以普遍性爲根據。如果一個民族有了一個合乎正義的法律，則它的對象便是有普遍性的；這又以精神的堅強為前提。當它以普遍性為意志的對象時，則它便開始有了自由。普遍的意志包含著思維（主體的思維）與思維（普遍性）的關係，這也就是思維在自身之中。民族的意志要求自由，它調整它的欲望，使遵從法律；在未遵從法律以前，它所欲求的對象只是一特殊的東西。意志的有限性是東方人的性格，因為他們意志活動是被視為有限的，尚沒有認識到意志的普遍性。在東方只有主人與奴隸的關係，這是專制的階段。在這階段裡，恐懼一般的是主要的範疇。意志還沒有從這種有限性裡解放出來，因為思維本身也還不是自由的；因此意志可被視為是有限的，而有限的就可被假定為否定的。這種否定之感——感覺著某種東西不能長久支持下去——就是恐懼。反之自由卻不是有限的，而是獨立自在的，而獨立自在的東西是不能被打倒的。人或是在恐懼中，或是用恐怖來統治人；二者是處在同一階段。這差別只在於一方有了較堅強有力的意志，它能夠走向前去奴役一切有限的意志使為一個特殊的目的而犧牲。

宗教也必然有同樣的特性。宗教的主要環節是對於主的畏懼，更不能超出這點。「對主的畏懼是智慧的開始」，[30]這話是正確的。所以人必須從畏懼起始——必須認識到有限目的具有否定的特性。但人必須揚棄有限目的以克服畏懼。只要宗教所給予我們的是滿足，而這滿足又是局限於有限事物裡，則它所尋求的主要的與神和合的方式只是對於自然物象的人格

30　見《舊約．詩篇》，第一一一章，第十節。——譯者

化和敬畏。東方人的意識誠然超出自然的內容，提高它自身到一無限的對象。但它的主要的特性就是對於一個大力之畏懼，個人自知其在這大力面前只是一偶然無力的東西。這種個人對於無限大力的依賴可採取兩個不同的形式，而且必然從一個極端過渡到另一個極端。其一極端爲：意識的有限對象只能採取有限者的形式（而與無限相隔絕）；另一極端則爲：意識的對象成爲無限的，但這無限只是一個抽象的東西。由意志的極端被動——奴役，過渡到（在實際上）意志力的極端主動，但這只是武斷任性。同樣，在宗教裡我們發現有人以沉陷在最深的感性本身裡爲敬事上帝，也有人以逃避到最空虛的抽象裡當作達到了無限。這就是出現在東方人，特別是印度人裡面的，屏絕一切的崇高境界；他們自己折磨自己，走進了最深的抽象。譬如有的印度人花十年的長時間專事直視著自己的鼻尖，須賴周圍的人養活他，不做別的事，更無別的精神內容。他們就只知道這樣的抽象，其內容當然完全是有限的東西。這並不是自由的基礎。這樣一來，專制霸王可以隨意所之，爲所欲爲了，即使他做一點好事，也不是從法律出發，而是依據他的武斷任性。

在東方精神誠然是在上升，不過在這階段裡，主體還不是人格，而只是作爲消極的毀滅的東西、沉陷在客觀的實體裡，這實體一部分被表象爲超感官的，一部分，甚至大部分，被表象爲物質的。個人所能達到的最高境界——永恆的福祉，被表象爲沉浸在實體中，爲意識之消逝，因此實體與個體間就漫無區別了。既然最高的境界是沒有意識的，於是一個毫無精神意味的境界就出現了。於是作爲個體存在的人就與這實體對立著：實體是普遍的，個人是個別的。因此只要人沒有達到永恆福祉的境界，則他便是與實體分離的，他就在天人一體的境界之外，他就沒有價值，他就只是一個偶然的、無權利的、有限的存在。他認為他是為自然所決定了的——譬如印度的等級制。他的意志並不是實體的意志，而只是任性任意，受制於外在的和內在的偶然性，只有實體才是肯定的。

這種東方人的境界，誠然並不是沒有品格的高尚、偉大、崇高，但僅表現為自然的特性或主觀的任性——而沒有倫理和法律的客觀規定：為全體所尊重，通行有效於全體，並且為全體所承認。這樣，由於沒有確定不移的準則，東方的主體或個人似乎有了〔完全〕[26]獨立的優點。對於他們沒有任何固定的東西。東方人的實體是那樣的不確定，所以他們性格也可以是那樣不確定、自由、獨立。我們所有的法律和倫理，在東方國家內也還是有的——不過是採取實體的、自然的、家長政治的形式，而不是建築在主觀的自由上。既沒有良心，也沒有內心道德，只是一種〔僵化了的〕[27]自然秩序，讓最高尚的東西與最惡劣的東西並存著。

由此得到結論：我們在這裡尚找不到哲學知識。屬於哲學的應是關於實體、普遍的東西、客觀的東西的知識，這種對象只要我思維它、發展它，它就保持其自身的客觀性。所以，在實體中我同時仍保有我的特性，我仍肯定地保持著我自己。所以我對實體的知識不只是我主觀的規定、思想或意見，而且即由於它是我的思想，它同樣是關於客觀對象的思

[26] 據霍夫邁斯特本，第二二八頁增補。——譯者

[27] 據霍夫邁斯特本，第二二八頁增補。——譯者

想、實體的思想。

所以這種東方的思想必須排除在哲學史以外；但大體上我將對於東方哲學附帶說幾句，特別是關於印度和中國的哲學。在別處我曾經討論過這點；[31]因爲新近有了一些材料，使得我們可以對這方面下判斷。前些時我們曾對於印度的智慧大加驚歎讚美，其實並不知道它的底細。現在我們已初步知道，才很自然地發現它並沒有什麼特異之處。

（三）哲學在希臘的開始

眞正的哲學是自西方開始。唯有在西方這種自我意識的自由才首先得到發展，因而自然的意識，以及潛在的精神就被貶斥於低級地位。在東方的黎明裡，個體性消失了，光明在西方才首先達到燦爛的思想，思想在自身內發光，從思想出發開創它自己的世界。西方的福祉有了這樣的特性：即主體（在對象中仍）維持其爲主體，並堅持其自身於實體中。個體的精神認識到它自己的存在是有普遍性的，這種普遍性就是自己與自己相關聯。自我的自在性、人格性和無限性構成精神的存在。精神的本質就是這樣，它不能是別的樣子。一個民族之所以存在即在於它自己知道自己是自由的，是有普遍性的；自由和普遍性就是一個民族整

31 一八二五—一八二六年的演講。——原注

個倫理生活和其餘生活的原則。這一點我們很容易用一個例子來表明：只有當個人的自由是我們的根本條件時，我們才知道我們本質的存在。這時如果有一個王侯想要把他的武斷的意志作爲法律，並且要施行奴隸制時，則我們便有了這樣的意識，說這是不行的。每個人都知道他不能做奴隸。睡覺、生活、做官，都不是我們本質的存在，當然更不用說做奴隸了。只有自然存在才意味著那些東西。所以在西方我們已進到眞正哲學的基礎上了。

當我在欲求時，我是依賴於另一個人或物，我的存在是特殊性的，我就是我存在著的這樣，我與普遍性的我不一致。因爲我就是我，完全是普遍性的，但爲欲望所束縛。欲望是任性或形式的自由，以衝動爲內容。而眞實意志的目的乃是善、公正，在這裡面，我是自由的、普遍的，而別的人也是自由的，別人與我同等，我也與普遍的我一致，這樣就是自由人與自由人的關係，因而這就建立了基本的法則，普遍意志的規定和合乎正義的政治制度，我們第一次在希臘人裡面發現這種自由，所以哲學應自希臘開始。

在希臘我們看見了眞正的自由在開花，但同時尚局限在一定的形式下，因爲有了奴隸制，國家也受奴隸制的支配。自由在東方、希臘、日耳曼世界的不同，可用下面的抽象看法粗淺地予以表明：在東方只是一個人自由（專制君主），在希臘只有少數人自由，在日耳曼人的生活裡，我們可以說，所有的人皆自由，這就是人作爲人是自由的。但在東方那唯一專制的人也不能自由，因爲自由包含別的人也是自由的。而在東方只看見私欲、任性、形式的自由、自我意識之抽象的相等，我就是我。在希臘，自由僅屬於少數人，所以雅典人、斯巴達人是自由的，而麥森尼亞人和黑羅德人是沒有自由的。於是就要去爲這少數人的自由尋找根據。這裡就包含著希臘人世界觀的特殊形態，對於這一點我們要聯繫著哲學史予以考察。當我們作這種區別時，這就無異於說，我們進入對哲學史的分期了。

參、哲學史的分期、史料來源、論述方法

一、哲學史的分期

當我們科學地來進行哲學史的工作時，必須把這種時期的劃分看成是有必然性的。一般說來，我們本來只應當把哲學史分成兩個時期：希臘哲學和日耳曼哲學，像藝術（史）[28]分爲古代藝術和近代藝術一樣。就日耳曼諸民族都信仰基督教而言，日耳曼哲學是基督教國家的哲學。信基督教的歐洲諸民族，就他們屬於科學的世界而言，通常都有著日耳曼文化；因爲義大利、西班牙、法國、英國等國家都曾因日耳曼諸民族而獲得新的面目。希臘文化也透

[28] 據霍夫邁斯特本，第二三七頁增補。——譯者

入到羅馬世界裡面，我們應當來講羅馬世界基礎上的哲學；[32]但是〔那介於希臘人和日耳曼人之間的〕[29]羅馬人並沒有產生過眞正的哲學，正如他們沒有產生過眞正的詩人一樣。他們只不過是接受、只不過是模仿，雖然常常模仿得很入神，甚至連他們的宗教也是從希臘宗教而來的。羅馬宗教的特色，是和哲學與藝術並不接近，是比較非哲學非藝術的。如果現在哲學史的出發點可以說是：把上帝了解成直接的、尙未發展的普遍性，〔像我們看見泰利斯對「絕對」的規定那樣〕[30]——而哲學史的目的（我們現代〔這門科學〕[31]的目的），是要透過如此緩慢的世界精神二千五百年的工作，把絕對了解爲精神，那麼，透過缺點的指出，從一個範疇推進到另一個範疇，在我們來說是很容易的，[33]但是在歷史的歷程中，這卻是很困

32 據霍夫邁斯特本，第二三七頁作：「但是希臘文化透入到日耳曼世界裡面；羅馬人形成兩者之間的聯結點。我們應當來講羅馬世界基地上的希臘哲學；羅馬世界裡是接受了希臘文化。」語氣比較明確（重點譯者所加）。——譯者

[29] 據霍夫邁斯特本，第二三七—二三八頁增補。——譯者

[30] 據霍夫邁斯特本，第二三八頁增補。——譯者

[31] 據霍夫邁斯特本，第二三八頁增補。——譯者

33 據霍夫邁斯特本，第二三八頁作：「……世界精神在它由一個範疇進展到另一個範疇，以達到對於它自身的意識這件工作裡，未免太緩慢了。由於現在這些範疇都已經擺在我們面前，所以從一個範疇（透過缺點的指出）推進到另一個範疇，是很容易的。」語氣較明確。（重點譯者所加）——譯者

難的。〔世界精神從一個範疇到另一個範疇，常常需要好幾百年。〕[32]

對於這兩個主要的對立物，我們要作一些進一步的規定。希臘世界曾將思想發展到理念，而信基督教的日耳曼世界則將思想了解爲精神；理念和精神是有區別的。這一個進程的進一步說明如下：由於那尚未規定的、直接的普遍者（上帝），「有」，那忌妒地不容許任何東西和它並立的客觀思想，[34]乃是一切哲學的實質基礎，而這基礎並不改變，只是向自身深入，並且憑藉著發展一系列的範疇表現自身，達到對自身的意識：所以我們可以對這個發展的特性在哲學的第一期中作這樣的描寫，即：這個發展就是範疇、象徵、抽象性質從簡單根源中的自發的產生；這個簡單的根源，本身就已經包含著一切。

在這個普遍基礎上的第二個階段，是把這些如此建立起來的範疇以主觀的方式結合在思想的、具體的統一中。初期的那些範疇乃是一些抽象物，現在絕對被了解成爲自身規定的普遍者，成爲能動的思想，不再被了解爲具有這種特定性的普遍者了。因此絕對便被規定爲一

[32] 據霍夫邁斯特本，第二三八頁增補。——譯者

34 據霍夫邁斯特本，第二四〇頁作：「最初的普遍者就是直接的普遍者，也就是『有』。因此內容、對象就是客觀的思想，存在著的思想。思想是一個忌妒的神靈，只宜稱它自己是本質的，不容許任何東西和它並立。」（重點譯者所加）——譯者

121

切特定性[35]的總體，成爲具體的單一性了。在阿那克薩哥拉的 νοῦς（心靈）裡，尤其在蘇格拉底那裡，便開始有一種主觀的總體，在這個主觀的總體中，思維把握到自身，這裡思維的活動乃是基礎。[36]

第三階段是：這個起初是抽象的總體，由於憑藉著能動的、作規定的、作分別的思想而得到實現，便表現其自身於它的那些有分別的範疇中，這些範疇是作爲思想範疇而屬於這個總體。由於這些範疇不可分地包含在統一裡，因此其中每一個範疇也就是其他範疇，於是這些對立的環節也就提高到總體了。這種對立的最一般的形式是普遍與個別；另一種形式則是思維本身與外界的實在，感覺，知覺。概念是普遍和特殊的同一，這兩者都在自身中表現爲具體的，所以普遍在自身之內便是普遍與特殊的統一，特殊也是這樣。這樣，統一就建立在兩個形式裡了。因此，完全具體的普遍就是精神，完全具體的個別就是自然。抽象的環節只有透過它們的統一才能夠實現其自身。於是現在便進入一個新的階段：這些分別中的每一個都提高爲一個總體的系統，彼此對立，像斯多噶學派和伊壁鳩魯學派的哲學那樣。在斯多噶學派哲學裡，純思維便發展成爲總體。如果把精神的對方，把自然存在、感性發揮成爲總

---

35 據霍夫邁斯特本，第二四一頁作：「在這個階段裡，『全體』、『絕對』被了解成爲自身規定的（它初次成爲具體的概念），不再被了解成爲在這個或那個範疇中的普遍者，而被了解成爲**自身規定**（Sichselbstbestimmen）的總體，具體的單一性。」辭意比較明白。（重點譯者所加）——譯者

36 據霍夫邁斯特本，第二三九頁作：「……思維把握到自身；νοῦς 的定義就是作思維活動。」辭意比較明白。——譯者

體，那麼我們便得到伊壁鳩魯學派哲學。每一個範疇都發展成思維的總體，都發展成一個哲學系統。從自發的方式看來，這些原則在這個階段好像本身都是獨立的，是兩種彼此衝突的哲學似的。眞正說來這兩者本是同一的，只不過自己做出彼此對立的模樣；至於在這個階段被認識到的理念，也只是存在於一個片面的規定中的。

更高的階段乃是這些分別的聯合。在懷疑學派那裡，這種聯合是發生在這些分別的取消中；但這更高的階段是肯定的，理念是與概念關聯著的。概念是普遍者，普遍者是自身決定自身的，不過也在自身中保持其統一，並且存在於它那些不能獨立的範疇的理想與透明性中。更進一步是概念的實在性，各種分別自身就發展成爲總體。第四個階段是理念的聯合，這一切作爲總體的分別也都同時融合在一個概念的具體統一中。這種總括，只是以一種一般的方式出現在普遍性的自發的環節中；這種普遍的理想是以自發的方式被把握的。

希臘世界曾經進展到了這種理念。它曾經培養出一個理智的世界，這便是亞歷山德里亞派的哲學；在這一派哲學裡，希臘哲學有了充分的發展，達成它的使命。如果我們要想用譬喻的方式表達出這個進程，那便是：一、思維（一）一般地抽象的思維，如像普遍的空間；因此常將眞空的空間當作絕對的空間。（二）其次出現了最簡單的空間範疇；我們從「點」出發，進到「線」與「角」。（三）第三步是「點」、「線」、「角」結合在三角形中，三角形雖然是具體的，不過還是包含在這種「面」的抽象成分中，「面」還是最初的形式的總體，還是有限制的總體；這個階段與 νοῦς（心靈）相當。二、進一步是：由於我們使包圍三角形的每一條線都再成爲一個面，都發展成整個三角形，發展成它所屬的那個完整的圖

122

形，這便是整體在各個方面的實現，像懷疑學派、斯多噶學派那樣。三、最後一步是：這些面，亦即三邊上的三個三角形，結合成一個體，一個總體。「體」才是完全的空間範疇，這是三角形的重疊；但若就三角形存在於「體」以外這一點來說，則這個例子並不合適。

希臘哲學在新柏拉圖學派那裡所達到的結論，是一個完備的思想王國、福祉王國，是一個自在的理想世界，不過這個世界並不是實際上的，因爲全體通常只存在於普遍性的成分裡。這個世界尚缺少眞正的個別性，眞正的個別性是概念的一個基本環節。實在包含著理念的兩個方面的合一，那獨立的總體也必須認爲是具有否定性的。透過這個自爲地存在的否定——這否定便是主觀性、絕對的「自爲之有」，理念才提高到精神。精神是自己認識自己的主觀性，不過也只是因爲它知道它的對象——就是它自己——是總體，並且知道它本身也是總體，它才是精神。也就是說，三角柱的上下兩個三角形不能是兩個重複的三角形，而應該是存在於交互貫穿的統一中，或者試以剛才所提到的「體」或物體爲例，分別就發生於「中心」與其餘的周圍部分之間。眞正的「物體性」對「中心」的這種對立，現在作爲自發的對立而出現；而總體卻是「中心」與「實質性」的結合，不過並不是自發的結合，而是自覺地與「客觀」對立，「主觀性」與「實質性」對立。因此理念就是這種總體，而這種自覺的理念本質上是與主觀性有分別的。主觀性是被視爲獨立存在著，不過是如此地獨立存在著，令人想到主觀性本身就是自爲的實質物。主觀性起初只是形式的；不過它具有成爲實質物和自身普遍者的眞實可能性，它有實現自己、使自己與實體合一的使命。透過這個主觀性，否定的統一、絕對的否定性、理想便不再只是我們的對象，而是它自己的對象了。這個原則在基督教世界裡已經萌芽了。因此在近代哲學的原則裡，主體本身是自由的，人作爲人是自由的；與這個定義相關聯，就發生了這樣一個觀念，認爲人有使其自身成爲實質物的無限天職，由於人的本性，人就是精神。上帝被了解成精神，這個精神自爲地二元化自己，不過它同樣要揚棄這個分別，自爲地、自在地存在於這個分別中。整個世界的責任，是使它自身與精神取得協調，並在精神中認識自己。這種責任是日耳曼世界所要擔負的。

這種責任最初開始出現在宗教中；宗教是對於這個原則的直觀與信仰，早在進到認識這個原則之前，就把它當作一個實際存在的東西。在基督教裡，這個原則多半是情感，多半是想像；在基督教裡，人作爲人是被規定爲以永恆的福祉爲目的，是天恩、天眷和神庇蔭的對象，也就是說，人是具有絕對無限的價值的。這個原則更呈現在基督教的教義裡，包含在基督啟示給人的神性與人性的統一這一教條之中：人與上帝、客觀理念與主觀理念在這裡是合一的。這個原則以另一個形式出現在關於原始墮落的古老故事裡，照這個故事說，蛇並沒有欺騙人，因爲上帝說：「看哪！亞當也成爲像我們之中的一個了，他知道什麼是善，什麼是惡。」這個故事所提示的也是主觀原則與實質性的統一。精神的過程即在於單一的主體取消其直接方式，把自己提高到與實質物合一。人這樣的目的被宣稱爲最高的圓滿。由此足見，宗教觀念與思辨並不是彼此距離得那麼遠，像人們所以爲的那樣。我引述這些宗教觀念，爲的是使我們不要以之爲可恥，縱然我們還有著這些觀念；我們在基督教前期的祖先們曾經對這些觀念懷著高度的敬意，當我們超過了這些觀念時，我們也不要以祖先爲可恥。

第一個原則是：有兩個總體，這乃是本體的一種兩重化，這種兩重化有這樣一種品性，就是兩個總體不再彼此孤立，而是絕對地互相需要，處在不可分的關聯中。如果早期的斯多噶學派哲學與伊壁鳩魯學派哲學是獨立發生的，它們的否定是懷疑論，而最後兩者也都各自具有潛在的普遍性：那麼，現在這些環節便被認作不同的總體，並應當在它們的對立中被建立爲一了。我們現在有了眞正的思辨理念，亦即有了具有各個範疇的概念；其中的每一個範疇都實現爲總體，都在不可分的關聯中。因此我們眞正地具有兩個理念，一個是作爲認知的主觀理念，另一個是實質的、具體的理念；這個原則的發展、發育、進到爲思想所意識，便是近代哲學的意義所在。因爲這些範疇比起古代的是更爲具體。這種雙方的對立，這種被認爲有無比普遍重要性的對立，便是思維與存在的對立，個體性與實質性的對立，在主體本身中，主體的自由性重新套在必然性的圈子裡，主體與客體的對立，自然與精神的對立，就精神之爲有限精神說，它才是與自然對立的。需要的是在它們的對立中認識它們的統一；這便是基督教中所興起的哲學的基礎。

希臘的哲學思想是樸素的，因爲還沒有注意到思維與存在的對立，這種對立還不是它所考察的對象。〔在希臘哲學裡，透過思想，做了哲學論證、思維和推理，但是在這種思維和推理裡，卻有一個不自覺的假定，認爲被思維的也是存在的，並且是像被思想所認識到的那•樣存在著，因此便假定了思維與存在不是分離的。〕[33]•我們也遇到希臘哲學的某些階段，這

[33] 這一段話米希勒本第一版很不清楚，茲據霍夫邁斯特本，第二四七頁譯出。——譯者

些階段似乎站在與基督教哲學同樣的觀點上面。我們在希臘不僅將會看到智者派的哲學，而且會看見新學園派與懷疑學派的哲學，它們大都提出了眞理不可知的學說。這幾派哲學以爲一切思想範疇都是主觀的，憑藉這些主觀範疇，我們對客觀性不能得到什麼結論，就這一點說，它們可能與近代哲學是一樣的。不過本質上是有區別的。古代哲學說，我們只認識現象，因此一切都是包括在現象之內的，背後並不存在一個可以有所認知，但是不能以理智的、認識的方式認知的自在物、彼岸物。至於一般實踐生活方面，新學園派與懷疑學派都承認應該依照現象行事。然而把現象當作生活的規範、準繩，並依此來做正當的、道德的、理智的行爲（例如按照醫術治病那樣），並不是一種對本質的認識；這只不過是拿現象作基礎罷了。所以並不可因此就肯定這也是對眞理的一種認識。而現代有些純粹主觀唯心論者還有另外一種知識，一種不透過思維，亦即不透過概念的知識，一種直接的知識、信仰、直觀，對於一個「他界」的仰慕（如耶可比）。古代哲學家並沒有這樣的仰慕，而是在確信「只有現象可知」這一點上得到完全的滿足與寧靜。就這點看來，我們必須嚴密地把這兩種不同的觀點弄明確，否則人們會因爲結論相似，便以爲古代哲學中不折不扣地有著近代主觀性的特質。因爲古代哲學有樸素的性質，認爲現象本身就是一個完備的範圍，所以對於那面向客觀的思想是不存有懷疑的。[37]

37 按這句話霍夫邁斯特本第二四九頁作「思想對於客觀世界的懷疑還沒有出現」。兩者頗有出入，似以霍夫邁斯特本較切當。——譯者

近代是一個總合：一方面有著一定的對立，一方面有著雙方本質上的結合。因此我們有理性與信仰的對立，有自己的見解與客觀眞理的對立，客觀眞理是沒有自己的理性的，甚至於應該拋開理性加以接受，用教會意義的信仰，或者近代意義的信仰，[38]也就是說，拋開與內心啟示、直接確定性、直觀、本能、自發的情感相對立的理性，加以接受。這種應該首先予以發展的知識有一種特殊的意義，因爲這樣一來，它自身與那種在自己內發展出來的知識對立，就形成了。兩方面都肯定了思維、主觀性與眞理、客觀性的統一；只是在第一種形式下，我們說自然人也認識眞理，是像他所直接相信的那樣；而在第二種形式下，誠然也是知識與眞理的統一，但是同時主體卻超出了感性意識的直接形式，而是透過思維才獲得眞理的。

〔近代哲學的〕[34]目的是把絕對理解爲精神，理解爲〔自身決定的〕[35]普遍；普遍是概念的無窮財產，在它的實在性中[39]把它的諸範疇自由地揭示出來，把自己完全印入及滲進它們裡面，致使這些範疇一方面彼此外在漠不相關，或者彼此衝突鬥爭；而另一方面，由於這

38　按這句話據霍夫邁斯特本第二五〇頁應作「不是教會意義的信仰，而是近代意義的信仰」，似較符合黑格爾的原意，所謂近代意義的信仰乃指耶可比、謝林等人強調直覺的神祕思想而言。——譯者

[34]　據霍夫邁斯特本，第二五〇頁增補。——譯者

[35]　據霍夫邁斯特本，第二五〇頁增補。——譯者

39　按「在它的實在性中」意即「在它實現其自身的過程中」。這是黑格爾常有的用法。——譯者

樣，這些總體便是同一的，不僅是潛在地同一（這只是我們的抽象反思），而且是眞實地同一，至於由它們的分別而產生的各個範疇，本身只是在觀念裡的（抽象的）東西。所以整個說來我們有兩個哲學：希臘哲學與日耳曼哲學。對日耳曼哲學我們應該分成哲學正式作爲哲學而出現的時期，和形成與準備近代思想的時期。日耳曼哲學我們可以首先從它取得眞正哲學形式的時候開始。在第一個時期與近代之間，有一個醞釀近代哲學的中間時期，這時期一方面只注重實質而沒有達到形式，另一方面把思想發揮成一種假定的眞理的單純形式，直到思想重新認識其自身爲眞理的自由基礎和來源。於是哲學史分爲三個時期：希臘哲學，中古哲學，近代哲學；其中第一期是由一般思想規定的，第二期分裂爲本質與形式的反思，第三期中則以概念爲基礎。[40]這種分法不能了解爲第一期只包含著思想；它也含有總體與理念，而最後一期也是從抽象思想開始，不過是從二元論開始。

第一期：從泰利斯的時代（約基督降生前六〇〇年）到新柏拉圖學派哲學（三世紀的普羅提諾）及其進一步的進展發揮（透過五世紀的普羅克洛），到哲學全部消失（這種哲學以後傳進了基督教，基督教裡有許多哲學系統是以新柏拉圖學派哲學爲基礎的）；爲時約一千

128

---

40 黑格爾的邏輯學分「有論」（一般的抽象思想）、「本質論」（抽象的對立的反思）、「概念論」（具體的普遍性的思想）三部分，他此處對於哲學史三個時期思想內容的發展看法，是與他的邏輯學三部分的發展看法平行聯繫著的。這是了解他的哲學史與邏輯學的關鍵。——譯者

年，它的結果與民族大遷移和羅馬帝國衰亡同時。

第二期：是中古時期，包括經院派，從歷史上說還要提到阿拉伯人與猶太人，不過這一期哲學主要是發生在基督教會之內；爲時約一千餘年。

第三期：近代哲學，首先出現於三十年戰爭開始的時候，由培根，雅各・波墨，笛卡兒開始（笛卡兒從「我思故我在」這個分析出發）；爲時二百年，這種哲學還算是近代的哲學。

二、哲學史的史料來源

哲學史的史料來源和政治史不同。在政治史裡，史料的來源是歷史家，這些史料又以個人的言論事蹟爲其來源；不從原始史料研究的歷史家當然是從第二手史料中去汲取的。歷史家已把事蹟寫進歷史，寫成想像的形式；歷史這個名詞有這麼一種雙重意義：它一方面指事蹟與事象本身，另一方面又指那些透過想像爲了想像而寫出來的東西。在哲學史中史料來源並不是歷史家，而是我們面前的那些史跡；這就是哲學著作本身。這些著作本身就是眞實的來源，如果我們要想眞誠地研究哲學史，就應該去接觸這些史料。若只是從原始史料去研究哲學史，這些著作確是一個極豐富的寶藏。有許多哲學家，我們研究他們時絕對需要借重作者本人。不過有許多時候，原始史料已經不復存在，譬如古代希臘哲學便是如此，這時我們就必須借重歷史家、借重另一些作家了。還有一些時代，可以希望有一些人讀過哲學家本人的著作，並且爲我們摘要。有很多經院學者曾經留下了十六、二十四以至二十六巨冊的著作，在這種場合就必須借重別人的作品了。有許多哲學著作很少見，非常難得。也有許多哲學家寫的書大半是歷史性質、文學性質的，我們蒐集材料的時候就可以限於包含哲學的部分。最值得注意的關於哲學史的著作有下面幾種，關於詳細書目，請參考溫特從坦納曼的哲學史所作的摘要，因爲我不想列出詳盡的文獻。

（一）早期的哲學史中，只有一本可以讀一讀，就是史丹利的《哲學史》（*History of Philosophy* by Thom.Stanley。一六五五年倫敦版，對開本；一七〇一年第三版，四開本；奧萊留斯譯爲拉丁文，一七一一年萊比錫版，四開本）。這本書已經沒有什麼人用了，只包含著古代的那些宗教式的哲學派別，好像沒有近代哲學存在似的。這本書以當時的流行觀念爲根據，認爲只有古代哲學存在，哲學的時代到基督教便完結了。好像哲學只是個異教的東西，而眞理只存在於基督教裡面似的。他對眞理作一種分別，把從自然理性裡創獲來的眞理（古代哲學）與啟示的眞理（基督教裡的）分開，於是在基督教裡就不復有哲學了。在文藝復興時代，還沒有眞正的哲學。史丹利的時代不用說也沒有；不過眞正的哲學還太年輕，老一輩的人還不能對新的哲學表示尊敬，承認它有其相當的價值。

（二）布魯克爾的《批評的哲學史》（*Jo. Jac. Bruckeri Historia critica philosophiae*，一七四二—一七四四年萊比錫版）；分四部分，或五冊，四開本；因第四部分占有兩冊。第二版未加改訂，但是加了一個附錄，一七六六—一七六七年出版，四部分，四開本六冊（第四部分訂爲兩冊，第六冊是附錄）。這是一部大規模的編纂書，所根據的材料並不純是原始史料，而是依照當時的流行方式夾雜著議論編成的，敘述得非常不精確（參看本書第四十六頁）。這種方法是澈底非歷史的；而運用歷史方法的重要，莫過於哲學史。所以這部著作是一個笨重龐大的無用物。從這部書產出的一篇摘要是：〈布魯克爾哲學史概要〉（Jo. Jac. Bruckeri Institutiones Historiae philosophicae, usui academicae juventutis adornatae，一七四七年萊比錫版，八開本）；一七五六年萊比錫第二版；第二版波恩編，一七九〇年萊比錫出版，八開本。

（三）提德曼《思辨哲學的精神》（*Dietrich Tiedemann's Geist der Spekulativen Philosophie*，一七九一－一七九七年馬爾堡版）；七冊，八開本。他在這書裡把政治史講得很冗長，但是一點生氣也沒有；文字僵硬而不自然。全書是個可悲的例子，說明如何一位終身從事研究思辨哲學的教授，卻對思辨一點認識都沒有（他對茨威布魯克版柏拉圖對話所作的摘要也是這個樣子）。他從哲學家的著作裡摘錄提要，只要是遇見有抽象的形式論證的材料，他就抄錄下來；但是一到有了思辨的哲學思想，他就發脾氣不抄了，說這都是些空洞煩瑣的東西：「我們知道得更好些。」他的功勞是從一些罕見的中古著作裡——從中古的卡巴拉派和神祕主義著作裡——做出了一些珍貴的摘要。

（四）布勒：《哲學史教程》和一篇哲學史的批評的文獻。（Joh. Gottl. Buhle: Lehrbuch der Geschichte der Philosophie，一七九六－一八〇四年哥廷根版）；共分爲八部分，八開本。古代哲學史是論述得很不相稱地簡短；布勒愈到後面，寫得愈詳細。他從罕見的著作裡，例如布魯諾的書裡，做出了許多很好的摘要，這些書是哥廷根圖書館的藏書。

（五）坦納曼的《哲學史》（*Wilh. Gottl. Tennemann's Geschichte der Philosophie*，

一七八九—一八一九年萊比錫版）；共十一部分，八開本（第八部分經院哲學占兩冊）。各個哲學系統都寫得很詳細，近代哲學寫得比古代好。近代各家的哲學是比較容易講的，因爲我們只需要提要，翻譯一下就行；近代的哲學思想是離我們很近的。古代哲學家情形便不同，他們站在概念的另外一個觀點，因此較難以把握。人們總是很容易把我們所熟悉的東西加到古人身上去，改變了古人；坦納曼遇到這種地方，便簡直要不得。譬如坦納曼對亞里斯多德便講錯得很厲害，他恰好把亞里斯多德思想的反面說成是亞里斯多德的思想。如果把坦納曼認爲與亞里斯多德相反的那些思想加以接受，倒可以對亞里斯多德的哲學有一個比較正確的觀念。坦納曼的態度忠實到把引用亞里斯多德的許多句子或段落都一一注出原文，弄的原文常常與譯文矛盾。坦納曼認爲重要的是歷史家不應當有哲學。他自誇沒有系統，但是骨子裡他卻有一個，他是批判主義的哲學家。他讚揚哲學家，讚揚他們的研究與天才；但是在讚美歌的結尾處他卻把他們都譴責了，說他們都有一個缺點，就是他們還不是康德派哲學家，還沒有研究知識的來源，而這種研究的結論卻是眞理不可知。

關於編纂的書可以舉出三種：（一）阿斯特的《哲學史綱要》（*Friedrich Ast's Grundriss einer Geschichte der Philosophie*，一八〇七年蘭休特版，八開本；一八二五年二版）。這部書寫得比較精心，大部分是謝林哲學，只是有點紊亂。他以一種有點形式主義的方式把哲學分成理想的與實在的兩種。（二）溫特教授（哥廷根大學）的《坦納曼摘要》（*Prof. Wendt's Auszug aus Tennemann*，一八二九年萊比錫第五版，八開本）。我們覺得很奇怪，這部書裡把什麼東西都說成了哲學，毫無分別，不管有意義沒有。天下最容易的事，莫過於隨意依照一個原則去亂抓材料；因此人們總覺得自己講出了一點新的、深刻的道理。這種所謂新哲學，簡直像菌子似的，不斷地從地裡往外長。（三）里克斯：《哲學史手冊》（*Rixner: Handbuch der Geschichte der Philosophie*，蘇爾茨巴赫版）三冊，一八二二—一八二三年初版，八開本，一八二九年增補再版是最應該介紹的；然而我還不想說他這書已適合了一部哲學史的一切要求。有許多方面是不應該稱讚的，不過每一冊後面的附錄卻特別有用，裡面引用了許多主要的原始材料。文選是需要的，尤其是古代哲學家的文選；在柏拉圖以前的哲學家方面，可供選錄的材料並不很多。

三、這部哲學史的論述方法

關於外在的歷史，我將只提到那些關乎通史的事情，只提到各個時代的精神、原則；同樣，我也要講一講大哲學家們的生活情形。而在哲學方面所要提到名字的，只限於有推動性原則的系統，以及將哲學推進了一步的系統。因此有許多在博學的論著中可以列入，而在哲學方面價值卻很小的名字，我將不在本書中提及。至於一種學說傳播的歷史，所遭遇的命運，以及那些只講授別人的學說的人，以及如何從一個一定的原則發揮出整個的世界觀的詳情，我都略過了。

要求一個哲學史家沒有系統，不把自己的意思加進歷史，也不把自己的判斷埋進去，這是很對的。哲學史正應該表現出這種公正不倚的態度；單就只是從哲學家著作中作摘要這一點而論，似乎也是相當成功的。一個人如果對於對象毫無了解，沒有系統，只有歷史知識，當然是會不偏不倚的。不過政治史與哲學史是應該分開的。寫政治史我們雖不能只限於按照時間一年一年地去敘述事象，但也還是可以完全客觀地去表達歷史，像荷馬的史詩那樣；希羅多德和修昔提底斯也是如此。他們以自由人的態度，一任客觀世界自由發展，絲毫不加進自己的意見，對於他們所敘述的行爲，他們也不曾把它們拖到他們的審判案前面來受審判。

然而即使在政治史裡，也還是有著它本身的目的。在李維的書中主要的東西便是羅馬霸權。我們在他寫的歷史中看見羅馬興起、自衛、稱霸；最終目的是羅馬，是羅馬霸權的擴張、是羅馬法制的建立等等。因此哲學史當然以自行發展的理性爲目的，這並不是我們加進去的外來目的；這就是它本身的實質；這實質是個普遍的本源，表現爲目的，各個個別的發展與形態都自動地與它相適應。因此如果哲學史也應該敘述歷史事蹟，第一個問題便是：什麼是哲學中的事蹟？是不是有哲學的事蹟？在外在的歷史中一切都是事蹟，當然有重要的有不重要的——而事蹟卻是直接呈現在表象裡面的；在哲學中卻不是這樣。因此，論述哲學史是絕不能沒有歷史家的判斷的。

東方哲學

首先要講的是所謂東方哲學。然而東方哲學本不屬於我們現在所講的題材和範圍之內；我們只是附帶先提到它一下。之所以要提到它，只是爲了表明何以我們不多講它，以及它對於思想、對於眞正的哲學有何種關係。當我們講到東方哲學時，我們應該要講到哲學；不過在這一點上應該注意到，我們所叫做東方哲學的，更適當地說，是一種一般東方人的宗教思想方式——一種宗教的世界觀，這種世界觀我們是很可以把它視爲哲學的。在導言裡，我們曾經區分爲兩種形態：一是眞理保持在宗教形式裡面，一是眞理透過思想保持在哲學裡面。東方哲學是宗教哲學，這裡我們需要說出理由：爲什麼我們要把東方宗教觀念也視爲哲學。

羅馬的宗教、希臘的宗教和基督教，我們並不把它們當作哲學，它們與哲學沒有什麼相似的地方。希臘的神和羅馬的神，以及猶太人的基督和上帝，都是明顯的人格化的形象。因此我們大體上還是說它們是宗教，不立即把它們當作哲學原則看待；要把這種神話式的或是基督教的人格化形象解釋成、轉化成哲學原則，乃是一種特殊的工作。在東方的宗教裡，卻正好相反，我們非常直接地感覺到哲學的概念，它是與哲學很接近的。其不同的理由是在於：個體性自由的原則進入了希臘人心中，尤其是進入了基督教徒心中。因此希臘的神靈立刻個體化而表現爲人格的形態。反之，在東方那種主觀性精神的因素並沒有得到充分發揮，[1]宗教的觀念並沒有個體（即人格——譯者）化，而是具有普遍觀念的性格，因而這種

---

1 米希勒本作「並沒有出現」，茲據霍夫邁斯特本，第二六六頁，改爲「並沒有得到充分發揮」，似較切當。——譯者

普遍的觀念，就表現爲哲學的觀念、哲學的思想。因爲印度人[2]的宗教觀念是在普遍性的因素中，並且普遍性占著優勢。當然印度人的宗教也有個體化的形象，如梵天（Brahma）、毗濕奴（Viśnu）和濕婆（Śiva）三個神。但是這種人格化的個性只是表面的，而且表面到當我們以爲我們必須講到一個人格神的時候，人格化的形象便立刻又消失，擴張到無邊無際去了。這種人格化的個性，因爲缺乏自由，是不堅固的；並且在東方即使當普遍的觀念也形成個別形象時，卻仍只是表面的形式。

我們之所以覺得印度人[3]的觀念與哲學的思想相似，主要的根據便在此。我們從希臘人聽到的烏拉諾斯（Uranos）神和克羅諾（Chronos）神是時間，不過已經個性化了，而我們從波斯人所見到的澤爾萬·阿克侖（Zervane Akerene）神，卻是無限的時間。我們看到奧爾穆茲德（Ormuzd）〔光明、善〕[1]和阿里曼（Ahriman）〔黑暗和惡〕，[2]總不外是普遍的本質[4]和觀念，它們都表現爲普遍的原則，這些原則與哲學有很密切的關係，甚至可以說本身就是哲學的原則。東方哲學這個名詞，是特別用來指一個一定的時代的，在這個時代，這

---

2 據霍夫邁斯特本，將「東方人」改成「印度人」，似更爲恰當。——譯者

3 據霍夫邁斯特本，將「東方人」改成「印度人」，似更爲恰當。——譯者

[1] 括弧內的字據霍夫邁斯特本增補。——譯者

[2] 括弧內的字據霍夫邁斯特本增補。——譯者

4 米希勒本作 Weise（方式或形式），茲據霍夫邁斯特本改成本質（Wesen）。——譯者

偉大普遍的東方觀念曾激動了西方——那主觀性的精神占優勢，注重限度和節制的地方。特別是在基督教的最初幾個世紀——一個重要的時代，那些偉大的東方觀念曾經深入西方，到了義大利，並且在知神派（Gnostik）哲學中，開始把那渺茫無限的觀念納入西方精神。一直到教會成立，西方精神才重新占了上風，並且對神性予以明確的規定。

因此第一點是：「普遍」的這個固定性格，是東方特性中的基本特性。第二點則是東方宗教的較詳內容。上帝、自在自爲者、永恆者，在東方大體上是在普遍性的意義下被理解，同樣，個體對上帝的關係也是被理解爲掩埋在普遍性裡面的。在東方宗教中主要的情形就是，只有那唯一自在的本體才是眞實的，個體若與自在自爲者對立，則本身既不能有任何價值，也無法獲得任何價值。只有與這個本體合而爲一，它才有眞正的價值。但與本體合而爲一時，個體就停止其爲主體（主體就停止其爲意識），[3]而消逝於無意識之中了。這就是東方宗教中的主要情形。正相反地，在希臘的宗教和基督教中，主體知道自身是自由的，並且必須保持自身的自由。在這樣的情形下，個體既然獨立自主，思想要想從個體性中解脫出來，建立起它的普遍性，當然是較爲困難。希臘人這種重個人自由的本身較高的觀點，和這種更快樂更優美的生活，加重了思想工作的困難，思想工作在於使普遍性有眞實校準。在東方，正相反地，在宗教中實體本身就是最主要的最本質的內容（個人的無權利和無意識是

[3] 據霍夫邁斯特本增補。——譯者

與此直接相結合的）；這個實體無疑是一個哲學的理念。對於有限個體的否定也是得到表現的，但那是在這樣的情形之下，只有個體與實體合而爲一時才能達到它的自由。在東方精神中，當反省和意識透過思想的作用而達到清晰的分辨和原則的規定時，這些範疇和明確的觀念與實體即不能相結合。或者是取消一切特殊性而得到一個渺茫的無限——東方的崇高境界。或者是當認識到確定地自身建立的東西時，所得到的只是一個枯燥的、形式理智的、沒有靈性的知解，這種知解無法進而取得思辨的概念。這種有限的事物要達到眞實的本體，只有沒入本體才可能。若和本體分離，有限的就成爲僵死的、乾枯的。在東方人那裡我們只看到枯燥的理智，像舊式的沃爾夫邏輯一樣，單是範疇的羅列。這也像他們的祀神禮拜，只是完全沒入於虔敬之中，此外便是無數的宗教儀式和宗教行爲，而另一方面則是那渺茫無限的崇高境界，在這境界中一切事物都消逝於無形了。

我現在想要講到的有兩個東方民族，即中國和印度。

壹、中國哲學

中國人和印度人一樣，在文化方面有很高的聲望，但無論他們文化上的聲望有多大、典籍的數量有多多，在進一步的認識之下，就都大爲減低了。這兩個民族的廣大文化，都是關於宗教、科學、國家的治理、國家的制度、詩歌、技術與藝術[5]和商業等方面的。但如果我們把中國政治制度拿來和歐洲的相比較，則這種比較只能是關於形式方面的；兩者的內容是很不相同的。把印度的詩歌和歐洲的相比較，也有同樣的情形。它的確和任何民族的詩歌同樣光輝、豐富和有文化。古代東方詩歌的內容，如果只看成一種單純幻想的遊戲，似乎在這方面最爲光輝，但在詩歌中重要的是內容，內容要嚴肅。甚至荷馬的詩歌對於我們也是不夠嚴肅的，因此那樣的詩歌在我們裡面是不會發生的。東方的詩歌中並不是沒有天才，天才的偉大是一樣的，但內容卻與我們的內容不同。所以印度的、東方的詩歌，就形式論，可能是發展得很成熟的，但內容卻局限在一定的限度內，不能令我們滿足。我們也感覺到無論他們的法律機構、國家制度等在形式方面是發揮得如何有條理，但在我們這裡是不會發生的，也是不能令我們滿意的，它們不是法律，反倒簡直是壓制法律的東西。當人們讓他們自己爲形式所迷惑，把東方的形式和我們的平行並列，或者還更愛好東方的形式時，內容不同這一點，在作這類的比較時，是值得普遍注意的。

5 米希勒本作 das Technische von Künsten，顯然不對，霍夫邁斯特本（二六九頁）作 das Technische und Künste，茲依據霍夫邁斯特本改正。——譯者

一、孔子6

關於中國哲學首先要注意的是在基督降生五百年前的孔子的教訓。孔子的教訓在萊布尼茲的時代曾轟動一時。它是一種道德哲學。他的著作在中國是最受尊重的。他曾經注釋了經籍，特別是歷史方面的（他還著了一種歷史）[4]他的其他作品是哲學方面的，也是對傳統典籍的注釋。他的道德教訓給他帶來最大的名譽。他的教訓是最受中國人尊重的權威。孔子的傳記曾經法國傳教士們由中文原著翻譯過來。從這傳記看，他似乎差不多是和泰利斯同時代的人。他曾做過一個時期的大臣，以後不受信任，失掉官職，便在他自己的朋友中過討論哲學的生活，但是仍舊常常接受諮詢。我們看到孔子和他的弟子們的談話（按：即《論語》——譯者），裡面所講的是一種常識道德，這種常識道德我們在哪裡都找得到，在哪一個民族裡都找得到，可能還要好些，這是毫無出色之點的東西。孔子只是一個實際的世間智者，在他那裡思辨的哲學是一點也沒有的——只有一些善良的、老練的、道德的教訓，從裡面我們不能獲得什麼特殊的東西。西塞羅留下給我們的《政治義務論》便是一本道德教訓的書，比孔子所有的書內容豐富，而且更好。我們根據他的原著可以斷言：爲了保持孔子的名

6 譯者增補。

[4] 據霍夫邁斯特本，第二七三頁增補。——譯者。

聲，假使他的書從來不曾有過翻譯，那倒是更好的事。7

二、易經哲學8

第二件須要注意的事情是，中國人也曾注意到抽象的思想和純粹的範疇。古代的《易經》（論原則的書是）這類思想的基礎。《易經》包含著中國人的智慧（是有絕對權威的）。[5]《易經》的起源據說是出自伏羲。關於伏羲的傳說完全是神話的、虛構的、無意義的。這個傳說的要點是說伏羲發現了一個有一些符號和圖形的圖表（河圖），這是他在一隻從河中躍起的龍馬背上所看到的。9（這龍馬是隻異獸，具龍身、馬頭。此外另有一些圖形（洛書），是從龜背上得來的，與伏羲的河圖聯在一起。）[6]這個圖表包含著一些上下排列

7 「中國哲學家孔子或中國的學問」，耶穌會神父普羅斯佩利．若內塔，赫爾特利希，魯日蒙，古布累等譯述爲拉丁文並注釋，一六八七年巴黎出版。講解多於翻譯。

8 譯者增補。

[5] 據霍夫邁斯特本，第二七三頁增補。——譯者

9 《關於中國人的追述》（巴黎一七七六年版），第二冊，第一—三六四頁，阿米歐神父，《論中國的古代》（第二十、五十四頁）。

[6] 據霍夫邁斯特本，第二七三頁增補。——譯者

的平行直線，這些直線是一種符號，具有一定的意義。中國人說那些直線是他們文字的基礎，也是他們哲學的基礎。那些圖形的意義是極抽象的範疇，是最純粹的理智規定。〔中國人不僅停留在感性的或象徵的階段〕，[7]我們必須注意，他們也達到了對於純粹思想的意識，但並不深入，只停留在最淺薄的思想裡面。這些規定誠然也是具體的，但是這種具體沒有概念化，沒有被思辨地思考，而只是從一般的觀念中取來，按照直觀的形式和通常感覺的形式表現出來的。因此在這一套具體原則中，找不到對於自然力量或精神力量有意義的認識。爲了滿足好奇心，我將詳述那些原則。那兩個基本的形象〔按：即兩儀——譯者〕是一條線（⚊，陽）和一條平分作二段的線（⚋，陰）：第一個形象表示完善，父，男，一元，和畢達哥拉斯學派所表示的相同，表示肯定。第二個形象的意義是不完善，母，女，二元，否定。這些符號被高度尊敬，它們是一切事物的原則。再把它們重疊起來，先是兩個一疊，便產生四個形象〔按：即四象——譯者〕：⚌、⚍、⚎、⚏，即太陽、少陽、少陰、太陰。這四個圖像的意義是完善的和不完善的物質。那兩個陽是完善的物質，並且第一個陽是屬於青年和健壯的範疇；第二個陽雖是同樣的物質，但屬於老年和衰弱的範疇。第三個圖像與第四個圖像都以陰爲基礎，都是不完善的物質。它們也有老年和少年，健壯和衰弱的規定。

[7] 據霍夫邁斯特本，第二七四頁增補。——譯者

這些圖形曾得到多方面的說明和注釋，因而產生了《易經》。《易經》就是這些基本符號的發揮。《易經》的一個主要的注釋者就是文王，生於基督前第十二世紀。他與他的兒子周公把《易經》弄成孔子所讀到的那樣情況。後來孔子曾經把這些注釋加以綜合和擴充。這一經書當秦始皇帝在基督前二一三年焚毀那一切與以前朝代有關的書籍時，顯然是受到例外。始皇帝僅保留與他自己的統治與農、醫等科學有關的書籍，不予焚毀，而《易經》卻因其爲中國人一切智慧的基礎，也未被焚掉。他特別要消滅《尚書》；但在很奇異的方式下，《尚書》卻仍被保存著。[10]

這些基本的圖形又被拿來作卜筮之用。因此《易經》又被叫做「定數的書」，「命運或命數的書」。在這樣情況下，中國人也把他們的聖書作爲普通卜筮之用，於是我們就可看出一個特點，即在中國人那裡存在著在最深邃的、最普遍的東西與極其外在、完全偶然的東西之間的對比。這些圖形是思辨的基礎，但同時又被用來作卜筮。所以那最外在最偶然的東西與最內在的東西便有了直接的結合。[11]

把那些直線再組合起來，三個一疊，便得到八個形象，這些叫做八卦：☰、☱、☲、

10　據霍夫邁斯特本，第二七四頁增補。——譯者

11　據霍夫邁斯特本，第二七五頁增補。——譯者

☳、☴、☵、☶、☷。（再將這些直線六個[12]一疊，便成了六十四個形象，中國人把這些形象當作他們一切文字的來源，因為人們在這些橫線上加上了一些直線和各種方向的曲線。）我將舉出這些卦的解釋以表示它們是如何的膚淺。第一個符號包含著太陽與陽本身，乃是天（干）或是彌漫一切的氣。（中國人所謂天是指最高無上者，在傳教士中，對於應否把基督教的上帝稱為「干」，曾因此引起分歧的意見。）第二卦為澤（兌）、第三為火（離）、第四為雷（震）、第五為風（巽）、第六為水（坎）、第七為山（艮）、第八為地（坤）。我們是不會把天、雷、風、山放在平等的地位上的。於是從這些絕對一元和二元的抽象思想中，人們就可為一切事物獲得一個有哲學意義的起源。所有這些符號都有表示思想和喚起意義的便利，因此，這些符號本身也都是存在的。所以他們是從思想開始，然後流入空虛，而哲學也同樣淪於空虛。[13]

從那第一個符號的意義裡，我們即可看出，從抽象過渡到物質是如何的迅速。這充

12 米希勒本誤作「四個」，據霍夫邁斯特本，第二七五頁改正。——譯者

13 溫迪施曼（Windischmann）（《哲學在世界史上之進展》，第一卷，第一五七頁。）說：「所有卦與卦之間的一切內部聯繫，發展為一個整體的循環，關於這一點，孔子說的很明白（在他的《易．繫辭》中）」，裡面一點概念也沒有。

分表現在那些三個一組的卦裡，這已經進到完全感性的東西了。沒有一個歐洲人會想到把抽象的東西放在這樣接近感性的對象裡。這些圖形是放在圖形裡面的。需要注意觀察的是，哪些圖形與哪些別的圖形相對立。譬如，三條不斷的直線可以與三條中斷的直線相對立；這就表示純氣，天與地對立，氣在上，地在下，而它們彼此並不相妨礙。同樣，山與澤也是對立的，這是認爲水、溼氣蒸騰上山，而又從山上流出來成爲泉源和河流。沒有人會有興趣把這些東西當作思想觀察來看待。這是從最抽象的範疇一下就過渡到最感性的範疇。[14]

在《尚書》中也有一篇講到中國人的智慧。那裡說到五行，一切東西都是由五行做成。這就是火、水、木、金、土，它們都是在混合著存在的。《尚書》中論法則的第一個規條〔按：即〈洪範〉篇——譯者〕，舉出五行的名字，第二個規條是關於前者的說明〔按：即「敬用五事」——譯者〕。[15]這些東西我們不能認爲是原則。在中國人普遍的抽象於是繼續變成爲具體的東西，雖然這只是符合一種外在的次序，並沒有包含任何有意義的東西。這就是所有中國人的智慧的原則，也是一切中國學問的基礎。

---

14 據霍夫邁斯特本，第二七七頁增補。——譯者

15 《哲學在世界史上之進展》，第一卷，第一二五頁。——原注

於是我們就進到不完善的物質的觀念。八卦一般地是涉及外界的自然。從對八卦的解釋表示出一種對自然事物加以分類的努力，但這種分類的方式是不適合於我們的。中國人的基本質料還遠不如恩培多克勒的元素——風、火、水、土。這四個元素是處於同一等級的質料而有基本的區別。而相反地，在這裡不一樣的東西彼此混雜在一起。在《易經》這部經書裡，這些圖形的意義和進一步的發展得到了說明。

那是就外在的直觀來說的。那裡面並沒有內在的秩序。於是又羅列了人的五種活動或事務：第一是身體的容貌、第二是言語、第三是視覺、第四是聽聞、第五是思想。[16] 同樣又討論了五個時期：一、年，二、月，三、日，四、星，五、有方法的計算。[17] 這些對象顯然沒有包含有任何令思想感興趣的東西。這些概念不是從直接視察自然得來的。在這些概念的羅列裡我們找不到經過思想的必然性證明了的原則。[18]

16 按：這是指《尙書．洪範》篇所說的：「五事：一曰貌、二曰言、三曰視、四曰聽、五曰思。」——譯者

17 按：這是指《尙書．洪範》篇所說的：「五紀：一曰歲、二曰月、三曰日、四曰星辰、五曰曆數。」——譯者

18 據霍夫邁斯特本，第二七八頁增補。——譯者

三、道家[19]

還有另外一個宗派，即「道家」。這一宗派的信徒不是官員，不與國家宗教有關，他們也不是佛教徒，也不是喇嘛教徒。這一派的哲學和與哲學密切相關的生活方式的創始人是老子（生在基督前七世紀末年），比孔子老，因爲孔子曾經以頗有政治意味的氣勢拜訪老子，向他請教。老子的書《道德經》，並不包括在正式經書之內，也沒有經書的權威。但在道士中（遵從道理的人；他們的生活方式稱爲「道道」〔Tao-Tao，譯者按：可能是「道德」之誤。〕，意思即是遵從道的命令或法則），它卻是一部重要的著作。他們獻身於「道」的研究，並且肯定人若明白道的本原就掌握了全部的普遍科學，普遍的良藥，以及道德；也獲得了一種超自然的能力，能飛升天上，和長生不死。[20]

另外還有需要提及的，就是中國哲學中另有一個特異的宗派，這派是以思辨作爲它的特性，我們也可以把它叫做一種特殊的宗教。中國人有一個國家的宗教，這就是皇帝

19　譯者增補。

20　《關於老子生平與意見的追述》，雷慕沙著（巴黎一八二三年版），十八頁以下；《阿米歐先生一七八七年十月十六日自北京發的一封信中的選錄》（《關於中國人的追述》，第十五冊）第二〇八頁以下。

的宗教、士大夫的宗教。這個宗教尊敬天爲最高的力量，特別與以隆重的儀式慶祝一年的季節的典禮相聯繫。我們可以說，這種自然宗教的特點是這樣的：皇帝居最高的地位，爲自然的主宰，舉凡一切與自然力量有關聯的事物，都是從他出發。與這種自然宗教相結合，就是從孔子那裡發揮出來的道德教訓。孔子的道德教訓所包含的義務都是在古代就已經說出來的，孔子不過加以綜合。道德在中國人看來，是一種很高的修養。但在我們這裡，法律的制定以及公民法律的體系即包含有道德的本質的規定，所以道德即表現並發揮在法律的領域裡，道德並不是單純地獨立自存的東西，但在中國人那裡，道德義務的本身就是法律、規律、命令的規定。所以中國人既沒有我們所謂法律，也沒有我們所謂道德。那乃是一個國家的道德。當我們說中國哲學，說孔子的哲學，並加以誇羨時，則我們須了解所說的和所誇羨的只是這種道德。這道德包含有臣對君的義務、子對父、父對子的義務以及兄弟姊妹間的義務。這裡面有很多優良的東西，但當中國人如此重視的義務得到實踐時，這種義務的實踐只是形式的，不是自由的內心的情感，不是主觀的自由。所以學者們也受皇帝的命令的支配。凡是要想當士大夫、做國家官吏的人，必須研究孔子的哲學而且須經過各樣的考試。這樣，孔子的哲學就是國家哲學，構成中國人教育、文化和實際活動的基礎。但中國人尚另有一特異的宗派，這派叫做道家。屬於這一派的人大都不是官員，與國家宗教沒有聯繫，也不屬於佛教。這派的主要概念是「道」，這就是「理性」。這派哲學和與哲學密切聯繫的生活方式的發揮者（不能說是眞正的創始者）是老子，他生於基督前第七世紀末，曾在周朝的宮廷內作過史官。他比孔子要年長些，孔子生於基督前五五一年，但孔子還認識他，並曾與他有過往來。據說孔子爲了向他領教曾去拜訪過他。老子的著作也是很受中國人尊敬的；但他的書卻不很切實際，而孔子卻更爲實際，在一段時間內曾做過大臣。他的書也叫做「經」，但卻沒有上面所提到的那些官方的經典那樣有權威。這書包含有兩部分：〈道經〉和〈德經〉，但通常叫做《道德經》，這就是說，關於理性和道德的書。究竟這書當始皇帝大焚古書之時是否得到特許免焚，大家的意見尚不一致，不過人們揣想，始皇帝本人是屬於道家的宗派的。《道德經》是這一宗派的主要著作。21

據雷慕沙說，「道」在中文是「道路，從一處到另一處的交通媒介」，因此就有「理性」、本體、原理的意思。綜合這點在比喻的形而上的意義下，所以道就是指一般的道路。道就是道路、方向、事物的進程、一切事物存在的理性與基礎。「道」（理性）的成立是由於兩個原則的結合，像《易經》所指出的那樣。天之道或天的理性是宇宙的兩個創造性的原則所構成。地之道或物質的理性也有兩個對立的原則「剛與柔」（了解得很不確定）。「人之道或人的理性包含有（有這一對立）愛鄰居和正義」。22

21　據霍夫邁斯特本，第二七九－二八〇頁增補。——譯者

22　按：黑格爾這段話是引用《易經》說卦傳：「立天之道曰陰與陽，立地之道曰柔與剛，立人之道曰仁與義」一段話的意思，而附會來解釋老子的道。——譯者

所以道就是「原始的理性，νοῦς（l'intelligence），產生宇宙、主宰宇宙，就像精神支配身體那樣」。雷慕沙說，道這個字最好用 λόγος 來表示。但它的意思是很不明確的。中國人的文字，由於文法結構，有許多的困難，特別這些對象，由於它們本身抽象和不確定的性質，更是難於表達，中文的文法結構有許多不確定的地方，洪保德先生在最近給雷慕沙的一封信裡曾有所說明。[23]

老子的信徒們說老子本人曾化爲佛，即是以人身而永遠存在的上帝。老子的主要著作我們現在還有，它曾流傳到維也納，我曾親自在那裡看到過。老子書中特別有一段重要的話常被引用：「道沒有名字便是天與地的根源；它有名字便是宇宙的母親，人們帶著情欲只從它的不完全的狀況考察它；誰要想認識它，應該不帶情欲。」雷慕沙說，從它的最好的意義說，這段話可以用希臘人的 λόγος 來表示。但是我們從這個教訓裡得到什麼呢？

老子書中有很重要的一段常被引用。這就是第一章的開始。照法文的譯本是這樣的：「那可以理論的（或可以用言語表達的）原始的理性，卻是超自然的理性。我們可以給它一個名字，但它是不可名言的。沒有名字，它便是天與地的根源，但有了名字，

23 據霍夫邁斯特本，第二八〇—二八一頁增補。——譯者

它便是宇宙的母親。人們必須沒有欲望，才能觀察它的莊嚴性；帶著情欲，人們就只能看見它的不完善的狀態，」（它的限度，它的邊極。）「這些（它的完善性和不完善性）只是標誌同一泉源的兩個方式；而這個泉源可以叫做不可鑽入的幽深；這個不可鑽入的幽深包含著一切事物在它自身。」[24]這整個說來是不能給我們很多教訓的，這裡說到了某種普遍的東西，也有點像我們在西方哲學開始時那樣的情形。[25]

那常被古人引用的有名的一段話是：「理性產生一，一產生二，二產生三，三產生整個世界。」[26]（有人曾想在這段話裡去找一個對於「三位一體」的觀念的暗合）「宇宙背靠著黑暗的原則，宇宙擁抱著光明的原則。」[27]（因爲中文沒有格位的變化，只是一個個的字並列著，所以也可以倒轉譯爲「宇宙爲乙太所包圍」。）[28]

---

24 按：《道德經》這一段的原文如下：「道可道，非常道；名可名，非常名。無名，天地之始；有名，萬物之母。故常無欲以觀其妙；常有欲以觀其微。此兩者同出而異名，同謂之玄。玄之又玄，眾妙之門。」——譯者

25 據霍夫邁斯特本，第二八二頁增補。——譯者

26 《道德經》原文作：「道生一，一生二，二生三，三生萬物。」——譯者

27 《道德經》原文作：「萬物負陰而抱陽。」——譯者

28 雷慕沙，三十一頁以下；《論中國人的性格書》（「關於中國人的追述」，第一冊）第二九九頁以下。

但爲傳教士們所熟習的最有名的一段話是：「理性產生一，一產生二，二產生三，三產生整個世界」，宇宙。基督教的傳教士曾在這裡看出一個與基督教的「三位一體」觀念相諧和的地方。這以下就很不確定了；下文是這樣的：「宇宙背靠著黑暗的原則」，而黑暗的原則據法文譯本的解釋是當作物質的。老子的信徒究竟是否唯物論者是不能決定的。黑暗的原則又是地；這是與前面所提到的卦相關聯的，在那裡地是屬於陰的。「宇宙擁抱著光明的原則」，氣或天。但這話又可解釋爲「宇宙爲光明的原則所擁抱」。所以我們可以顛倒過來，作相反的解釋，因爲中國的語言是那樣的不確定，沒有連接詞，沒有格位的變化，只是一個一個的字並列著。所以中文裡面的規定（或概念）停留在無規定（或無確定性）之中。

這段話下面說：「溫暖之氣是由於諧和造成的」；或者「溫暖之氣使得它們諧和」；或者「溫暖之氣使它們結合起來，保持它們（事物）間的諧和」，[29] 這裡就提出了一個第三者，結合者。「人們所畏懼的大都是作孤寡和忍受一切缺陷，而王公反以自稱孤寡爲榮」，這話是這樣注釋的，「他我是孤寡由於他們不知道事物的原始和他們自己的原始。因此事物的成長在於犧牲對方」（這又被解釋成「世界靈魂」）；較好是這樣，

29 按：這一句和下面所引的都是對老子《道德經．第四十二章》這幾句話的了解：「沖氣以爲和。人之所惡，唯孤寡不穀，而王公以爲稱。故物，或損之而益，或益之而損。」——譯者

「它們增長由於減少，反之它們減少由於增加」，這也是說得很笨拙的。[30]

另外一段話是：[31]「你看了看不見的名叫夷，你聽了聽不到的名叫希，你握了握不著的名叫微。你迎著它走上去，看不見它的頭；你跟著它走上去，看不見它的背。」[32]這些分別被稱為「道的連環」〔按：即道紀——譯者〕。當引用這些話時，很自然地人就會想到יהוה和非洲人的王名Juba（尤巴）以及Jovis（約維斯）。「夷」、「希」、「微」三個字，或I-H-W[33]還被用來表示一種絕對的空虛和「無」。什麼是至高至上的和一切事物的起源就是虛、無、惚恍不定（抽象的普遍）。這也就名為「道」或理。當希臘人說絕對是一，或當近代人說絕對是最高的本質的時候，一切的規定都被取消了。在純粹抽象的本質中，除了只在一個肯定的形式下表示那同一的否定外，即毫無表示。假若哲學不能超出上面那樣的表現，哲學仍是停在初級的階段。

---

30 據霍夫邁斯特本，第二八二—二八三頁增補。——譯者

31 據霍夫邁斯特本，第二八二—二八三頁增補。——譯者

32 按：《道德經》原文作：「視之不見名曰夷，聽之不聞名曰希，搏之不得名曰微。近之不見其首，隨之不見其後。」——譯者

33 雷慕沙自以為他在這三個字的音中就發現了耶和華（Jehowah）這個字。（英譯者注）

下面這一段也是從雷慕沙引來的：「你看了看不見的名叫夷，你聽了聽不到的名叫希，你握了握不著的名叫微。」下面又說，「這三個東西我們不能把捉住；它們合攏來只構成一個東西。在它們上面的較高者並不比它們更優美，在它們下面的東西並不比它們更低小（更暗昧）。那是一條沒有折斷的鎖鏈，這個鎖鏈人們是不能稱說的；而這條鎖鏈的根源是在那無存在者裡面。」關於這三個東西在一起，還說了許多：「那是沒有形式的形式，沒有形象的形象，」這個絕對的形式、絕對的形象就是「不可描述的本質。如果我們從它那裡出發，則我們認識不到什麼原則；沒有什麼東西是在它的外面」。或者這樣說：「你當面遇著它，你看不見它的頭；你走在它後面，你看不見它的背。一個人能夠把捉原始的（古代的）理性，並且能夠認識（把握）現在存在著的東西（現在圍繞著他的東西），則我們就可以說，他具有理性的鎖鏈。」[34]所以就用一條鎖鏈來譬喻這個觀念，藉以表達理性的聯繫。[35]

---

34 按：本段所討論的是《道德經．第十四章》的全文。除了開首三句原文如前注外，其餘的是：「……此三者不可致詰，故混而爲一。其上不皦，其下不昧，繩繩不可名，復歸於無物。是謂無狀之狀、無物之象，是謂惚恍。迎之不見其首，隨之不見其後，執古之道以御今之有，能知古始，是謂道紀。」又括弧內的字，都是黑格爾的原文。——譯者

35 據霍夫邁斯特本，第二八三—二八四頁增補。——譯者。

到了這裡現在還有兩點需要提說一下。

第一：我曾引證了「三」，因爲在那裡面我們想要看出別的類似這種形式的發生和起源。那三個符號 I-hi-wei 或 IHV 據雷慕沙的陳述並不是中文原有的字形，在中國人的文學語言裡也沒有意義（這在他們是很顯然的）；它們是從別的地方來的。一個注釋者說，這三個符號 IHV 合起來是空或無的意思；但這乃是後來才出現的說法。而現在看來，這三個符號也出現在希臘文的 Ιαῶ（雅威）裡，是知神派稱上帝的一個名字，在非洲人的「尤巴」裡，是茅利塔尼亞[36]一個國王的名字，在非洲中部也許就是一個神的意思；此外在希伯來文裡叫做「耶和華」而羅馬人又叫做「約維斯」。這誠然是一種聯繫的標誌，像我們在這類原始的概念裡所常常見的那樣。而對於這些符號加以博學的假定卻是多餘的。[37]

第二點需要說明的，這個 IHV 是絕對的來源，是「無」。由此我們就可以說，在道家以及中國的佛教徒看來，絕對的原則，一切事物的起源、最後者、最高者乃是「無」，並可以說，他們否認世界的存在。而這本來不過是說，統一在這裡是完全無規

36 茅利塔尼亞在非洲西部，現在是法國的殖民地。——譯者

37 據霍夫邁斯特本，第二八四頁增補。——譯者

定的，是自在之有，因此表現在「無」的方式裡。這種「無」並不是人們通常所說的無或無物，而乃是被認作遠離一切觀念、一切對象，也就是單純的、自身同一的、無規定的、抽象的統一。因此這「無」同時也是肯定的；這就是我們所叫做的本質。[38]

如果我們停留在否定的規定裡，這「無」亦有某些意義。那起源的東西事實上是「無」。但「無」如果不揚棄一切規定，它就沒有意義。同樣，當希臘人說：絕對、上帝是一，或者當近代的人說：上帝是最高的本質，則那裡也是排除了一切規定的。最高的本質是最抽象的、最無規定的；在這裡人們完全沒有任何規定。這話乃同樣是一種否定，不過只是在肯定的方式下說出來的。同樣，當我們說：上帝是一，這對於一與多的關係，對於多，對於殊異的本身乃毫無所說。這種肯定方式的說法，因此與「無」比較起來並沒有更豐富的內容。如果哲學思想不超出這種抽象的開始，則它和中國人的哲學便處在同樣的階段。

近來我們又知道一些關於另外一個哲學家孟子的著作。孟子比孔子較晚，生於基督前第四世紀。他的著作的內容也是道德性的。孔子才是中國人的主要的哲學家。但他的哲學也是抽象的。

中國是停留在抽象裡面的；當他們過渡到具體者時，他們所謂具體者在理論方面乃

---

38 據霍夫邁斯特本，第二八五頁增補。——譯者。

是感性對象的外在聯結；那是沒有（邏輯的、必然的）秩序的，也沒有根本的直觀在內的。再進一步的具體者就是道德。

從起始進展到的進一步的具體者就是道德、治國之術、歷史等。但這類的具體者本身並不是哲學性的。這裡，在中國，在中國的宗教和哲學裡，我們遇見一種十分特別的完全散文式的理智，人們也知道了一些中國人的詩歌，私人的情感構成這些詩歌的內容。中國人想像力的表現是異樣的：國家宗教就是他們的想像的表現。但那與宗教相關聯而發揮出來的哲學便是抽象的，因為他們的宗教的內容本身就是枯燥的。那內容沒有能力給思想創造一個範疇（規定）的王國。[39]

貳、印度哲學

若是我們從前曾經滿足於相信並尊重印度智慧的古老，但是我們現在由於熟悉了印度人更偉大的天文曆法著作，才知道所有這些被引用的印度年曆的龐大數字皆不正確。沒有比

39　據霍夫邁斯特本，第二八五—二八六頁增補。——譯者。

145

印度人的年代記載更混亂、更不完全的。沒有一種民族在天文學、數學等方面已經如此發達而對於歷史學卻如此之無能。在他們的歷史中，年代既沒有確定，也沒有聯繫。大家曾經相信確定的年代在維克拉瑪蒂亞王時才有，他大概應該活在公元前五十年左右。在他的統治時期，有《薩昆塔拉》詩篇的作者詩人迦利達莎生存著。但是仔細的研究竟發現有六個維克拉瑪蒂亞，審愼的考察就把這個時代移後到我們的第十一世紀。印度人保存有帝王的世系——大量的人名，但一切都是不確定的。

我們知道印度的古代榮光如何受到希臘人高度的尊敬，以及希臘人關於裸形智者如何熟悉。這些智者都是虔誠的人物，雖然一般人並不如此稱呼他們——他們獻身於沉思的生活，與塵世隔離，成群地遊行度日，和希臘犬儒學派相同，禁絕一切世俗的欲望。犬儒派因爲是哲學家，也特別爲希臘人所熟知，因爲哲學也被認爲是這種拋棄一切世俗生活關係的遁世。這樣的遁世是一種基本特點。我們要特別加以注意和考察。

印度文化是很發達、很宏大的，但是它的哲學是和它的宗教合一的；所以他們在宗教中注意力所集中的對象和我們在哲學中所發現的對象相同。神話採取了化身的形式或個體化的形式，由此人們會以爲這是與哲學的普遍性或理念方式是對立的。然而化身的觀念在這裡並沒有確定的意義，因爲幾乎一切東西（神靈、著名的國王、婆羅門、瑜伽師甚至動物）[8]

---

[8] 據霍夫邁斯特本，第二八九頁增補。——譯者

都被假定爲（梵天的）[9]化身，於是那似乎要規定自身爲個體性的東西立刻就又消失在普遍性的雲霧中了。印度人的宗教觀念幾乎與哲學有同樣的普遍基礎，因此吠陀聖典也成爲哲學的一般基礎。我們對於吠陀書知道頗多，它的內容主要是對於上帝的諸多形象的祈禱和關於祭祀儀式的規則之類。它們是由極不相同的時代產生出來的。許多部分出於古代，有的部分起源較晚，如祭祀毗濕奴神的詩篇就是一例。吠陀書是印度哲學的基礎，甚至是無神論的印度哲學的基礎；但印度的無神論哲學卻並不缺少神靈，它們極其重視吠陀書。因此印度哲學存在於宗教裡面，正如經院派哲學存在於基督教教義裡面一樣，以教會的信仰爲基礎、爲前提。

確切點說，印度觀念是這樣的：他們認爲有一個普遍的本體存在，它可以較抽象或較具體地被把握，一切東西都產生於本體。本體的產物一方面是神靈（英雄、普遍的勢力、形態、現象），[10]另一方面是畜生、（植物）[11]與無機的自然。人處在兩者之間；人所獲得的最高境界在宗教上和哲學上一樣，都是在意識中使自己與本體合一，是透過禮拜獻祭和嚴格的贖罪行爲以及透過哲學，透過從事純粹思想而獲得。

---

[9] 據霍夫邁斯特本，第二八九頁增補。——譯者

[10] 據霍夫邁斯特本，第二九〇頁增補。——譯者

[11] 據霍夫邁斯特本，第二九〇頁增補。——譯者

直到近時我們才開始對於印度哲學獲得一些確切的知識。大體上我們是把它了解為宗教的觀念，不過在現代我們已經認識到眞正的哲學著作了。特別是柯爾布魯克[40]介紹了兩部印度哲學著作的節要，這部書成為我們關於印度哲學的第一部著作。施雷格爾（在他的《關於印度人語言和智慧》一書中）所說到的印度人的智慧，只是取材於他們的宗教觀念而已。他是第一批研究印度哲學的德國學者之一，但因他自己只不過看了看《羅摩衍那》（按：這是一部印度古代史詩——譯者）的內容目錄，他的工作並沒有產生什麼結果。按照前面所說的節要，「印度人保有若干古代的哲學系統。其中有一部分他們認為是正統的，特別是那些與吠陀契合的部分；其他部分則被認為外道，認為與聖典的教訓不相合。」「眞正是正統的一部分，唯一的目的只在於把吠陀經典解釋明白，」加以注解，或者「從這些主要著作原本中推演出一種細心制定的心理學」。這一系統「名為彌曼差派哲學，從它又再分為兩個學派」。和這些不同的還有其他的系統，其中兩個主要的系統是「僧佉」和「尼耶也」。「僧佉（舊譯為『數論』——譯者）又分成兩部分」，但只是形式上的不同。「尼耶也（舊譯為『正理論』——譯者）以喬達摩（或譯『瞿曇』——譯者）為始祖，」是最發達的系統，「它特別舉出推理的法則，可與亞里斯多德的邏輯學相比。」柯爾布魯克曾給這兩個系統都做了

40《英國皇家亞細亞學會會議記錄》，第一卷，第一部分，一八二四年倫敦出版，第十九—四十三頁；（二一、柯爾布魯克著，《論印度哲學》，第一部分，一八二三年六月二十一日宣讀。）——原注

節要，據他說：「有許多論述這兩個系統的古代著作，並且從這些著作中所引下來可供記誦的名句是流布甚廣的。」

一、僧佉哲學[41]

「僧佉」的創始人是迦毗羅。他是一位古代哲人。有人說他是梵天的兒子，是七位大聖人之一。又有人說，他和他的弟子阿修利一樣都是毗濕奴的化身（又另有人說他是阿耆尼的化身，因而說）他就是火。關於「《迦毗羅經》（*Sūvra des Kapila*〔即眞諦譯『金七十論』〕）的年代」，柯爾布魯克沒有提到。他只提到「在其他」很古的書中「曾提到《迦毗羅經》」，在這件事上他沒有把握說任何確切的話。

僧佉又分爲不同的兩派或三派，但他們只是在少數細節上不同而已。它被認爲「有一部分是外道的，有一部分是正統的」。「一切印度學派和哲學系統的眞正目的，不論其爲無神論或有神論，都是要指示人在生前和死後能獲得永恆快樂的方法。《吠陀經》說，『需要知道的是靈魂（按指purusa，舊譯作「神我」——譯者），靈魂必須超出自然（按指prakiti舊譯作「自性」——譯者），從此永遠不再回來。』」。「這個意思是說，靈魂解脫了輪回」，也同樣解脫了肉身，所以它在死後即不再出現於其他的身體中。「這種解脫是一切無

41 譯者增補。

神論與有神論系統中所共有的根本目的。」僧佉經說，「智慧是眞諦，由智慧才能得到這種解脫，世間求快樂的方法與捨離精神或肉體罪惡的方法卻是不夠的，即使是吠陀所提示的方法，在舉行吠陀規定的宗教儀式中所啟示的方法，也不能爲這個目的而達到有效的結果。」在這方面，僧佉是不承認吠陀的。以獻祭爲求解脫的方法「主要地必須犧牲動物」，在這方面，僧佉是反對吠陀的，「因爲這要殺死動物，但僧佉的教義是不要殺死任何動物的。」「因此這種獻祭是不清淨的。」

其他解脫煩惱的方法是印度人所作的極端的苦行，苦行與一種禪定結合爲一。梵天大體上是一個絕對不可感覺的最高本質，亦稱理智。當印度人在虔敬時，他回返到他自己的思想中，精神凝聚，這種純粹的精神集中的契機名爲「梵」（Brahma）〔在這種集中裡，在這種虔敬地沉浸在自身裡，在這種意識的單純化和無知裡，只作爲無意識的境界而存在時，〕[12]於是他就是「梵」。印度人的宗教和哲學中都有這種方法。哲學透過思維達到幸福，宗教則透過虔敬。關於這種幸福，他們說這是最高的，即便諸天神也較低於這個境界。譬如因陀羅（Indra）是看得見的天上的天神，祂的地位比較現世修行禪定的靈魂還低。「幾千個因陀羅都滅盡了」，但是靈魂卻離開一切的變化而長存。因此「幸福乃是一種免除一切煩惱的完全而永久的解脫」；照僧佉說，「達到這種解脫要透過眞正的智慧。」所以僧佉與宗教不同

---

[12] 據霍夫邁斯特本，第二九九頁增補。——譯者

的地方只是在於它有一個詳明的思想學說，它的抽象作用不是歸結到空虛，而是提高到一種確定的思想。正如他們說，「這種科學包含對於物質世界和非物質世界的各項原則的正確知識，不論各項原則可以外在地感覺到或不可以外在地感覺到。」

僧佉系統分爲三部分：即（一）認識的方法；（二）認識的對象；（三）認識原則時所用的一定形式。

（一）關於獲得知識的方法，僧佉說「有三種確定的證明（按舊譯作『三量』）：第一是感覺的證明（指 pratyakṣa，舊譯『證量』）；第二是推理的證明（指 anumāṇa，舊譯『比量』）；第三是肯定的證明（指 āptāgama，舊譯『聖言量』），這是一切其他證明的根源，如尊重權威、謙虛的品性和傳統，都是由肯定的證明而得」。感覺是無須說明的。推理是運用因果法則的一種推論，由於因果法則的運用，第一個概念就簡單地轉變爲第二個概念。「這有三種形式：一、或是由因推果，二、或是由果推因，三、或是據因果的許多不同關係推得。[42]例如人見黑雲聚集，當知必有雨；若見山上冒煙，當知必有火。或者當人們看見月

---

42 據霍夫邁斯特本（第三〇一頁）論推理的第三種形式爲「類比的推理」，與這裡所講的略有出入，似較正確。（參看下面所談到的喬達摩論比量或推論。）特附譯出來以資參考：「第三根據一種關係、聯繫來推論，而這種關係又不同於因果的關係。譬如，根據某一次的經驗來作類比（nach Analogie）。……例如，當人們嗅著一朵花的香味時，就推知那花的顏色，或當人們看見月亮在不同的時間即在不同的地方時，就推知月亮的運行；或從一部分海水就推知海洋的水全是鹹的。」——譯者

亮在不同的時間即在不同的地方時，就可推知月亮的運行。」這些都是由理智所產生的簡單的、枯燥的關係。第三種是「肯定，包含傳統、啟示，例如正統的吠陀經典；由廣義說，這還包含直接的確定，」或我的意識中的肯定；由狹義說，「經由口頭傳授或經由傳統而得的確信也名為肯定。」這些是第三種認識方法。

（二）關於知識的對象或「原則，僧佉系統舉出了二十五種」。我要把它們講出來，是為了表明其中缺少邏輯的次序。「一、自然（舊譯『自性』）。作為一切事物的根源的自然」據他們說「是『普遍』，是物質因，永久的物質，細微不可見，也復不可分，沒有部分，能產生而不能被產生，」是絕對的本體。「二、心智（指buddhi，舊譯『覺』）。從自然最先產生心智，從心智產生其餘的原則（指dharma，舊譯『諸法』），心智是不可分的，」他們說，「由於三種性質（指triguṇa，舊譯作『三德』）的功效，心智慧分別為三個神。三種性質是善良、不淨或醜惡、晦暗（指sattva，raja，tamas，舊譯作『喜樂』、『憂苦』、『暗痴』），這三種性質形成一身與三神」，亦稱「三頭」，「三神為梵天（Brahma）、毗濕奴（Viśnu）和摩訶首羅（Māheśvara）。三、意識、自我、信念（指ahaṅkāra，舊譯『我慢』）。相信在一切知覺與沉思中皆有我存在，相信感覺的和知覺的對象」和心智的對象一樣，「皆與我有關，簡單地說，相信有我存在。意識是心智所產生，從意識又產生以下諸原則。四至八、意識的五種基素（指tānmātra 舊譯『五唯』），即五種細微質、原質或原子。這些細質不是人的感官所能知覺，只有一種更高級的存在才能知覺到，五種基素由意識產生，它們自身又產生五種元素（舊譯『五大』）——即地、水、火、風與空。九至十九、其次十一個原則（指 indriyāni，舊譯『十一根』），即感覺器官，皆由自我所生。此中有十個外在感覺器官，包括五個感覺器官（舊譯『五知根』，即耳、皮、眼、舌、鼻）與五個行爲器官（舊譯『五作根』）。五作根爲嗓子（舊譯『口』）、手、足、肛門（舊譯『人根』）、生殖器（舊譯『大遺』）。第十一器官爲內在的心。二十至二十四、空間裡的氣、風、火、水與地，是由前面所說的五種細微原質所產生的。第二十五是靈魂（舊譯『神我』）。」在這樣極無秩序的形式中，我們只看見一切反思的開端，它們似乎被羅列在一起而作爲普遍。但是這樣的排列當然說不上有系統，乃是毫無意義的。

起初這些原則是彼此分離和先後的，後來在靈魂中才得到它們的統一。據他們說，「靈魂不是被產生的，也不是能產生的，它是個體的，所以有很多的靈魂；它是有感覺（舊譯『有情』）的，永恆的，非物質的，不變的。」柯爾布魯克在這裡把僧佉中的無神論與有神論分開，因爲「有神論派不但承認有許多個體的靈魂，而且還承認上帝（íśvara 舊譯『自在主』）爲世界的統治者」。靈魂的認識仍爲主要的目標。「從觀察自然和超脫自然於是達到靈魂與自然合一，正如跛人與盲人爲行動和引路的目的而合作——盲人是作爲背負者和不識路者」（自然？），「跛人是作爲被背負者和引路者」（靈魂？）。「由於靈魂與自然的合一，於是萬有得創生，這是基於理智及其餘諸原則的發展。」這種合一是宇宙萬有的自在自爲的依靠，也是宇宙萬有賴以保持的依靠。這是一個偉大的思想。爲了理解對象，思維中必須包含著對象的否定，這種否定的活動是必需的。這樣的否定比那關於精神與自然的直接合一的許多話更爲深刻。有一種見解以爲東方人生活在與自然的合一中，這是淺薄而歪曲的話。因爲靈魂的活動、精神，當然是與自然相關聯的，並且是與自然的眞理合一的。但這種眞正的合一本質上是包含著否定直接合一的那個環節。那一種直接的合一只是動物的生活，只是感官的生活與知覺。但只有當精神獨自存在於本身之內，同時把自然物予以否定的時候，精神乃與自然合而爲一。

印度人所提出的觀念是靈魂與自然的合一，這種合一便是創造。〔論及萬有創生，這種否定的作用還有進一步的意義。〕[13]他們說：「靈魂的欲望與目的是滿足與解脫。爲了這個目的，意識就被賦予一個精神的形體（按：指 sukṣma，舊譯『細身』），其中包含著所有上述諸原則，但只在這些原則的初步發展之中。」在這個觀念中有某種我們所說的抽象性或潛在性的觀念存在著，正如花朵已潛在於花蕾中，但還不是現實的和眞實的。這種潛在性的名稱爲「林伽」（Lingam 舊譯「相身」），表示自然物的創生力與活動力，在一切印度人的觀念中占著很高的地位。「這精細的形體（按即『細身』）然後變化爲一個粗的形體，化裝爲多種形象」，哲學與思考被推薦爲防止墮落爲粗的形體的一個方法。

以上我們已考察了那些抽象的原則，以下將提到關於宇宙萬有的具體現實性的創生。「形體的創造存在於靈魂中，被著粗身，包括高級的東西的八個等級（舊譯『天道八分』），和較低級的東西的五個等級（舊譯『獸道五分』），還有人單獨一級（舊譯『人道

[13] 據英譯本，第一三二頁增補。——譯者

一分』）。合共十四個等級，分爲三個世界三個階層。（舊譯『三界』，按：即天道、獸道、人道。）第一組八個等級在印度神話中各有名稱，即一、梵王（Brahma），二、世主（Prajāpatis），三、因陀羅（Indra）等等；他們是神也是半神。」在這裡梵王自身被表象爲被產生的。「低級的五等都是動物，即第一第二爲四足動物（舊譯『四足生』），第三爲鳥類（舊譯『飛行生』），第四爲爬蟲、魚、昆蟲（舊譯『傍行生』），第五爲植物與無機物（舊譯『不行生』）。高級的八等住在天上，享有善行和德行，所以是幸福的（舊譯『喜樂』），不過還是不完善的，在轉變中的。低級的五等住在黑暗糊塗（舊譯『痴暗』）的下界。人住在兩者之間，在那裡〔永恆的煩惱〕，[14]不潔與情欲（舊譯『憂苦』）支配著。」

「僧佉論更在這三個屬於物質創造的世界以外，設置了另一個心智的創造與它們對立，心智的創造包含理智能力與感覺在內。理智能力與感覺又分別爲四類：爲阻礙者（指viparyaya，舊譯『疑倒』），令人無力者（指aśakti，舊譯『無能』），令人滿足者（指tuṣṭi 舊譯『歡喜』），令心智完善者（指siddhi，舊譯『成就』）。一、爲阻礙者中又分爲六十二種：乃是八種錯誤（指tamas，舊譯『八分暗』），八種意見（幻覺）（指moha，舊譯『八分痴』），十種情欲（極端的幻覺）（指mahāmoha，舊譯『十分大痴』），十八種怨恨（鬱悶）（指tamiśra，舊譯『十八分重暗』），十八種煩憂（指andhatamiśra，舊

[14] 據霍夫邁斯特本，第三〇九頁增補。——譯者

譯『十八分盲暗』）。」這些多少表示了一種經驗的、心理學的和觀察的方法。「二、心智的無力又分別爲二十八種，乃指〔上面提到過的十一種〕[15]器官的殘缺等等。三、滿足又分爲內在的（舊譯『依內』）與外在的（舊譯『依外』）兩種。內在的滿足有四種（舊譯『四喜』）：第一是關於自然的（指 prakṛtituṣṭi，舊譯『自性喜』）」即關於整個普遍與實體的，「因爲僧佉有一種意見，以爲知識就是自然原則本身的一種變形，由於這種知識就引起期望透過自然的動作而產生一種解脫」，認爲在哲學知識中可以解脫自然。但眞正的解脫不能希望是自然的動作，因爲必須由靈魂透過其自身與其思想活動才能產生解脫。第二種滿足（指 upādāntuṣṭi，舊譯「取喜」）是相信各種苦行足以獲得解脫（透過忍受苦難與悔罪受罰）。「第三種是關於時間的（指 kālatuṣṭi，舊譯『時節喜』），以爲解脫按時來到，不用修學。第四種滿足（指 bhāgatuṣṭi，舊譯『感得喜』），是借運氣觀念而得的滿足，以爲解脫依靠命運。這些外在的滿足（舊譯『依外喜』）是關於世間享樂的節制，不過只是節制出自世間肉欲的動機的享樂，如對貪得不止（財富方面的）的厭惡」，「和對世間享樂所生惡果的恐懼」等。四、令心智完善者（舊譯「成就」）中又分爲數種。此外還有一些使精神完善的「直接」心理的「方法，例如透過推理、透過友誼的談論」等等，這些是在我們的實用邏輯中很容易找得到的。

---

[15] 據霍夫邁斯特本，第三二〇頁增補。——譯者

關於僧佉的要義，還有一些須要講到的。「僧佉與其他印度哲學系統一樣，特別注重「絕對理念的「三種性質（guṇa，舊譯『三德』），三德被想像成三種本質，並被想像爲自然的三種變形」。我們要注意，印度人在他們的觀察意識中認識到凡是眞實的與自在自爲的就包含三個範疇，並且理念的總念是在三個環節中得到完成的。這個對於三位一體的卓絕意識，我們在柏拉圖和其他人的思想中也再度看到。但這種三位一體的辯證思想，後來在抽象的思想領域中卻失掉了，只有在宗教裡面尚保存著，但是被認爲屬於一個超越的世界。以後抽象的理智跟著抬頭了，宣布它（按指三位一體的思想）是無意義的。直到康德才重新打開理解它的道路。一切事物的總念之眞實性與全體性，從其本質來看，都爲三體合一的範疇所攝入。重新意識到這一眞理，乃是我們時代的任務。

在印度人：這種三位一體的意識僅從感性的觀察產生，他們把這三種性質定義如下：「第一和最高的性質是『善』（指sattva，舊譯『薩埵』亦爲『喜樂』），是崇高的，光輝的，與快樂和幸福相聯結，德行在它裡面支配著。在它裡面火占優勢，所以火焰上升，火花飛揚。假若它在人中旺盛，如在高級的八等（舊譯『天道八分』）那樣，便是德行的本源。」它澈底是並且在各方面都是抽象形式的肯定的普遍性。「第三種亦即中間的性質是醜惡或情欲（指rajas，tejas，舊譯爲『羅闍』、『憂苦』），」它是絕對盲目的，是不淨的，有害的。「它是造作、暴烈和變動的，與罪惡和不幸相聯繫，在它裡面風占優勢，因爲風縱橫地吹動；它在生物裡面，便是罪惡的原因。第三種即最低一種性質是昏暗（指tamas，舊譯爲『多磨』、『痴暗』）是沉重的，阻礙的，與憂慮、鈍拙和虛妄相聯繫，地和水在它裡面占優勢，這是就水是下墜的和往下流來說；它在生物裡面，便是愚笨的根本。」因此第一種性質（舊譯「喜德」）是自身合一。第二種性質（舊譯「憂德」）是壞意義的相異、欲望、相離的表現與原則。第三種性質（舊譯「暗德」）則僅是否定，如在神話中具體表現爲濕婆（Śiva）、摩訶提婆（Mahādeva）或摩訶首羅（Maheśvara）。即是破壞或變化的神。在我們看來，重要的分別在於第三種性質並不回復到第一種性質，像精神、理念所要求的那樣，借著否定的「揚棄」與自身協調，並且回到自身。在印度人看來，第三種性質仍然是變化和生滅。

「三種性質被表象爲自然的本質。僧佉說：『我們說到三種性質，如同我們說到一個樹林中的樹一樣。』」這是一個不恰當的譬喻。因爲樹林只是一個抽象的普遍，在普遍中各個個體是獨立的。「在吠陀的宗教觀念中」，其中三種性質也表現爲trimṛti（三頭），「好像是三個連續的變形；所以說：『一切首先都是黑暗，然後接受命令變異自身，於是取得衝動與活動的形象』（但這是一個較劣的變形）『最後在梵天的再度命令之下，終獲得善的形象』。」

心智在這三種性質方面，還有其他的規定，詳述如下：「據說心智有八種，其中四種屬於善，第一是德性（舊譯『法』）；第二是知識與學問（舊譯『智慧』）；第三是脫解情欲（舊譯『離欲』），或者出自外在的感性的動機，如喜靜惡動、厭離勞作，或者基於精神的根據，起於覺悟到自然是夢幻，只是虛妄與欺騙；第四是力量（舊譯『自在』）。力量有八方面，」因此有八種特殊的力量存在（舊譯「神通」）：「一、把自己縮成一個可以穿過任何對象的極小形體（舊譯『微細極鄰虛』）；二、能將自己變成一個巨大的軀體（舊譯『偏滿極虛空』）；三、能變得輕到可以乘日光而飛上太陽（舊譯『輕妙極心神』）；四、具有無限的官能行動能力，所以用指尖可以觸及月亮（舊譯『至得如所意得』）；五、具有不可抵抗的意志力，可以潛入地中易如潛入水中（舊譯『隨欲塵一時能用』）；六、君臨一切有生命無生命的事物（舊譯『三世間之本主一切處勝他故』）；七、能改變自然的過程（舊譯『不系屬他能令三世間眾生隨我運役』）；八、能隨心所欲無事不成（舊譯『隨意往』）。」

柯爾布魯克說，「相信這種超凡的能力在人的生命中可以達到，並不是僧佉的特點，而是一切印度哲學系統及宗教觀念的共同信仰。在印度人的戲劇和說部中，許多聖人和婆羅門教士都被認爲享有此種能力。」感官的證明不足以反對此種信仰，因爲在印度人看來，一般地說感官的知覺是不存在的，一切事物都採取想像的形式，一切夢境都被當成眞理與現實。僧佉以爲人只有當他借著他的思想修養把自己提高到內心時，才有這種能力。「《瑜伽經》（*Yogasūtra*）四卷中的一卷曾列舉許多修證的方法」，可以藉以獲得這種能力：例如「深深的沉思（舊譯『禪定』），保持一個固定的位置，調整呼吸，使感官漠然不動。由此種修行，瑜伽行者能知道過去未來，能預測他人的心思，能得如象之力、如獅之勇、如風之速，能飛升入空，能游泳於水，能潛入地中，能於一時遍見一切世界，並能成就其他神異之事。但由甚深禪定而達到至樂的最捷方法乃是對於上帝的禮拜，禮拜時須口中常念上帝的密名『唵』」。這個觀念是一個最普遍的觀念。

柯爾布魯克進一步把僧佉系統中的有神論與無神論兩派分開來說。在有神論中，「自在主（Īśvara）是世界的主宰，被認爲是與其他的靈魂有別的一個靈魂或精神。」在無神論的僧佉中，「迦毗羅不承認自在主是世界的創造主，憑自由意志而創造世界，因爲他以爲無法證明上帝的存在。感覺不能證明上帝存在，推論亦不能推出上帝存在。他只承認一個由自然產生的實體，這實體，就是絕對的心智，它是一切個別心智的泉源，也是一切其他存在的本源。一切其他存在皆由心智中一一發展而出。迦毗羅〔把絕對的心智了解爲萬有的創造，於是關於世界創造主的問題他〕[16]極力指示說：『這樣一個〔自在主〕的眞理已經證明。』」——「世界創造主的眞理便在這個意義的創造中，但是」他說，「結果的存在依靠心智、依靠意識，並不是依靠自在主；一切事物皆由那個偉大原則產生，那便是心智。」個體的靈魂屬於這個心智，由這個心智產生。

（三）關於僧佉的第三部分，特別考察到關於原則的知識的各種形式，所以我再說明一二，或者也有趣味。在以上所述各種知識中，推理的知識，由因果關係而推得結論的知識，始終是主要的知識，我將說明印度人是如何了解此種關係的。「理智和一切其他推出的原則都是結果，他們又由結果去推論它們的原因」；從一方面看，這與我們的推論很相似，但是從另一方面看卻很不同。他們認爲：「結果在原因發生作用之前就已經存在；因爲本來不存在的東西不能由因果關係而變爲存在。」（由此推出的結論是世界永遠存在；因爲這裡

---

[16] 據英譯本增補。——譯者

包含有「無中不能生有」這個命題，柯爾布魯克在這裡也提起這個命題，這是與我們由無中創造世界的宗教形式矛盾的。）柯爾布魯克說，「這個意思是，與其說結果是產生出的東西，不如說是抽出的東西。」問題正是：什麼是產生出的東西呢？印度人認爲結果已經先包含在原因之內。譬如「壓芝麻出油之先，油已在芝麻內；從穀取米之先，米已在穀內；從母牛取奶之先，奶已在母牛乳房中。」「因與果的內容（本質或本性）是同一的」；「裁布爲衣，衣與布本質上是沒有區別的」，印度人就是這樣了解因果的關係的。如果我們說：無中不能生有，便同時應該說：上帝不是從無中創造世界，而是從他自身中創造世界；他自己的本性就是使世界存在。因和果的分別只是一個形式上的分別；這是理智把因果兩者分開，並不是理性把因果兩者分開。溼與雨是相同的。我們在力學中說到有不同的運動，然而運動在衝擊以前和以後有同樣的速度；這個關係，常識上是把它完全分開的，因果之間並沒有眞實的區別。

印度人推論出「一個不能有分別的普遍原因。確定的事物都是有限的」。「因此必須有一個貫徹一切有限事物的原因。」甚至心智也是這個原因的結果；這個原因就是靈魂，當靈魂從自然分離而又在與自然合一中進行創造的時候。結果從原因產生。但是反過來說，結果並不是獨立的，它要回到普遍的原因上。三界的創立因而出現。隨著所謂三界的創立就同時建立了普遍的毀滅。「正如烏龜伸出四足，然後再把四足縮回它的殼內，那構成三界的地、水、火、風、氣五個元素也隨著一定時間所發生的萬有的普遍毀滅和解體，在相反的程序中又再化爲它們從最初原則中所產生出來的東西，因爲它們一步一步回到它們的第一因，那最高的不可分的原因，亦即自然。」所以善、情欲、黑暗這三種性質都歸結到自然。這些範疇的詳細情形也許很有趣味，不過是很膚淺地被了解的：「因爲自然據說是由三種性質的混合而產生作用；每一事物自身中都包含有三種性質，有如三條河水合流爲一。自然也由變形而產生作用，正如水由樹根吸收而被引入果實之中，獲得一種特別的香味。」因此只有「混合」與「變形」的範疇。印度人說：「自然在其本身權力內有這三種性質作爲它的形式與特性；其他事物之有這三種性質只是因爲它們是這三種性質的結果。」

我們還要考察自然與精神的關係：「自然，雖然是沒有靈魂的」，（靈魂是本身並不是滿足的對象，也不產生滿足的對象）——因此「自然爲靈魂的解脫執行準備的職務，正如牛奶——一種無感覺的物質——的功用是爲養育小犢。」僧佉舉出以下的譬喻：「自然好像一個樂妓，她向靈魂現身，有如向觀眾表演。她因爲屢屢在觀眾粗魯的眼前表現她的無恥而挨罵。但是等她表演夠了，她就退場了；她退場了，因爲她已經給人看夠了；觀眾也退場了，因爲已經看過她了。她對於世界沒有更多的用處了。可是儘管如此，自然與靈魂的結合卻仍然永遠存在。」——（靈魂尋求對於自然的知識，只是爲了從自然裡解脫出來；靈魂需要自然，爲了進而否定自然。）[17]「由於對原則的研究獲得精神的認識，於是那最後的、不可辯駁的、唯一的眞理就被知道了」，便是：「既沒有我（舊譯『無執』），也沒有屬於

[17] 據霍夫邁斯特本，第三三二頁增補。——譯者

我的東西（舊譯『無我所執』），我也不存在（舊譯『無我執』）」。「亦即在印度人自我與靈魂尚未區隔開來，而最後自我與自我意識一齊消滅」：「一切呈現於理智中、意識中的事物，都反映在靈魂裡，不過它只是一個影像，並不蒙蔽靈魂的明澈，也不屬於靈魂。有了這樣的認識」，（無自我性的）——「靈魂即能夠靜觀自然，因而遠離一切層出不窮的變化，解脫了理智的一切其他形式與作用，只保留著這個精神的認識。」這是對於間接的、精神化的內容的一種間接的、精神的認知，一種沒有自我與意識的認知。「靈魂雖然有一個時期還住在身體裡，但是這只像陶匠作瓶，當瓶已成時，由於以前所予動力的結果，他的模輪仍然在轉動。」照印度人說，靈魂與肉體從此不再發生關係，因此它這種與肉體的聯繫乃是外表的結合。「但是當受了教育的靈魂最後脫離身體而自然與靈魂斷絕時，那絕對的和最後的解脫就完成了。」這就是僧佉哲學中的主要環節。

二、喬達摩與羯那陀的哲學[43]

喬達摩（Gotama）的哲學和羯那陀（Kaṇada）的哲學彼此有密切的關係。[44]「喬達摩

43 譯者增補。

44 《英國皇家亞細亞學會會講記錄》，第一卷，第一部分，第九十二——一一八頁（柯爾布魯克著，《論印度哲學》第二部分）。

的哲學名爲『尼耶也』（Nyāya，即推理，舊譯『正理論』），羯那陀的哲學名爲『吠世師迦』（Vaiśeṣka，即特殊者，舊譯『勝論』）。前者是一種特別發達的辯證法，後者」則相反地「研究物理學，亦即研究特殊對象或感覺對象。」柯爾布魯克說：「印度人最注意的學科無過於尼耶也的哲學；尼耶也的研究產生了無數的著作，其中包括很著名的學者的作品。」

「喬達摩與羯那陀所考察的秩序在吠陀的一部分中曾有提示，認爲那是尋求教育和學問的必由之路，便是：表達（舊譯『聲義』）、定義（舊譯『詮義』）和研究（舊譯『思擇』）。『表達』是用一個事物的名字去指稱這事物，立即用一個名詞去標明這事物；而名詞是由神的啟示給予的；因爲印度人認爲語言是神所啟示於人的。『定義』是把構成一個事物的本質的特殊性質舉出。『研究』是研究定義是否適當和充分。依照這個方法，哲學大師們就提出科學的名詞，再由名詞進到定義，並由定義進到所提主題的研究。」用名字以指示觀念。再把定義中所定的觀念放在研究中，加以比較。

其次要論到的就是所要靜觀的對象。「喬達摩在這裡引用了十六點（指padārtha舊譯『句義』），其中證明（舊譯『證量』）——（形式的）——和所證明者（舊譯『所量』）是主要點；其餘諸點對於認識眞理和確定眞理都只有輔助的作用。尼耶也在這裡與其他心理學派是一致的，它預期快樂、優勝、解脫煩惱爲充分認識他所講的原則的果報。這些原則即是眞理；意指相信那與身體分離的靈魂永久存在」，即是自爲的精神。所以靈魂本身是所要知道的和所要證明的對象。這需要更加詳細說明。

第一個主要點是「證明的證據（舊譯『量』），分爲四種：第一種是感覺（舊譯『現量』）；第二種是推論（舊譯『比量』），推論又分爲三種方式，即由果推因、由因推果，以及由類比推論。第三種證據是比較（舊譯『譬喻量』）；第四種是確信（舊譯『聖言量』），包含傳統和啟示在內」。此四種證明在被認爲是喬達摩作的古論中和在無數的注疏中，都同樣有過許多的發揮。

第二個重要點是所證明的對象（舊譯「所量」），亦即所要確證的對象，一共分爲十二種。「第一種並且最重要的對象是靈魂，乃是感覺與知識所寓的處所，是與身體和感官不同的，是個體的、無限的、永恆的；它的存在」（——它有實在性、它是現實的東西，「是可由內心的官能去覺察，並可」由（它的諸特性）[18]喜愛、厭惡、意志（舊譯『貪、瞋、痴』）去證明。靈魂有十四種性質，即是：數、量、特殊、結合、分離、理智、享受、痛苦、願望、厭惡、意志、功績、罪過與想像力。」我們在這裡看到反思的開始，但只是羅列在一起，沒有邏輯的次序，既沒有彼此聯繫，也沒有範疇的全面性。「第二個認識的對象是身體；第三個是感覺器官（舊譯『根』），這裡就舉出了五個外感官（眼、耳、鼻、舌、身）。[19]它們並不是意識的變形（如僧佉所說），而是由地、水、光、風、氣五種元素（舊譯『五大』）所構成的物質。眼球並不是（他們說）視覺器官，耳朵也不是聽覺器官；視覺

[18] 據霍夫邁斯特本，第三二六—三二七頁增補。——譯者

[19] 據霍夫邁斯特本，第三二六—三二七頁增補。——譯者

器官是由眼發出到對象的一種光線，聽覺器官是耳朵裡的一種氣，經過中間存在著的氣的媒介與所聽到的對象聯結起來。這種光線平常是看不見的，正如光在中午時看不見一樣，僅在某種環境中才可看見。味覺器官是一種液體（有如唾液）器官」諸如此類。我們在柏拉圖的《蒂邁歐篇》[45]中，也發現有些東西與這裡關於視覺所說的相似。在歌德的形態學中，有舒爾茲的一篇文字，也對於眼的燐質做了很有趣味的提示。譬如說，有些人在黑夜能看見東西，所以說是他們的眼睛照見了所見的對象，這種例子舉得很多；但是這種現象必須要有特別的環境才行。「第四種對象是感覺的對象。在這裡羯薩吠（Keśava，一位注解者）援用了羯那陀的範疇，這些範疇分爲六種：第一種是實體（舊譯『實』），複分爲九種，即地、水、光、風、氣、時間、空間、靈魂、理智。」「羯那陀把物質實體」的基本因素「視爲原始的原子（舊譯『極微』），然後是原子的集合物。他認爲原子是永恆不滅的」；並且講到許多關於原子所結合的話，日光中的塵埃他認爲也是由原子結合而產生的。「第二個範疇是性質，性質中又分爲二十四種：(1)色、(2)味、(3)香、(4)觸、(5)數、(6)量、(7)個體性、(8)結合、(9)分離、(10)前、(11)後、(12)重、(13)流動性、(14)黏性、(15)聲、(16)理智、(17)享樂、(18)痛苦、(19)願望、(20)厭惡、(21)意志、(22)德行、(23)過惡、(24)是一種能力，這能力又包含三種：即速度、彈性與想像力。第三個範疇是動作；第四種是共同性；第五種是區別；第六種是聚

45 第四十五—四十六頁（史蒂芬奴斯本）；第五十—五十三頁（柏克爾本）。

積。依照羯那陀的說法，聚積是最後的範疇。其他著作家還加上否定或缺陷爲第七種」。這就是哲學在印度人那裡所表現的形態和方式。

喬達摩的哲學在說明了證明與所證明者兩個主要點之後，把「懷疑」（此即舊譯之「似」，據霍夫邁斯特本三二九頁，指「對於同一事物的不同觀點」——譯者）作爲第三個主要點。另外一個要點是「合乎規則的證明」（舊譯「因明」），即是形式的推理「或完全的三段論法（舊譯『五支論式』）（尼耶也），包括五個命題，即：(1)命題（pratijña 舊譯『宗』），(2)理由（betu 舊譯『因』），(3)例證（udharaṇam 舊譯『喻』），(4)應用（upanaya 舊譯『合』），(5)結論（nigamana 舊譯『結』）。舉例來說，(1)此山有火；(2)因爲山上冒煙；(3)凡是冒煙的東西都有火，如灶；(4)而現在此山冒煙；(5)所以此山有火。」這裡所提出的論式有如我們的三段論法。但是在這裡所採取的論式中，所以如此推論的論據是預先假定了的。我們則與此相反，要從普遍者開始。這就是一般所用的形式，我們舉出這幾個例已經足夠了，不過我們現在還想把它總起來說一說。

我們已經看到印度人的〔最後目的和〕主要注重點是靈魂的自返，靈魂上升到解脫境界，是爲自身而提高其自身達到解脫或建立的思考。靈魂在極抽象的形式中的這種「自身回復」我們可以名之爲「心智實體化」（intellectuelle Substantialität）。但是這裡並不是精神與自然的合一，而恰好是反面。對於精神而言，觀察自然只是一種手段，只是思想的練習，這種練習以心靈的自由爲目的。「心智實體化」在印度人看來，是最後的目的，但在哲學中一般說來它是眞正的基礎、開端；哲學的思考就是這種唯心論：眞理的基礎〔不是自然，不是物質，不是人的特殊主觀性，而〕[20]是自爲的思想。而印度人的「心智實體化」是與歐洲人的反思、理智、主觀個性相反的東西。對於我們重要的是，我之所以有這樣的願望，有這樣的認識，有這樣的信仰，這樣的意見，理由是我應該如此做，是根據我的意志；這一點是被認爲有無限價值的。「心智實體化」是與此相反的另一極端，在這裡面「自我」的一切主觀性，〔一切特殊性、一切主觀的虛妄，〕[21]都消失了；對於自我的主觀性，一切客觀的事物都變成了虛妄，對於它根本就沒有客觀的眞理、義務、權利，因此唯一剩下的只是主觀的虛妄。重要的是尋求「心智實體化」的效用正在於把那種主觀虛妄性和它的一切聰明計較與反思消融在其中。這就是這一個觀點的優點了。

由於精神在這裡是自爲的，但它僅完全是抽象的自爲。因此我們可以把東方式的思想叫做直觀。這種有普遍性的直觀有它一定的重要性，因爲這種直觀是那樣的單純、自我同一、獨立不動（因而也還是不完全的）。但達到這種基礎對於哲學卻是很重要的。而在歐洲人思想裡占主導地位的卻是完全不同的東西，是東方人這種實體的直觀的反面；即反思的主觀性。這種反思的主觀性在我們這裡占很高的地位。對於我們重要的

[20] 據霍夫邁斯特本，第三三三頁增補。——譯者

[21] 據霍夫邁斯特本，第三三三頁增補。——譯者

是我有這樣的意志，是我有這樣的了解、信仰、知識，是我依據我所具有的某種理由、某種目的而有這樣的行爲。這就是歐洲人的主觀性，這在宗教方面也曾被認爲有無限價值。「心智實體化」是與此正對立的另一極端，在這裡面，「自我」的一切主觀性、一切特殊性、一切主觀的虛妄，都消失了；對於自我的主觀性一切客觀事物都是虛妄的，在這裡一切客觀事物僅僅依據我的反思是眞的，僅僅依據我的任性是有校準的。這種主觀的虛妄性固然也運用普遍性、實體性這類概念，但關於這些只有一些偶然的意見，抽象的理由，形式的反思；而這些都只是繫於個體事物的特殊性的。自在自爲的眞理、義務、權利這些普遍規定都完全歸結到主觀性上面，而沒有主觀的活動就不尊重任何東西、不接受任何東西。因爲我對它有這樣的意志、這樣的意見，所以它就應該這樣。因此唯一剩下的只是主觀的虛妄。因此對於歐洲人的這種理智，東方人的心智實體化的重要之處是有一種效用，即把那種主觀虛妄性和它的一切聰明計較一概消融在其中。這就是東方觀點的優點。但我們也須進一步看到它的缺點。46

這種觀點的缺點，在於當心智實體化被想像成主體的目標與目的時，一般地缺少客觀性，而只是爲了主體的利益，〔只是爲了個人的福祉〕[22]所必需而產生出來的一種境界。這

46 據霍夫邁斯特本，第三三三—三三四頁增補。——譯者。

[22] 據霍夫邁斯特本，第三三四頁增補。——譯者

種心智實體化雖然是最客觀的，卻仍然只是極抽象的客觀；因此客觀性的眞正的形式在它是缺乏的。像這種停留在抽象中的心智實體化，只是以主觀的靈魂為其存在；在這種心智實體化中，應該是一切都歸消滅。正如在那僅僅剩下主觀的否定能力的虛妄之中，一切都歸消滅；同樣情形，這種心智實體化只不過是一個遁入空虛無定的藏匿處而已。這種心智實體化缺乏那種在自身之內範型一切的客觀性；因此要做的事乃是迫使這個基礎、這個範疇前進，亦即推進我們稱之為思想的那個無限形式，那種規定自身的客觀性。這個思想首先是主觀的，是屬於「我」的（我，我的靈魂在思想）；但是第二步，它又成了包含著心智實體化的普遍性；到第三步思想便成了範型一切的活動，成了規定一切的原則。因此我們又有了第二種方式的客觀性，這種客觀性本身就是無限的形式。只有這種客觀性才是眞正的基礎，必須準備的基礎，這個基礎範型自己，規定自己，並且以這種方式給予特殊內容一個地位，讓它自由活動，把它保持在自己的範圍之內。

在東方人的眼中，特殊事物是動搖不定的，是註定要消滅的；但是相反地，在西方人思想的基礎上特殊事物卻有它的地位。在思想裡，特殊事物能植下根基，能固定下來；這就是歐洲人的堅硬的理智。這些東方的觀念，目的是要取消這種理智的堅執性。但理智在思想的基礎上卻是流動的，它不應是獨立自為的，而只應是整個系統中一個環節。在東方哲學中，我們也曾發現被考察過的確定內容（如地、水、風等，感覺、推論、啟示、理智、意識、感官等皆被一一考察）；[23]但是這種考察是缺乏思想的，沒有系統的，因爲這種考察是站立在對象之上的，是存在於統一之外的。天上站立著心智實體化，於是地上就變得乾燥而荒涼。對特殊事物的考察因此就只有死板的推理形式和推論形式，正如經院派哲學中所表現的一樣。相反地，在思想的基礎上，特殊事物可以得到它應有的權利；它可以被看爲並且被理解爲全部組織中的一個環節。在印度哲學中理念沒有成爲對象；所以外在的、客觀的東西沒有按照理念加以理解。這是東方思想的弱點。

眞正客觀的思想基礎植根於主體的眞實自由之中。普遍性、本體本身必須具有客觀性。因爲思想就是這個普遍性，就是本體的基礎，並且同時也就是「我」，思想是自在的，是作爲自由的主體而存在著——：因此普遍性是有直接的存在的；它不僅是一個應該達到的目的或境界，它的絕對性是客觀的。這個特點，是我們在希臘世界中所發現的，這個原則的發揮將是我們以後所要考察的對象。普遍性起初是很抽象的，因此與具體的世界是對立的。但是它之所以有價值，乃在於它是兩個方面的基礎：一方面爲具體的世界作基礎，一方面又爲自在者作基礎。普遍性並不是一個超越的東西，現實的價值就在於「普遍」在「自在」之內，換句話說，「自在」、「普遍」乃是對象的眞理。

[23] 據霍夫邁斯特本，第三三五頁增補。——譯者

* 譯者附記：本篇所引「舊譯」是根據中文大藏經中《金七十論》、《勝宗十句義論》二書。

第一部

希臘哲學

〔引言〕[1]

[1] 譯者增補。

一提到希臘，在有教養的歐洲人心中，尤其在我們德國人心中，自然會引起一種家園之感。歐洲人遠從希臘之外，從東方，特別是從敘利亞獲得他們的宗教、來世、與超世間的生活。然而今生、現世、科學與藝術，凡是滿足我們精神生活，使精神生活有價值、有光輝的東西，我們知道都是從希臘直接或間接傳來的，間接地繞道透過羅馬。後一種途徑，是希臘文化傳給我們所取得較早的形式。此外它又透過昔時的普遍教會傳來，這個教會本身也是導源於羅馬的，就在今天它還保持著羅馬人的語言。宗教的教訓以及拉丁文的福音，來源都是教會神父。我們的法律，也以自羅馬取得最完善的形式自誇。日耳曼人的粗獷性格，必須透過來自羅馬的教會與法律的嚴格訓練，受到磨練。透過這種訓練，歐洲人的性格才成爲柔韌，承擔起自由。所以當歐洲的人類返回自己的家中，正視現在之後，他在歷史中所受的外來成分才得以揚棄。人既已回到自己家中，享受自己的家園，也就轉向了希臘人。我們且把拉丁經典讓給教會，把羅馬法讓給法學，不去談它。那更高的、更自由的科學（哲學），和我們的優美自由的藝術一樣，我們知道，我們對於它的興趣與愛好都根植於希臘生活，從希臘生活中我們吸取了希臘的精神。如果我們可以心神嚮往一個東西，那便是嚮往這樣的國度，這樣的光景。

我們之所以對希臘人有家園之感，乃是因爲我們感到希臘人把他們的世界化作家園；這種化外在世界爲家園的共同精神把希臘人和我們結合在一起。在日常生活中，我們喜歡那些安於家室、自身滿足而無求於外無求於上的人們與家庭，希臘人便是這樣。他們當然多多少少從亞細亞、敘利亞、埃及取得了他們宗教、文化、社會組織的實質來源，但是他們把這個來源的外來成分大大地消融了，大大地改變了，加工改造了，轉化了，造成了另外一個東西，所以他們和我們一樣，所珍視、所認識、所愛好的那些東西，本質上正是他們自己的東西。

因此，在希臘生活的歷史中，當我們進一步追溯時，以及有追溯之必要時，我們可以不必遠溯到東方和埃及，即在希臘世界與希臘生活方式之內，就可以追尋出：科學與藝術的發生、萌芽、發達直到最盛的歷程，以至衰落的根源，都純粹在希臘人自己的範圍裡面。因爲希臘精神的發展只需要外來的東西當作材料、當作刺激。他們在這些材料中自己意識到自己是自由的，並且有了自由的活動。他們加在外來的材料基礎上的形式，是一種特有的精神氣息——自由與美的精神；這個精神：從一方面看，可以說是形式，但是從另一方面看，事實上卻正是更高的實質內容。

但是他們不僅像這樣自己創造了他們的文化實質（並且毫不感激地忘掉了外來的來源，把它置於背後——也許是埋藏在他們自己也模糊不清的神祕儀式的蒙昧中），不僅使他們的生活暢適自足，而且珍視他們這個精神的再生，這種精神的再生才是他們眞正的誕生。他們不僅是曾經使用過享受過自己所產生所創造的文化的主人；而且對他們整個生活的這種暢適自足，對他們自身的根本和本源，是自己意識到的，並且是感覺到感激和愉快的，並不是爲了存在、爲了占有、爲了使用。因爲希臘人的精神——作爲從精神的再生中生出來的精神——正是自己意識到自己是屬於他們自己的：（一）希臘人的精神就活動在希臘人的生活裡，並且（二）意識到這種生活，知道這種生活是精神自身的實現。他們把他們的生活想像成一個與他們分離的對象，這個對象獨立地產生出來，獨立地對他們有價値。他們認識到根本與本源之爲根本與本源——不過這根本與本源是內在於他們的。因此他們爲自己編造出一個他們所經歷和體驗過的一切事物的歷史。他們不僅想像世界——亦即諸神與人類、地、天、風、山、河等等——的發生，而且想像他們的生活的一切方面——譬如火的發明、與火相關聯的祭祀犧牲，種子、農業、橄欖樹、馬，婚姻、財產、法律、藝術，崇拜神靈、科學，城市、貴族等等，他們在一些美好的故事中，想像這一切事物的來源，並且說明這些事物與他們的關係。從這外在的方面，他們把一切事物歷史的起源，都視爲他們自己的事業和功績。

在這種實際生活中的暢適自足中，或者更可以說，在這種暢適自足的精神中，在這種表現爲怡然自得的精神中，在物質、社會、法律、道德、政治各方面生活上都怡然自得的精神中，在這個自由優美的歷史性品質中，在「追憶女神」的品質中——（希臘人的歷史經歷，在希臘人看來也就是「追憶女神」）——也就存在著自由思想的萌芽，也就存在著哲學發生於希臘人中間的特色。

正如希臘人在生活上安於家園一樣，哲學也是暢適自足，哲學上的暢適自足，亦即人在精神上暢適自足，怡然如在家園。如果我們對希臘人有家園之感，就應該對他們的哲學特別有家園之感，不過哲學並不只是在希臘人那裡有如故鄉，因爲哲學本身正是人的精神的故鄉；我們在哲學裡所從事的，乃是思想、乃是我們內在的東西、乃是擺脫一切特殊性的自由精神。在希臘人那裡，思想的發展是從他們最原始的素質中啟發出來、發展出來的；我們不必遠求於外在的機緣，便可研討希臘哲學。要了解希臘哲學，我們必須親身流連於希臘人的精神生活之中。

但是我們必須對希臘人的性格與觀點作更詳細一點的規定。希臘人固然是從他們自身出發的，但是同時他們也有一個前提。這前提是歷史性的。從思想而言，這前提是精神與自然合一的東方式的「實體化」。這是自然的合一。而只是從自身出發，處在自身之中，則是那另一個極端的抽象主觀性（純形式主義）。當這主觀性尚是空的，或者變成了空的時候，便是近代世界的抽象原則了。希臘人站在這兩極端之間，處於一個美好的中介地位，所以這個中介是「美」的中介，因為它既是自然的，也是精神的，不過精神性依然是主導的、決定的主體。沉沒於自然之中的精神，與自然共處在實質的合一裡面，當它是意識的時候，則它主要是直觀——是一般的沒有尺度的東西；就精神之作為一個主觀意識而言，它確乎是有範型作用的——不過沒有尺度。希臘人以自然與精神的實質合一為基礎，為他們的本質；並且以這種合一為對象而保有著它、認識著它，不過並非沉沒在對象之中，而是回復到自身之內，他們並沒有退回到形式主觀性的極端：而是與自身為一體，因此是自由的主體，仍以那最初的合一為內容、本質、與基質，作為自由的主體，將其對象陶鑄為「美」。希臘人的意識所達到的階段，就是「美」的階段。因為「美」是理想，是從精神裡湧出來的思想；不過，雖是這樣，精神的個性還沒有獨立自為，成為抽象的主觀性，在自身中發揮其自身成為一個思想世界。然而希臘人的這種主觀性本身還帶著自然的、感性的色彩、不過這種自然的色彩是和東方的不同等級，不同價值，而且也不占優越地位。在希臘，精神的原則居於首位，自然事物的存在形態不復有獨立的校準，只不過是那照澈一切的精神的表現，並被降爲精神存在的工具與外形。然而精神卻尚未將自己當作媒介，在自身中表象自己，在自身中建立它的世界。

因此自由的道德能夠在希臘得到地位，也必然在希臘得到地位，因爲自由的精神實質是希臘人的道德、法律、制度的基礎。因爲其中還依然包含自然因素，所以國家的道德形式也還染有自然成分。國家是一些小的自然個體，這些個體並不能團結爲一個整體。「普遍」不是獨立自由地存在，精神也就依然有限制。在希臘世界中，自在自爲地存在著的永恆事物由思想發揮出來，得到自覺；不過雖然如此，主觀性依然具有偶然的性質與它相對立，因爲基本上它還是與自然性有關聯的。〔在這裡面，我們就可以解釋上面所提到的事實，即在希臘只有少數人是自由的。〕[2]

東方無尺度的實體的力量，透過了希臘精神，才達到了有尺度有限度的階段。希臘精神就是尺度、明晰、目的，就在於給予各種形形色色的材料以限制，就在於把不可度量者與無限華美豐富者化爲規定性與個體性。希臘世界的豐富，只是寄託在無數的美麗、可愛、動人的個體上，寄託在一切存在物中的清晰明朗上。希臘人中最偉大的便是那些個體性：藝術上、詩歌上、科學上、義氣上、道德上的那些傑出人物。如果和東方人想像中的華美壯麗宏

[2] 據英譯本，第一冊，第一五三頁增補。——譯者

大相比，和埃及的建築、東方諸國的宏富相比，希臘人的清妙作品（美麗的神、雕像、廟宇）以及他們的嚴肅作品（制度與事蹟），可能都像是一些渺小的兒童的遊戲：希臘所發展的思想，尤其是這個樣子。這種思想對於個體性的豐富內容予以限度，和對東方的偉大予以限度一樣，並且將這豐富內容追溯到它的單純的靈魂，而這個靈魂本身卻是一個更高的理想世界——思想世界——的豐富財產的源泉。

有一個古人曾說：「人啊！你從你的情欲中取得了你的神靈的材料」，譬如東方人（特別是印度人）便從自然原素、自然力、自然形相中取得他們的神靈；我們可以補充一句：「你從思想中取得了構成上帝的元素與材料。」在這裡思想乃是產生上帝的基礎。並不是開始的思想便足以構成了解全部文化的基本原則。正好相反，開始的思想看起來非常貧乏、高度抽象，它的內容和東方人加在他們的對象上的內容對比起來，是很少的。思想的開始本身是直接的，是在自然性和直接性的形式之下的。希臘思想和東方思想都同有著這種自然性和直接性，但是希臘思想把東方的內容化成了一些完全貧乏的範疇，所以這些思想在我們看來，是不大值得注意的，因爲它們還不是眞正的思想，尚未具備思想的形式與範疇，而還存在著自然性。因此他們以思想爲「絕對」，而又不是作爲思想的絕對。這就是說，我們永遠應當分開兩個東西：「普遍」或「概念」，和這個「普遍」的「實在」，因爲問題在於「實在」本身究竟是思想還是自然。起初的時候，「實在」還帶著直接性的形式，只是潛在的思想：我們講希臘哲學從伊奧尼亞學派的自然哲學講起，理由便在於此。

從這個時代希臘的外在歷史情況說來，希臘哲學開始於基督降生前六世紀，亦即居魯士的時代，當小亞細亞伊奧尼亞諸自由邦衰落的時期。因爲這個進入高度文化的美麗世界衰落了，所以發生了哲學。克羅伊斯〔按：是利底亞王〕與利底亞人首先威脅了伊奧尼亞的自由，以後波斯的侵略更把它整個摧毀了，因此多數居民另覓安居之所，建立了殖民地，特別是在西方。與這一次伊奧尼亞諾城邦衰落同時，希臘的另一部分脫離了舊貴族的統治。柏洛比德族（Pelopiden）與大部分別的外來王族衰替了。希臘與外界發生了多方面的接觸，希臘人也部分地在他們自己中間尋求一種社交聯繫。宗法生活過去了，多數城邦開始需要法規與制度——要求建立自己的自由。我們看見有許多偉大人物崛起，他們做了同胞的統治者，並不是憑著他們的門第，而是由於才能、想像、學識出人頭地，受人尊敬。這些人物與他們的同胞們發生著種種不同的關係。他們中間有一部分是忠告者，但良好的忠告每每是不爲人所採納遵行的；有一部人爲他們的同胞憎恨與蔑視，這些人就放棄公共事業而退隱了。另一些人則很桀驁強悍，幾乎變成了他們同胞的殘暴的統治者。另外一些人則是爲了自由而創立法律的人。

〔七賢〕[1]

[1] 譯者增補。

近代人從哲學史上排除出去的所謂「七賢」，便是上面所描述的那些人。因爲他們可算作接近哲學史開始期的紀念碑，所以在哲學史的開端要把他們的性格簡述一下。他們之所以這樣著名，一部分是因爲他們參加了伊奧尼亞諸城邦的戰役，一部分是因爲流寓域外，一部分也是因爲他們是希臘最有聲望的人。這七個人的名字有各種不同的說法，通常是：泰利斯、梭倫、佩里安德、克萊俄布盧、契羅、畢阿思、庇塔庫斯（Thales，Solon，Periander，Kleobulos，Chilon，Bias，Pittakos）。第歐根尼·拉爾修（Diogenes Laërtius）[1]說：「赫爾米波（Hermippos）提到十七個人，不同的人從這十七人裡面以不同的方式選出七個人。」照第歐根尼·拉爾修說，有一個較早的人「第開亞爾可（Dicäarchos）只舉出四個人，這四個人大家一致認爲在七賢之列，便是：泰利斯、畢阿思、庇塔庫斯與梭倫」。[2]此外常說的還有：彌孫、阿那卡爾錫、阿庫西勞斯、埃庇米尼得斯、腓力西德斯等人（Myson，Anacharsis，Akusilaos，Epimenides，Pherecydes）。根據第歐根尼書中記載，第開亞爾可說：「他們既不是智慧的人（σοφούς），也不是愛智者，而是一些理智的人（συνετούς），一些立法者，」[3]——有天才的人。這個判斷成了普遍的判斷，應該認爲正

1　第歐根尼·拉爾修，第一卷，第四十二節。
2　第歐根尼·拉爾修，第一卷，第四十一節。
3　第歐根尼·拉爾修，第一卷，第四十節。（譯者按：希臘文「愛智者」（σιλοσόφος）即哲學家之意。）

確。他們生活在希臘社會的一個過渡時代——從王公的宗法制度過渡到一個法治的或武力統治的制度。這一些人之所以獲得智慧之名，一方面是因爲他們掌握了意識的實踐本質，亦即掌握了自在自爲的普遍道德的意識，把它當作道德格言，並且部分地當作社會法規說了出來，更使這些法規在國家中見諸實施；另一方面是因爲他們用意義豐富的語句表示出了理論性的東西。這些話語裡面，有一些不但可以視爲有深義的或卓越的思想，而且盡可以看作哲學的和思辨的思想；我們可以看出這些話語具有一種概括的普遍意義，不過這意義在這些話語自身內還沒有發揮出來罷了。這些人基本上並沒有把科學或哲學研究當成他們的目的；關於泰利斯，人們明明說，他是到晚年才獻身於哲學研究的。與政治有關係的事才是最常見最多的事。他們都是實踐的人、都是事業家，不過這裡所謂事業，其意義不同於我們現時所了解的，我們今天所謂實際事務，是指專門從事政務、商業、經濟等特殊部門的工作而言，而他們則生在民主的國家裡，是要分擔一般性的管理和治理國家的勞煩的。他們也不是像米太亞德、特米斯托克利、伯里克里斯、狄摩西尼（Miltiades，Themistokles，Perikles，Demosthenes）等偉大的希臘人那樣的政治家；而是另一個時代的政治家，在這個時代裡，重要的事情是救濟、保安、維持秩序與建立制度，幾乎全是關涉到國家生活基礎的奠定工作，至少是典章制度的樹立工作。

泰利斯與畢阿思對於伊奧尼亞諾城邦特別顯得是像上面所描述的那樣的人物。希羅多德[4]講到過這兩個人。他對於泰利斯曾說：「他早在伊奧尼亞人被征服之前（顯是指爲克羅伊斯所征服），就已經忠告過他們，教他們在伊奧尼亞諸邦的中心點德歐（Teos）建立一個最高議會（ἕν βουλευτήριον），」就是設立一個有聯合首都的聯邦；但在這個聯邦裡面「各邦應當仍然保持其爲個別的邦國（δῆμοι）」。然而他們並沒有聽從這個勸告。因爲不聽忠告，他們分化了、衰弱了，結果被征服了。對於希臘人，放棄個體性永遠是一件很難的事。伊奧尼亞人也同樣沒有聽從「普列尼（Priene）人畢阿思的忠告」，「畢阿思」後來——（當居魯士的大將「哈爾巴古〔Harpagus〕——完成了征服伊奧尼亞人的工作——進迫他們的時候」）——「曾在他們集議於帕尼翁的緊急開頭，給他們最有益的忠告說：他們應該組織一個聯合艦隊開往薩丁尼亞島（Sardinien），在那裡建立一個伊奧尼亞邦。這樣他們可以免做奴隸，可以幸福，而且住在這個最大的島上他們還可以征服別人；如果他們還留在伊奧尼亞，則他就認爲他們不會有自由的希望。」希羅多德很贊成這個謀略，他說：「如果他們聽從了這個忠告，他們是會成爲最幸福的希臘人的。」所以在這種情況下，一件事情的發生只是出於暴力，而不是出於自由意志。

　　我們在類似的情形中也見到另一些賢者。梭倫是雅典的立法者，因此特別著名。很少有人得到立法者這個崇高地位。只有摩西、呂庫古、札留古、努馬（Moses，Lykurgos，

---

4 第歐根尼・拉爾修，第一卷，第一六九—一七一節。

Zaleukus，Numa）等人和他同享立法者之名。在日耳曼各族中，是沒有人享有本族立法者的名譽的；在今日，是不可能再有立法者了。典章制度在近代早已規模大備，再要做的事非常之少，立法家與立法會議所還能做的，只不過是增訂一些細節，做一些不十分重要的補充。它所從事的只是編纂、修訂與補充個別的條目。而梭倫和呂庫古所做過的，也只限於前者把伊奧尼亞的精神，後者把多里亞（Dorien）的性格提高到意識，提高到另一形式，把一時的混亂狀況加以結束，又憑藉有效的法律將這種不良狀況加以排除。

因此梭倫並不是一個完善的政治家；這一點可以見之於他的歷史後果。一個憲法可以容許庇西特拉圖（Pisistratus）即在梭倫自己的時代，自立爲僭主。這個憲法簡直是毫無力量、毫無有機性，以致不能防止自身的顚覆，但是，憑藉什麼力量〔可以防止自身的顚覆〕呢？這表現出裡面包含著一個內在的缺點。看起來這是很奇怪的；一個憲法應該能夠抵抗這樣一種打擊才是。可是，仔細看來，庇西特拉圖到底是怎麼辦的呢？所謂僭主的實情，由梭倫與庇西特拉圖的關係可以看得最清楚。當維護秩序的憲法與法律在希臘人中成爲必要的時候，我們便看見立法者和攝國政者紛紛興起，給人民立下法律，並根據法律來治理人民。法律是普遍的，但是當個人尚未認識法律、理解法律時，法律在個人看來便是暴力；直到如今，法律還是被當作暴力的。首先是對整個民族如此，然後只是對個別的人如此。法律在最初的時候，必須是強制性的暴力，等到人們認識了法律、等到法律變成了人們自己的法律時，它才不是一個外來的東西。多數的立法者和治國者都自己擔當起這種用暴力來強制人民的責任，做了人民的僭主。如果一個國家裡的立法者和治國者不這樣做，另一些有野心的個人還是要這樣做的；這事本身是必然的。

我們發現，梭倫的朋友們曾勸他本人奪取政權，「因爲如果他做僭主的話，人民是很喜歡的，」[5]「他拒絕了他們，並且盡力阻止這事，因爲這時候他已經對庇西特拉圖的居心起疑。當他發覺庇西特拉圖的企圖時，他便披著鎧甲帶著盾牌跑到人民議會去，」這在當時是很不常見的事情[6]——「向人民報告庇西特拉圖的圖謀。他說：『雅典的人們！我比有些人智慧，比另一些人勇敢；我比那些看不出庇西特拉圖的陰謀的人智慧，比那些雖然看出了卻不敢說的人勇敢。』」[7]「但是他的話一點效果也沒有，他就離開雅典了。」[8]依據第歐根尼的記載，[9]當時庇西特拉圖並且曾在梭倫在外的時候寫了一封很有敬意的信給梭倫，請他回雅典，和他住在一起，做一個自由的公民。這封信第歐根尼給我們保存了下來。信上說：「我並不是唯一自立爲主的希臘人，自立爲主於我亦無不當；因爲我系出科德魯斯（Kodrus）貴族。雅典人曾有過盟誓，承認永保哥德魯與其子孫的地位，但他們卻背棄了盟誓，剝奪了這一項特權，因此，我只不過取回盟誓所許給我的權利罷了。我沒有做過什麼

5　第歐根尼・拉爾修，第一卷，第四十九節：人民屬意於他，很願意他做僭主統治他們。

6　修昔提底斯指出希臘人與蠻夷不同的一點，在於希臘人——其中最早的是雅典人——在和平的時候不著武裝。

7　第歐根尼・拉爾修，第一卷，第四十九節。

8　第歐根尼・拉爾修，第一卷，第五十節。

9　第歐根尼・拉爾修，第一卷，第五十三—五十四節。

對不起神明、對不起人民的不義之事，你給雅典人立了法，我就努力使你所立的法在公民 183 生活裡實行；」——（他的兒子也是這樣做的）——「這個情況比民主制度還更好些，因爲我不許任何人做壞事。作爲僭主，我並不因此向人民多取一分權威、榮譽和固定的貢賦（進貢）像他們所貢獻給前代的國王那樣。每一個雅典人納其什一之賦，並不是給我，而是供公共祭典的費用，此外並供公共事務和戰爭發生時的費用。我並不怨你揭發了我的企圖，因爲你這樣做動機出於愛民，並非恨我；同時你那時還不知道我如何進行治理國家。如果你那時已經知道了這點，你就會滿意這個政府，就不會逃走了。」梭倫覆信說[10]他「對庇西特拉圖並無個人仇恨，而且應該說他是僭主中最好的一個；不過回來對他是不合宜的。因爲他曾使人人平權成爲雅典憲法的本質，他本人是不承認僭主制度的。他如果回來就等於承認庇西特拉圖所做的事了」。

庇西特拉圖的統治使雅典人習慣了梭倫的法律，使它成爲風俗；由於法律完全成了習慣，權威也就成爲多餘，當庇西特拉圖的兒子們被驅逐出雅典之後，梭倫的憲法才站穩了。梭倫誠然立了法，但要使這個法制成爲習慣，成爲風俗，深入一個民族的生活，卻是另 184 外一回事。

立法與行法的工作在梭倫與庇西特拉圖兩人那裡是分離的，我們發現，在哥林特人佩里

---

10 第歐根尼·拉爾修，第一卷，第六十六—六十七節。

安德與米蒂利尼人庇塔庫斯那裡兩者卻結合爲一了。

關於七賢的外在生活，上面已經說得很夠了。此外他們更以留存下來的格言的智慧著名；不過這些格言在我們看來有一部分是很膚淺陳腐的。之所以如此，是因爲在我們的思想中，普遍的命題是非常平常的；同樣情形，所羅門的箴言中有許多對於我們也很膚淺平庸。不過，第一次將這種普遍的話語放在普遍性的形式之下使人知曉，卻是一件很不同的事情。今天還保存著的雙行詩中，有許多被指爲梭倫所作；這些詩句的特點，在於以箴言的方式表示出人對神靈、對家庭、對祖國的一般普遍義務。第歐根尼[11]說，梭倫「曾說：法律有如蛛網，小的被它捉住，大的把它扯破」；……「語言是行爲的影像」等語。這些言辭並不是哲學，而是一般的思想，道德義務的宣示、格言、基本論斷。他們的智慧的格言，就是這一類的，多數無甚意義，而且有許多似乎比這些還更無意義。譬如契羅就這樣說過：「替人擔保，災禍不遠。」從一方面說，這句話是一個很普通的生活謹慎的規條；可是懷疑學派卻給這句話一種很高的普遍意義，深信契羅有這樣一個意義，即：「把你緊繫在一個特定的東西上，便會陷入不幸。」懷疑學派孤立地引證這一句話，以爲其中有著懷疑論的根據；懷疑學派的原則是：沒有一件有限的確定的東西是自在自爲的，一切只是一個幻象，一個流轉

---

11 第歐根尼・拉爾修，第一卷，第五十八節。

物，並不是常駐不變的。克萊俄布盧說：「節制是最好的，」另一個人說[12]：「不必過度。」這類的話，在「限度」一概念裡有著更普遍的意義。限度，亦即柏拉圖用來與「無限度」（ἄπειρον）相對立的限度（πέρας），有限者乃是最好者，亦即與無規定者相反的自身規定者。所以在「有」中限度或尺度是最高的範疇。

在這些最著名的格言中，有一條是梭倫與克羅伊斯談話中所說的，希羅多德[13]曾用他自己的話將它很完全地給我們傳述下來。這格言的結論是：「沒有一個人在死前可以被稱頌為幸福。」這一段記載值得注意的地方，是我們可以從其中對梭倫時代的希臘人的反思觀點認識得更清楚一點。我們知道，幸福或快樂是被假定為值得追求的最高目的，是被假定為人的目標的；在康德哲學以前，道德——快樂主義（Eudämonismus）的道德——是建立在幸福這個範疇上的。在梭倫的話裡，可以看出，幸福已經提高了一層，超過了只是滿足感官享受的感官快樂。我們若問幸福是什麼，對於反省的思想幸福包含著何種意義，即可見幸福無論如何總帶有一種個人的滿足，不管是哪種方式的滿足，是由外在或內心的（身體上的或精神上的）享受而來的滿足，達到這種滿足的方法，是掌握在人手中的。不過進一步看來，並不是每一種感性的、直接的享受都可以拿來當作幸福，因為幸福裡包含著一種對於環境之全部

12 指梭倫，見第歐根尼·拉爾修，第一卷，第五十三節。——譯者

13 第歐根尼·拉爾修，第一卷，第三十—三十三節。

的反思；其中所包含的並不只是滿足、愉快的原則，唯有全體才是原則，個別的享受應該看輕。快樂主義所謂幸福是為著全部生活的一個條件，它所提出的享受，是全體性的享受。全體性的享受是有普遍性的，是為個別享受作規範的，它不聽任人沉溺在暫時的享樂裡，只是約束欲望，在我們眼前樹立一個普遍性的尺度。試把快樂主義拿來與印度哲學比較，便可見兩者是相對立的。在印度哲學裡，靈魂從肉體中解放出來乃是人的目的，靈魂是純然自在的，是個完全抽象的東西。希臘正好與此相反，他們所講的快樂也是靈魂的滿足，不過並不由逃避、抽象、遁歸自身而獲得，而是由享受當前的事物，由具體享受周圍一切事物中取得。我們在幸福中所見到的反思階段，是處在一個中間地位，一方面是單純的肉欲，另一方面是為公正而公正、為義務而義務。在幸福之中，內容是享受，是主體的滿足，不過形式是普遍的，個別的享受是消失不見了；普遍性的形式存在於幸福之中，不過普遍者還並不是自為地出現。這就是克羅伊斯與梭倫的談話所提出的問題。作為思維者的人不僅為當下的享受而努力，而且為將來的享受準備手段。克羅伊斯給梭倫指出這些手段，然而梭倫拒絕對克羅伊斯的這個問題予以肯定的答覆。因為我們要贊許一個人是幸福的要等到他的死時，要看他的幸福是否維持到死時，並且還要看他死得是否虔誠，是否合乎較高的目的。因為克羅伊斯的生命還沒有完結，所以梭倫不能稱讚他幸福。克羅伊斯一生的歷史，證明了沒有任何一個一時的情況可以當幸福之名。這個動人的故事完全刻畫出了當時的反思觀點。

〔分期〕[1]

[1] 譯者增補。

我們研究希臘哲學，現在應該進一步劃分三個主要的時期：（一）從泰利斯到亞里斯多德；（二）羅馬世界中的希臘哲學；（三）新柏拉圖學派哲學。

（一）我們從思想開始，不過是從完全抽象的、在自然形式或感性形式之下的思想開始，一直進到規定的理念爲止。這一個時期表現著哲學思想的開始，直到哲學的發展，以及哲學之完成爲一個自足的科學整體。這就是亞里斯多德，這就是以前一切哲學的統一。柏拉圖已經做了這個統一古代哲學的工作，不過並未完成，他的理念是一般性的。新柏拉圖學派曾被稱作折中派，而柏拉圖則被認爲曾完成了統一工作；但他們並不是折中派，而是有意識地見到了統貫各派哲學的必然性與眞理。

（二）具體的理念既已經達到了；於是這個理念就在對立中自行發展，自行完成。所以，第二個時期就是哲學進而爲各種不同系統的時期。一個片面的原則被發揮成爲一整個的世界觀。每一方面對於另一方面都是一個極端，都自成一個全體，這便是斯多噶學派與伊壁鳩魯學派的哲學系統；懷疑學派則形成了對以上兩派獨斷論的否定。其他的哲學都消逝了。

（三）第三個時期是肯定的，它撤除對立而入於一個理想的思想世界、神聖世界。在這裡理念發展爲全體，但缺乏主觀性或無限的自爲性。

第一篇

第一期：從泰利斯到亞里斯多德

在這第一期裡，我們將再分爲三個段落：

（一）第一個段落是從泰利斯到阿那克薩哥拉，從直接被規定的抽象思想到自身規定的思想。本階段的哲學是從絕對者和單純者開始；這些最初的規定或範疇，在本階段裡一直到阿那克薩哥拉爲止，顯示出它們自己乃是規定的一些嘗試，一些方式。阿那克薩哥拉把實在定義爲 νοῦς（心靈），當作是一種能動的思想；思想不再是被規定的，而是一種自身規定的思想。

（二）第二個段落包括智者派（Sophisten），蘇格拉底和蘇格拉底派。在這個段落裡，自身規定的思想被了解爲呈現在主體前面的具體的思想。那就是主觀性的原則，雖然並不是無限主觀性的原則；思維主要是一部分表現爲抽象原則，一部分表現爲偶然的主觀性。

（三）第三個段落是柏拉圖和亞里斯多德——希臘科學，在這裡客觀思想、理念自己形成爲整體。在柏拉圖哲學中，具體的、自身規定的思想還是抽象的理念，只是在普遍性的形式中；在亞里斯多德哲學中，理念才被了解成爲自身規定的，有它自己的實效性和能動性的思想。

第一章　第一期第一階段：從泰利斯到阿那克薩哥拉

因爲我們對這一期只保存一些傳說和殘篇，所以我們可以先在此說一說史料來源：

（一）第一個來源是柏拉圖。他常常提到以前的那些哲學家。因爲他把以前各自獨立出現過的各派哲學，都解釋爲一個理念的許多具體環節，而一旦把這些哲學的概念比較確定地掌握了，它們相互之間的距離也就並不那樣遠，所以柏拉圖的哲學看起來往往像是各派古代哲學家學說的進一步發揮，因而招致了抄襲的責難。他曾經花了許多金錢去蒐集古代哲學家的著述，由於他的精深研究，他的引證是相當重要的。不過在他的著述中，他自己從不以教師的姿態出現，而總是在對話中寫出另一些人來談哲學：所以他的文章裡分不清哪些思想在歷史上眞正屬於那些哲學家，哪些地方是柏拉圖給他們的思想所加的發展。例如《巴門尼德篇》裡講的是伊利亞學派的哲學，但這學說的進一步的發揮卻是屬於柏拉圖自己的。

（二）亞里斯多德是最豐富的來源。他曾經專心而澈底地研究過古代的哲學家們，並且特別在他的《形上學》開首，同樣也在別處按照歷史次序談到過這些人。他是很博學的，哲學見地也非常高，我們對他是可以信賴的，要研究希臘哲學，最好是去讀他的《形上學》第一卷。雖然有些自詡博學的聰明人詆毀亞里斯多德，說他沒有正確地了解柏拉圖，我們可以反駁道：他和柏拉圖本人相處甚久，以他的深邃而透澈的思想，大概沒有人能夠比他更認識柏拉圖。

（三）我們在這裡也可以想到西塞羅，雖然他只是一個模糊的史料來源。他的書裡固然包含著許多資料，但是，因爲他一般缺乏哲學頭腦，所以他就只知道把哲學當作歷史來講。他好像並沒有研究過原著，譬如他自己便承認：他並不曾了解赫拉克利特，同時因爲他

189

190

對古而且深的哲學不感興趣，他也就沒有多費力氣去深入研究。他的描述主要是關於與他的時代相近的哲學家的，如斯多噶學派、伊壁鳩魯學派、新學園派、逍遙派等。他把這些學派的哲學家當作媒介，透過他們去了解古代哲學家，特別是透過抽象推理的媒介，而不是透過思辨的媒介。

（四）塞克斯圖斯・恩丕里柯（Sextus Empiricus）是一位晚期懷疑學派，由於他有《皮浪學說概略》（*Hypotyposes Pyrrhon*）和《反數學家》（*adversus Mathematicos*）這兩部著作而重要。因爲他既是一個懷疑學派，一方面要和獨斷論的哲學鬥爭，一方面又要引用其他的哲學作爲懷疑論的論據（因此他的著述中絕大部分充滿了別的哲學家的學說），因此他以這種方式而成了古代哲學史的最豐富的來源。他爲我們保存了許多有價值的殘篇。

（五）第歐根尼・拉爾修。他的《哲人言行錄》十卷（*De vitisetc. Philos. lib. X, ed. Meibom. c. notis Menagii Amstel*, 1692）是一部重要的編纂作品；他常常無甚批判地引用他的論據。我們是不能說他有哲學頭腦的。他只是在一些外在的無價值的軼事裡漫遊。但是哲學家的生活處處都可以當作哲學問題看，所以他也很重要。

（六）辛普利修斯（Simplicius）是一個晚期的希臘學者，生於六世紀中葉查士丁尼皇帝（Justinian）治下的西里西亞，在亞里斯多德的希臘注釋家中，他是最敏銳最博學的一個。他的多數著述都尚未刊行出來；我們應該感謝他的功勞。

對於史料來源，我不想再多陳述，因爲可以毫不費力地在任何一本提綱裡找得到。在敘述希臘哲學的發展過程時，人們從前總是依照一定的次序講，猶如按照日常觀念來表示一種外在聯繫一樣，認爲一個哲學家應當師承另一個哲學家；這種師承聯繫便曾被表明爲一支是從泰利斯傳下來的，另一支是從畢達哥拉斯傳下來的。然而這種聯繫一方面本身有缺點，另一方面也只是一種外在的聯繫。在這兩大哲學派別中，人們把某一些哲學家歸成一類，視爲一系，他們從泰利斯傳下來——在時間方面和精神方面都流傳得甚爲久遠，與另一派分道揚鑣。但是事實上沒有任何一派是這樣孤立進行的（甚至也沒有只具有連續關係和師徒相承之外在聯繫的派別）；精神卻另有一套程序。這些派系不僅在精神方面互相滲入，而且在確定的內容方面也是互相滲入的。

首先，我們從伊奧尼亞族的泰利斯開始，雅典人便是屬於伊奧尼亞族的；也可能小亞細亞的伊奧尼亞人全是從雅典移殖來的。伊奧尼亞族很早就在伯羅奔尼撒出現了，似乎後來又從那裡被排擠出去；不知道究竟是哪些民族屬於伊奧尼亞族，因爲別的伊奧尼亞人甚至雅典人都把這個名字拋棄了。[1]按照修昔提底斯的說法，小亞細亞的伊奧尼亞殖民者，絕大多數都是來自雅典。[2]在小亞細亞沿海一帶和希臘諸島上，我們看到了希臘生活的最偉大的激動，與西方的希臘人的義大利（大希臘）遙遙相對，在這個民族裡，透過內部的政治活動和與外族的商業貿易，我們看到它的環境的複雜性和多樣性的形成，在這裡面局限性去掉

---

1 希羅多德，《希臘史》，第一卷，第一四三節。

2 希羅多德，第一卷，第二章、第十二章。

了，普遍性提高了。伊奧尼亞和大希臘這兩個地點，是初期哲學史演出的兩個場所，一直到這一時期的末了，哲學才在希臘本土樹立成家。這兩個地方也是早期的商業中心和文化中心，希臘本土成爲商業中心和文化中心爲時較晚。

因此，我們必須注意希臘有東西兩方，哲學便以此分別爲兩派：一派是小亞細亞的各家哲學，另一派是西方的希臘人的義大利的各家哲學。從地理上，哲學分爲伊奧尼亞哲學和義大利哲學；哲學的特性（內容）具有地域的特性。生長在小亞細亞以及附近諸島這一邊的有：泰利斯、阿那克西曼德、阿那克西美尼、赫拉克利特、留基伯、德謨克利特、阿那克薩哥拉和克里特的第歐根尼。另一方面是義大利人，有：生於薩摩斯而長於義大利的畢達哥拉斯，和色諾芬尼、巴門尼德、芝諾、恩培多克勒；以及一些大部分生活於義大利的智者。阿那克薩哥拉是第一個來到雅典的哲學家；他綜合兩極端成爲一門合乎中道的科學，並使雅典成爲這門學問的中心。這是地理上的區分；其次則是思想的敘述。在東方，是感覺的物質的一面占優勢；而西方則是思想占優勢，因爲思想在思想形式裡被當作原則。那些回到了東方的哲學家，都已經在一個自然範疇裡認識了絕對；絕對之實在的規定便屬於這一邊。絕對之理想的規定則屬於義大利那一邊。在這時候，人們是能夠滿足於這些規定的。但西西里的恩培多克勒卻更富於自然哲學家的色彩；而西西里的「智者」高爾吉亞則屬於哲學的理想的一面。

這裡我們要詳細考究：（一）伊奧尼亞派的泰利斯、阿那克西曼德、阿那克西美尼；（二）畢達哥拉斯及其門人；（三）伊利亞學派的色諾芬尼、巴門尼德等；（四）赫拉克利特；（五）恩培多克勒、留基伯和德謨克里特；（六）阿那克薩哥拉。

在這種哲學裡，可以發現並顯示出一個發展過程。最初的完全抽象的規定，是泰利斯和其他伊奧尼亞學者所作的；他們曾經以自然範疇的形式，以水、空氣來理解普遍。以後的發展必須是揚棄這種單純而直接的自然範疇。我們在畢達哥拉斯學派裡便遇到這種揚棄，他們說「數」是本體，是事物的本質。數不是感性的東西，也不是純粹的思想，而是一種非感性的感性事物。「一」是範疇的形式，但是它更分化為一、二、三等；對自在自為者的規定，就這樣走向具體了。在伊利亞學派伊利亞學派裡，思想與感覺形式以及數的形式被勉強地、純粹地分割開了；出現了純粹的思想。從他們那裡出現了思維的辯證運動，這個運動否定了有限的分別，以表示「多」不是真實的，只有「一」才真實。赫拉克利特指出：「絕對」就是這個過程本身，按照伊利亞學派的說法，「絕對」只是一種主觀的過程。赫拉克利特已經達到了客觀的意識；在這裡，「絕對」是運動著、變化著的東西。相反地，恩培多克勒、留基伯和德謨克利特又走向另一極端，走向單純的、物質的、靜止的原則，因此運動、過程與原則便區別開了——走向過程的基質。到了阿那克薩哥拉，絕對才成為運動的和自身規定的思想，才把這種思想認作本質；這是一個很大的進步。

壹、伊奧尼亞哲學

這裡要提到古代的伊奧尼亞哲學。我們願意盡可能簡單地來討論它：因爲這些思想是很抽象、很貧乏的，所以我們不難簡單地說明。泰利斯、阿那克西曼德、阿那克西美尼以外的人，只能在文獻上略提一下。整個古伊奧尼亞哲學都是易於研究的，因爲總共不過五、六段材料。博學的考據對古代的材料固然可以大顯身手；但是在人們知道得最少的地方，人們往往最可以賣弄博學。

一、泰利斯

從泰利斯起，我們才眞正開始了我們的哲學史。泰利斯的一生，是在克羅伊斯征服伊奧尼亞諸城邦的年代裡度過的；由於克羅伊斯的覆亡（第五十八屆奧林匹克賽會的第一年；即公元前五四八年），表面上的自由曾經一度出現，但大多數的城邦，隨即又被波斯人征服。在這個災變之後，泰利斯還活了幾年。他是米利都人，他的家世據說是出於腓尼基的特利德族。[3]他的出生日期，按照最可靠的推斷是第三十五屆奧林匹克賽會的第一年（公元

[3] 第歐根尼．拉爾修，第一卷，第二十二節。

前六四〇年）；[4]但是按照邁納斯的說法，卻晚兩屆奧林匹克賽會（第三十八屆奧林匹克賽會，公元前六二九年）。

他是一個政治家，在克羅伊斯宮廷裡，在米利都，都曾有過政治生活。希羅多德曾經多次提到他，據他說，[5]依照希臘的傳統，當克羅伊斯爲對抗居魯士而前往戰場，渡哈呂斯河（Halys）遭受困厄時，隨軍的泰利斯就在陣營後面挖了一道半月形的渠，透過這管道旁流，因此那道河就可以涉水而過了。第歐根尼更進而談到他和他的祖國的關係，說他當克羅伊斯對抗居魯士時，曾阻止米利都人與克羅伊斯聯盟。因此，在克羅伊斯戰敗之後，其他伊奧尼亞城邦都被波斯人征服了，只有米利都人未受騷擾。[6]

但是另外也有一種說法，認爲他早就擺脫政治事務而專力從事科學了。[7]據說他曾旅行到腓尼基，但這只是根據一種不足信的傳說。[8]不過他晚年曾到過埃及

4　第歐根尼．拉爾修，第一卷，第三十七節。
5　希羅多德，第一卷，第七十五章。
6　第歐根尼．拉爾修，第一卷，第二十五節。
7　第歐根尼．拉爾修，第一卷，第二十三節。
8　布魯克爾，《批評的哲學史》，第一冊，第四六〇頁。

似乎是無疑的。[9]據說他在埃及精通了幾何學；[10]但是按照第歐根尼根據一個叫希羅尼摩（Hieronymus）的人轉述的軼事看來，[11]似乎多半不確；這軼事說：泰利斯曾經教埃及人按照人身高度與人影高度的比例，由金字塔的影子去測量金字塔的高度。這個比例的事實是：塔影與塔高之比，等於人影與人高之比。如果這種知識對於埃及人還是一種陌生的東西，則他們在理論幾何學方面將甚爲落後。此外，據希羅多德說，[12]泰利斯曾經預言過日蝕，這日蝕剛好在美迪人（Meder）和利底亞人要交戰的一天發生。另外還有一個關於他的天文學知識和工作的軼事被談道[13]：「他在仰望和注視星辰時，曾經跌到一個坑裡，因此人們就嘲笑他說，當他能夠認識天上的事物的時候，他就再也看不見他腳前的東西了。」人們嘲笑這樣的事只有這樣一個好處，就是哲學家們不能使他們知道天上的事物，他們不知道哲學家也在嘲笑他們不能自由地跌入坑內，因爲他們已永遠躺在坑裡出不來了，因爲他們不能觀看那更高遠的東西。他又表示，一個哲人如果願意的話，是很容易得到財富的。[14]更重

9 普魯塔克，《諸哲學案》（*de placit. Philos.*），第一卷，第三節。
10 第歐根尼·拉爾修，第一卷，第二十四節。
11 第歐根尼·拉爾修，第一卷，第二十七節。
12 希羅多德，第一卷，第七十四章。
13 第歐根尼·拉爾修，第一卷，第三十四節及梅納鳩（Menagius）對這本書的注。
14 第歐根尼·拉爾修，第一卷，第二十六節。

要的是他定三百六十五日爲一太陽年。第歐根尼[15]所述的關於金鼎（應給予最聰明者）的軼事，是很重要的，因爲他曾把關於這事的各種不同的說法蒐集起來；金鼎先是給予泰利斯或畢阿思的，泰利斯又把它給了另外一個人；金鼎這樣循環一周，最後又回到泰利斯手裡；他（或是梭倫）判定阿波羅是最聰明的，應當把它送到狄底梅（或德爾斐）去。根據第歐根尼，[16]泰利斯死年七十八歲或九十歲，在第五十八屆奧林匹克賽會時，根據坦納曼，[17]則在第五十九屆奧林匹克賽會的第二年（公元前五四三年），正值畢達哥拉斯來到克羅頓的時候；據說，[18]他是由於在賽會裡因爲又熱又渴，不支而死。

談到他的**哲學**，大家一致公認他是第一個自然哲學家。但是我們關於這一點知道得很少，而我們卻好像知道得很多。因爲對於他的命題本身所能有的進一步的哲學發展和了解，我們知道都是來自後人的東西，卻都被加到他身上了。雖然他的其他許多思想都散失了，但這些散失的也並不是有什麼哲學思辨意義的東西。例如我們便聽到希羅多德說，[19]他

15 第歐根尼．拉爾修，第一卷，第二十七—三十三節。
16 第歐根尼．拉爾修，第一卷，第三十八節。
17 《哲學史》第一卷，第四一四頁。
18 第歐根尼．拉爾修，第一卷，第三十九節。
19 希羅多德，第二卷，第二十節；塞涅卡，《自然問題》，第四卷，第二節；第歐根尼．拉爾修，第一卷，第三十七節。

把尼羅河的氾濫歸之於與河流方向相反的季候風將水吹回的緣故。這樣的思想當然不是哲學的思想。我們從哲學上知道，他的思辨思想能有何等的哲學進展；但是，正如上面所說，這種進展是並不存在的。更進一步的哲學發展，在繼起的哲學家們手裡，造成了一個特殊的時代。這些哲學家正是以具有這種特性而著稱的。因此〔如果他還有另一些思想失傳了，〕[1]也可以說實際上我們並沒有失掉任何〔有思辨價值的〕[2]東西。他的哲學並不表現爲一個已完成的系統，這並不是由於缺少資料，而是因爲最初的哲學還不能有系統。

我們沒有泰利斯本人的著作，也不知道他究竟是否曾經著述過。第歐根尼．拉爾修說他有兩百節關於天文學的詩句和一些零星的格言，例如：「多言並不就表示理智的判斷。」[20]

關於這些古代哲學家，我們必須聽取亞里斯多德的意見，他對他們曾有過最綜合的敘述。他在主要的一段裡說：[21]「在早期的哲學家中，大多數是把一切事物的原則認爲是有物質性的東西（ἐν ὕλης εἴδει）——」（亞里斯多德列舉了四種基本原因：（一）本質和形式；（二）物質或基質；（三）致動因；（四）目的。）[22]「一切事物賴以存在者，一切事物所自

[1] 據英譯本，第一七三頁增補。——譯者

[2] 據英譯本，第一七三頁增補。——譯者

20 第歐根尼．拉爾修，第一卷，第二十三、三十四—三十五節。

21 《形上學》，第一卷，第三章。

22 《形上學》，第一卷，第三章，第三節：顯然我們是應該求得關於根本原因的知識的（因爲只有當我們知道

出的最初根源，一切事物所滅入的最後歸宿，乃是始終如一的本體（ο'σία），它只在它的各種變形中變化；這便是元素，這便是一切存在的原則（ἀρχή）。」那就是絕對的「在先者」（Prius）。「因此他們認爲沒有一個事物發生或消滅，因爲事物總是永遠保持其同一本性的。」譬如，「我們說，當蘇格拉底變成美麗的或文雅的時，他是絕對沒有變化，當他失去這些特性時，他也絕對沒有消滅，因爲這個蘇格拉底的主體總是永遠同一的。其他一切事物亦均與此相同。因爲必須有一個或幾個本體，由其中生成出一切其他事物，而它本身常住不變」；這就是說，它的變化是沒有眞實性的。「對於這樣一個原則的數量和性質（ειδος），各個哲學家的說法並不相同。這種哲學」（即認定一種物質性的東西作爲一切存在的原則和本質的哲學）「的創始人泰利斯說：那原則是水。因此他又宣稱，地球是浮在水上的」；因此，水就是基質，就是根源。按照塞涅卡[23]的解釋，泰利斯似乎認爲水並不純

一個東西的根本原因時，我們才說我們知道它），這些原因可以從四種意義去講。其中有一種我們認爲是本體，亦即本質（因爲「爲什麼」最後是可以歸結爲定義的，最後的「爲什麼」便是一個原因與原則）；另一種是物質或基質，第三種是變化的來源，第四種是與此相反的原因，便是目的與「善」（因爲這是一切產生與變化的目的）。我們現在再來求助於那些在我們以前曾經從事過對「有」的研究並對「眞實」作過哲學討論的人。因爲他們顯然也說過一些原則與原因；把他們的看法檢視一遍，對於我們現在的研究是會有益處的，因爲我們一方面是要找出另一種原因，一方面是要肯定我們現在所持的說法是正確的。

23 《自然問題》，第六卷，第六節：他認爲整個地球由水支持著，浸在水裡。

粹在地球內部，而乃是包圍著地球、無所不在的普遍本質。

詳細去說明這些原則的性質，對我們是沒有興趣的。唯一的興趣就在於追問：說水是原則的這種哲學究竟到了什麼樣的思辨程度。這種說法在我們看來還不是哲學的，而是物理學的；不過這種物質原則卻有哲學的意義。首先我們可以從這裡期待著說明：水是一切的本質，這一命題是怎麼發揮出來的，是怎樣證明的？在什麼方式下，各種特殊形態可以從這個原則裡推演出來？可是關於這一點我們要注意，尤其是對泰利斯，我們除了熟知他把水當作原則、當作一切事物的神這一點以外，是別無所知的；同樣，我們對阿那克西曼德、阿那克西美尼和第歐根尼等，也是除了他們的原則以外一無所知。

對於泰利斯如何恰好得到水為萬物的根本這一結論，亞里斯多德曾提出一個推測：「泰利斯之所以產生這種思想，也許是因為他看到一切的養料都是溼潤的，而溫度本身也由這種（溼潤的）東西生成，生物皆借溼潤以維持其生存。但是為一切事物所從出的那種東西，就是一切事物的原則。因為這個緣故，同時也因為一切種子都具有溼潤的本性，而水又是一切溼潤物的本源，所以他得到了這種思想。」

亞里斯多德繼續寫道：「也有一些人支持古代原始神學化的全部舊說，他們就是這樣的了解自然。他們把奧克安諾（按：是希臘神話中海洋之神）和特提斯（按：是奧克安諾之妻）作成為一切存在之創造者，並且把被詩人稱為斯底克斯（按：是希臘神話中之冥河）的河，作為宣誓時的見證神靈。因為最古老的是最受尊敬的，而宣誓時作見證的神也是最受尊敬的。」人們在這種絕對堅定的神祇面前才宣誓。

（一）**本質是無形式的**。這是關於泰利斯的原則的要點。但必須注意，亞里斯多德用一個「也許」所提到的那個促使泰利斯把水當作一切事物的絕對本質的情況，並未被當作屬於泰利斯本人所持的根據，而這種說法也並不能當作根據；亞里斯多德所曾說明的，也不過如我們所謂「從實際看來」，溼潤性與水的普遍概念相符合罷了。比他**較晚一點的**人，如「**僞普魯塔克**」[24]就**把它當作是泰利斯的根據**，並且**是肯定的而不是**「也許」。提德曼[25]說得很好，普魯塔克是把「也許」省略了。因爲普魯塔克這樣說：「泰利斯揣想，一切事物均由水發生而又復歸於水，一、因爲像一切生物的種子均以溼潤爲其原則一樣，其他一切動物也同樣以溼潤爲其原則；二、因爲一切植物均由水而得其養料，由水而結果實，如果缺乏水，它們就要枯萎；三、因爲甚至太陽與星辰的火，以及世界本身也都是由於水的蒸發而得到滋養的。」亞里斯多德滿足於「至少到處都有溼氣」這種表面的說明。而普魯塔克竟更確定地把它當作根據來引用，肯定水就是事物的單純本質。這樣就要看就事物之爲單純本質而論究竟是不是水了。一、動物；動物是單純的實在物，或者是實際上的本質，未發展的實在性是動物的精液，精液當然具有溼潤的性質。二、說到植物，前面曾提到過植物的養料，水是可以被當作植物的養料的。但是養料之爲事物的本質，乃是一種無形式的本質，要透過個性才得

24《諸哲學案》，第一卷，第三章。

25《思辨哲學的精神》，第一冊，第三十六頁。

到個體化，也就是這樣，植物才獲得它的形式；植物的沒有形式是客觀的，正如動物的沒有形式是主觀的一樣。三、日、月和整個世界像植物的養料一樣，也要透過蒸發才能生成，這的確接近了古人的觀念，古人還不承認日、月已達到這種獨立性和存在，像我們的看法那樣。

客觀本質、「實在」應該提高為自身反映自身的概念，甚至建立為概念（因為任何一個事物的感覺確定性都是在它的個體性中有校準）。因此哲學的開端便在於把世界當作水——一種有單純的普遍性或一般的流動性的東西。在所謂根源裡，具有存在的普遍形式。我們承認水的這種普遍效力，並因而稱之為一種元素，但是當我們發現它是這種有效力的普遍者時，我們也同樣發現這種「實在」並非到處都在，此外尚有他種元素（如土、空氣、火等）。[26]因此，水並沒有感覺的普遍性，卻只有一種思辨的普遍性。然而思辨的普遍性必然要揚棄感覺性而使它自己成為概念。流動性的概念就是生命，思辨的水是按照精神方式建立起來的，不是作為感覺的實在性而揭示出來的。於是就發生了水究竟是感覺的普遍性還是概念的普遍性的爭執。要解決這問題，必須確定自然的本質，亦即把自然認作思想的單純本質。這種單純的本質正好是無形式的本質，這樣的水是普遍（無形式的）概念和它的存在的矛盾。因為水不論如何仍有其確定性或形式；在我們心目中仍浮現著水的觀念。水被規

[26] 據英譯本，第一七七頁增補。——譯者

定爲與土、空氣、火對立，被規定爲沒有形式的、單純的本質，土是沒有連續性的、空氣是一切變化的元素、火則是絕對自身變化的東西。但是水從直覺中消失而變爲概念，也就不再是一個物體；有如我們說氫氣、氧氣時，堅持總有這麼一個事物存在，亦即消滅不了的觀念中的物體性或物質原則。對象是：一、對我們是分離爲二的，二、在其自身是自在的。在形式中，事物不復是作爲感性對象的事物；在這個形式中，如果它不是像現在這樣，只是表面的，它便是概念中的普遍。自然哲學必須放棄這種感性的方式。我們習慣於說物質不是感性事物：物質是存在的，有客觀的存在，但卻是作爲概念而存在；電氣的、磁性的物質便是沒有形象的，與感性物質相反的。

古代的傳統是：一切都從水中產生，水便是誓言，這一句話含有思辨的意義。最好東西是被當作證明的。有一個大家熟知的觀念，認爲諸神都憑著斯堤克斯發誓。誓言是：把確認的事、把我自己所確信的事當作對象說出來。如果有什麼東西不能證明，那就是缺乏客觀的方式，如果我們確信的並不是客觀眞理，那它就對於證明沒有幫助。付錢時確認的便是收條、憑據；行爲要變成對象，在眾目睽睽之下的實踐。然而，如果行爲沒有成爲對象，而只是確認，那就必須發誓，宣稱我所確認的是絕對眞理。客觀方式中的思想的本質，乃是最內在的東西，眞理、實在便是水。意識在對象上有它的眞理，這個對象、眞理便是地下的水；我彷彿把我自己的這個純粹的確認當作對象說了出來，把上帝、純思維當作對象。

泰利斯的簡單命題因此有兩層意義：一、它是哲學，因爲在這個命題裡，感性的水並不是被當作與其他自然元素和自然事物相對待的特殊事物，而是被當作融合和包含一切實際事物在內的思想，因此水被了解為普遍的本質；二、它是自然哲學，因爲這樣「普遍」被認定爲「實在」，因而「絕對」被認定爲思維與存在的統一。

「水是原則」這句話，是泰利斯的全部哲學。它的重要性、思辨性究竟有多大呢？我們必須要能忘掉，我們已經習慣於一個豐富具體的思想世界。在我們這裡小孩聽見說：「有一個上帝，住在天上，是看不見的。」這樣一些範疇在這裡〔按：指泰利斯的時代〕還是不存在的；思想的世界還待建立，純粹的統一還不存在。人面臨著自然：水、空氣、星辰、天宇；人的觀念水準就局限在這裡面。想像之中雖然也有神靈，但是這些神靈的內容也是自然界的：即是太陽、土地、海洋。此外的東西（例如荷馬的那些觀念），也是思想所不能從其中得到滿足的。在這種還沒有意識到理智世界的階段，我們當然必須說，必須具有一種很大的精神勇氣，才能不承認自然界的這種豐滿，而把它們還原到一個長存不變的單純本體。說出這個不生不滅常存不變的本體（連諸神也有神譜，也是活動的、多樣的、變化的）[27]，是勇敢的；這個本體，泰利斯說，就是水。水因爲有中立性，所以被當作「一」提了出來；同時它也有比空氣更強的物質性。

泰利斯說水是「絕對」，或照古希臘人的說法，是「原則」；他這個命題，是哲學命題，哲學是從這個命題開始的，因爲借著這個命題，才意識到「一」是本質、眞實、唯一自

27　按：「諸神也有神譜」意指諸神也有生滅，而常住不變的本體則高於有生滅的神。——譯者

在自爲的存在體。在這裡發生了一種對我們感官知覺的離棄，一種對直接存在者的離棄，一種從這種直接存在的退卻。希臘人曾把太陽、山嶽、河流等等看成獨立的權威，當作神靈崇拜，憑著想像把它們提高到能夠活動、運動，具有意識、意志。這種想法使我們想像到一種僅屬幻想的影像，無限地、普遍地予以生命和形象，卻並無單純的統一性。有了那個命題，這種狂放的、無限紛紜的荷馬式的幻想便安定了，無限多的原則彼此之間的這種衝突，這一切認定某一特殊對象爲自爲地存在的眞實體、爲獨立自爲高於其他一切的力量的種種觀念，都取消了；因此確定了只有一個「普遍」，亦即普遍的自在自爲的存在體，這是單純的沒有幻想的直觀，亦即洞見到只有「一」的那種思想。這個「普遍」立刻與「特殊」、與現象界、與存在界處於直接的關係。

剛才所說過的話，其中所包含的第一種關係就是：特殊的存在沒有獨立性，不是自在自爲的眞實體，而只是一種偶然事物，一種變形。而肯定的關係則是：一切其他事物均由這個「一」產出，因而「一」永遠是一切其他事物的本體，特殊的存在只是由一種偶然的外在的規定而產生；同樣地，一切特殊的存在都是變滅的，就是說，要失去「特殊」的形式而再變成「普遍」，再變成水。以「一」爲眞實，乃是哲學的看法。這就是假定了「絕對」與有限事物的分離，但是這種分離不可認爲是說「一」在天上，有限世界在地上。有如通常對於上帝的看法那樣；因爲在那種看法裡，世界被認爲是固定的，在那種看法裡，人們常常假想有兩重實在，有一個感覺世界，還有一個超感覺的世界，兩者有同樣的地位。哲學的看法是認爲只有「一」才是眞實的實在；並且這裡所謂實在乃是就其較高的意義而言，在日常生活中，我們是把一切都叫做實在的。

第二種關係是：古代哲學家所講的原則首先具有一定的特別是物理性的形式。我們知道，水是一種元素，是萬有中的一個環節、是一種物理上的普遍力量；然而說水也同樣是一種特殊的存在，和其他一切自然物一樣，這卻是另外一回事。我們有這種意識，統一的需要迫使得我們這樣，承認各種特殊事物中有一種普遍性；但是水也同樣是一種特殊事物。這是一個缺點；作爲眞實原則的東西，絕不能有片面的、特殊的形式，而它的特點必須本身是有普遍性的。形式必須是形式的全體；精神原則的活動和高度的自覺，就是形式努力向上，以求達到絕對的形式，這就是精神事物的原則。這是最深刻的原則，因而也就是最後的原則。以上所舉的那些原則都是一些特殊的形態，而這就同時是有缺點的。從「普遍」過渡到「特殊」，乃是一個根本要點，這種過渡進入了活動的範疇；於是就有了對於這個範疇的需要。

（二）如果我們把這種無差別的東西放在第一位，則緊接著的問題，就是關於最初者〔按：即第一原理〕的規定是什麼的問題。「絕對」是一個自身決定者，這已經是比較具體了；其次就只是依據這規定一般地來看一看。

泰利斯的水是沒有形式的。形式是如何建立在水上的呢？據說（據亞里斯多德所說的，但是並非是直接講泰利斯）是由於見到一些特殊形體由水中發生：那種轉變是由於凝聚和稀薄（πυημό τητι ναὶ μανότητι）；[28]說得更好一點就是：由於濃與淡，密度的大或小。更確定地說，稀薄了的水變成空氣，稀薄了的空氣變成火的乙太，凝聚了的水變成泥，然後變成土。這種稀薄了的水或空氣是原來的水的蒸發，乙太是空氣的蒸發，土、泥是水的沉澱。

因此變化有雙重意義：一種是關於存在方面的，另一種是關於概念方面的。古人考察變化的時候，所研究的常常總是存在物裡面的變化，例如便會研究水是否可以透過化學作用如熱、蒸發等而變爲土；有限的化學就局限在這一方面。但是一切古代哲學中所講的則是關於概念方面的變化。這就是說，水並不變成空氣或蒸餾器裡的空間和時間等。而是，在每一種哲學思想中，這種由一個質到另一個質的過渡，亦即這種內在的聯繫，乃是呈現在概念裡的，根據概念，沒有一件東西能夠獨立地存在下去，不依靠別的東西，因爲自然界的生命之所以存在，是由於一件東西必然與別的東西關聯這一事實。我們誠然在習慣上總是以爲，如果把水去掉了，對於動植物當然會是不好的，但是對於

206

28 坦納曼（第一卷，第五十九頁）引證《亞里斯多德論生滅》，第一卷，第一節，那裡既未說到凝聚和稀薄，也未說到泰利斯；他又引證《論天體》第三卷第五章，那裡只說到，那些承認有水或空氣，或一種細於水和粗於水的東西的人，把差別規定爲 μανάης（濃）和 πυινότης（淡）：但是並沒有說到說出這種差別的人是泰利斯。提德曼（第一卷，第三八頁）還引證了另一些證人的話。後來的人才認爲是泰利斯做了這種分別。（李特：伊奧尼亞哲學，第十五頁。）

石頭並無影響；或者以爲說到顏色，把藍色去掉了，至少對於黃色或紅色是無害的。只就經驗中的存在物來說，可以很容易地指出，每一種性質都是獨立存在的，但是在概念裡，各種性質則是互相依存，依靠內在的必然性而存在。我們確實在生物體中也見到這種情形，在生物體中事情是以另一種方式出現的，因爲在那裡概念是進到存在了；例如我們如果把心臟、肺臟去掉，其餘的部分就全都瓦解了。同樣情形，整個自然界只存在於其一切部分的統一中，正如腦子只能存在於與其他器官的統一中一樣。[29]

關於概念方面的變化是單純的二元化，是形式按照其對立的方面而二元化；這些對立的方面在概念中是有其共同的統一的。關於存在方面的變化是感性的變化，不是概念方面的變化；這是概念的二元化表現在意識裡的現象。

在這種自然哲學裡首先是：（一）一般量的差別。這種差別從概念說是沒有物理意義的（沒有在實際中的證實），內在的靈魂經常由這裡面構成一種感性以外的東西；因此也不能說那些質料，亦即那些特質，具有感性的意義。這些差別正應該了解爲概念中的「普遍」。我們應該把這種感覺的同一性加以凝聚和稀薄化，近代人就是這樣實驗的；拉瓦節做過許多試驗，看看是否水中生出土來。氧氣和氮氣是空氣，但是氫氣也是空氣，而我們在空氣中卻

29　這一段是根據英譯本，第一八二頁增補，以補下段文意不足之處。——譯者

找不到它；那是形式、特質的絕對轉變，亦即一種感性以外的東西；感覺的同一性被尋找著。原則也不能說成是感覺事物；如果我說本質是氧氣，我就需要加以證明。

（二）形式的本質是同一存在的量的差別。近代自然哲學裡也是同樣的說法。只是這差別並不是事物本身的差別，絕對的差別，本質的差別，而是說成非本質的，透過另一個東西而建立的。如果一種東西被假定爲無差別的，存在的東西，它便是與另一個東西有了差別：這是表現著量的差別，而非概念自身的內在差別。

水的凝聚和稀薄是造成水的差別的唯一形式。凝聚和稀薄是絕對差別的外在表現；不值得在這上面多費工夫。這種差別沒有更大的意義，是完全不確定的，後面是沒有東西的；這種差別是不重要的。

（三）這樣就說出了形式的兩方面，形式就不是自在自爲的了。形式不可認作本質，而必須認作形式、絕對概念、無限者、形成者、統一；正如現在是過去與未來的單純統一，或思維是單純的形式。關於這一點，在亞里斯多德[30]是這樣的，他說：「根據人們對於泰利斯所講述的話，泰利斯好像是把靈魂當作一種運動的東西，因爲他說到石頭（磁石）時說，它有一個靈魂，因爲它推動著鐵。」第歐根尼．拉爾修[31]更補上琥珀。[32]這一點首先被大大地

30 《論靈魂》，第一卷，第二章、第五章。

31 第一卷，第二十四節。

32 我們知道，泰利斯已經認識了電氣。另一種解釋是：琥珀（Elektrum）通常是一種礦物。阿爾多布朗地尼

歪曲了，他說，「泰利斯也認爲無生命的東西有一個靈魂，」在無生命的東西裡有一個我們稱之爲靈魂的東西。但是問題不在這一點上，而在於他對絕對形式是怎樣想的，他是否說出了這樣一個思想，即絕對本質是單純本質與形式的統一，他是否說出了靈魂的普遍意義。第歐根尼更進而引證了泰利斯這句話：「世界是有生氣的，並且充滿著精靈；」[33]以及普魯塔克的話：[34]「他曾把上帝稱作世界的心靈（νοῦς）。」但是所有的古代人——（特別是亞里斯多德）——都一致把這句話首先歸之於阿那克薩哥拉；他第一個說，萬物的原則是 νοῦς（心靈）。

這些早一點和晚一點的主張，都不能證明可以認爲泰利斯曾經在確定的方式下把形式了解爲「絕對」；相反地，以後哲學發展的歷史與這一點是矛盾的。

我們看到，形式似乎的確被建立在本質上了，但是這種統一並沒有得到進一步的發展。說磁石有靈魂，比起說磁石有吸引力要好一些；力量是一種性質，性質是被認爲一種可以與物質分離的賓詞的，而靈魂則是磁石的這種運動，是與物質的本性同一的。泰利斯的這種觀

（Aldobrandini）（注《哲人言行錄》，第一卷，第二十四節）說，這是一種石頭，與毒物極其敵對，因而一觸毒物，便發出嘶嘶之聲。

33 第一卷，第二十七節。

34 《諸哲學案》，第一卷，第七章。

念、偶然的妙悟孤立在那裡，對他的絕對思想沒有更進一步的密切關係；這種妙悟不願說出進一步的話，它沒有規定出什麼有普遍性的東西。

事實上泰利斯的哲學就包含在這幾個簡單的環節裡：（一）他曾做出這樣一種抽象：把自然概括為單純感性的實體，（二）建立了「根據」這一概念；一方面把它當作感覺的單純物，另一方面又把它當作思維的單純物，原則，他所建立的這個概念，是無限的概念，沒有比較明確的規定。思想的本質被認作實在的本質，被規定為水；而對於水的思想或概念只是量的差別，未涉及對象的概念的差別。

這就是泰利斯這個原則一定的局限性的意義。如果我們找出西塞羅[35]的那句話「米利都人泰利斯……說水是萬物的根源，上帝就是那使一切由水造成的心靈」，對於確定泰利斯的形式，是沒有什麼進一步的幫助的。泰利斯很可能說到過上帝，但是說他把上帝了解為那個使一切由水造成的 νοῦς（心靈），這是西塞羅加上去的。[36]對於那些專門在到處發現上帝創造世界的觀念的人，西塞羅這句話會使得他們很喜悅；而泰利斯究竟算不算是一個承認上帝

35《神性論》，第一章，第十節。提德曼（第一卷，第四十二頁）說，這段話也許錯亂了，例如西塞羅在後面（第十一節）也認為下面這句話是阿那克薩哥拉說的：他認為……萬物根源是……心靈的無限力量。

36 西塞羅曾使得那個伊壁鳩魯學派人「有信心地」這樣說，「只是害怕他會表現出有令人懷疑的地方」。（第八節）這話與以前和以後別的哲學家比起來是很笨拙的；所以這只是一個開玩笑的說法。亞里斯多德對這一點知道得很清楚（我們必須聽從他）（據英譯本，第一八四頁增補——譯者）。

存在的人，這一點卻是爭論很多的。普魯格（Plouquet）、弗拉特（Flatt）主張泰利斯持有神論；也有人主張他是無神論者或多神論者，因爲他曾經說，一切都充滿著精靈。然而泰利斯究竟此外是否還相信上帝，我們在這裡不去管它；這裡的問題不是假定、信仰、民間宗教。要研究的只是：對絕對本質的哲學規定。至於他是否把上帝說成從那種水裡造出萬物的創造者，我們憑著這一點並不能對這個本質有更多的認識；我們對泰利斯將會說許多非哲學的話。這些話將是沒有意義的空話；因此我們只能提出思辨概念的問題。同樣地，世界靈魂這個名詞也是無用的；他還沒有說出世界靈魂的存在。

二、阿那克西曼德

他也是米利都人，並且是泰利斯的朋友。[37]他的父親名叫普拉克夏德。阿那克西曼德的生年不十分確定；他的生年被定爲第四十二屆奧林匹克賽會的第三年（公元前六一〇年），[38]因爲第歐根尼．拉爾修根據一個雅典人阿波羅多洛斯的記載說：「他在第五十八屆奧林匹克賽會的第二年（公元前五四七年）已經有六十四歲，而且以後不久就死了」，那就

37 西塞羅，《學院問題》，第四卷，第三十七節說：「泰利斯……不能使阿那克西曼德信服……一切事物都由水構成。」

38 坦納曼，第一卷，第四一三頁。

是說，他大約死在泰利斯死的時候，泰利斯如果是九十歲死的，那麼就應該比阿那克西曼德大約年長二十八歲。阿那克西曼德據說曾在薩摩斯住在僭主波利克拉底家裡，畢達哥拉斯與阿那克里翁也都聚集在那裡。據說他曾經第一個[39]把他的哲學思想用文字寫下：論自然，論恆星、地球，及其他；他做成了一種像地圖那樣的東西，表達出陸地和海洋的輪廓；他並且做了另一些數學發明，例如他在拉棲代蒙所造的日晷，他便以它作爲儀器，測定了太陽的軌道和晝夜平分點，並且測定了一個天體。[40]

他的哲學思想範圍很小，沒有達到明確的規定。「他以『無限』（無定者）爲原則和元素」；「他既不把『無限』當作空氣，也不當作水、也不當作與此類似的東西。」[41]但是他對這個「無限」所作的規定是很少的：一、「它是一切生與滅的原則；無限個世界（神靈）由它而生，又消滅成爲它。」這種說法，具有十足的東方情調。「他提出理由，認爲原則應規定爲『無限』：因爲『無限』在繼續產生方面絕不會缺乏材料；」[42]「它包含一切於其中，

39 布魯克爾引證狄米斯提厄斯（Themistius）（第一卷，第四七八頁）；但又有另一資料說，比他老的腓力西德斯才是第一個有文字著作的人。

40 第歐根尼·拉爾修，第二卷，第一—二節。

41 第歐根尼·拉爾修，第二卷，第一節。

42 普魯塔克，《諸哲學案》，第一卷，第三章，西塞羅，《論神的性質》，第一卷，第十節。

並且支配著一切，它是神聖的，不死的和不滅的；」[43]二、「阿那克西曼德從『一』中分出一些對立來，這些對立都是包含在『一』中的，」[44]像阿那克薩哥拉所做的那樣：但是很不相同，照阿那克西曼德說，一切雖然都在『一』中，卻是不定的（ἄπειρον）：「它的部分變化著，但是它自身是不變的。」[45]三、他說「它從量上說是無限」，[46]並不是從數上說；由於這一點，阿那克西曼德不同於阿那克薩哥拉、恩培多克勒及其他原子論者，他們認爲「無限」是絕對分離的，而阿那克西曼德則認爲「無限」是絕對連續的。

亞里斯多德[47]在引證中也屢次說到一個原則，這原則既不是水，也不是空氣，而是「比

43 亞里斯多德，《物理學》，第三卷，第四章。

44 同上，第一卷，第四章：「另一批人則認爲對立者包含在『一』裡，透過分離作用而從『一』中湧現出來，例如阿那克西曼德便是如此；凡是認爲本體是『一』和『多』的人，例如恩培多克勒和阿那克薩哥拉，也是這樣；因爲他們也是認爲萬物從『混合』中借分離作用而產生。」《形上學》，第十二卷，第二章：「這就是阿那克薩哥拉的『一』（一切都結合在一起）和恩培多克勒與阿那克西曼德的『混合』。」就是說，一切都是潛在（δυνάμει）於「一」中；亞里斯多德說：「不僅單一的事物可以從『非有』中以偶然的方式產生出來，而且一切事物都是從『有』中產生，不過是以潛在的方式而非以實在的方式。」

45 第歐根尼．拉爾修，第二卷，第一節。

46 辛普利修斯注亞里斯多德物理學，第一卷，第二節，第五頁，b。

47 《形上學》，第一卷，第八章。

空氣濃厚又比水稀薄」的東西。許多人都把這個規定歸之於阿那克西曼德；很可能這是他的規定。

把原則規定爲「無限」，所造成的進步，在於絕對本質不再是一個單純的東西，而是一個否定的東西、普遍性，一種對有限者的否定。無限的「全」比我所說的「原則是『一』或『單純者』」更廣。同時，從物質方面看來，阿那克西曼德取消了水這一元素的個別性。他的客觀原則看來並不是物質的，我們可以把它當作思想看待。不過顯然他所指的不是別的，就是一般的物質，[48]普遍的物質。普魯塔克譴責阿那克西曼德：「他沒有講出他的『無限』是什麼，究竟是空氣，是水，還是土」。因爲只要他的原則是物質的，他就馬上從原則裡去掉了性質了，「物質既不能存在，也不能有現實性」，除非它有一種性質。但是性質正是那種變滅的東西；被規定爲「無限」的物質，就是建立各種確定的性質，並揚棄各種確定的性質的對立的那種運動。眞正的、無限的「有」應當建立在這種運動中，而不應當建立在否定的漫無界限裡。然而這種普遍性、對有限者的否定，只不過是我們的運動。他在把物質描述成「無限」時，似乎並未曾說過這就是物質的無限性。

此外他還說過，相同的是由「無限」中分出來的。因此「無定者」是一個混沌，而在這混沌中，「有定者」——即規定——只是混爲一團。分離的過程是這樣發生的，即：相同的

---

48 斯托拜烏斯（Stobäus），《自然的牧歌》，第十三章，第二九四頁；黑倫（Heeren）本。

結合在一起與不相同的分開。[49]然而這是一些貧乏的規定，只表示需要從無定者過渡到有定者而已；但是這種需要是以不能令人滿足的方式在這裡出現的。

至於進一步的規定，即無限如何在其分離過程中發展出對立，似乎阿那克西曼德也與泰利斯一樣，同持凝聚和稀薄這種量的差別的理論。後來的人們把這種從無限裡分離出來的過程描述成「產生」：阿那克西曼德認爲人類是由魚變成的，[50]從水中產生而到了陸地上。近來發生說又流行了。這種發生是一種時間上的先後連續，是一種單純的公式，人們在採用這種公式的時候，常常以爲自己是在講一種了不起的東西；但是這裡面並沒有必然性，也沒有包含思想，尤其是沒有概念。

但是斯托拜烏斯[51]在後來的記載裡，把熱（形態的分解）和冷的規定也歸之於阿那克西曼德，到亞里斯多德[52]才把它歸之於巴門尼德。歐瑟比[53]曾從普魯塔克一部已佚的著作中，

49 辛普利修斯注亞里斯多德物理學，第六頁，b。「在無限者裡面，相同者與相異者分離開，而與相同者結合；因此，在全體中的金變成金，在全體中的土成爲土，因此一切都已具備於全體『無限者』中，嚴格講來，沒有東西產生」。

50 普魯塔克，《宴會問題》，第八卷，第八節。

51 《自然的牧歌》，第二十四章，第五〇〇頁。

52 《形上學》，第一卷，第五章。

53 《論福音之準備》，第一卷，第八章；布魯克爾，《批判的哲學史》，第一卷，第四八七頁。

盡力輯出了一些關於阿那克西曼德宇宙構成論的材料給我們，這些材料很晦澀，歐瑟比自己也許沒有正確了解。意思大概是這樣的：「從『無限』中分出無限個天體和無限個世界，但是它們自身中卻帶著它們的毀滅，因爲它們只是借著不斷的分離而存在。」因爲「無限」是本質，所以分離就是建立一種差別，也就是建立一種規定或一種有限者。「大地的形式是一個圓柱體，它的高是寬的三分之一。熱與冷這兩個永恆地孕育的原則，在地球產生時分裂了開來；以後一個火球形成了，包圍著圍繞地球的空氣，正如樹皮包圍著樹一樣。當這火球爆裂時，它的破片結成一些圓圈，日、月、星辰就是這樣生成的。」因此阿那克西曼德也把星辰稱爲「輪形的、充滿著火的空氣的包裹物」。[54]

這個宇宙構成論簡直就是地質學上關於地殼爆裂的假設，或者是畢封的太陽爆裂說，畢封倒轉過來由太陽開始，認爲行星都是由太陽迸裂出來的塊片。古人把星辰都放在我們的大氣範圍之內，而我們與之相反，把星辰與地球分開，而且把太陽說成是地球的本質和產生地，因爲古人是反轉過來認爲星辰是從地球發生的。星辰對於我們是靜止的，好像伊壁鳩魯學派所崇奉的神靈一樣，對於我們完全沒有比較密切的關係。在發生的過程裡，太陽誠然下降爲「普遍」，但是在性質上說，它卻是一個較後的東西；地球是總體，而太陽是一個抽象的環節。

54　斯托拜烏斯，《自然的牧歌》，第二十五章，第五一〇頁。

三、阿那克西美尼

剩下的還有阿那克西美尼。他生於第五十五屆和第五十八屆奧林匹克賽會之間（公元前五六〇－前五四八年），也是一個米利都人，是阿那克西曼德的同時代人和朋友。他沒有什麼特出之處，我們對他知道得很少。第歐根尼．拉爾修很不經心而且矛盾地說[55]：「據阿波羅多洛斯說，他生於第六十三屆奧林匹克賽會時，死於薩爾地被征服之年」（於第五十八屆奧林匹克賽會時被居魯士征服）。

「他使用了簡單質樸的伊奥尼亞方言。」

他以一個確定的自然元素（具有一個實在形式的「絕對」），來代替阿那克西曼德的無定的物質；不過不是泰利斯的水，而是空氣。他深知物質必須要有一種感性的存在，而同時空氣卻有一個優點，就是更加不具形式；它比水更加不具形體；我們看不見它，只有在它的運動中我們才感覺到它。「一切均由空氣中產生，一切又都消失於空氣之中。」[56]他也

55　第二卷，第三節。
56　普魯塔克，《諸哲學案》，第一卷，第三章。

規定空氣是無限的。[57]第歐根尼．拉爾修說：「原則是空氣和『無限』」，[58]好像是有兩個原則似的。只有辛普利修斯[59]明白地說：「他認爲根本本質是『一』，是一個無限的自然，正和阿那克西曼德的看法是一樣的，所不同的只是阿那克西曼德的是一個不定的自然，而他的是一個有定的自然，即是空氣」，不過他似乎把空氣理解成一種有靈魂的東西。普魯塔克把阿那克西美尼的想法，即一切事物由空氣產生而又消失於空氣中的想法（這空氣後來的人叫乙太），更進一步規定如下：「正如我們的靈魂——靈魂就是空氣——與我們結合在一起一樣，整個世界也與一種精神（πνεῦμα〔按：即噓氣〕）和空氣結合在一起；精神和空氣是具有同等意義的。」

阿那克西美尼很明白地指出他的本質具有靈魂的性質；他彷彿標誌著自然哲學之過渡到意識哲學，或原始本質之放棄客觀形式。這個原始本質的性質，以前是以一種外在的、與意識相悖的方式加以規定的；一、不論它的實在性是水，還是空氣，二、還是「無限」，都是與意識不相干的東西。但是靈魂（空氣亦然）卻是一種普遍的中介，它是一大堆觀念，是觀

57 西塞羅，《論神的性質》，第一卷，第十節：阿那克西美尼把空氣……規定……爲不可量的、無限的、常在運動中的。

58 οὗτος ἀρχὴν ἀέρα εἶπε καὶ τὸ ἄπειρον——然而可以把 ἀρχὴν καὶ ἄπειρον 連起來當作主詞，把 ἀέρα 當作賓詞。

59 亞里斯多德，《物理學》，第六頁，a。

念的生滅，但是統一性和連續性是不中斷的；靈魂既是主動的，也是被動的，它把觀念從它的統一中彼此分開，加以揚棄，並且在它的無限性裡呈現於自身，這是否定中的肯定意義。說得更確切一點——不只是爲了比較——，原始本質的這種性質，乃是阿那克西美尼的學生阿那克薩哥拉的學說。

我們且放下這些，進而討論畢達哥拉斯。畢達哥拉斯是一個與阿那克西曼德同時的人；但是自然哲學的發展中的聯繫，卻需要把阿那克西曼德與阿那克西美尼放在一起講。

我們見到，他們像亞里斯多德所說的那樣，把原始本質放在一種物質的形式裡：先是空氣和水，然後是（如果阿那克西曼德的物質可以定義成這樣的話）一種比水細而比空氣粗的本質。不久就要講到的赫拉克利特，第一個把原始本質規定爲火；但是，像亞里斯多德[60]所說的那樣，「從來沒有人稱土爲原則，因爲土好像是最粗糙的混合元素」。因爲土看起來很像是許多個別元素的集合體。水則與土相反，是統一體，是透明體；我們很明顯地看得出它表現著統一的形式，空氣、火、物質等也是這個樣子。原則應該是一個，所以必須在自身中具有統一性；如果它像土一樣顯示出多樣性，那就不是自身同一體，而是雜多了。

這便是我們對古代的伊奧尼亞哲學所要說的。[61]這些貧乏的抽象思想的重要性就在於：

---

60 《形上學》，第一卷，第八章。

61 畢達哥拉斯的老師腓力西德斯也應在這裡略提一下。赫爾米亞（Hermias）在他的 *irrisione gentilium* 第十二

一、理解到一切事物中有一個普遍本體；二、這普遍本體是無形的，不帶著感性的觀念。對這一類哲學的缺點，沒有人比亞里斯多德知道得更清楚了。他對於這三種規定「絕對」的方式，提出了兩點批評：[62]「這些把原則規定爲物質的人，是有多方面缺點的。一、他們所指的只是有形體的元素，不是無形體的元素，雖則事實上也有無形體的事物。」在研討自然的時候，要指明自然的本質，研討是需要周詳的，並且所有的方面都必須注意。這是經驗的階段。亞里斯多德認爲無形體的是相反於有形體的另一類事物：那些哲學家的原則只是物質的，「絕對」絕不能這樣片面地加以規定。換句話說：他們沒有把「無形體性」、把對象當成概念建立起來，而把物質性的東西與非物質性的東西對立起來了。物質本身誠然是物質的，是進入意識的一種反映；然而他們並不知道他們所說出來的原則乃是一個意識的本質。所以第一個缺點是：「普遍」被表示在一個特殊形態裡。

亞里斯多德所說的第二點是[63]：「由這一切可以看到，原因（原始本質）只是被他們表

章中（引法布里修引自塞克斯圖斯・恩丕里柯，《皮浪學說概略》，第三卷，第四章，第三十節）說道：「腓力西德斯斷言宙斯或火、土和時間是世界的原則——他認爲火是主動的，土是被動的原則，而時間是萬物所賴以產生的原則。」阿波羅尼亞的第歐根尼、希帕索斯（Hippasus）和阿基勞斯（Archelaus）也都被稱爲伊奧尼亞的哲學家，但我們對於他們除了名字以外別無所知，他們只是附和這一個或那一個原則。

62 《形上學》，第一卷，第八章。

63 《形上學》，第一卷，第三章。

示在物質的形式裡。但是當他們這樣繼續進行時，他們的工作本身就爲他們打開了更遠的道路，使他們不得不往前探索。因爲不管生和滅是從『一』還是從『多』而來的，都會發生這樣的問題：這個東西是怎樣發生的？它的原因是什麼？因爲本體（作爲基礎者）是不能使它自身變化的。」按照變化的原則，人們立即發生了問題。「我說，木頭既不是木頭變化的原因，銅塊也不是銅塊變化的原因，既不是木材做成一張床，也不是銅塊做成一尊雕像，而是有另外一個東西作爲變化的原因。然而去追求這個東西，也就是追求另一個原則，這個原則就是我們將要講的運動的原則。」[64]

亞里斯多德說，從物質自身，從不能推動自身的水，是不能理解這樣的變化的；因此他認爲泰利斯和別人一樣，沒有對絕對的本質作更進一步的規定，因爲他只把它當作水或另一種無形式的原則。亞里斯多德譴責古代哲學家們，說他們沒有探究、沒有揭示這個運動的原則。因爲他們沒有提出推動的原則，並且也完全沒有目的的概念；總之，他們一般地缺乏活動的範疇。亞里斯多德在別的地方說：「當他們從事說明生滅的原因時，他們事實上是取消了運動的原因。他們不把這種單純本質說成是運動的原因。[65]因爲他們把一種單純的物體（土除外）當作原則，他們就不了解物與物之間的相互發生和變化：這裡我是指水、空氣、

64 這個批判現在還是有價值的，因爲現在「絕對」被表象爲唯一固定的本體。

65 阿弗羅狄人亞歷山大對這本書的注。

火（赫拉克利特所說的）、土而言。」他們不知道發生的本性。作爲量的差別的凝聚和稀薄，是重複性的形式，並不是單純性的形式。「這種發生應該認作分或合。」如果是一般地來談發生，我們就進入了這樣一個對立，即是「一個在先，另一個在後」，不過並不是依時間的先後，而是依概念的先後。一個是單純的「普遍」，另一個是「多」，是「個體」；「普遍」下降透過特殊而達到個體。發生的這種性質，是它們所採取的過程，作爲客觀方式的概念的運動，「有」中的運動的發生與本性：個體是在後的，在它自身中回到自身的概念——即「類」。「普遍」是水、空氣、火。火似乎最適合於作這種元素，因爲它最精細。「因此那些把火當作原則的人，最宜於表現這種發生的本性」（認識的、邏各斯的本性，他們是採取這條道路的）；「其餘的人也是這樣想的。因爲若不如此，怎樣會從來沒有人把土當作元素，和普通人的想法一樣呢？海希奧德說，土是最原始的有形體的東西，所以這種想法是非常古老而普遍的。〔但是按生成說出現最後的東西，按性質說卻是最先的〕。」[3]然而他們並沒有把「按生成說較後的」當作「按本性說最先的」。生成這一過程完全支配了他們，以致他們不能再進一步揚棄生成；換句話說，他們不能認識那最初的、形式的「普遍」本身，也不了解那第三者，那作爲本質的總體——物質與形式的統一。

[3] 據英譯本，第一三九頁增補。——譯者

亞里斯多德說，[66]根本原則，他們大都了解爲物質、存在物，近代人則大都了解爲「類」。本質與絕對沒有被了解爲自身規定者；它只是僵死的抽象物。

我們可以追尋出三個環節：一、原始本質是水；二、阿那克西曼德的「無限」，和把運動描述爲簡單地發生和回復到形式的兩個簡單、普遍的方面——凝聚和稀薄；三、與靈魂相似的空氣。

現在需要的是：實在的一方面——在這裡是水——要變成概念；並且「分離」的兩個環節——凝聚和稀薄——，不要在概念上對立起來。這個進到畢達哥拉斯的過渡，就是把實在的一面建立成思想的一面，就是把思想與感性的東西分開，就是思想上的東西與實在的東西的分離。

貳、畢達哥拉斯與畢達哥拉斯學派

關於畢達哥拉斯的生平的那些描述，是被許多後人的虛構歪曲了的。晚期的新畢達哥拉

66《形上學》，第一卷，第六章；第三卷，第三章。

斯學派曾經給他做了許多大部的傳記，特別是關於畢達哥拉斯社團的描述寫得格外詳細。但是我們必須留意，不要把這些描述當作歷史看待。

畢達哥拉斯的生平，首先是憑藉著基督降生後最初幾個世紀的想像方式的記載爲媒介，在歷史中出現在我們面前，多少有點像傳說中的耶穌生平，是在通常現實的基礎上，不是在一個詩的境界裡；畢達哥拉斯的生平表現爲一些離奇古怪的故事的混合物，表現爲東方觀念和西方觀念的混血兒。由於他的天才和他的生活方式，以及他教導給學生們的那種生活方式，是很特異的，所以人們才把他當成一個不做正事的人，一個魔術師，一個與一種道門裡的鬼神往來的人。舉凡對於巫術家的觀念，非自然的東西的雜糅，令人作陰慘之想的神祕事蹟，頭腦紊亂的狂熱，都結合在他身上。

他的哲學也和他的生平歷史一樣被損害了（柏拉圖所受到的待遇便完全不同）；舉凡基督教的悲觀心情和寓言所想出的一切，都與他的生平和哲學結合。把數目當作理念的表現，這種辦法常被他採用；這種看法一方面似有深意，因爲除了直接包含的意義之外，其中還含有另一種意義，這是一望而知的（一就是二，三造成四：（有如歌德的《浮士德》中的）[4]魔女的小九九）；但是其中究竟有好多意義，說出它的人既不知道，試求了解它的人也不知道。思想愈昏亂，顯得愈深奧；主要的是，正好是把那最根本，然而最困難的一

[4] 據英譯本，第一九五頁增補。——譯者

點——即用明確的概念表達——省略掉了。因此，他的哲學，由於是在這樣的描述中流傳而來的，也就只能顯得好像是昏亂淺陋的頭腦所產生的模糊不清的產物。

幸而關於他的哲學，我們從亞里斯多德和塞克斯圖斯．恩丕里柯那裡充分知道其理論的思辨的方面，這兩個人在這上面花了不少工夫。雖然晚期的畢達哥拉斯學派因亞里斯多德的闡述而誹謗亞里斯多德，他是不因這種誹謗而有損分毫的；因此我們根本不必去管它。

後世有大批託名於他的偽書被製造出來。第歐根尼．拉爾修[67]引用了他的許多著作以及一些託名於他藉以取得權威的著作。但是，第一點，我們並沒有畢達哥拉斯的著作；第二點，究竟畢達哥拉斯的著作是否存在過，也是可疑的。我們有從他的著作中引證來的話，一些不完全的殘篇；但是這並不是畢達哥拉斯的，而是畢達哥拉斯學派的。哪些發揮和闡明屬於古人，哪些屬於近人，是不能明確劃分的。在畢達哥拉斯和早期畢達哥拉斯學派方面，各個範疇還沒有像以後那樣得到具體的陳述。

關於畢達哥拉斯的生活情形，[68]根據第歐根尼．拉爾修，[69]他的全盛時期[70]大約是在第

67 第八卷，第六—七節。

68 第歐根尼．拉爾修，第八卷，第一—三節。

69 第八卷，第四十五節。

70 希臘歷史家說明一個哲學家生平時所用的術語，約指四十歲左右。——譯者

六十屆奧林匹克賽會時（公元前五四〇年）。他的生日通常被訂於第四十九或第五十屆奧林匹克賽會時（公元前五八四年），拉爾歇（Larcher）訂得最早，在第四十三屆奧林匹克賽會時（第四十三屆第一年即公元前六〇八年）。[71]因此他是和泰利斯與阿那克西曼德同時的人。如果泰利斯生於第三十八屆奧林匹克賽會時，而畢達哥拉斯生於第四十三屆奧林匹克賽會時，那麼畢達哥拉斯只小二十一歲。他比阿那克西曼德（生於第四十二屆奧林匹克賽會後三年）或許只差兩歲，或許小二十六歲。阿那克西美尼大約比畢達哥拉斯小二十歲至二十五歲。他的母邦是薩摩斯，因此他也是小亞細亞的希臘人，我們迄今把那裡視爲哲學的故鄉。據希羅多德說，[72]畢達哥拉斯是姆訥薩爾科的兒子，札摩爾克錫在薩摩斯曾經做過他的奴隸。札摩爾克錫獲得了自由及財富，做了格登（Geten）的君主，曾經宣稱他和他的部屬是不死的。他建造了一所地下住宅，在那裡躲避臣民的眼睛，四年後重新出現。[73]但是希羅多德以爲，札摩爾克錫多半要比畢達哥拉斯老許多。

他的青年時期在波利克拉底的宮廷裡度過，在波利克拉底的治下，當時薩摩斯不僅在財富上有成就，而且在文化和藝術上有成就；在這個燦爛的時期中擁有一個有一百條船的艦

71　坦納曼，第一卷，第四一三—四一四頁。

72　第四卷，第九十四—九十六章。

73　參閱馬爾庫斯（Malchus），《論畢達哥拉斯的生活》，第十四—十五節，及里特舒斯（Riltershus）的注釋。

隊。[74]他的父親姆訥薩爾科是一個藝術家（石刻家），然而各種說法所述互異，一如關於他的母邦的描述一樣，有認爲他的家庭原來在底侖（Tyrrhen），畢達哥拉斯生後才遷到薩摩斯。無論如何，他的青年時期既在薩摩斯度過，他就是那裡的土著，就是薩摩斯人。

腓力西德斯，一個敘魯人，據說是畢達哥拉斯的老師；這個人並不是生在敘利亞大陸上，而是生在居克拉德群島之一的敘魯島上。傳說他曾從一個泉水中汲水，便知三天之內將有地震；他又預言一隻滿帆的船要沉，那船立刻就沉了。關於這個腓力西德斯，塞奧彭普斯（Theopompus）說，他第一次給希臘人寫下了關於自然和諸神（原文如此）的書。[75]這話以前也曾加在阿那克西曼德身上；這書據說是用散文寫的。從關於這件事的記載看來，這書顯然是一個神譜，開頭的幾句話還保存到現在：「尤比德和時間與大地是同一的；」他也把愛神稱作這個統一的最初推動者。[76]下文如何，我們不得而知，不過沒有多大重要、沒有多大損失。關於他死法如何，有多種說法。有些人說他自殺了，另一些人說他死於蝨病。[77]

畢達哥拉斯早年旅行小亞細亞的大陸，據說他並且在那裡認識了泰利斯。然後他又從那

74 希羅多德，第三卷，第三十九節。

75 第歐根尼．拉爾修，第一卷，第一一六節。

76 第歐根尼．拉爾修，第一卷，第一一九節：宙斯和時間與大地都是不死的。大地當宙斯使它呈現時，便得名爲地。梅納鳩對該書的注。

77 第歐根尼．拉爾修，第一卷，第一一八節。

裡旅行到腓尼基和埃及。[78]小亞細亞的希臘人與這兩個國家有許多商業上和政治上的聯繫，據說他曾經由波利克拉底介紹給阿瑪西斯王。阿瑪西斯曾把許多希臘人引進他的國家；他擁有希臘人的軍隊和殖民地。[79]那些說他還曾旅行到亞細亞內地去見波斯僧侶和印度人的說法，則似乎完全是無稽之談。像現在一樣，旅行是一種教育方法，因爲是抱著科學的目的去旅行，所以據說他幾乎領教了一切希臘人和外邦人的宗教祕法；同樣地，他也加入了埃及祭司的僧團或教派。

我們在希臘人中間所遇見的這些被當作大智慧所寄託的宗教祕法，在他們的宗教中對於宗教的關係，似乎正如宗教中教義對崇拜的關係一樣。崇拜只存在於犧牲獻祭和迎神賽會中。但是要達到宗教觀念，要進而意識到這些觀念，我們知道在獻祭和賽會中是找不到任何契機的。這些觀念是在頌歌中保存而爲傳統。然而教訓本身或現實的說教，則似乎是保存在宗教祕法裡；因此不是像在我們說教時那樣，只求對觀念有所影響，而是要求對身體也有影響，它使得人消失在整個環境裡，因而使得他自以爲他自身離棄了感性意識，他的身體也得到了淨化與聖化。但是關於其中的哲學思想，卻顯然沒有什麼可說的。他們並沒有什麼祕

78 楊布里科斯，《論畢達哥拉斯的生活》，第三章，第十三—十四節。
79 希羅多德，第二卷，第一五四節。

密，[80]像我們所知道的這些共濟會徒一樣，他們在知識上、科學上，其在哲學上，並沒有什麼特出的地方。

畢達哥拉斯與埃及祭司等級的聯繫，曾給予他最重大的影響，這並不是說他從那裡汲取了什麼高深的思辨智慧，而是說他在那裡獲得了實現道德意識、發揮和實現人類道德生活的觀念；[81]實現道德生活，就是他以後所實行的計畫，這個計畫，和他的思辨哲學同樣是一種有趣的現象。祭司們組成一種特殊的階層，受著特殊的訓練，於是將一種獨特的東西作爲規範，透過整體保持道德生活。畢達哥拉斯無疑地從埃及帶回一種教派的觀念，過一種爲求知識修養和道德修養的集體生活，終身進行著這種修養。

當時人們把埃及看成一個有高度文化的國家，這是與希臘對比起來說的。這一點已經表現在等級的區分中；等級的區分建築在人們重要職業部門的分工，技術、科學、宗教等等方面的分工上面。此外人們就不必從埃及去尋找科學知識，也不必相信畢達哥拉斯是從那裡獲得他的科學了。[82]

---

80 神聖的東西就不能講。希羅多德屢次很明白地說，他願意講埃及的神靈和宗教祕法，只要講它們時，還不褻瀆它們的神聖性；此外他還知道許多東西，但是一講它們，它們就不神聖了。

81 個人應當特別注意自己，看看自己在內外兩方面是不是一個有價值的人，是不是一個道德藝術品。

82 參閱亞里斯多德，《形上學》，第一卷，第一章：數學第一次出現在埃及，因爲這個祭司的國度裡有足夠的閒暇。馬爾庫斯，《論畢達哥拉斯的生活》，第六節；楊布里科斯，《論畢達哥拉斯的生活》，第二十九章，第一五八節。

畢達哥拉斯在埃及曾作長期居留；他是從那裡回到薩摩斯的。但是他發現他的母邦內政紊亂，立刻又離開了。波利克拉底曾經——並非以僭主身分[83]——放逐了許多從薩摩斯來的公民，這些公民求助於拉棲代蒙人，並且獲得支持，於是引起了一場內戰。[84]最初斯巴達人給予了他們幫助；於是人們便將廢除獨夫統治和恢復人民政權的功勞歸之於他們。以後他們的行爲適得其反，廢除了民主政治而採納了貴族政治。畢達哥拉斯的家庭也必然牽涉在這種麻煩的關係中；這樣一種內戰的局面對畢達哥拉斯是不利的，他對政治生活不再感興趣，而把政治生活看成對他的計畫不利的場所。他曾遍遊希臘，並且從希臘到了義大利；在義大利的南部，曾由各個民族和由於各種機緣建立了許多希臘殖民地，興起一些從事商業的、有力量的、人民眾多物產豐富的城市。

他定居於克羅頓，進行獨立自爲的活動：他之進行活動，從外在生活看來，既不是作爲一個政治家或戰士，也不是作爲一個政治上的爲民立法者，而是作爲一個以教師爲業的公眾教師，他的學說不僅以說服人爲滿足，而且要安排個人的整個道德生活。他可以被認作第一個民眾教師。據說是他第一個用 φιλόσοφος（愛智者）這個名詞來代替 σοφός（智慧者）；[85]

83　第歐根尼．拉爾修，第三卷，第三節。

84　希羅多德，第三卷，第四十五—四十七節。

85　第歐根尼．拉爾修，第八卷，第八節；《論畢達哥拉斯的生活》，第八章，第四十四節；第十二章，第五十八節。（譯者按：「愛智者」即哲學家，「智慧者」即賢者。）

人們說這是謙虛，好像他的意思只是說，他並不是有了智慧，而只是努力追求智慧，把它當作一個達不到的目標來追求。[86] 然而智慧者同時也就是指一個既實際而又不只是爲己的賢人，要做到這一點並不需要智慧，每一個正直的、有道德的人都是做著適合自己的情況的事；所以愛智者特別和參與實際事務，亦即和參加公共的政治事務，有著相反的意味，愛智慧不同於愛一件從事占有的東西，對於智慧的愛並不是對於可以占有的事物的那種尚未得到滿足的欲望。愛智者的意思就是說：他對智慧的關係是把智慧當作對象；這種關係是反思，而不只是存在，並且他還對智慧從事思想的工作。一個愛酒的人，要與一個喝足了酒的人、一個醉漢區別開來。「愛酒的人」難道只是對酒作無謂的追求？

畢達哥拉斯在義大利的行爲和活動，我們從後來的頌揚者那裡得知的要比從歷史家的敘述裡面得知的爲多。有一部馬爾庫斯（Malchus按：即新柏拉圖學派的波菲利〔Porphyrius〕的敘利亞文名字。——譯者）所寫的畢達哥拉斯的歷史，講了許多奇特的事。引人注意的是新柏拉圖學派的洞見和他們所表現的奇蹟信仰之間的這種對立。

如果說較晚的畢達哥拉斯傳記作者們對前期的畢達哥拉斯已經講了一大堆奇事，那麼他們對他在義大利的奇事蒐羅得更多。他們似乎和以後對待提亞納的阿波羅尼烏斯（Apollonius von Tyane）一樣，努力把他拿來和基督對比。他們所講的關於他的奇蹟，一

86 第歐根尼·拉爾修，第一卷，第十二節。

部分和新約裡的奇蹟同一個味道，看來好像是對新約裡的奇蹟的一個改進；一部分則完全是胡說八道。例如他們便說他在義大利行了一件奇蹟。這件奇蹟的大略是：當他在克羅頓由塔倫丁海灣登陸時，在進城的路上遇到幾個一條魚也沒捕到的漁夫。他叫他們重新撒一次網，預言網裡將會有多少魚。漁夫們對這個預言很驚訝，便答應他如果預言證實了，他要他們做什麼他們便做什麼。預言是證實了，於是畢達哥拉斯便要他們把這些魚趁活著的時候再拋到海裡去；因爲畢達哥拉斯學派是不吃魚的。附帶還有一件事也被當作奇蹟講說著，就是這些魚出水以後，當過數的時候，竟沒有一條死去。[87]

給他作傳記的人們附會在他的生活裡的那些故事，就是這一類不近情理的事。他們認爲他曾經對義大利的人心造成這樣一種普遍的印象，就是所有的城市都改掉了它們放縱和腐敗的風氣，僭主們有一部分自動放棄了他們的權力，有一部分被驅逐了。[88]但是他們在這些敘述中又弄出了這樣一些歷史事實方面的錯誤，例如把生活在畢達哥拉斯以前很久的卡隆達和札留古說成是他的學生；同樣地，又把僭主法拉里（Phalaris）的驅逐和死去歸之於他和他

87　波菲利，《論畢達哥拉斯的生活》，第二十五節。楊布里科斯，《論畢達哥拉斯的生活》，第八章，第三十六節。

88　波菲利，第二十一—二十二節；楊布里科斯，第七章，第三十三—三十四節。

的影響，[89]諸如此類。除了這些寓言之外，還有一件他所做出的大事情是歷史事實，就是他建立了一個學派，或者可以說是建立了一種教派，這個教派對義大利的多數希臘城市有巨大的影響，甚至可以說這些城市是由這個教派來統治的，這種統治保持了很久。

據說他是一個很美的人，並且儀表莊嚴，既令人喜愛，同時又令人敬畏。[90]由於這種天生的威儀、高尚的道德、規矩的儀注，再加上他一些外在的特質，使他成爲一個獨特的，充滿著祕密的人：在衣著方面，他穿著一件白麻布衣服，[91]並且禁忌某些食物。[92]附加在這個外在的個性[93]之上的還有偉大的辯才和深刻的見解，他不僅著手把這些見解傳授給他的個別的朋友們；他還進而對公共的文化做出一種普遍的影響，在見解方面和在整個生活方式和倫理風化方面都發生了影響。他不僅教導他的朋友們，而且把他們結合在一種特殊生活裡，爲

89 楊布里科斯，第三十二章，第二二〇—二二二節。

90 第歐根尼．拉爾修，第八卷，第十一節；《論畢達哥拉斯的生活》，第十八—二十節；《論畢達哥拉斯的生活》，第二章，第九—十節。

91 梅納鳩與卡索邦（Casaubonus）合注《哲人言行錄》，第八卷，第十九節。

92 楊布里科斯，第二十四章，第一〇八—一〇九節。

93 一般的特殊個性，以及外在的服裝之類，在近代不再是如此重要了。人們都聽任一般的習慣（時尚）來規定自己，因爲這澈底是外在的、不相干的，這裡面並無自己的意志；人們對於生活上的偶然細節，總是聽其方便，只是順隨著外表的合理性。如齊一性、共同性。

的是把他們培養成特殊的人、培養成幹才和道德的人。畢達哥拉斯的學說發展成一個包容了全部的生活的**盟會**。畢達哥拉斯本人就是一件製成了的藝術品，一個了不起的陶鑄的天性。

關於他的社團的制度，我們從以後的人，特別是從新柏拉圖學派那裡得到一些記載；他們詳細地記載了這個社團的各項規則。這社團大體說來帶著近代僧團的性質。志願加入的人，要透過文化方面的測驗，並且要受服從的訓練。對他的行爲、他的喜好和職業，都要加以調查。[94]在這個盟會裡，是過著一種完全合乎規律的生活，因此衣服、食品、工作、睡眠、起床等等都有規定；每一個鐘點都有它的工作。

會員必須受一種特殊的教育。對於入會者的教育，是有一種區別的。他們被分爲週邊分子和核心分子。核心分子被教以最高的科學，[95]因爲政治對於這個教團也不是疏遠的，所以他們也作政治活動。[96]週邊分子有五年的修煉。每一個人必須把自己的財產交給教團，但是在退出時即行發還。在這個學習時期，嚴令保持沉默（ἐχεμυθία，制止多言的義務）；[97]這一點，一般地可以說是一切教育的基本條件。人們必須從此著手，才能夠把握別人的思

---

94 楊布里科斯，第十七章，第七十一—七十二節。

95 波菲利，第三十七節；楊布里科斯，第十八章，第八十—八十二節。

96 楊布里科斯，第二十八章，第一五○節。

97 楊布里科斯，第十七章，第七十二—七十四節；第二十章，第九十四—九十五節；第歐根尼．拉爾修，第八卷，第十節。

想；這就是拋棄自己的觀念，一般說來，這也就是學習、研究的前提。人們慣於說，理智是透過問題、辯論和解答等培養起來的；但是事實上這樣做並不能培養好理智，而只是使它表面化。人的內心生活是在教育中擴充、獲得的；透過教育，人才能有涵養，透過沉默，人在思想上、在精神活動上才不致貧乏。更可以說，透過沉默，人才學得理解的能力，才洞察到自己的主觀想法、論辯才智之一無是處；由於洞察這種主觀想法一無是處的洞見的增長，人就棄絕這些主觀想法了。

畢達哥拉斯特別指出：（一）要把預備階段的人與已入門的人區隔開；（二）要保持沉默。這很確定地表明：在他的盟會裡，這兩方面是比較正式的規定；如果沒有一個特殊的法律，大家共同遵守，徒眾們是不會自然地就分爲兩等的，每個個別分子是不會自發地保持沉默的。然而還有一點，把它指出來也是重要的，就是畢達哥拉斯是希臘第一個教師，或第一個在希臘傳授科學學說的人。比他早的泰利斯及其同時人阿那克西曼德，都沒有做科學的講授，而是把自己的思想傳給朋友們。一般說來，在他們那裡科學還不存在，既沒有一種哲學，也沒有數學、法學，任何一種科學都沒有；他們的學說裡，只是一些個別的命題，個別的認識。他們所講的是：使用武器、定理、音樂，荷馬或海希奧德的歌曲的唱法，關於三足几[98]之類的歌或其他藝術；這是以完全另外一種方式教授的。畢達哥拉斯應該看成是第一個

98　希臘巫者高踞在三足几（編按：「三足几」〔Dreifuß〕譯自希臘文「三隻腳」，指「三足祭器」）上說出讖語和預言。——譯者

公共教師。如果像傳說的那樣，畢達哥拉斯把科學學說傳給了一個未受科學教育，但是並不魯鈍，倒是非常敏感，如希臘人這樣有自然素養而且天生善談的民族，那麼，就這種學說的外部情況之應當說明的來說，以下兩點是不可少的：一、他把那些絲毫不知道如何走向一門科學學說的人加以區別，使初學的人區別於已入門而仍須傳授的人。二、他們必須放棄那種談論這類對象（他們的空談）的非科學的方式，而首先接受科學。

但是，這種辦法一方面固然顯得比較形式，另一方面也必須把它弄得比較形式。正是因爲這種辦法不習慣，所以是必要的；因爲畢達哥拉斯的聽眾不僅是一大群人，而且是在一起過共同生活的，團體生活便使一定的形式和紀律成爲必要。

這種集體生活不但有課業的一面，而且還有實踐的人生教育的一面。這種教育並不就是一種技巧，一種技能的訓練，技能只是在人們不自由的客觀生活中有其地位。而在這一方面所表現的，則是道德、行動；凡是與此有關的，就其在這一方面是有意識地思想到的而言，都是形式的。形式的就是普遍的，而普遍的東西對於個體說，是表面的或者正對立的。不過，只是對於那種將普遍與個別加以對比，並對此作有意識的反思的人，才是這樣的；對於過集體生活的人，這種分別是消失了，他們認爲這就是習俗。

關於畢達哥拉斯學派在集體生活中所遵守的生活方式，以及他們的訓練之類，是有足夠而且詳盡的記載的，但是其中有許多被認爲出於後人的想像。首先我們所得到的這一方面的描述，是說他們因穿同樣的衣服——一件白麻布的畢達哥拉斯式服裝——而與眾不同。[99]他們有一種很有定規的日常生活秩序。早上起身之後，就要回憶過去一天的歷史，因爲今天所要做的事情是與昨天所做的事情密切聯繫著的。[100]眞正的教育並不是把注意力貫注在自己身上，作爲個人而從事工作，這是虛榮心；而是忘掉自己，潛心事業、潛心平常，這是忘我精神。他們也要記誦荷馬和海希奧德的詩句。在早上，常常整天工夫也是如此，他們從事音樂，音樂是希臘一般教育的主要對象。角力、賽跑、投擲等等體育運動，也同樣有規律地進行著。[101]他們在一塊吃飯，並且在吃飯的方面他們也有特別的地方；可是在這一方面的說法是不同的。據說蜂蜜和麵包是他們的主食，水是最主要的，甚至是唯一的飲料。他們同樣也必須禁絕肉食，他們禁絕肉食是與相信靈魂輪回聯繫在一起的；就是在蔬菜食料中他們也有所分別，豆類是禁食的。[102]由於他們崇敬豆類，常常被人嘲笑；當後來政治團體被解散時，

99 楊布里科斯，第二十一章，第一〇〇節。

100 楊布里科斯，第二十九章，第一六五節；《哲人言行錄》，第八卷，第二十二節。

101 波菲利，第三十二—三十三節；楊布里科斯，第二十九章，第一六三—一六四節，第二十章，第九十六節，第二十一章，第九十七節。

102 第歐根尼·拉爾修，第八卷，第十九、二十節；波菲利，第三十四節；楊布里科斯，第二十四章，第一〇七節。

許多畢達哥拉斯學派徒眾寧死不讓一塊種豆子的地受到損害。[103]

有兩種情況：（一）當成了義務的頻頻反省自己（已經提到了，這是早課，也是晚課：省察一整天所做的事是對還是不對），[104]由於危險的、無益的張皇失措（對事情本身的冷靜態度是更加必要的）會奪去自由，因此一切與道德有關的事便成爲嚴肅的事；（二）廟宇中的多次聚會、獻祭，一大堆的宗教儀式，過著一種莊嚴的宗教生活。這是屬於整個實踐的方面的。

然而這個教團，這種眞正的道德教育本身，這種人們的交往，存在得並不長久。還在畢達哥拉斯活著的時候，他的盟會的命運應該就已經註定了；這個盟會樹立了一些敵人，他們破壞了它。據說它招人忌妒。它被指控爲「別有用心」（arrière-pensée）；這句話的實質就是說它不是完全屬於本城邦的，還屬於另一個城邦。畢達哥拉斯據說死在第六十九屆奧

234

103 第歐根尼．拉爾修，第八卷，第三十九節。（譯者按：第歐根尼這一段原文作：畢達哥拉斯就是這樣死去的：他和他的徒眾們逗留在米隆〔按：米隆是克羅頓的貴族首領。——譯者〕家裡，那時有一個人因爲這位哲學家沒有收他做學生而心懷忌妒，放火把這所房子燒了。人們往往責備克羅頓人，說他們怕畢達哥拉斯會做他們的城邦的僭主。那時這位哲學家逃跑了，跑到了一塊種著豆子的地附近。他不肯從豆子地裡穿過，宣稱他寧願被殺死也不願把豆子踩在腳下，並且說死掉比說話還要好些。「追他的人們把他和他的絕大多數同伴約四十人全都打死了。」）

104 波菲利，第四十節。

林匹克賽會時（公元前五〇四年）[105]一次人民反對這些貴族的起義的災難中。他的死是不確定的，一說死在克羅頓，一說死在梅大邦，一說死於敘拉古人與阿格里根特人的一次戰爭中，豆子給它帶來了死。[106]此外，畢達哥拉斯學派的團結和成員之間的友誼還維持了一個時候；但是已經沒有盟會的正式組織了。大希臘的歷史一般說來我們知道甚少；但是到了柏拉圖的時代，我們還遇到畢達哥拉斯學派分子居國家的高位，或作爲一個政治勢力出現。[107]

畢達哥拉斯社團，不僅是志願的僧團、講學與教育的機構，而且有長期持續的團體生活，這種分立的團體與希臘的政治公共生活和宗教生活並無聯繫，是不能在希臘人的生活中長期存在的。在埃及、在亞細亞，僧侶之另成集團，影響社會，是很自然的；但是在自由的希臘，則不容許有這種東方式的等級的分立。在希臘，自由是國家生活的原則，然而自由並未被規定爲合法的，私人關係的原則。在我們，個人是自由的，因爲個人在法律面前是平等的；因此，風俗習慣，政治關係，見解是可以存在的，而且必須在各個有機的國家中有所不同。在民主的希臘則相反，風俗習慣，外在的生活方式是保持在相同中的。相同的印記

105 坦納曼，第一卷，第四一四頁。

106 第歐根尼·拉爾修，第八卷，第三十九—四十節；楊布里科斯，第三十五章，第二四八—二六四節；波菲利，第五十四—五十九節。（參看第二五八頁注103——譯者）

107 柏拉圖，《蒂邁歐篇》，史蒂芬奴斯（Stephanus）本，第二十頁（柏克爾〔Bekker〕本，第八頁）。

必須印在這些廣大的階層上。這些畢達哥拉斯學派分子不能參加自由公民的生活，都服從一個特殊組織的計畫、目的〔過一種排斥一切的宗教生活〕，[5]像他們的這種例外情形，在希臘是得不到地位的。這個團體的教育的結合誠然還保持到以後的時代，但是外在的形式必須消滅。

宗教祕法的保存，雖然屬於歐墨爾波斯家族，天生的專門侍奉神靈的家族：但是這個家族並不是一個在政治意義上的固定等級，而是和別人一樣的政治上的人，公民；祭司和女祭司也是一樣，一般講來，那些主持祭祀的人，也就是昔時的酋長、王公、英雄。也不像基督教徒那樣，宗教生活與政治分離隔絕，趨於極端。在沒有畢達哥拉斯的教育時，希臘人不是片面的，而是政治上的人。他們有共同的國家生活。在希臘沒有人能起來標新立異，持一些特殊的原則，以至宗教祕密，在外在的生活方式與服裝上與眾不同；而是有一種公開的結合和特徵存在於原則和生活方式的共同性中。無論是有益於公益的事還是違背公益的事，都要共同、公開的與他們商量。希臘人已經超出了這些細節，如：特別的衣服、固定的盥洗和起身的習慣、音樂的練習、潔淨食物與不潔食物的分別。而在畢達哥拉斯，這樣一種特殊的形式是很自然的，因爲他是希臘破天荒第一次的一個教師，他著重於一個整體，包括整個的人與人生，提出一個新的原則，以教育理智、心情和意志。但是關於生活細節，有一部分是

[5] 據英譯本，第二〇六頁增補。——譯者

特殊的個人的事，是他個人的自由的事，並無共同目的，有一部分乃是一般的共同的風俗習慣，對於每一個人都是一樣的。

畢達哥拉斯的年齡據說是八十歲或一百歲；[108] 關於這一點有許多爭論。

〔一、數的系統〕[6]

對於我們，主要的東西是**畢達哥拉斯哲學**，但這不僅是畢達哥拉斯個人的哲學，而且尤其是畢達哥拉斯學派的哲學。亞里斯多德和塞克斯圖斯都是這樣說。試把歸之於畢達哥拉斯個人的學說和畢達哥拉斯學派的學說拿來比較一下，我們將可看到很多差別和不同之處。人們曾歸罪於柏拉圖，說他弄糟了畢達哥拉斯學說，他的哲學裡吸收了畢達哥拉斯的學說；但是畢達哥拉斯哲學的力量正是在於進一步的發展，它並不能老是保持它原來的狀況。

這裡首先要注意，必須一般地區隔畢達哥拉斯本人的哲學，和他的門徒們進一步所達到的發展。這種工作有一部分是歷史工作。據說有許多他的門徒，如：阿爾克邁翁、菲洛勞斯做出了某個結論。在許多別的敘述中，人們認爲單純的、沒有發展出來的東西是與進一步的發展相對立的，而在進一步的發展中，思想是以有力的、更確定的方式出現。然而對於這種

108 《無名氏論畢達哥拉斯的生平》（福千〔Photium〕編），第二節。

[6] 譯者增補。

分別的歷史考據，我們用不著深究，我們只能一般地來考察畢達哥拉斯哲學。同樣地，顯然屬於新柏拉圖學派和新畢達哥拉斯學派的東西也必須分開；關於這一點，我們有比這一個時期更早的史料來源，我們在亞里斯多德和塞克斯圖斯那裡找到了詳細敘述。

畢達哥拉斯學派的哲學形成了實在論哲學到理智哲學的過渡。伊奧尼亞學派說，本質、原則是一種確定的物質性的東西。隨之而來的規定便是：一、不以自然的形式來了解「絕對」，而把它了解爲一種思想範疇；二、於是現在必須建立起各種範疇，最初者是完全不確定者（ἄπειρον）。畢達哥拉斯學派哲學做了這兩點規定。

因此，畢達哥拉斯學派哲學原始的簡單的命題就是：「數是一切事物的本質，整個有規定的宇宙的組織，就是數以及數的關係的和諧系統。」[109]在這裡，我們首先覺得這樣一些話說得大膽得驚人，它把一般觀念認爲存在或眞實的一切，都一下打倒了，把感性的實體取消了，把它造成了思想的實體。本質被描述成非感性的東西，於是一種與感性、與舊觀念完全不同的東西被提升和說成本體和眞實的存在。

而同時按照思維運動的必然過程，就要問：「什麼是數」這句話應如何了解；也就是說，既把數本身當作概念，又用數來表達它本身和存在的統一的運動。因爲數對於我們並不直接是「一」；而且數在我們看來也不是概念。要理解一個事物的意義並加以證明，就在於

109 亞里斯多德，《形上學》，第一卷，第五章。

理解事物自身的運動；理解並不是從我們主觀目的出發的、在事物外面的偶然運動。

這個原則雖然在我們看來有奇怪和令人惶惑的成分，卻包含著這個意思：數並不單純是感性事物；於是數就立刻帶來了規定，普遍的分別、對立。關於這一點，古人已經充分意識到了。亞里斯多德[110]引證柏拉圖說：「他已經指出，事物的數學性質存在於單純的感性事物與理念之外，存在於兩者之間。它與感性事物有別，因爲它（數）是無限的（一種非感性的東西）和不動的（不變的）。它與理念有別，因爲它包含著多，因而彼此能夠相似；每一個理念（普遍，類）對於自己都只是一」，但是數是可以重複的。因此數不是感性的，但是也還不是思想。

在馬爾庫斯（波菲利的名字）的《畢達哥拉斯傳》中對這一點有更詳細的敘述：[111]「畢達哥拉斯以一種方式來講哲學，以便把思想從它的桎梏中解放出來。沒有思想，就不能認識和知道任何眞實事物。思想在它自身中聽見和看見一切；別的（感覺）是跛而且盲的。畢達哥拉斯用數學觀念來達到他的目的，因爲數學觀念是介於感性事物與思想（普遍，超感覺的

---

110 《形上學》，第一卷，第六章：再者，在感性事物和形式之外，他說還有一些數學的對象，占據一個中介地位：它們與感性事物不同，因爲它們是永恆的、不動的；它們又與形式不同，因爲它們是多數的、相似的，而形式則在任何情形之下都是唯一的。

111 第四十六—四十七節。

存在）之間的中介，是自在自為者的預備形式。」馬爾庫斯更引用一個更早的人（謨德拉特）的一段話：[112]「因為畢達哥拉斯學派不能清楚地透過思想表達『絕對』和第一原則，所以他們求助於數、數學觀念，因為這樣範疇就容易表達了；」例如：用「一」來表達統一，相等，原則，用「二」來表達不相等。「這種憑藉數的講法，因為它是最初的哲學，由於其中捉摸不定的性質，所以已經消滅了。以後柏拉圖、斯珀西波斯、亞里斯多德等人用輕易的手法竊取了畢達哥拉斯學派的果實，」建立便利的範疇、思想範疇來代替數。這一段話裡有對於數的充分了解。

用數來規定，是具有捉摸不定的性質的，這是癥結所在。我們必須區隔：（一）純思想，作為概念的概念；（二）然後是實在性及由概念到實在性的過渡。算術的數一、二、三等是和思想範疇相應的。但數是：（一）一種以「一」為元素和原則的思想。「一」是一個質的存在的範疇，而且是自為存在的範疇，因此是自身同一的，排斥一切其他，自身決定，對其他不相關；至於進一步的規定，則只是「一」的組合與重複，其中「一」的成分永遠是固定的，而且永遠是一個外在的東西。數是最死板的、無思想性的、漠不相干的、無對立的連續性。我們數著一、二，把每個一上加上一，完全是一種外在的，無關緊要的過程（和接合），這過程在什麼地方中斷，是沒有必然性的，並且沒有關聯。因此數不是直接的

112《論畢達哥拉斯的生活》，第四十八節，第五十三節。

概念，而是思想、概念的另一極端，是思想、概念在高度外在性中、在量的方式中、在不相干的區別方式中的表現。「一」是一個普遍的思想，然而是排斥性的，自我外化的思想；因此它包含著：（二）直觀的外在性的範疇，就此而論（有如康德的圖式），它既有思想的原則，也有物質性在其中，具有感性事物的性質。數是固定的，自身外化的；所以一與二、三等一切形式都沾染了這種內在的外在性。它是思想的開端，不過是最壞的方式，它還不是思想、不是自爲的普遍。有概念形式的東西，必須既是直接自在的，而又與其對方相關聯，一個概念必須包含著這種簡單的運動。例如正與反便各自直接聯繫在其對方上面。數不是如此，它是確定的，但是沒有對方，是漠不相關的。在思想、在概念中則相反，其中有不同者的統一、同一，其中獨立者的否定是主要範疇。反之，例如在三中永遠是三個個體，每一個都是獨立的，這就是它的缺點，就是捉摸不定之處，三應該開始意味著一個思想。思想必須自行提高；但在數裡面，許多關係都是可能的，不過完全不確定，依然是任意的、偶然的。

因此畢達哥拉斯學派並不以這種漠不相關的方式來講數，而是把數當作概念。「畢達哥拉斯學派證明，原則必須是一種非物體性的東西。」[113]但是他們把數當成原始本質或絕對概

113　塞克斯圖斯，《皮浪學說概略》，第三卷，第十八章，第一五二節：他們說，可以看見的東西，是由某種元素構成的，這種元素必須是單純的，因而不但是看不見的，而且是非物體性的。《反數學家》，第十卷，第二五〇—二五一節：說整體的原則是可以看見的東西，這話是不合理的。因此他們認爲整體的原則是看不見的。

念。他們如何達到了這一點，從亞里斯多德[114]的敘述中，可以得到詳細的說明：「他們曾經相信，在數中比在火、水、土中見到更多與現象界事物相似之點；因爲公平就是一種一定的數的性質（τοιουδὶ πάθος），亦即一種非物質、非感性的東西，」靈魂、理智以及時間等等也是如此（τοιουδὶ）。因爲他們更在和諧者中見到了數的性質和關係，並且因爲數，即尺度，「乃是一切自然物中的最先者：因此他們把數看成一切事物的元素，把整個天宇當作一個和諧與數。」

這就表明畢達哥拉斯學派要求兩點：（一）數是不變的普遍理念；（二）數是思想範疇。亞里斯多德[115]談到理念時說：「按照赫拉克利特，一切感性事物都在流動，因此不能有一種關於感性事物的科學；基於這種思想，所以就提出了理念。蘇格拉底是第一個用歸納法來規定普遍的人；在他以前，畢達哥拉斯學派只接觸到少數事物，他們將少數事物的概念還原爲數：例如什麼是時間，正義或婚姻。」我們必須知道，我們所須做的，乃是在他們的學說中，認識到理念的跡象，並且要知道他們有什麼進步；在內容本身方面，我們看不出它可以有什麼興趣。

114 《形上學》，第一卷，第五章——亞里斯多德說得比較簡短，關於這一點他在別處已經說到過。（見下二六九頁注118）

115 《形上學》，第十三卷，第四章。

這就是畢達哥拉斯學派哲學的整個一般情況。在表達思想方面，這種原則的缺點已經說得很明顯了。「一」只是完全抽象的「自爲之有」，乃是對於自身的外在性；而其他的數則完全是這個「一」的外在的、機械的拼合。因爲概念的本性是內在的，所以數最不適於表示概念的範疇。說數、空間圖形能夠表達絕對，乃是一種成見。

進一步要講的是數的意義。數和尺度是基本範疇。數本身是事物的本質，並不是說好像一切之中都有數和尺度。如果我們說，一切都有量的規定和質的規定，那麼量和尺度就只是事物的一種性質，一個方面了。這裡的意義是：數本身是事物的本質；它不是形式，而是本體。

我們還要考察範疇、普遍的意義。在畢達哥拉斯的體系中，一部分是數表現爲思想範疇：首先就是統一、對立的範疇，以及這兩個環節統一的範疇；一部分則是畢達哥拉斯學派把數的一般普遍的理想範疇認作原則：「他們認作事物的絕對原則的」，並不是有算術差別的直接的數，而是「數的原則」，亦即數的概念的差別。[116]

第一個範疇是一般的統一，另一個範疇是二元；我們見到對立是出現了。因此應該把（極其重要）形式與有限性的範疇的無限繁多還原成它們的普遍思想，作爲一切範疇的原則（最簡單的範疇）。這並不是事物彼此間的差別，而本身是普遍的本質差別。經驗的對

116 亞里斯多德，《形上學》，第一卷，第五章。

象因其外在形象彼此有別，這張紙與另一張紙有別，在於顏色的差異，人與人的不同，在於氣質、個性的差別。但是這些使它們有別的範疇不是本質的，雖然對它們的一定的特性說是本質的，然而並不是自在自爲的：這整個的一定的特性，墨水瓶，這張紙並不是本質的存在；只有普遍是本質的、自存的、實體的。最先的是普遍的對立，進一步是引申的範疇、變形、不同的形象，本身只是那對立自身的一種凝聚。例如一與多，以及一與多的統一，就是量；量本身是位於一與多之下的，量又有兩種形式：廣度的量和深度的量。光的強度，一方面可以認作照明的深度，但同時也是廣度性的，因爲它使得廣大的面積照亮。

畢達哥拉斯就是從一、多、對立等概念出發。他把這些範疇大都認爲是數；但是畢達哥拉斯學派並未始終保持這個立場，他們給數以更具體的規定：這些規定尤其是晚期的畢達哥拉斯學派所作的。在這裡發展的必然性和證明是找不到的；對於二元之由統一中發展出來的理解是缺少的。普遍的範疇只是以完全獨斷的方式得到和固定下來的；所以都是枯燥的，沒有過程的，不辯證的，靜止的範疇。

（甲）畢達哥拉斯學派說，第一個單純的概念是統一；不是算術的一，不是絕對隔絕的、排斥性的、消極的一：而是有連續性、積極性的一，不是多數的，它只是一。它是整個的普遍本質。他們更說：每一個事物都是一，以及「事物由於分有了一而成爲這個一；」

一個事物的最後本質，或對一個事物的「自爲之有」的純粹考察，就是一。[117]那就是說，就它〔指一〕對一切其他事物來說，它卻不是自在的，而是與他物相關聯的；自在的有剛好只是自身同一的有，換句話說，就是自身同一性本身，就是無形式者。這是一種值得注意的情況。一是枯燥的、抽象的一，事物比一有更多的確定性。那麼，整個抽象的一與事物的具體存在之間彼此的關係是什麼呢？畢達哥拉斯學派用「模仿」（μίμησις）表達了普遍範疇對具體存在的這種關係。我們在這裡所遇到的同一困難，也存在於柏拉圖的理念裡。理念是類，與理念對立的是具體事物；跟著來的次一個範疇，自然就是具體對普遍的關係，這是重要的一點。亞里斯多德[118]把「分有」（μέθεξις）這一名詞歸之於柏拉圖，柏拉圖便是用「分有」「替換了」畢達哥拉斯學派的「模仿這一名詞」。模仿是一個形象化的、幼稚的、粗糙的表達這種關係的名詞；分有當然已經比較確定。但是亞里斯多德說得對，這兩個名詞都是不夠的：柏拉圖在這一點上並沒有進一步的發展，而只是建立了另一個名詞；「這是一句空話。」[119]模仿和分有只不過是同一關係的異名；取一個名字是容易的，了解卻是另一回事。

117 塞克斯圖斯．恩丕里柯，《反數學家》，第十卷，第二六〇—二六一節：一切數都歸屬於一；因爲二是一個二，三也是一個三，連十也是一個最高的數。因此畢達哥拉斯斷言萬有的原則是一，因爲每一個事物之稱爲一，是由於它有了一。

118 《形上學》，第一卷，第六章。

119 《形上學》，第十三卷，第五章。

（乙）其次是對立。一是同一、普遍性；第二個是二元（δυάς）、分別、特殊。這些範疇今天在哲學中還有價值；畢達哥拉斯學派第一個把它們帶到了意識中。畢達哥拉斯學派也不能總是停留在起點上，把一、二、三說成原則；他們必須把它聯繫到進一步的範疇上，進一步的思想範疇上。於是隨著二元便出現了對立。至於這個一對多，或自身同一性對「他在」是什麼樣的關係，可能有各種不同的說法；關於這一點，畢達哥拉斯學派也有過各種不同的表示，即關於這最初的對立所採取的各種形式。二就是一的對立物。亞里斯多德[120]講述過畢達哥拉斯學派對這一與二的對立是如何理解的。數的元素、統一與二元，還不是數。「畢達哥拉斯學派曾說過：數的元素是奇和偶，」對立在算術形式中更多，「奇數是有限的」（或有限的原則）、「偶數是無限的，」思想則是直接數的元素；「所以一本身由奇偶二者而來，而數則由一而來，」例如三就是三個一，三也是一。而一雖是原則，它本身還不是數，亦即不是總數。這完全是對的，因爲屬於數的是：（一）單元；（二）總數；（三）在一中此二者是同一的，因此在一中總數只有一種消極的意義。在這裡，「一就是奇與偶。」因爲他們說：「一加到偶數上便成奇數（1＋2＝3），加到奇數上便成偶數」（3＋1＝4）；它〔指一〕有造成偶數的性質，所以它本身必須是偶數。[121]因此單元本身包含著不同的範

120 《形上學》，第一卷，第五章。

121 士麥那的塞翁（Theon Smyrnaeus），《數學》，第五章，第三十頁；布利亞爾第本：亞里斯多德在他講畢達哥拉斯學派的著作中，指出了爲什麼一兼有奇數和偶數的性質；這就是因爲：一加上偶數便成奇數，加上

疇。無限（不確定）和有限（確定）不是別的，就是單元與一的對立；一是絕對的隔絕，亦即純粹的消極，單元則是自身同一性。

如果我們用第一種方式來追索絕對理念：則對立就是不確定的二元（ἀόριστος δυὰς）。Μονάς 或 ἑνάς 還不表示一之爲一；所以 δυὰς 也還不表示二之爲二。它只是一個二元，由於分有這個二元，一切可以數的數便產生出來。塞克斯圖斯對這一點進一步規定如下：「在自身同一這一意義下的單元（κατ᾽ αὐτότηταἑαυτῆς νοουμένη 自在），就是單元（μονάς）。如果它把自己當作一個不同的東西附加在自己身上（抽象的多），那麼就會變成不確定的二元；因爲確定的或有限的數沒有一個是這種二元，但是一切數要靠分有二元才能被認識，正如我們關於單元所說的那樣。因此有兩個事物的原則，」神靈，「最初的單元，由於分有這個最初的單元，一切數的單元才成爲單元；以及不確定的二元，由於分有這個不確定的二元，一切確定的二元才成爲二元。」這就說明了：（一）二元同樣是本質的一環，或普遍的概念；（二）在對立中，如果用其他的範疇來了解，就可以把單元或二元都了解爲形式和質料，這兩點都出現在畢達哥拉斯學派的學說中。1.單元是自身同一者，無形式

奇數便成偶數。如果它不是兼有這兩種性質，它便做不到這一點；因爲這個道理，所以他們稱一爲「奇偶數」（ἀρτιοπέριττον）。〔參閱亞里士多塞諾斯〔Aristoxenus〕編斯托拜烏斯，《自然的牧歌》，第一卷，第十六頁，更可以說：因爲一（一）是算術的一，奇數，（二）是單元，自同一者，總之是數的原則。〕

者；但是二元是不相等者，分離與形式都屬於二元。關於二元，他們說：一切由於分有二元而被確定，被限制；因此二元是確定者，有限者，是多。然而這個說法又轉入別的敘述中去了。2.如果我們反過來把形式當成單純的，活動是絕對的形式——那麼，一就是形式、活動者、決定者，二元就是多的可能性，未定的多（因此二元是單純的未分別的思想，是質料）；[122]於是二元就進到了最初的單元的地位。這是亞里斯多德說的，他說這個說法屬於柏拉圖。亞里斯多德[123]把這個說法歸之於柏拉圖，說他把二元當作不確定者，把一當作確定者；然而這並不是我們所了解的限度，這裡的意思是指限定者。一於是具有不同的意義：統一性（ἄπειρον）與主觀性。主觀性、個體性的原則，當然要高於不確定者，無限者；相反地，不確定者乃是無規定的，抽象的，主體，νοῦς（心靈）是確定者，形式。因此柏拉圖似乎把無限者、不確定者當作二元；所以二元被畢達哥拉斯學派稱為不確定的二元。

這個對立的進一步的規定，畢達哥拉斯學派是彼此不一致的，它表示出範疇的一個不完滿的開始；然而對立之被認作「絕對」的主要的一環，一般說來，是起源於畢達哥拉斯學派。正如亞里斯多德後來那樣，他們早就建立了一個範疇表（因此有人譴責亞里斯多德從畢

---

122 法布里丘注塞克斯圖斯．恩丕里柯，《皮浪學說概略》，第三卷，第十八章，第一五三節。

123 《形上學》，第一卷，第六章：但是他不把無限當作一，而建立了一個二元，從大和小中引出無限，這是他的特點。

達哥拉斯學派那裡剽竊了他的思想範疇），把抽象的和單純的概念加以進一步規定，雖然是以一種不合適的方式規定的；表象與概念的各種對立的一種混合物，沒有進一步的演繹或運動系統。亞里斯多德[124]把這些規定既歸之於畢達哥拉斯本人，又歸之於阿爾克邁翁，「他還見到過畢達哥拉斯；」所以「或者是他從畢達哥拉斯的門徒們那裡取得了一些規定，或者是他們從他那裡取得了這些規定。」這些對立被定爲十個（十在畢達哥拉斯學派也是重要的數目），一切事物都可還原爲十個對立：

（一）限度與無限
（二）奇與偶
（三）一與多
（四）右與左
（五）男與女
（六）靜與動
（七）直與曲
（八）明與暗
（九）善與惡
（十）正方形與平行四邊形

這是對思辨哲學觀念在其自身中、在概念中作一個進一步發展的嘗試。但是這個嘗試似乎只是止於這種（一）混雜的解答；（二）簡單的列舉，而沒有進一步。首先只要對普遍的思想範疇做了一番蒐集的工作（像亞里斯多德所做的那樣），這是很重要的。這是對於對立的詳細規定的一個粗率的開始，沒有秩序、沒有深義，和印度人對原則和實體所作的列舉

124《形上學》，第一卷，第五章。

近似。

我們在塞克斯圖斯那裡找到了這些範疇的進一步進展。他是針對屬於晚期畢達哥拉斯學派的一個說法而說的。這是對畢達哥拉斯學派範疇的一個很好的、比較高明的說明，比較富於思想性。「畢達哥拉斯學派以各種各樣的方式表示出，那兩個原則就是全體的原則。」[125]就是說，普遍的範疇都應該還原成那兩個用數來表示的單純原則（單元與二元）。這個說法有下列的進程，首先是內容本身，其次是對內容的反思。

第一：「事物有三種方式（基本規定）：第一是按照殊異，第二是按照封立，第三是按照關係。」這已經表示出一種比較高明的反思；這三種形式更有如下的詳細說明。（一）「僅由單純的殊異而被觀察者，即是自爲地被觀察者；這便是主體，每一個都與自身相聯繫：如馬、植物、土、空氣、水、火。這種東西被孤立（ἀπολύτως），不被設想成與他物相聯繫；」這就是同一性，獨立性的範疇。（二）「按照對立，一個東西被規定爲與另一個東西完全相反：例如善與惡、公正與不公正、神聖與不神聖、靜與動等等。（三）按照關係（πρός τί），對象」「是被規定爲」獨立於其對方，同時又與「其對方」發生「關係」，被規定爲相對物；「如右與左，上與下，倍與半。其一只有從另一得到了解，我如果不同時想

125　塞克斯圖斯·恩丕里柯，《反數學家》，第十卷，第二六二節。

到右，就不能想像左」，但是每一個都被認作是各自獨立的。[126]

「關係與對立的分別是：（一）在對立中，其一的發生即另一的消滅，反之亦然。當運動消失時，靜止即產生；當運動產生時，靜止即消滅。如果健康消失了，疾病便產生，反之亦然；」那就是說，如果一個作爲對立面的對立面被取消了，這就意味著建立了它的反面。「在關係中則相反，二方面同時生，同時滅。如果右取消了，左也就取消了」；如果有了其一，也就有了另一。倍與它的半是同時存在的；「倍如果消失了，半亦即消滅。」這裡消失的不僅是對立，而且是存在；然而存在是不分的，無分別的，是元素。（二）「第二種分別是：在對立裡，沒有中介；例如健康與疾病之間，生與死之間，」惡與善之間，「靜與動之間便沒有第三者。在關係中則相反，是有一個中介的：在較大與較小之間便有相等，在太大與太小之間便有足夠（充分）爲中介。」[127]純粹的對立從無進到對立，正對立的兩極端則存在於一個第三者中；純粹的對立在中介裡有它的實在性，統一性，但是這樣就不再是對立了。在這個說明裡表示出注意到了普遍的邏輯範疇，這些範疇現在並且永遠有最高的重要性；而且在一切觀念中，在一切存在者中，它們都是重要的環節。這些對立的本性在這裡雖然尚未加以考察，但是把它帶到意識中來是重要的。

126 塞克斯圖斯·恩丕里柯，《反數學家》，第十卷，第二六三—二六五節。

127 塞克斯圖斯·恩丕里柯，《反數學家》，第十卷，第二六六—二六八節。

第二：「因爲現在這些範疇就是三個類，主體和雙重的對立，所以必須有一個類在每一個對立上面，作爲最先者，因爲類是先於種的；」它是統治的、普遍的。「如果普遍消滅了，那麼種也就消滅了，反之，如果種消滅了，類並不消滅；因爲種依靠類，而類並不依靠種。（一）最高的類」（transcendens）、最普遍者，或「一切被視爲自在自爲地存在者」（主體，特異者）的本質，「畢達哥拉斯學派以之爲一」（τόξν）。眞正說來，這不是別的。只是將概念轉化爲數罷了。（二）「他們說，在對立中的東西，就屬於相等與不相等這一個種。靜是相等，因爲它不能夠多也不能夠少；而動則是不相等。因此順乎本性的東西是自身相等的，一個不能再加強的頂點：違反本性的，則是不相等的；健康是相等的，疾病是不相等的。（三）在無關緊要的關係中的東西，屬於過多與不足，多與少這一個種；」量的差別，而在（二）項中所說的等與不等則是質的差別。128

第三：我們進而討論兩個對立。「這三個類：有爲者的類，在對立中的類，在關係中的類，本身都必須歸屬於」一些更單純的、更高的「類」（思想範疇）。「相等即歸屬於統一的範疇；」主體的類則本身就已經是這個統一的範疇。「但是不相等存在於過多與不足之中，而此二者又歸屬於不確定的二元；」這些便是不確定的對立，一般的對立。首先似乎有兩個原則，統一和二元；而對立，多乃是單純者，純活動，否定或界限乃是單純的。不確定

128 塞克斯圖斯・恩丕里柯，《反數學家》，第十卷，第二七四－二七七節。

的二元是：不固定的對立，一般的純活動。「於是從這一切關係中產生了最初的統一和不確定的二元。」我們發現畢達哥拉斯學派說，這些便是事物的普遍方式。「從這中間首先產生的是數目的一和數目的二；由原始的單元產生一，由單元和不確定的二元產生二；因為一的二倍是二。」因此一、二、三等都被認作從屬的。「這樣便產生了其餘的數，因為單元向前運動，而不確定的二元則產生二。」這個由質的對立到量的對立的過渡是不明顯的。「因此在這些原則之中，單元是活動的原則」——形式，如以上所說（第二四七頁）；「但是二元是被動的質料。這些原則既使二元中產生出數，也就產生了世界系統和世界上的一切。」[129]過渡和運動正是這些範疇的本性。把普遍的思想範疇與一、二、三結合起來，把它們當作從屬的數，並且反過來把普遍的類當作最先者，乃是更高明的反思。

當我略談對這些數的進一步追索以前，必須指出，這些數，像我們見到它們被表象的那樣，乃是純粹概念：統一、二元，以及作為限度的一與不確定的二元之間的對立；普遍性只有與對立發生聯繫才具有本質性，換句話說，具有特殊性的普遍性才是本質性。就數之為數來說，三誠然只是三，但是無論它停留為數的範疇或向前發展為概念，對它都是一樣的。統一和二元本身是一個東西；因為就二元之為二元、為多來說，它是單一的。我們知道有：（一）殊異的或質的對立，將單元（陰陽同體物）分解為二元，統一與純粹多元的對立，亦

---

129 塞克斯圖斯．恩丕里柯，《反數學家》，第十卷，第二七四—二七七節。

即一揚棄其對方而同時在對立中有其本質的絕對的對立；以及（二）量的對立，存在者的無差別性；（三）甲、由量的對立而得到個體的單元，主體，乙、由個體的單元而得到普遍的單元。無差別的事物或自爲地存在的事物的多元，屬於量的差異；它的最純粹的特性或確定的本質是數。無機物的基本特性是比重；植物、動物由數而有單純的特性。絕對單純的本質分裂爲單元與多元，分裂爲殊異的對立，這種對立是同時存在的，因爲純粹的殊異是消極性的；而絕對單純本質之回復到自身，也同樣是消極的統一，個別的主體和普遍者或積極者兩者的統一。

事實上這就是絕對本質的純粹思辨理念，這就是純粹思辨理念的運動；這也就是柏拉圖所謂理念。思辨的理念在這裡作爲思辨的理念出現了。不認識思辨理念的人，不會明白用這種單純的概念作爲記號就可以表達絕對本質。一、多、相等、不相等，多、少都是瑣碎的、空洞的、枯燥的環節。說這些環節所組成的關係中就包含了絕對本質、就包含了自然世界與精神世界的豐富內容和組織：這在習慣於表象而不能從感性事物回歸到思想中去的人看來，是不可能的。這樣的人看不出，用這些環節就能表達出思辨意義的上帝，在這些平凡的文字中就能表達出最莊嚴的東西、在這些熟知的平淡無奇的文字中就能表達出最深刻的東西，在這些貧乏的抽象概念中就能表達出最豐富的東西。

與普遍的實在（一般說來即是類）、與全部實在的普遍概念相對立的，首先就是單純本質的分裂、構成和多元化，它的對立和對立的持續，就是量的差別。因此這個理念在其自身中便具有實在性；它是實在的本質的、單純的概念，是提高到思想，但不是逃避實在事物，而是在本質上表示出實在事物的本身。我們在這裡發現了理性，它表示出了它的本質；絕對的實在直接就是統一自身。

關於這種實在，特出的一點是：沒有思辨思想的人們感到各式各樣的困難；換句話說：這種實在對平凡的實在的關係是什麼呢？這種情況，和柏拉圖的理念的情況相似，柏拉圖的理念是很接近這些數或純粹概念的。隨之而來的問題就是：「數在什麼地方？它們是否離開空間居留在理念之天上？它們並不直接就是事物本身；因爲一個事物，一個實體還是一個異於數的東西，一個物體是與數毫無相似之處的。」（一）畢達哥拉斯學派所了解的數根本不是我們所了解的原型，[130]好像事物的理念、法則與關係存在於一個創造的理智中，作爲一個意識體的思想，神聖理智中的理念，與事物分離，猶如一個藝術家的思想與他們的作品分離一樣。（二）他們所了解的數，更不是指我們意識中的思想，因爲我們把絕對對立的概念當作說明事物性質的根據，數在我們的思想中只是主觀的東西：然而他們卻把數規定爲存在事物的眞正本體，因此每一個事物之所以是最近的、最好的存在物，本質上只是由於它的存在（一）是一，（二）它裡面具有單元與二元及兩者的對立與聯繫；因此每一個事物之所以是如此，正是由於它的存在是數的關係所構成。

130　亞里斯多德反對那些把理念說成原型的人，說得很好（《形上學》，第一卷，第九章）：說理念是原型，並且說事物分有理念，乃是說空話和用詩意的比喻。

這一點亞里斯多德[131]說得很明白，「畢達哥拉斯學派的特點，就在於認爲有限和無限以及一不是另外的自然體，像火之類，一切事物都由這些自然體中出現、產生，而又回到其中，」——他們並沒有給予這些自然體以一種獨立於事物之外的實在性，「而是把無限和一之類的東西看成事物本身的本體，由無限和一等數來說明事物；數就是一切的本質。」……「他們並不把數從事物中分離出來；他們卻把數當成事物本身。」[132]……「數是事物的原則（ἀρχή）與原料（ὕλη），也是事物的性質與力量，」[133]——因此它是作爲本體的思想，或具有思想本質的事物。

後來這些抽象的範疇透過宗教觀念（算術式的神學觀念）比較具體地被規定了，特別是由後來的人，楊布里科斯、波菲利、尼各馬可在其對於上帝的思辨中加以規定。他們企圖提高民族宗教的特性，因爲他們把這些思想範疇放了進去。他們所了解的單元就是上帝，他們把單元稱作上帝、精神、陰陽同體物（本身包含兩個範疇，如奇與偶），也稱作本體、也稱作理性、混沌（因爲它是不確定的）、塔耳塔羅斯（Tartarus）、尤比德（Jupiter，太陽

131 《形上學》，第一卷，第五章。
132 《形上學》，第一卷，第六章。
133 《形上學》，第一卷，第五章。

神）、形式。他們也把二元稱爲：質料、不相等的原則、衝突、生殖者、伊西斯（Isis）[134]等等。

（丙）於是三元特別成了一個很重要的數。在三元這個數中，單元達到了實在與圓滿。單元透過二元向前進展，更在統一中與這個不確定的多相結合，就成爲三元。一元與多元以最壞的方式在三元裡面作爲外在的結合而存在著。在這裡三元雖然被如此抽象地加以處理，究竟還是一個最高的重要範疇。因而一般說來，三被認爲是第一個圓滿者。亞里斯多德論到三元時說：[135]「有形體的東西離開了三就沒有體積了」——（也就是三度，有質的必然性的體積，體積是由三度空間決定的）；「因此畢達哥拉斯學派更說，一切的一切都是由三元決定的」（這就是說，它有絕對的形式）。「因爲全體的數有終點、中點和起點；這個數就是三元。」把一切都放在三之下，是淺薄的，正如近代自然哲學中的圖式一樣。「因此我們也從自然中採取這個法則（規定），把它應用在對神靈的崇拜中，」在對神靈的呼喚中；所以我們才相信，當我們在禱告中三呼神靈時，神聖的三次——便把神靈完全感動了。「我們稱二爲『雙』而不爲『全』；說到三我們才說全。三所規定是全體」（或全 πᾶν）。這才是全體性。三分的東西，是圓滿地劃分的東西，「在一裡面只是有一些」（抽象的同一），「在二中只是有另一個」（只是對立），「但是三是全體。」換句話說，三元是圓滿

134 伊西斯是埃及的女神之一，即月神，希臘人，特別羅馬人亦多信奉此神。——譯者

135 《論天體》，第一卷，第一章。

的、是持續的、自身同一的；可分爲不相等的，其中包含有對立；並且有對立的統一，有這個區別的總體；一般的數都是如此，不過在三元中，這些特性是現實的。三是深刻的形式。

現在可以了解，爲什麼基督教徒曾經在這個三元中尋找而且找到了他們的三位一體。人們很膚淺地有時極不滿意三位一體，好像三位一體超越了理性，是一個祕密似的，而有時又把它看得太高，像古人所做的那樣，有時又看得一文不值，由於某種理由總不願使它接近理性。如果三位一體是有某種意義的，那麼我們就必須了解它。如果二千年來基督教徒所認爲最神聖的觀念是空洞無意義的，如果這觀念是太神聖了，以致不能把它拉下（到理性範圍），[7]或者它早已經完全被拋棄了，因而要在其中尋找一個意義是違背好的生活方式的，那麼，事情是很糟糕的。我們所能講的，也只是這個三元的概念，而不是關於聖父聖子等觀念；這種自然的關係，我們是並不涉及的。

這種三元是什麼，亞里斯多德說得非常確定；凡是圓滿的，或具有實在性的，都是在三元中：開始、中間和終了。開始是單純者；中間是它的變易（二元、對立）；統一（精神）是終了：終了是從開始的對方回到統一。每一事物都是：（一）有，單純者；（二）殊異性，雜多性；（三）二者的統一，在它的對方中的統一。如果我們從它拿掉這個統一，我們便毀滅了它，把它弄成一個思想物，一個抽象的東西。

[7] 據英譯本，第二三二頁增補。——譯者

（丁）隨著三而來的是四。因此四在畢達哥拉斯學派的學說中是有很高的位分，因爲它是三，然而是更加發展的方式下的三。認爲四具有這種完滿性，一般說來，是很淺薄的，它在這裡令人想到四種元素，化學元素，四個方位（自然中存在著四，四彌漫一切）；四就是在現在〔的自然哲學中〕[8]也是同樣被重視的。四之爲數，乃是二的完成、乃是回到自身的統一、乃是二、對立的產物。二或對立自乘起來，回到自身同一性就是四。二只需要進展到使自身得到規定，使自己與自己相等（即自乘），把自己放到統一中，就是四，四就是二的平方。至於四對三的關係，是四包含在三中，三是（一）統一；（二）統一的對方；和（三）這兩者的統一。殊異者、否定者、點、界限只算是一的環節；而它的實在性則是二，規定了的差異便是二，一個重複。第三者是單元與兩個相異者的統一；如果我們數一數這個，那就已經是四了，因此四隨著三。

四是更確定地被了解爲四元（Tetraktys），活躍的、活動的四（由 τέτρα 和 ἄγω 二字合成）；以後在晚期畢達哥拉斯學派的學說中四成爲最著名的數。恩培多克勒原來是畢達哥拉斯學派，他的一首詩的殘篇中說明了這個四元被看得多麼高：136

[8] 據英譯本，第二二三頁增補。——譯者

136 《格言詩人集》，第一卷，畢達哥拉斯學派金言，格蘭道夫編：殘篇一，第四十五—四十八行；塞克斯圖斯·恩丕里柯，《反數學家》，第四卷，第二節，及法布里丘對這本書的注。

……「如果你這樣做了，
便會引你走上神聖德行的道路；
他[137]把四元給予了我們的精神：我們憑著他起誓，
四元本身中有永恆自然的泉源和根蒂。」

（戊）畢達哥拉斯學派由此便進到十、進到四的另一形式。正如四是三的完滿形式一樣，這個四元更是完滿的、發展的，四元的一切環節都被認作實在的區別，每一個環節被認作一個完整的數（以前每一個環節都只是一個）——十乃是實在的四。「四元叫做完滿的數，由於其中包含著最初的四個數：1 + 2 + 3 + 4 = 10。」這些範疇是從實在性中取得的，但是實在性在這裡卻只是數的外在的、表面的實在性，並不是概念。在四中只有四個單元；不把四當作四個一，〔而當作四個完整的數〕，[9]乃是一個偉大的思想。「因爲十之爲數又是最完滿的數。」四元是就其爲理念而言，並不是就其爲數而言。「當我們進到了十的時候，我們便又把它看成單元，並且重新開始。四元，據說本身之中是具有永恆自然的根源

137 指畢達哥拉斯。

[9] 據英譯本，第二二五頁增補。——譯者

與根蒂的，因爲它是宇宙、精神界與物體界的道（Logos）。」[138]一個較晚的哲學家普羅克洛在一首畢達哥拉斯贊詩裡面說：「神聖的數前進著」，

「直到從單元的不可褻瀆的神聖性中
進到神聖的四，它產生了萬物之母，
它懷抱了一切，乃是一切的永恆界限，
它並不轉動，並不疲倦，人們稱它爲神聖的十。」[139]

他們關於數的進一步進展的討論是不能令人滿意的。從其餘的數中所找到的東西，是更不確定的，而且在這些數中是沒有概念的。在數中，一直到五，還能是一種思想，但是從六起，就純然是任意的規定了。

138 塞克斯圖斯．恩丕里柯，《反數學家》，第四卷，第三節；第七卷，第九十四—九十五節。
139 法布里丘注塞克斯圖斯．恩丕里柯，《反數學家》，第四卷，第三節。

〔二、數之應用於宇宙〕[10]

然而這個單純的理念及其中的單純實在性是需要進一步加以發展的，這樣才能達到更加結合、更加發展的實在性。畢達哥拉斯學派在這種情形之下，是怎樣從抽象的邏輯範疇過渡到表明數的具體應用的形式的呢？具體對象的規定，透過畢達哥拉斯學派所作成的數，對於空間性的事物和音樂性的事物還有更密切的聯繫；但是對於自然界和精神界的具體對象，數卻成了一種純粹形式的空洞的東西。

（甲）關於畢達哥拉斯學派如何「從數中建立宇宙機體」，[140]塞克斯圖斯給我們舉了一個空間關係方面的例子，當然在這裡必須與這些理想的原則相合。因爲抽象的空間範疇是容易得到的；數事實上就是完滿的空間範疇。如果我們在空間方面從點、從對於虛空的第一個否定開始：那麼「點就與一相應；點是一個不可分的東西，是線的原則，正如一是數的原則一樣」。由於點就是單元，所以線就表示二元；因爲二者均借過渡而得到理解，線是兩點之間的純粹關係，是沒有寬度的。面是由三元而來的；而立體圖形、體則屬於四元，其中包含了三度空間。另一些人說，體由一個點（就是說，它的本質是一個點）而成立；「因爲點動

[10] 譯者增補。

140《反數學家》，第十卷，第二七七—二八三節。

成線，而線動則成面，面動則成體。這些人不同於前面那些人的地方是：前面那些人以爲首先從單元和不確定的二元中產生數，然後從數中產生點、線、面和體。而這一些人則從一個點建立其餘的一切。」一種人認爲區別是固定的對立、固定的形式，是二元；另一種人則把形式當作活動看。「因此有形事物是在數的指導之下形成的，而確定的形體，水、空氣、火，總之整個宇宙都由數形成，關於宇宙，他們說是按照和諧而形成，按照一種和諧，這和諧又只存在於數的關係中，數的關係構成絕對和諧的各種不同的和音」。

關於這一點我們必須注意，從點進展到實際空間（實在的空間，因爲線、面都只是環節，抽象物）同時有充實空間的意義。因爲一是本質、本體、質料。[141]只是有空間與充實的空間的區別。構造過程是簡單地進行的；它是運動或關係。線的概念是純粹的點的關係；點是純粹的一，作爲純粹活動、純粹關係的一就是線。面也是一樣，面就是線的關係，自乘、產生、活動、連續性、普遍性；有形的空間亦復如是。它多半採取事變的形式，而發展就是採取運動或外在構造的形式。但是這樣進行得還很好；相反地，由一般的充實空間過渡到確定：水、土等，情形就不同，就比較困難了。或者也可以說畢達哥拉斯學派並未作這種過渡，而是在他們看來，宇宙本身就具有這種思辨的單純形式：亦即被表現爲一個數的關係

141 亞里斯多德，《形上學》，第一卷，第八章：按照他們的基本信條和學說看來，他們說到感官可見的物體和說到數學的對象時並沒有什麼區別。

的系統。但是這樣物理性的東西還是沒有規定出來。

（乙）作為本質的數的範疇的另一種應用或表示，便是音樂關係，在音樂關係中，數主要地構成了決定性的成分。在音樂中，音調的差別表現為不同的數的關係；數的關係是唯一規定音樂的方式。音調之間的相互關係，是建立在量的不同上，量的不同可以造成和諧，反之也可以造成種種不和諧。因此畢達哥拉斯學派把音樂當作教化精神的、教育性的東西。[142] 畢達哥拉斯是第一個洞察到音樂關係的人，他洞察到這些可以聽見的差別是可以用數學來說明的，洞察到我們對於協調和不協調的聽覺乃是一個數學的比較。那主觀的、在聽覺中的簡單的感覺，本身卻是在關係中的東西，畢達哥拉斯把它劃歸理智的範圍，並且憑藉確定的範疇加以理智的說明。和諧的基本音調的發現，是屬於他的，這些音調是建立在最簡單的數的關係上。據說[143]畢達哥拉斯走過一個鐵匠的工廠，打鐵時所發出的一種特別的和聲引起了他的注意。於是他比較了發出一個一定諧音的鎚子的重量，從而用數學確定了音調的關係；最後應用這個關係，在弦上做了試驗。這個試驗向他提供了以下的關係：八度音程、五度音程、四度音程。我們都知道，一根弦（或與此相似的東西，管樂器中一根管中的氣柱）的音調為三種情況所決定：它的長度、直徑與緊張的程度。如果現在有兩根同樣粗、同樣長的

142　波菲利，第三十節。
143　楊布里科斯，第二十六章，第一一五節。

弦，則緊張程度的不同便產生音調的不同。所以我們只比較它的緊張程度；緊張程度可以由一個重量去測量，把一個重量掛在弦上，弦便緊張起來了。畢達哥拉斯發現，如果一根弦負有十二磅的重量，另一根負有六磅的重量，（λόγος διπλάσιοδ，1：2），便發出八音度的（διὰ πασῶν）音樂諧音來，8：12或2：3的比例，發出五音度的（διὰ πέντε）諧音；9：12或3：4的比例（λόγος ἐπίτριτος），發出四音度（διὰ τεσσαρῶν）。[144]在相等的時間內，振動數目的不同決定著音調的高低；這個數目是與重量成比例的，如果弦的直徑與長度不變的話。在第一種比例中，更緊張的那根弦振數比另一根弦大一倍；在第二種比例中，更緊張的一根當另一根振動二次時振動三次，依此類推。這裡數就是決定差異的眞實因素。音調只是一種振動、運動。誠然也有質的差別；但是一種樂器的各個音調彼此之間的眞正的音樂關係——和諧便建立在這上面——乃是一種數的關係。音調只不過是一個物體的振動，一個透過空間與時間的規定；因爲除了數——一堆在時間中的振動——以外，不能有決定音調的差別的其他東西。可以借數來作恰當規定的，無非音樂了。

從這裡開始，畢達哥拉斯學派便對音樂理論進行進一步的陳述，我不跟著他們講了。在數目關係中進展的先天規律和運動的必然性，是完全曖昧不明的東西，頭腦不清的人會在其

144 塞克斯圖斯．恩丕里柯，《皮浪學說概略》，第三卷，十八，第一五五節；《反數學家》，第四卷，第六—七節；第七卷，第九十五—九十七節；第十卷，第二八三節。

中弄得顛顛倒倒，因爲處處都表現著對概念的暗示，與表面的彼此諧和，但是隨即又歸消失。

說到作爲數的系統的宇宙的進一步發展，晚期畢達哥拉斯學派思想的混亂與模糊就充分表現出來了。他們費了說不出的氣力，用數的系統來表達哲學思想，並且去了解他們用來表達的那些觀念的意義，這些觀念是他們從別人那裡找到的，並且賦予以一切可能的意義；如果拋棄了概念的話，數就成爲種種無聊膚淺的關係。但是關於這一方面我們從早期畢達哥拉斯學派那裡只知道一些主要的環節。柏拉圖給我們做了一個以宇宙爲數的系統這種觀念的試驗；但是西塞羅和古人們總是把這些數稱作柏拉圖的數，好像這些數不屬於畢達哥拉斯學派似的。關於這一點以後還要講到的。數在西塞羅的時代已經成爲諺語，成爲模糊不清的東西了；其中只有少數是古老的成分。

（丙）畢達哥拉斯學派更用數建立了可見宇宙的各個天體。如果進一步應該過渡到更具體的東西上去的話，那麼便立即可以看出數的範疇的貧乏與抽象。亞里斯多德說：[145]「由於他們把數規定爲整個自然界的原則：所以他們把天和整個自然界的一切範疇和部分都放在數以及數的關係之下。如果有些地方有不完全相合之處，他們便」以另一種方式「來彌補這些缺點，好造出一種一貫性。例如因爲他們認爲十是完滿的，包括整個數的本性：於是他們說，在天上運行的星球也是十個；然而他們只有九個可以看見，所以就捏造出一個

145《形上學》，第一卷，第五章。

第十個，即『對地』（τήν αντίχθονα）。」這九個星球是：當時已知的五（七）個行星，(1)水星，(2)金星，(3)火星，(4)木星，(5)土星，以及(6)太陽，(7)月亮，(8)地球，與(9)銀河（恆星）。因此第十個是「對地」，至於「對地」，還不能決定他們究竟把它想成地球的反面，還是想成完全另外一個地球。

關於這些天體的更詳盡的物理的規定，亞里斯多德敘述道：[146]「畢達哥拉斯學派把火放在當中，而把地球當作一個環繞這個中心體旋轉的星；」因此地球是一個星球，並且是符合十數——圓形的對——的形體中之最圓滿者。「並且他們安置了另一個地球與它相對。」這是合乎我們的觀念的。這種說法有某種與我們的太陽系相似的地方，不過他們並不把太陽當作那個火。亞里斯多德說：因此「他們在這一方面是不依靠感覺現象而依靠根據的；」正如我們按照根據反對感覺現象一樣。這一點也是我們用來說明物自身異於其現象的第一個例子。「這個在當中的火，他們稱爲宙斯的衛士。」……「這十個星球和一切運動體一樣，造成一種聲音，而每一個星球各按其大小與速度的不同，發出一種不同的音調。這是由不同的距離決定的，這些距離按照音樂上的音程，彼此之間有一種和諧的關係；由於這和諧關係，便產生運動著的各個星球（世界）的和諧的聲音（音樂），」一個和諧的世界合唱。[147]

146 《論天體》，第二卷，第十三章。
147 《論天體》，第二卷，第九章。

我們必須承認這種思想的莊嚴，一種有必然性的思想。其內容便是：天上的星球系統是一個這樣的系統，其中一切均爲數的關係所規定，這些數的關係本身具有必然性，也必須了解爲必然性，它也是一個關係的系統，這個系統必須構成聽得見的東西、音樂的基礎與本質。這裡所了解的是一種世界構造系統——太陽系——的思想；只有這個思想對我們說是合理的，相反地，其他的星辰並無位分。說星球唱歌，把這些運動看作音調，在我們看來，理解這一點，正有如理解太陽靜止地球運動是一樣的——這是與感官的報告相反的；我們聽不見星球唱歌，而我們也看不見地球運動。在空間裡設想一種普遍的沉寂，是很容易的，直接的反駁是：因爲我們聽不見這個合唱；而舉出理由來說明何以我們聽不見這個音樂是很難的。他們說：「我們聽不見這個音樂，因爲我們本身生活在其中，」因爲它屬於我們的本體，與我們同一，「而不是與我們處於相反地位的別的東西；」因爲我們是完全包括在這個運動之內。這個運動變得沒有聲音，因爲[148]天體間的關係並不像物體間彼此間的關係一樣，因爲純粹的空間和時間（運動的環節）在有靈魂的物體中才發出獨特的、並非彈奏出來的嗓聲，而運動在特殊的動物中才達到這種固定的、特有的個體性；聲音則需要有一種物體的外部接觸，彈奏（摩擦），而一種暫時的個體性，即特殊性的否定，亦即否定眞正的個體性的彈性，也同樣發出聲音：但是天體卻是彼此獨立的，只有著一種一般的、非個體的、自由的運動。

148 見同上（第二卷，第九章）亞里斯多德所提出的理由。

我們可以把聲音拋開，星球的音樂是一個偉大的幻想的觀念，對於我們並無眞正的興趣。但是把理念、運動說成尺度，說成數和數的關係的必然系統，則是必要的。因爲差別、關係在這裡只被規定爲數、量，這是存在的方式；因爲範疇是在時間與空間的這種理想成分之中。這個思想就是認爲：範疇是存在於必然的關係中，而這些關係是和諧的、是合理的；但是一直到現在並無更進一步的發展。我們在某一方面是比畢達哥拉斯進了一步。我們由開普勒知道偏心率等於距離與周行時間的比這一定律；但是藉以規定距離的和諧，全部數學還不能給出一個理由來（進展的定律）說明。人們對經驗的數目有足夠的認識；但是一切看來都是偶然的，不是必然的。人們知道距離的一種大致的規則性，因而僥倖預見了火星與木星之間還有一些行星，以後便在這地方發現了穀神星、灶神星、武女星等；但是天文學還沒有在其中找出包含著理性、理智的前後一貫的推理過程。天文學甚至用輕視的態度來看這種推理過程的合乎規則性的敘述；但是這當然是一個最重要之點，是不應該忽視的。

（丁）畢達哥拉斯學派也曾把他們的原則應用在靈魂上；並且把精神事物規定爲數。亞里斯多德[149]更告訴我們說：「他們曾以爲靈魂是太陽光中的微塵；另一些人認爲：靈魂是這些太陽光中的微塵的推動者。他們之所以達到這個結論，是因爲這些微塵永遠在運動，即使在完全沒有風的時候也是如此；」因此它們必須有獨特的運動。這並無多大意義；但是我們

149《論靈魂》，第一卷，第二章。

卻從中看出，他們曾經尋求「靈魂中自動的範疇」。他們把數的概念進一步應用在靈魂上，（亞里斯多德曾以）[11]另一種方式敘述如下：「理智、思想（νοῦς）是一，」是自爲的，是自同一者；認識或科學是二，因爲只有二（μονοχῶς，自爲地）「是指著一的。平面的數則是觀念，意見」（三），「感官感覺則是有形體的事物的數」（四），就是冪，如現在所稱。「判斷一切事物，或由理智、或由科學、或由意見、或由感覺。」這些規定仍須歸之於晚期畢達哥拉斯學派，在這些規定中，可以找到合適的東西，因爲思想是純粹的普遍性，認識必須處理一些別的東西（知識進得更遠，它給予自己一個規定，一個內容），感覺是根據其規定性而高度發展了的東西。「因爲靈魂同時推動自己：所以它是自己推動自己的數。」我們發現他們並未把靈魂與單元結合起來講。

這是一個對於數的範疇的簡單關係。亞里斯多德[150]從《蒂邁歐篇》中引用了一個較複雜的說法（在柏拉圖的《蒂邁歐篇》中，詳細說出了這個概念）：「靈魂推動自己，因此也推動身體，因爲它與身體結合在一起。」它由元素（數）構成，「並且按照和諧的數區分，因此它有感覺和一種直接內在的和諧。」他又說：「因此全體」有「一致的動力」（運動、方向）：「所以他」（蒂邁歐）「曾把直線」（和諧的線）「彎成一個圈，更由整個的圈再分出

[11] 據英譯本，第二三三頁增補。——譯者

150 《論靈魂》，第一卷，第三章。

兩個，在兩方面」（在兩點上）「結合的圈；並且」最後「再把這兩個圈中的一個分成七個圈，因此，天的運動是怎樣的，靈魂的運動也是怎樣的。」可惜亞里斯多德沒有再詳細說明這個意義。這些觀念對全體的和諧有了深刻的理解。但是這些觀念卻依然是模糊不清的，因爲它們是笨拙和不合適的；但它們總是包含著一種深刻的直觀和有力的想法，在差異和分別中，仍然堅持和表現著聯合，這裡包含著一場與表象的材料的鬥爭，猶如神話形式須和各種歪曲的材料鬥爭一樣。除了思想本身以外，沒有任何東西具有思想的柔韌性。值得注意的是他們把靈魂了解爲一個系統，這系統是天體系統的一個摹本。在柏拉圖的數中，也有這樣一個觀念，即認爲一系列的數的關係圍成一個圈等等。柏拉圖也述說了一些更詳細的數的關係（但不是他們的意義）；直到今天爲止，人們還不能從其中得出任何特別有意義的東西來。因此數目的排列是容易的；但是深刻地說出其意義則是很難的，而且勉強去說出意義又始終是任意武斷的。「他說靈魂是有體積的，這卻說得不好。因爲心靈（νοῦς）是一，而且是同一的，正如思維一樣，而思維則是思想。」

畢達哥拉斯學派關於靈魂還有一個說法也是值得注意的；這就是靈魂的輪回。西塞羅說[151]：「畢達哥拉斯的老師腓力西德斯最初曾經說過，人們的靈魂是不死的。」靈魂輪回的

---

151 《杜思古朗問題》，第一卷，第十六章。

學說也遠播於印度，無疑地這是畢達哥拉斯從埃及人那裡汲取來的；這一點希羅多德[152]說得很明白。他說了埃及人關於地下世界的神話之後，又補充道：「埃及人最先說人的靈魂是不死的，並且」在死後「身體入土時轉變成另一個有生命的東西。當它」（不是作爲懲罰）「遍歷陸生動物、海生動物和鳥類之後」（輪回的總體）：「又占有一個人的身體；這樣一個週期要在三千年內完成。[153]這些觀念也存在於希臘人中。[154]有一些或早或晚地服膺這個學說的人，把這個學說說得好像是他們自己的一樣。我完全知道他們的名字，不過我不願寫出來。」他的意思無疑是指畢達哥拉斯及其門徒。

關於輪回，以後還有許多傳說寓言，愚蠢的故事[155]：「畢達哥拉斯本人據說曾斷言過他還知道他前生是誰，荷米斯使他對他生前的狀況有所意識。（一）他曾經投生爲荷米斯的兒子埃塔利得斯；（二）後來在特洛伊戰爭中投生爲班妥斯的兒子歐福耳布斯，他曾殺死帕特羅克洛斯，而爲墨涅拉俄斯所殺；[156]（三）投生爲赫爾摩底謨；（四）投生爲狄洛的漁夫皮

152 第二卷，第一、二、三章。
153 「靈魂的輪回」，參看第歐根尼．拉爾修，第八卷，第十四節。
154 格登人也有靈魂不死的信仰，希羅多德稱之爲 ἀθανατίζοντας（第四卷，第九十三章）——因此勇敢。
155 第歐根尼．拉爾修，第八卷，第四—五節；波菲利，第二十六—二十七節；楊布里科斯，第十四章，第六十三節。
156 《伊利亞德》，第十六卷，第八〇六—八〇八節；第十七卷，第四十五節以下。

洛士；這一共二百零七年。墨涅拉俄斯曾把他的盾牌獻給阿波羅神，畢達哥拉斯來到神廟中，指出這破舊盾牌的一些標誌，這些標誌以前是沒有人識破的，經他指出，人們就把這盾牌的來歷認出來了。」對這些各式各樣的寓言我們不想再多費時間。

關於畢達哥拉斯從埃及祭司處採取了他的盟會的組織形式這一點，上面已經說過。我們也同樣必須區隔這些東方的、從外國取來的、非希臘的觀念；這些觀念與希臘精神相去甚遠，是站不住的，不能有發展的。靈魂輪回說在希臘是暫時的，並無哲學意義。在希臘人中，高度自由個性的意識太強，因而不能容許輪回觀念將自由的人、獨立存在的自在體轉變到動物的形態中去。希臘人雖然也有人變成泉水、樹木、動物等等的觀念；但是這是以貶謫的觀念爲基礎，這是一種懲罰，是犯罪的結果。

亞里斯多德[157]對所謂畢達哥拉斯的輪回說偶爾提到以下的話：「他們雖然認爲靈魂住在身體裡面，但是絲毫沒有指出，這是出於什麼原因，靈魂與身體有什麼關係。因爲兩者結合在一起，一方活動，一方即承受；靈魂運動，肉體即被推動；在這一點上，彼此之間毫無偶然的事件出現。」亞里斯多德按照他自己的方式，以簡捷的方式把輪回的觀念取消了。他說：「按照畢達哥拉斯學派的神祕說法，偶然的靈魂占據偶然的身體；」因此身體的機體對於靈魂是偶然的東西。「他們的意思似乎是說，靈魂之占據身體，一如建築技術之於泥

157《論靈魂》，第一卷，第三章。

斗，因爲技術必須使用工具，所以靈魂必須使用身體。」但是每種技術都有它自己的工具，「每一工具必須有它自己的形式。」肉體的形式對於靈魂的形式不是偶然的，反之亦然。輪回說中卻包含有這種偶然性：人的靈魂也是動物的靈魂。亞里斯多德對輪回說的駁斥是很充分的。

輪回的觀念應該是一個全體性的觀念，是一個內在的概念浸透在它的多種形式裡，這就是永恆的輪回，東方式的「統一」的觀念，這種統一性在一切事物中形成其自身；正因爲如此，這觀念才是哲學的。但在畢達哥拉斯學派這裡卻並沒有這個意義的輪回，至多只能說在他們這裡隱約閃爍著這樣意義的輪回，然而是理智的、確定的必然性。他們所了解的靈魂乃是確定的靈魂，一個事物，遍歷一切的東西。靈魂應該是有自我意識的、能思維的，像這樣的東西卻不是我們所了解的靈魂。靈魂也不是一個像萊布尼茲的單元那樣的事物，按照單元說，即是咖啡杯中的泡沫，也許會變成一個有感覺有思想的靈魂。這乃是一種抽象的、空洞的同一性。它對於靈魂不朽並無意義。

〔三、實踐哲學〕[12]

說到畢達哥拉斯的**實踐哲學**，這是與上面所討論過的那些東西密切聯繫著的：關於這一

---

[12] 譯者增補。

方面的哲學思想我們所知甚少。亞里斯多德[158]談到他時說：「他第一個試圖講道德，但是並不以正確的方式講；因爲他由於把道德還原爲數，所以不能建立眞正的道德理論。」畢達哥拉斯學派和採取十個天體一樣，也採取了十種道德。其中正義被視爲「同次相等的數」（冪，ἴσσηις ἴσος）、視爲同樣方式下自相等者。因此正義是一種數的規定：一個偶數，它自乘之後永遠還是偶數（相等）。這種正義當然是自身同一的東西，這乃是一個可以適合許多東西的完全抽象的規定；但是這種抽象的規定並不能充分說明具體的東西。

他們便是這樣用數來規定自然的、倫理的東西；但是這裡一切都是不確定的和表面的，因此也就沒有達到概念。

在金言的名目之下，我們有一系列的六韻詩，這是一串道德格言，不過是可以把它們歸之於晚期畢達哥拉斯學派的。這些格言是沒有重要性的、一般的、熟知的道德規則；但是似乎卻很古老。這些詩句開始是：必須「尊敬那些不朽的神靈，因爲他們是按照法律而受到崇奉的；」並須「尊敬誓言，以及光輝的英雄們，」一個對於民族信仰的不朽神靈的對立物；「在上者」和「在下者」都結合在誓言中。此外更進到「尊敬祖先和血親」[159]等等，毫無出色之處。在這些道德學說裡面，道德的、本質的東西是以一種很莊嚴的方式說出的；但是這

158《大倫理學》，第一卷，第一章。

159《格言詩人集》，第一卷，畢達哥拉斯學派金言，格蘭道夫編：殘篇一，第一至四行。

一類的學說是不能視爲哲學的，雖然在文化發展過程中有它的重要性。

更重要的是從習俗倫理的形式到個人生活的內心道德的過渡。正如在泰利斯的時代，國家的立法者和領導者同時出色地有著自然哲學，我們在畢達哥拉斯的學說裡發現也存在著實踐哲學，作爲一種道德生活的準備。在泰利斯的時代，思辨的理念，絕對的本質，就其實在性說，乃是一個一定的感性存在；同樣，道德生活中也存在著作爲普遍的、作爲一個民族的實際精神、一個民族的法律和政治，道德也同樣沉沒在實際生活之中。反之，在畢達哥拉斯的學說中，我們看到絕對本質的實在性在思辨中從感覺的實在性向上提升，本身被當作思想的本質說出，不過還不是完滿的；同樣，道德本質也被他從實際生活中提了出來，對於整個實際生活加上一個道德的規則，不過並不是對一個民族的生活，而是對一個社團的生活給予道德的規則。

一般說來，一直到最近，我們所見到的還不是眞正的思辨性的實踐哲學。畢達哥拉斯盟會是任意的存在，任意的產生，並不像祭司制度那樣是法制的一部分，爲全體所批准、所承認。畢達哥拉斯個人作爲一個教師，和學者們一樣，是孤立的。他的那些道德誡命，和十誡一樣，和希臘的賢者的言語一樣，和畢達哥拉斯在其金言中及其他被作爲他的象徵的話中所說的言語一樣，是不能當作思辨哲學或眞正哲學看待的；另一方面，他所提出的那些自然概念和對因果關係之類的看法，也不是眞正的哲學。同樣地，他所提出的那些普遍的生活規則也不能當作思辨的東西看待，他並沒有從歧異的東西中揭示出其絕對的對立，他所講的道德中並不包含道德的對方，同時他也沒有說出道德與其對立面的統一性。純粹思辨的東西〔按：即理念〕既不是一個純粹在意識之中的結合，片面地與對象對立，也不是在自然中片面地與意識對立的東西，後者乃是物理科學，前者乃是實踐道德知識；[160]而是意識成分內部一個意識的行爲對另一意識行爲，不過已經是作爲本體的統一了，因此純粹思辨的東西不是無關緊要的形式，不是尚須加以結合的獨立的對方。道德意識就其是意識來說，基本上是存在意識之內的，從而也就與自然、存在相對立；但是在意識內部，作爲意識的道德意識又有其實在性或存在。民族、普遍的意識，一個民族的精神，乃是本體，本體的偶性就是個別的意識；不過個別意識也是片面的。思辨的思想就在於認識到個別意識的本質是民族的精神，純粹普遍的法則就是絕對個別的意識，民族的精神在意識本身中有其本質；在思辨思想裡兩種不同質的、互相外在的東西被建立爲一了。但是這兩方面並不以對立的形式呈現於我們，像意識與自然那樣，因爲二者在我們都已經包括在意識範圍之內。在道德中，我們才眞正有意識的絕對個體性這一概念，自爲地作一切行爲。

但是畢達哥拉斯基本上的確具有「道德的本體是普遍」這一思想，關於這一點，我們可以從下面的話中見到一個例子，即「一個畢達哥拉斯學派分子回答一個父親所提出的問題：怎樣才能給他的兒子最好的教育？他答道：『除非他成爲一個治理良好的國家的公

160 至於理論的知識是另一回事。作爲本質的思辨是思想；眞理存在於普遍意識與個別意識的這種抽象的對立之中。

民。』」[161]這是一個偉大的、眞實的答覆。個人在家庭裡受教育，然後在他的祖國裡受教育，透過建立在眞正的法律上面的祖國的情況受到教育。在他的民族的精神中生活，一切其他情況都必須從屬於這個大原則。相反地，現在的人們則要想教育與時代精神分離。孤立隔離的盟會在好的國家是不能存在的。人在國家中受教養；它是最高的權力。人不能脫離國家，雖然他想脫離，他仍然不知不覺地存在於這個普遍中。

便是在這個意義之下，畢達哥拉斯的實踐哲學的思辨成分，正在於道德理念應該實現爲這個盟會。正如自然過渡到概念，上升到思想：思想，作爲有意識的現實的思想，也進到實在，思想作爲一個團體的精神而存在，而個別的意識，並不作爲實在的意識，只是在一個盟會中保有其實在性；所以他的生長或營養、自保正是在於在這樣的本體裡，並且與這本體相聯繫，然後它在本體裡才成爲普遍的意識。

我們看到，在泰利斯的時代，倫理習慣變成爲普遍的憲法，而倫理習慣的普遍原則也同樣是一個普遍的實在的東西；在畢達哥拉斯，理論原則部分地從現實生活中提高到思想，數是一個中間物：倫理也同樣地從普遍的有意識的現實生活中提了出來，變成一個盟會，一個社團，普遍的現實的倫理習慣與個人自身爲了他的倫理習慣而必須遵守者（道德）之間的中介，個人的道德是化爲普遍精神了。當我們見到實踐哲學出現時，將發現它是如此的。

161 第歐根尼．拉爾修，第八卷，第十六節。

爲了對畢達哥拉斯學派的系統形成一個大概的觀念，我們可以滿足這一點。然而我還要簡短地講一講亞里斯多德[162]對畢達哥拉斯學派的數的形式所作的批判的要點。亞里斯多德說得很對：「如果只把」（數或）「限度和無限、奇與偶作爲基礎，他們便說不出運動是如何生成的，以及沒有運動和變化怎麼會有生和滅，或天體的情況和活動。」這個缺點是很重要的。一、二、三是僵死的、枯燥的形式；然而活動性、運動卻是其中所缺少的另一種特質。因此這是一個完全抽象的貧乏的原則。其次，他說：「從數中不能了解物體的其他特質，如重和輕，」或作爲完全不同的概念的範疇、具體。用這種方式是不能做出從一個數到具體規定的過渡的。「他們說在天體的數以外是沒有數的；」例如：一個天體和一種美德、倫理的品性或地球上的一種自然現象，便被規定爲同一個數目。每一個最初的數都被用來表示每一事物或特性；數表示了事物的各個環節。但是就數應該表示一個更詳盡的規定而言，這種十分抽象的量的差別完全是形式的；正如因爲一種植物有五根雄蕊，便說它是五一樣。至於用元素、氧氣等，或用方位而建立的規定，也同樣是形式的；一種形式的系統，正如我們現在想把電學、磁學、電流、凝縮和膨脹、男性和女性的圖表和格式用到一切事物上是一樣的，數乃是一種純粹空洞的規定方式，在哲學裡應該講的是實在。

此外有許多科學思想和發現被歸之於畢達哥拉斯及其學派，但是與我們不相干。據說他

162 《形上學》，第一卷，第八章。

認識了「曉星和昏星是同一顆星；」[163]「月亮自太陽取得它的光。」[164]關於音樂方面的，我們已經講過了。然而最有名的是畢達哥拉斯定理；實際上這是幾何學上的主要命題，不可與任何一個別的命題等量齊觀。據說畢達哥拉斯發現這個命題時舉行了一次百牛大祭；[165]他已經看出了這個命題的重要性。他高興極了，因而安排了一個大宴會，邀請了富人和全體人民參加，這件事也許是值得注意的；這辛勞是值得的。這是精神（知識）的歡慶和祝典，值得大宰其牛。

另外有一些觀念，是畢達哥拉斯學派以偶然的方式毫無聯繫地提了出來的，並沒有哲學意義（沒有比人們所存的意見更不相干的了），稍微提一提就行了。例如「畢達哥拉斯學派假定有一個空的空間，爲天所吸入，以及一個把自然體彼此隔開的空的空間，造成連續體與不連續體的分別；它首先存在於數中，分別數的性質。」[166]第歐根尼．拉爾修[167]枯燥無味地（正如以後的人一般地接受外在的沒有精神實質的東西一樣）還講了許多：「圍繞地球的空氣（ἄερα）是不動的（ἄσειστον，不是自動的），和有病的，其中的一切都是有死的；

163 第歐根尼．拉爾修，第八卷，第十四節。
164 第歐根尼．拉爾修，第八卷，第二十七節。
165 第歐根尼．拉爾修，第八卷，第十二節。
166 亞里斯多德，《物理學》，第四卷，第六章。
167 第歐根尼．拉爾修，第八卷，第二十六—二十八節。

但是最高層的東西則在永恆的運動中，是純粹的、健康的」，（換句話說，就是一團圍繞著的火）——「其中的一切都是不死的、神聖的。太陽、月亮和其餘的星球都是神靈；因為它們中間熱占優勢，是生命的原因。人與神靈是有關聯的，因為人分有溫熱。因此神保佑我們……。從太陽裡發出光芒，穿過厚的和冷的乙太，使一切得到生命；他們稱氣為冷的乙太，稱海和潮溼為厚的乙太。靈魂是乙太的一個片斷，一個碎片。」

參、伊利亞學派

畢達哥拉斯學派哲學還沒有達到用思辨的形式來表現概念。數雖是概念，但只是在表象、直觀方式內的概念，在量的形式內的區別，沒有被表現為純粹概念，而只是兩者的混合體。把絕對本質表現為純粹概念或被思維者，表現為概念或思維的運動，乃是我們所看見的必然要到來的次一階段；而這就是我們在伊利亞學派裡所見到的。在這個學派裡，我們看見思想本身成為獨立自由的了；在伊利亞學派所說的絕對本質裡，我們看見思想純粹地掌握其自身，並且看見思想在概念裡的運動了。我們在這裡發現辯證法的起始，這就是說，思想在概念裡的純粹運動的起始；因而我們就發現思維與現象或感性存在的對立，自在物與這一自在物之爲他物而存在之間的對立，並且我們發現客觀存在本身所具有的矛盾（眞正的辯證法）。如果我們試預先反省一下純粹思想形成的過程應該是什麼樣子，則我們就會得到：（一）純思（純有、太一、作爲 νοούμενον〔本體〕）直接地建立其自身在它的固定的單純性和自身同一性裡，而把其他一切當作空無；（二）那最初怯弱的思想，當它後來變爲堅強時，承認他物的存在並向它接近，表明它那時還同樣在他物的單純性裡理解他物，而即在這物的自身指出它的空無性；（三）它建立他物在他物的一般的規定之複多性裡。這樣我們就看到伊利亞學派在歷史裡的形成了。伊利亞學派的這些命題對於哲學現在還有興趣，是在哲學裡面必須出現的必然的環節。

色諾芬尼、**巴門尼德**、**麥里梭**和**芝諾**算是屬於伊利亞學派。色諾芬尼可看作這個學派的創始人，巴門尼德被稱爲他的學生，而麥里梭，特別是芝諾，又被稱爲巴門尼德的學生。事實上他們一起被認作伊利亞學派。後來伊利亞學派失掉其名稱，叫做智者派，而講學的地點也轉移到希臘本土。色諾芬尼所開始的思想，巴門尼德和麥里梭曾予以進一步發展，同樣這兩人的學說芝諾又加以完成。亞里斯多德[168]曾這樣地述說前三人的特點：「巴門尼德似乎是把太一了解爲概念，麥里梭把太一了解爲物質；因此前者便說太一是有限的，後者則說太一是無限的。但色諾芬尼在它們之中首先說出太一的命題（因爲巴門尼德被稱爲他的學生），

168 第歐根尼・拉爾修，第一卷，第五章。

但沒有明白的陳述」，關於太一也沒有進一步的規定，「並且沒有討論到這些規定；而只是凝視著整個天空，」——（像我們說的，漫無目的地望著）——「說，神是太一。色諾芬尼和麥里梭一般地似較爲粗樸；巴門尼德較有深入的見解。」並且他達到了較明確的概念。關於色諾芬尼和麥里梭我們可以說的比較少；特別是關於後者我們只有一些片段和從別人那裡得來的材料，尚在模糊不明的情況，對於他的概念我們有很少的知識。一般而言，哲學的語言和概念還很貧乏，在芝諾那裡，哲學才達到它自身的一個較純粹的表現。

一、色諾芬尼

他**生活**[169]於什麼時代是相當確定的，而這也就足夠了，至於他生於哪年、死於哪年是不確定的，那是無關緊要的。他大概是阿那克西曼德和畢達哥拉斯的同時代的人。關於他較詳的命運只有這點是熟知的，即他從他出生的城市小亞細亞的科洛豐（Kolophon）；逃避到大希臘（但不知道是什麼緣故），主要的居住在西西里的倉克勒（現在的墨西拿）和加丹納（現在還叫此名）。至於說他曾經在愛利亞居住過，我在古代人的著作裡找不到任何材料，雖說所有近代的哲學歷史家都彼此那樣抄襲著。譬如坦納曼[170]說的在第六十一屆奧林匹克賽

169 第歐根尼．拉爾修，第九卷，第十八—二十節。
170 第一冊，第一五一、四一四頁。

會（公元前五三六）時他曾由科洛豐轉到愛利亞。但第歐根尼·拉爾修只引證說，他最盛的時期約在第六十屆奧林匹克賽會時，並且曾做兩千句詩講愛利亞的殖民地的開拓（歷史）；由此人們就自然推想到，他也曾到過愛利亞。斯特拉波（Strabo）[171]只是對於巴門尼德和芝諾才明白地這樣說，而他把這兩人叫做畢達哥拉斯學派的人。因此伊利亞學派之得名[172]最初是從這兩人而來。色諾芬尼差不多活了一百歲，他還經歷過美迪戰爭（第七十二、七十三屆奧林匹克賽會，公元前四九〇年馬拉松戰役）。他曾是貧窮到沒有錢埋葬他的小孩，只得親手去加以埋葬。據一些人說，他沒有老師，另一些人說他的老師是阿基勞斯，這就會與年代不合。

他寫了一本書《論自然》（περί φύσεως），這是那時哲學的一般的題材和書名；關於論自然的一些個別的詩句保存下來了給我們，這些詩句還沒有表示出論證的形式。波恩大學的布蘭狄斯教授（Brandis）[173]曾經把他這些詩句和巴門尼德及麥里梭的殘篇蒐集在一起。古代的哲學家們一般用詩句來寫書；用散文則要晚得多了。辛普利修斯所說的關於色諾芬尼的話，都是從泰奧弗拉斯托斯（Theophrastus）那裡引證來的。由於色諾芬尼的詩的語言之

---

171 第六卷，開首。

172 西塞羅，《學園問題》，第四卷，第四十二節。

173 《伊利亞學派注釋》，第一部分。（一八一三年阿爾頓版）

笨拙與含混，西塞羅[174]稱之爲 minus boni versus（不十分好的詩）。

就他的**哲學**而論，則色諾芬尼首先規定絕對本質爲太一：「一切是一」。他又稱這一爲神：「而神深植於一切事物內，並且它是」超感官的、「不變的」[175]……「無起始、無中間、無終結」，是不動的。[176]在色諾芬尼的一些詩句裡，有這樣的話：「一個神在神靈和人們中是最偉大者，它與有死者既不在形體上相同，也不在精神上相同；」[177]又：「它看見一切、它思維一切、它聽聞一切；」——對這些話，第歐根尼．拉爾修還加上一句說：「一切是思維和理性。」[178]我們曾看見，在自然哲學裡運動被表象爲客觀的運動，爲發生和消滅。畢達哥拉斯同樣很少反思到這些概念，但也慣於把概念的本質、數、當作流動的來使用。但現在由於變化在它的最高抽象裡被認作虛無，所以這種客觀的運動被轉變成爲一種主觀的運動，走到意識這方面，而本質則成爲不變者了。

這樣一來，色諾芬尼便否認了生滅、變化、運動等觀念的眞理性；這些規定只屬於感性的表象。他的原則是：只有「一」，只有「有」。「一」在這裡是純粹思想的直接產物；在

174 《學園問題》，第四卷，二十三節。

175 塞克斯圖斯．恩丕里柯，《皮浪學說概略》，第一卷，第三十三章，第二二五節。

176 辛普利修斯注亞里斯多德，《物理學》：第五—六頁；普魯塔克，《諸哲學案》，第二卷，第四章。

177 亞歷山德里亞的克雷門，《基本問題》，第五卷，第十四章，第七一四頁，坡特本。

178 塞克斯圖斯．恩丕里柯，《反數學家》，第九卷，第一四四節；第歐根尼．拉爾修，第九卷，第十九節。

它的直接性裡就是「有」。「有」這個範疇對於我們是熟悉的，平常的；「有」是文法裡面的一個助動詞；但當我知道了「有」和「一」，則我們便把它放在別的範疇旁邊，作爲一個特殊的範疇。反之，在這裡它卻包含有這樣的意思：即一切別的東西都沒有實在性，完全沒有存在，只是幻象。在這裡我們必須忘記我們的表象；我們知道，上帝是精神。但希臘人只有感覺世界在他們前面，只有這些在想像中的神靈；所以他們在感覺世界內沒有較高的東西在他們前面，他們孤立地站立著。由於他們在那裡面找不到滿足，他們便把感覺世界的一切拋棄開，而認之爲不眞的，因而達到了純粹的思想。這是一個巨大的進步；而思想在伊利亞學派裡才這樣眞正地第一次達到了本身的自由。

一如這種純粹思想是最初的，而它也是理智最後所回復到的；如在最近的時代，把上帝只視爲最高本質、視爲抽象的同一所證明的那樣。關於上帝，如果我們說這最高的本質是在我們之外、在我們之上，除了說它存在外，我們對它一點也不能認識，那麼它就是沒有規定的東西。如果我們知道了規定，則這就是一種認識；但這樣一來我們必須使一切規定都消失淨盡。於是眞理就只是：神是一，這意思不是說，只有一個神（這是另一個規定），而是說，神只是自己與自己等同者。因爲這裡面除了伊利亞學派所說的外，沒有包含別的規定。近代的反思誠然走過了較遠的途程，不僅透過感性的認識，而且又透過對於神之哲學的觀念和稱謂，才達到這個否定一切的抽象，但內容、結果是一樣的。

伊利亞學派的辯證法的論證是與他們那種抽象思維密切聯繫著的。他們這樣進一步證明了無物發生和死滅。（這點的發揮主要的屬於芝諾。）他們用下列方式去指明變化是不存在的或是自相矛盾的，這方式據說是色諾芬尼提出的。這個論證出現在亞里斯多德[179]的關於色諾芬尼、芝諾和高爾吉亞的殘缺的而且個別地方損壞得很嚴重的著作裡。但由於這一著作的篇首所說及的，誰的論證那一部分散佚了，於是就只有一些推測說是指色諾芬尼。必須注意的是：究竟亞里斯多德是不是講的色諾芬尼的哲學，唯有以這篇著作的題目來決定。這篇文字開首說：「他說；」並沒有提名字。別的手抄本又有別的題目。根據這篇文字裡提到色諾芬尼時所採取的那種方式（一種對他的意見）看來[180]似乎前面那個為亞里斯多德所引證的「他」如果是指色諾芬尼，那麼他（亞里斯多德）就會用另外一種方式來講的。也可能「他」是指麥里梭或芝諾，像那篇著作裡的題詞所常表示的那樣。那是一種較精微的辯證法，裡面包含有較多的反思，從色諾芬尼的詩句看來，他是不大可能有這種辯證法的。亞里斯多德既然明白說過，色諾芬尼還沒有明晰地規定什麼，所以這包括在亞里斯多德著作內的精微的論證，足以不認為是色諾芬尼的。[181]至少我們可以確知這麼多，即色諾芬尼本人還不知道把他的思想如此有條理地明確地表達出來，像這裡所陳述的那樣。現在試看那裡所說的：

179《論色諾芬尼、芝諾和高爾吉亞》，第一章。

180《論色諾芬尼、芝諾和高爾吉亞》，第二章。

181 按：黑格爾指出下面幾段精微的辯證法論證不應屬於色諾芬尼，據後來的資料證明，是沒錯的。英譯本已將下面的論證，移植在講麥里梭哲學一節中。——譯者

「如果有某物存在，則它就是永恆的」（超感覺的，無變化的，不變的，ἀΐδιον），「永恆的」是不適宜的語詞，因爲這字立刻就令我們想到時間，把過去與將來摻入裡面，把永恆當作一個無限長久的時間：但這裡所說的這種 ἀΐδιον 或永恆乃是自身同一，純粹現在，沒有加進時間觀念。它存在——發生和生成是被排除開的；如果它發生，則它或生於無，或生於有。「不可能有物自無發生。無論一切都是發生的，或僅僅並非一切都是永恆的，在這兩種情形下，皆是有物自無發生。因爲如果一切都是發生的，則前此就會沒有東西存在過。如果只有一些東西存在，其餘的東西都是從這些東西裡面發生出來的：則這個作爲其餘的東西（現象）的起源的「一，將會多於和大於其餘的東西。但這較多和較大者將會從它自身的無之中發生；因爲在較少者裡既不包含多於它的東西，在較小者之中也同樣不包含大於它的東西。」……「也同樣不可能有物從存在者發生；因爲存在者本來就存在，它並不是從存在者發生的」，[182]我已經假定了存在者；這就沒有辦法過渡到不同者。「存在者既是永恆的，也就是無限制的，因爲它沒有所自出的起始，也沒有它停止的終結。」[183]坦納曼[184]說：「因爲他發現發生是不可理解的；」——發生是沒有眞實性的，是不存在的。「那

182 比較辛普利修斯注亞里斯多德，《物理學》，第二三頁，b。
183 比較第歐根尼·拉爾修，第九卷，第十九節。
184 第一冊，第一五六頁。

無限的全體是一；因爲如果是二或多於二，則它們彼此將會互相限制，」因此就會有起始與終結；其一將會是另一之無，是從這個無來的。「這『一』是自身同一的；因爲如果不同的話，則它將不復是『一』，而是多了。這『一』同樣是無運動的；因爲它既然不過渡到什麼東西裡面，也就不運動。但如果要過渡的話，它將必須進入充滿者或空虛者裡面：它不會進入充滿者裡，這是不可能的，同樣它也不會進入空虛者裡，因爲空虛者就是無。因此這『一』是無痛苦的和健全的，沒有地位或形態變化，也不與他物相混合。因爲所有這些規定本身包含著不存在者發生，存在者死滅的說法；而這是不可能的。」因此這就揭示出了發生和死滅的說法的矛盾。

現在色諾芬尼提出「意見」來與這個眞實者和眞理（指「一」——譯者）相對立。那在本質上幻滅的變化和「多」出現在另一方面，在意識裡，作爲意見。我們有必要這樣說，色諾芬尼所堅持的——雖說只是消極的一方面，就是這些環節的揚棄，那無所謂的絕對。「在感性的直觀裡，（眞實者的）反面出現在我們面前，即是一堆的事物，和這堆事物的變化，生滅和混合。這樣一來現在除了那第一種知識之外，有了第二種知識，這第二種知識在常識看來與第一種知識有同樣多的確定性。」色諾芬尼好像沒有決定究竟贊成其一或其他；但是——游移於兩者之間——他把眞理的認識只限制於這上面，即一般說來在兩個相反的知識之間，寧選取那比較近似的意見，本身也只被視爲較強的意見，而不被視爲眞理。亞里斯多德[185]是這樣傳述他的。

從這些話裡面懷疑學派就得出一切事物皆無確定性的看法。並且像這樣意義的詩句，塞克斯圖斯[186]引證了好幾次：

「從來沒有人清楚地知道過，也絕沒有人會知道關於神靈的，我說，以及關於宇宙的事。因爲即使有人幸而能夠說出那最完滿的東西，他自己也並不會知道；因爲『意見』沾染了一切。」

塞克斯圖斯對這些話加以這樣普遍化的解釋說：「我們試想像，在一間房子裡，存在著許多寶貴的東西，有很多人在夜間去尋找黃金：這樣每個人都會自己以爲找到了黃金，但即使他眞正得到了黃金，他也還是不能確定地知道。同樣，哲學家走進這世界，如像走進一間大房子一樣，去尋求眞理；即使他們獲得了眞理，他們也還是不能〔確定〕知道他們獲得了眞理。」

185 《論色諾芬尼、芝諾和高爾吉亞》，第一章。

186 《反數學家》，第七卷，第四十七—五十二節、第一一〇節、第一二一節，第八卷，第三六二節；《皮浪學說概略》，第二卷，第四章，第十八節。

色諾芬尼的不確定的言辭也只能意味著誰也不知道他（色諾芬尼）在這裡所要說明的是什麼。塞克斯圖斯在《反邏輯家》卷一第一一〇節裡這樣解釋說：「色諾芬尼並不揚棄一切的知識，而只是揚棄科學的和正確無誤的知識；但留下意見的知識。在『意見沾染了一切』這句話，他說出了這點。所以依他看來（知識的）標準是意見，這就是說，是近似的、不是固定的和確定的知識。而他的朋友巴門尼德則詛咒這『意見』」但是按照他關於「一」的學說推論，他在上面那些話裡辯證地說出的乃是揚棄表象的知識，不過顯然誰也不知道他這裡所說的真理是什麼；即使這種思想從一個人的頭腦裡走過，這人也不知道這就是真理，意見沾染上了一切，對於這種人真的知識也只是一種意見。

這裡我們看見色諾芬尼有一個雙重的意識：一個純粹的意識或本質的意識與一個意見的意識；前者對於他是神的意識，並且這就是純粹的辯證法，這種辯證法對於一切規定的東西取否定的態度，並予以揚棄。因此像他在反對感覺世界和有限的思想範疇時所解釋的那樣，他所說出的也是極其堅強地反對希臘人關於神靈的神話觀念。在他所說過的話裡，有這樣的話：「如果牡牛和獅子都生得有手，也像人那樣能做成藝術品，則它們也同樣會描畫神靈，並且也會給神靈一個像它們自己的形象一樣的身體。」[187]他又責斥荷馬和海希奧德關於神靈的觀念道：「荷馬和海希奧德曾經賦予神靈以一些在人都感得羞恥和汙辱的東西，偷

187 布蘭狄斯，伊利亞學派注釋第一部分，第六十八頁。

竊、通姦和互相欺騙。」[188]

一方面他把絕對本質規定爲單純者、存在者、浸透一切者、直接呈現於自身之內者，而另一方面他又對現象加以哲學思考，關於這方面留下給我們的一部分只是些片斷，一部分關於物理的意見，對我們也沒有多大興趣；這些意見本應沒有更多思辨的意義，像我們的物理學家關於這方面的意見一樣。關於這方面當他說：「一切出於土，一切歸於土」[189]時，他這話裡並沒有說「土」是本質（物理的原理）的意思，像泰利斯的「水」那樣；因爲亞里斯多德曾明白說過：沒有人把土視爲絕對的原理。

二、巴門尼德

巴門尼德在伊利亞學派中是一個出色的人物。據第歐根尼說，他生在愛利亞一個被尊敬的和富裕的家族裡。不過關於他的生平我們知道得很少。亞里斯多德（《形上學》卷一、第五章）只是當成一種傳說提到過，他曾是色諾芬尼的學生。塞克斯圖斯．恩丕里柯[190]稱他爲

188　塞克斯圖斯．恩丕里柯，《反數學家》，第九卷，第一九三節。

189　塞克斯圖斯．恩丕里柯，第十卷，第三一三、三一四節；辛普利修斯注亞里斯多德，《物理學》，第四十一頁。

190　《反數學家》，第七卷，第一一一節。

色諾芬尼的一個朋友。第歐根尼・拉爾修[191]有較詳的描述，「他曾經聽過阿那克西曼德以及色諾芬尼的言論，但他似乎沒有追隨後者。（這意思似乎只是說他不曾去過他住的地方。）但曾與阿梅尼亞斯（Aminas）和畢達哥拉斯學派的迪奧切特斯（Diochätes）居住過，他追隨後者比較多些，又受前者（不是受色諾芬尼）的感動要過一個寧靜的生活。」至於他生活的年代一般而言是介於色諾芬尼與芝諾之間，因而他與他們是同時代的，只不過是比前者年輕，比後者年長，這乃是確定了的，據第歐根尼說，[192]他最活動的時候是在第六十九屆奧林匹克賽會（公元前五〇四—前五〇一）期間。最重要的是他和芝諾往雅典的旅行，柏拉圖描寫過他們在雅典與蘇格拉底進行談話。大致而言，這是可以接受的，不過歷史的事實爲何，卻不能證實。在《泰阿泰德篇》[193]裡，柏拉圖讓蘇格拉底對於人請求他考查伊利亞學派的系統時說：「對於麥里梭和其他主張『大全』是靜止的『一』的人，我都相當尊敬，但對於巴門尼德我更特別尊敬。因爲就我看來，試用荷馬的話來說，他乃同時是可敬和可畏的人，因爲我曾經與這人有過接觸，並且曾經聽到過他的美好的演說，當時我還十分年輕，而

---

191 第九卷，第二十一節。

192 第九卷，第二十三節。

193 《泰阿泰德篇》，史蒂芬奴斯本，第一八三頁（柏克爾本，第二三六頁）；《智者篇》，第二一七頁（柏克爾本，第一二七頁）。

他已經是很老的人。」並且在柏拉圖的對話《巴門尼德篇》裡，大家都知道，兩個參加談話的人物是巴門尼德和蘇格拉底，在這篇對話裡，關於他們聚會的歷史情況還敘述得更為詳細[194]：「巴門尼德已經很老了，有異常灰白的頭髮、美麗的儀表，大約六十五歲，芝諾約近四十歲。」人們設定這個旅行是在第八十屆奧林匹克賽會（公元前四六〇—前四五七）。[195]因為蘇格拉底生於第七十七屆奧林匹克賽會之第四年（公元前四六九年），這樣看來，他那時還太年輕，還不能進行像柏拉圖所描述的那樣的對話；並且這個以伊利亞學派的精神寫成的對話，其主要內容也是屬於柏拉圖本人。此外我們還知道一些關於巴門尼德的生活情形，即他在愛利亞受到他本邦的同胞的高度尊敬，他們的幸福生活主要地應歸功於巴門尼德為他們制定的法律。[196]我們又在塞貝斯所著的 πίναξ[197]一書裡（在篇首）看見，「一個巴門尼德式的生活」在習慣語裡已被用來表示一種道德的生活了。

須注意的是，柏拉圖在那裡明確地說到伊利亞學派，卻沒有提到色諾芬尼，而只是提到巴門尼德和麥里梭。如果我們再將這種情況與已經引證過的一切材料加在一起，則那些附

194 《巴門尼德篇》，史蒂芬奴斯本，第一二七頁（柏克爾本，第四頁）。

195 坦納曼，第一冊，第四一五頁。

196 第歐根尼．拉爾修，第九卷，第二十三節；及卡索邦對該書的注。

197 πίναξ 是木簡或表冊之意，塞貝斯是蘇格拉底的學生，他這書是對人生作一寓言式的描述。——譯者

會給色諾芬尼的東西，似乎實際上是應該歸之於巴門尼德的。至於柏拉圖在他的一個對話裡，給巴門尼德主角的地位，借他口中說出從來沒有說過的最崇高的辯證法，這問題還不屬於這裡。當色諾芬尼憑藉無不能生有這一命題，一般地否定了發生以及與發生相聯繫的或可以歸結到發生上面的東西時，則有與非有的對立在巴門尼德那裡就來得更爲明確了，雖說還不是自覺的。

塞克斯圖斯．恩丕里柯和辛普利修斯曾經給我們保存下來巴門尼德的詩中最有意義的一些殘篇；因爲巴門尼德也用詩來講述哲學。那第一個長的殘篇[198]是他的論自然一詩的寓言式的導言。這個導言是雄偉的，揭示給我們當時的風俗，全篇中體現出一個堅強有力的靈魂，這靈魂在與本質搏鬥，力求掌握它並說出它。我們最好是用巴門尼德自己的話來表達他的哲學。這導言說：

「載著我的駟馬，這樣爲它們的勇敢所驅使，把我帶到女神的著名的大道上，這女神指引求知的人去面對著眞理的王國。少女們（指諸感官）[199]指出路徑。那火熱的車軸在車輪的

198　恩丕里柯，《反數學家》，第七卷，第一一一節。
199　恩丕里柯，第七卷，第一一二節。

轂臼中〔旋轉著〕，[13]發出〔笛嘯似的〕[14]聲音，當太陽的女兒（這應指眼睛）[200]迅速地走過，離去了黑夜之居宅；向著光明邁進，她用手揭去了面紗，因爲那裡就是白日和黑夜的大門。這些天上的少女們走近這兩扇大門，這門的雙副的鑰匙爲司賞罰的公正之神所保管。她們用友好的言辭和她說話，並且勸誘她立刻把大門的橡木橫閂推開。於是這門就像打呵欠似地大開了；這些少女就把馬匹和車輛由這打開的大門趕進去。女神很親切地接待我，用手握住我的右手，對我說了這番話：啊，你被不朽的嚮導和馬兒引到我的住宅，是很受歡迎的；因爲把你帶到這條路徑來的絕不是壞運氣（眞的，這路徑離開人們常走的大道是很遙遠的），而乃是公正和正義之女神。你應該探究一切事物，既須探究那堅貞之心的感人的眞理，又須了解那其中沒有眞知的、變幻無常的意見。但你必須保持你探究的思想使之遠離意見的道路，不要讓那旁騖甚多的習慣逼使你順從這條道路，順從那輕率馬虎的眼睛，和聲音嘈雜的耳朵和舌頭。你必須單用理性去考量我要對你宣示的、經證驗的學說。光是欲望會使你迷失道路。」

於是女神就發揮了全部學說：把兩方面的知識（一）思想的、眞理的知識，（二）意見

[13] 據伯奈特（Burnett）著《早期希臘哲學》，第二七二頁所譯原詩補足。——譯者

[14] 據伯奈特（Burnett）著《早期希臘哲學》，第二七二頁所譯原詩補足。——譯者

200 恩丕里柯，《反數學家》，第七卷，第一一三節。

的知識作爲這詩的兩部分。在另一殘篇[201]裡，曾經給我們保存下來這番教誨的主要部分。女神說：「聽著罷！什麼是知識的兩條道路。一條路是，只有『有』存在，『非有』不存在，這是確證的路徑，眞理是在這條路上。另一條路是，『有』不存在，『有』必然是『非有』，關於這，我對你說，這是完全非理性的道路；因爲『非有』你既不能認識，也不能達到，也不能說出。」事實上，「無」轉變成某種東西，當它是被思維、被言說時，當我們想要思維「無」、言說「無」時，我們就是思維某物、言說某物了。

「這樣說是必要的，即：言說和思想是存在者；因爲『有』是存在的，而『無』是毫不存在的。」這就是簡短的規定，而且在這個「無」裡包含著一般的否定性，在較具體的形式內，限度、有限、限制，「一切決定皆是否定」是斯賓諾莎的偉大命題。巴門尼德說，無論否定的東西將取什麼形式，它是毫不存在的。把「無」當作眞的東西就是「錯誤的道路，在這條道路上那無知的、二心的有死者徘徊著。他們心情上的困惑支配著那徬徨的感官。那把有與非有當作同一之物，而又不當作同一之物的人，是被驅趕著，像聾人和驚駭的盲人，像混亂的群眾一樣。」錯誤在於把它們〔有與非有〕混淆起來，給予它們同等的價值，或者對兩者加以區別，好像非有是一般有限度者似的。「因此他們的一切道路都〔引導他們〕轉回

201　普羅克洛注《蒂邁歐篇》第二十九頁，b，〔上引布蘭狄斯書，第一〇三頁以下〕；辛普利修斯注亞里斯多德，《物理學》，第二十五頁，a。

他們自身。」[202]非有是一個永遠自身矛盾、自身分解的運動，在人的表象裡它時而被當作本質，時而被當作本質的反面，並且時而又被當作兩者的混合，這乃是一個經常的矛盾。

「但眞理只是『有』。這個『有』不是被產生的，是不消逝的、完全的，自成一類的、不動的和無終結的。它無所謂過去、也無所謂將來，而只是現在，同時是全體，一個結合體。因爲你想要去爲它尋求什麼樣的誕生呢？它如何並且從何處可以加多呢？如果說從非有來，我將不容許你那樣言說、那樣思維；因爲說沒有『有』，是既不可言說也不可思議的。是什麼必然性使得它在較遲或較早的時候從『無』起始呢？因此它必須澈底地有，或者沒有。也從來不會有什麼信心的力量可以使得從『無』中產生出某種別的東西來。」[203]「所以產生是沒有的，而死滅是不可信的。『有』是不可分離的；因爲它完全是自身同一的。它不在任何一處加多，不然它不會聯繫在一起；它也不減少，因爲全體充滿了『有』。全體是結合體；因爲有與有是合流的。『有』是不變的、自倚的、長住的，它被保持在強大的必然性之堅固鎖鏈的限度內。因此我們不能說它是無限的；因爲它是沒有缺陷的，但『非有』就沒有這一切。」[204]這「有」既然被保持在必然性的限度內，故不是「無規定者」（ἄπειρον 按

---

202 辛普利修斯注亞里斯多德，《物理學》，第十九頁，a；第二十五頁，a和b。

203 辛普利修斯注亞里斯多德，《物理學》，第十七頁，a；第三十一頁，a。

204 辛普利修斯注亞里斯多德，《物理學》，第三十一頁，b。

亦可譯作無限或無限度）。所以亞里斯多德把「限度」歸給巴門尼德。究竟他所採取的是哪一個意義的限度卻不很確定。但巴門尼德的這種絕對的限度乃是純粹自身規定的絕對必然性。重要的是他已經超出了關於無限者的空疏概念了。

「思想與思想爲了它而存在的東西[205]是同一之物。因爲沒有存在者並對之有所言說（或表現），你將尋找〔不〕[15]到思想。因此在存在者之外，它〔思想〕是無物，也將是無物。」[206]這是主要的思想。思想產生它自身，被產生出來的東西是一個思想；思想與它的存在是同一的，因爲在存在之外，在這偉大的肯定之外，思想是無物。普羅提諾[207]於引證這話時說，「巴門尼德掌握這個見解，只在於他並不把存在者當作感性事物。」

智者派由此推出：「一切是眞理，沒有錯誤；因爲錯誤是非有，非有是不可思議的。」眞正的哲學思想從巴門尼德起始，在這裡面可以看見哲學被提高到思想的領域。一個人使得他自己從一切的表象和意見裡解放出來，否認它們有任何眞理，並且宣稱，只有必然性，只有「有」才是眞的東西。這個起始誠然還朦朧不明確；它裡面所包含的尚不能加以進一步的

205 「思想爲了它而存在的東西」即指「有」或「存在」而言。——譯者

[15] 德文原本缺「不」字，英譯本亦誤譯作「你將尋找得到思想」，顯有缺漏，茲據伯奈特著《早期希臘哲學》第一七六頁加一「不」字。——譯者

206 辛普利修斯注亞里斯多德，《物理學》，第十九頁。

207 《九章集》，第五卷，第一篇，第八章。

證明；但把這點加以說明恰好就是哲學發展的本身，這種發展在這裡還沒有出現。與這點相聯結，就引起了這樣的辯證法，即：變化的東西沒有眞理；因爲當人們把這些規定當作有效準時，他們就會遇著矛盾。

此外我們還有巴門尼德的形象化的闡述。如說到「有」的全體時，也就會出現這樣的形象：「因爲『有』之最極端的限度是完全的，所以從各方面看來，它類似一個圓球，從這個圓球的中心到各處均保持著平衡；因爲它不可以這裡大一點那裡小一點。因爲沒有『非有』阻止它進入到均等，」——達到和它自身的統一；「沒有空無存在的存在者，沒有這裡多一點，那裡少一點（的存在者）。因爲全體是沒有缺陷的，所以它的規定在各處是同樣地均等的」。[208]普羅提諾[209]說，「他把『有』比作一球形，因爲它包括一切在自身內，思想亦不在『有』之外，而是包含在它裡面；」球形是自己均等地負荷自己的形狀。並且辛普利修斯說：「我們必須不要感覺奇異：由於詩的態度，他又採取了一種神話式的虛構。」這樣一來立刻就會使人以爲，球形是有限制的，（是在空間內的），因此必定有另一個東西在它上面。但球形的概念乃是保持不同的諸多方面的等同性，雖說這種無區別性（等同性）也應該表達出來。因此球形不是一個無矛盾的形象。

---

208 辛普利修斯注亞里斯多德，《物理學》，第三十一頁，b。

209 《九章集》，第五卷，第一篇，第八章。

除了眞理的學說外，巴門尼德還加上一個關於「人類意見」的學說，世界的虛幻系統。[210]「人們在他們的意見裡建立了兩個形式，其中有一個形式是不應該存在的，他們在這個形式裡迷失了〔眞理〕。[16]他們把這兩個形式彼此對立起來，用彼此分離的形態和符號去區別它們。一方面是天空的火焰，這是十分精微的，完全自身同一的，但是不與他物同一，因爲他物也是自爲的。另一方面與此正對立，是黑夜的或緊密的沉重的存在。」前者表示溫暖、柔和、輕鬆，後者表示寒冷。「但是既然一切事物都叫做光明和黑夜，它們的各種特性屬於這些事物，也屬於其他事物；所以一切事物皆同時爲光明和黑夜所充滿，兩者是均等的，因爲沒有東西不包含兩者。」亞里斯多德[211]和別的歷史家皆一致說，巴門尼德提出了兩個原則來說明現象事物的系統，即熱與冷，由於兩者聯合，一切事物才有其存在。光明、火被規定爲主動的、鼓舞生命的原則，黑夜、寒冷被規定爲被動的原則。

巴門尼德又以畢達哥拉斯的方式用下面的表象[212]說話——如斯特拉波便曾稱他爲一個畢達哥拉斯學派的人：「有許多環相互纏繞著，這些環裡面總是有些是爲稀薄的質料構成，有

---

210 辛普利修斯注亞里斯多德，《物理學》，第七頁，b；第三十九頁，a。

[16] 據伯奈特《早期希臘哲學》第一七六頁增補。——譯者

211 《形上學》，第一篇，第三章及第五章。

212 普魯塔克，《諸哲學案》，第二卷，第七章；歐瑟比，第十五卷，第三十八章；斯托拜烏斯，《自然的牧歌》，第二十三章，第四八二—四八四頁；辛普利修斯，同上，第九頁，a；第七頁，b。

些是爲濃厚的質料構成；介於兩者之間還有其他的環是爲光明與黑暗混合而成。」……（「那些狹小的（地帶）充滿了純粹的[213]火，但在它們之外卻充滿了黑夜，火焰的力量向這黑夜放射。」）……「但把它們（這些環）維繫在一起的是一個堅固的東西，像一道牆，在它下面有一個火的環。稀薄（地帶）的中心又是一個火的環。但混合地帶的中心是女神」（自然），「這女神統治一切，她是分配者（χληρούχος），[214]正義之神和必然性。……因爲她是地上一切的創造和混合的原理（創始者）；這原理驅使看男性與女性混合，女性與男性混合。」……「她曾經接受『愛』的幫助，」由「愛」產生了一切神靈。[215]又說，「空氣是地球的分泌物，太陽和銀河是火的噓氣，月亮是空氣和火混合而成」等等。

現在還剩下的就是指出巴門尼德如何解釋感覺與思維的方法和方式；這起初看起來似乎是唯物論。泰奧弗拉斯托斯[216]曾就這一點評論過：「關於這一點巴門尼德沒有作任何較確切的規定，而只是說，既然有兩個元素，知識的性質便依照這一元素或那一元素占優勢而決

---

213 按：德文本原作「不純粹的火」（aus unreinem Feuer）有誤，英譯本亦誤譯作 impure fire，上下文意思顯然不連貫。茲據伯奈特著《早期希臘哲學》第一七七頁「不混雜的火」（unmixed fire）的正確譯文，改正爲「純粹的火」。——譯者

214 「分配者」據希臘字原意，含有「決定命運者」的意思。——譯者

215 比較前引布蘭狄斯書，第一六二頁。

216 《論感覺》，第一頁，史蒂芬奴斯本，一五五七年版（引自富勒博恩本第九十二頁）。

定；因爲思想的不同，每依熱或冷占優勢爲轉移；由於熱思想可成爲較好、較純，但這也還需要某種程度的平衡。」

「因爲在每個人的易陷迷誤的[217]肢體中都存在著混合體，
而人的理智也是如此；因爲
在人裡面思維的，同時就是他的肢體的本性，
在個人和所有的人都是這樣；因爲那最多的[218]乃是思想。」

「因此他就把感覺和思維當作同一的東西；並且他認爲由感覺和思維方面來的記憶與遺忘起源於混合體。但當它們在混合體中是同等時，究竟這〔均衡狀態〕是不是思想，以及這是什麼樣的狀況，他都沒有明確地規定。至於他又把對立者本身歸入感覺，乃是很明顯的，因爲他說過：死人感覺不到光、熱和聲音，因爲他缺乏火；但死人卻感覺得到冷、靜和對立者，並且一般講來，每一存在者都有某種知識。」其實，巴門尼德這種見解正是唯物

217　「易陷迷誤的」希臘文原字爲 πολυπλάγκτον。

218　「最多的」在這裡頗費解，注家有不同的解釋。據我們了解，「最多的」指包含火的元素最多的，或在混合體中火最占優勢的東西而言。——譯者

論的反面；因爲唯物論在於認靈魂爲諸多部分、諸多獨立的力量，（感官的木馬）——和合而成。

三、麥里梭

關於他很少可以說的。亞里斯多德每提到他時，總是把他與巴門尼德一起提到，認爲他的思想和後者相同。他被稱爲[219]巴門尼德的學生，不過是否眞的做過他的學生，還不很確定。也有人說他與赫拉克利特有過接觸。他和畢達哥拉斯一樣，是薩摩斯人；此外，在本國人民中，他是一個受尊敬的政治家。普魯塔克[220]曾經引證到他，說他曾作過薩摩斯人的海軍大將，在一次對雅典人的戰役中曾獲得勝利。他大約活躍於第八十四屆奧林匹克賽會時期（公元前四四四年）。就他的哲學看來，可以說的不多。關於他論自然的散文著作，辛普利修斯[221]曾保存了一些片段，其思想和論證與巴門尼德相同，只是部分地有一些發揮。這裡有一個問題，就是在亞里斯多德的著作裡所歸給色諾芬尼的論證，是否應屬於麥里梭；在形式方面，那些論證看來是太精微了，不僅對於色諾芬尼，甚至對於巴門尼德也是如此。

219 第歐根尼．拉爾修，第九卷，第二十四節。
220《論伯里克里斯》，第二十六章。
221 同前引辛普利修斯書，第七頁以下。

關於麥里梭與巴門尼德兩人哲學上的區別，亞里斯多德僅明確指出兩三點；第一，「巴門尼德似乎是把太一了解爲概念，麥里梭則把太一了解爲物質。」——前者把本質當作思想的本質，後者把本質當作物質。然而正是在純本質、有、太一裡，這個區別就消失了。純思想和純物質的區別（如果我要說這種區別的話），對於巴門尼德和麥里梭本人是不存在的，是被揚棄了的。區別只是在於他們的表達方式，因爲其中的一人——用詞較笨拙一些[222]——才會顯得好像有不同的看法。

其次區別在於「巴門尼德認太一爲有限，而麥里梭認太一爲無限。」如果巴門尼德眞的把太一認作有限，則這種看法將會直接和他的哲學相矛盾；因爲限度就是有之非有，這樣，他就建立了「非有」。但是當巴門尼德說到限度時，我們一般地可以看出，他的詩意的語言是不完全確切的，而且限度，作爲純粹的限度，本身就是單純的、絕對的否定性。「有」，作爲單純的有，乃是所說的和所建立的別的一切東西之絕對的限制，這就是說，在「有」內，一切別的東西都被揚棄了。必然性也同樣是這種純粹的否定性，純粹的自身運動（雖說作爲思想的運動是不動的）——絕對地是它的反面，束縛在它的反面上。

第三，區別在於巴門尼德同時提出了關於意見（或關於現實）的科學，因而作爲思想的本質的「有」與意見處於更爲反對的地位。

222 亞里斯多德，《物理學》，第一卷，第二章。

四、芝諾

芝諾的出色之點是辯證法。他是伊利亞學派的大師，在他那裡，伊利亞學派的純思維成爲概念自身的運動，成爲科學的純靈魂，他是辯證法的創始者。就是說，在前此的伊利亞學派人中，我們僅看見這樣的命題：「『無』是沒有實在性的，完全不存在的，於是一切有生滅的東西也就因而消失了。」反之，在芝諾這裡，我們看見的也誠然還是這一類的肯定論斷——揚棄一切與這種論斷矛盾的東西；但我們同時看見，並不是從這個肯定開始，乃是從理性開始，理性自身從容不迫地對於那已建立爲存在的東西，揭示出它的毀滅。巴門尼德肯定說：「一切是不變的，因爲在變化裡便肯定了存在者的非有；但是只有『有』存在，在『非有存在』這句話裡，主詞與賓詞是矛盾的。」另一方面，芝諾說：「假如你肯定變化；則在變化裡就包含著變化的否定，或變化不存在。」這足見，對於前者變化是確定的、充實的運動；芝諾一說話就轉而反對運動本身，或純運動。

芝諾同樣是一個伊利亞學派人；他是最年輕的一個，他特別是與巴門尼德一起生活過。後者很喜愛他，收他爲義子。他的親生父叫做特魯塔哥拉斯。他不僅在爲人方面在城邦內受到尊敬，而且他又是一般地很知名，特別是被尊爲教師。[223]柏拉圖[224]提到他，許多人從雅典

---

223 第歐根尼．拉爾修，第九卷，第二十五節。

224 比較柏拉圖《巴門尼德篇》，第一二六—一二七頁，史蒂芬奴斯本（第三—五頁，柏克爾本）。

和別的地方去見他，爲了向他求教。有人說他有點驕傲自滿，說他長久住在愛利亞（除了到雅典的旅行外），沒有長時間生活在偉大和強盛的雅典，以便在那裡獲致聲譽。[225]有許多很不同的記載，敘述他靈魂的堅強使得他的死特別有名；據稱，他曾經在下述的情形下犧牲他的生命：他曾去把一個城邦（我們不知道是他的祖國愛利亞還是一個在西西里的城邦）從它的僭主（僭主的名字也有不同的說法，但一般講來，詳細的歷史聯繫是沒有得到描述的）的統治下解放出來。[226]即是說，他曾經參加一個密謀去推翻僭主，但這密謀洩露了。當僭主在民眾面前用盡一切方法折磨他，要逼他供出同謀的人，並問他誰是國家的敵人時，芝諾最初指出僭主所有的朋友作爲同謀者，後來並稱僭主本人爲國家的瘟疫。於是，他的強有力的抗辯以及所遭受的酷刑和他的慘死激起了市民，提高了他們的勇氣去衝擊那僭主，把他殺死，並解放了他們自己。對最末一幕的情況，那猛烈憤怒的心情，特別有不同的敘述。據說他假裝著對僭主還有幾句話要靠近耳邊說，於是他就咬下僭主的耳朵，並那樣地緊緊地抱住僭主，一直到他被別人打死。另有人聲稱：他用牙齒咬了僭主的鼻子。又另外的人說：當他由於他的答覆遭受著重大的酷刑時，他自己咬斷他的舌頭，將舌頭唾到僭主的臉上，爲了表示給僭主看，他再也不能從他那裡逼出什麼口供；於是他就被放在一個石臼裡搗碎而死。

225 第歐根尼．拉爾修，第九卷，第二十八節。

226 第歐根尼．拉爾修，第九卷，第二十六—二十七節。

（一）芝諾哲學的論旨，就內容說，完全與我們在色諾芬尼和巴門尼德那裡所看見的相同。只有這點區別，即芝諾把理論中的各環節和對立更多地作爲概念和思想表達出來。在他的論旨裡，[227]我們已經看見進步；在對於各個對立和規定的揚棄裡，他更進了一步。

他說：「如果說有物存在，有物發生，這是不可能的（他這裡的『物』是指神而言）；因爲它若不從相同者發生，必從不相同者發生，但兩者皆不可能：因爲相同者既沒有權力產生相同者，也不會被相同者產生，由於相同者必然彼此都具有相同的規定。」一承認了相同性，則產生者與被產生者的區別就消失了。「不相同者從不相同者發生也同樣不可能；因爲如果是從弱生強，或從小生大，或從劣生優，或反之從優生劣，那麼從有就會生出非有：這是不可能的，因此神是永恆的。」這種說法後來被說成泛神論（斯賓諾莎主義），泛神論是建築在「無不能生有」這一命題上面的。在色諾芬尼和巴門尼德那裡，我們得到了「有」與「無」的範疇。無就直接是無，有就是有；本來就是如此。「有」就是直接地說出來的「相同性」；反之，相同性，作爲相同性，是以思想的運動和間接性、自身反思爲前提。有與非有這樣地彼此並立著，而沒有把握到兩者不同中的統一。這些不同的東西並不是作爲不同的東西表達出來。在芝諾這裡「不同」是與「相同」反對的另一環。

進一步他又證明神的統一性：「如果神是萬物中最強有力者，則它應該是一；因爲若是

227 亞里斯多德，《論色諾芬尼、芝諾和高爾吉亞》，第三章。

有了兩個或更多的神，則神將會沒有力量支配萬物；而只要它缺乏力量支配其他的東西，則它就不會是神。因此假如有很多的神，則它們之間必會有一些較強，有一些較弱，那麼它們就不是神；因爲神的本性在於沒有東西比它更強有力。假如它們是相同的，則神就不復具有最強有力者的性質了；因爲相同者既不較差也不較好於相同者」，換言之，相同者與相同者是沒有區別的。「因此如果神存在，而且是一個眞正的神，則神便只有一個；假如有了許多的神，則神將不能爲所欲爲。」

「既然神是一，則它便處處相同，它能聽一切，看一切，並感覺一切，因爲假如不這樣，則神的各部分中，這一部分將會較另一部分更強有力」（這一部分所在的那裡，另一部分不在，這部分擠走了那部分，這一部分有某種性質，而另一部分則沒有）。「這是不可能的。神既然是一切方面相同，所以它是球形。因爲它不是這裡如此，那裡不如此，而是到處如此。」再則：「神既然是永恆的，是一，是球形的，所以它既不是無限的（無限制的），也不是有限的。因爲（一）無限制就是非有；因爲非有既無中間，也無起始，無終結，無部分，這樣的東西就是無限制者。但如果『非有』存在，則『有』就不存在。」無限制者就是不確定者，否定者；它是非有，是「有」的揚棄，而這樣一來，它自身便被規定爲一個片面的東西。（二）「假如有許多神，則它們就會互相限制；今既然只有一個，則它便是沒有限制的。」芝諾又這樣指出：「這太一是不動的，也不是不動的。因爲不動的是（一）非有」——（在非有裡沒有運動發生，非有是被認作靜止不動或空虛，不動者是否定的）；「因爲沒有別的東西進入不動者裡面，不動者也不進入別的東西裡面。（二）但是只有多物才運動；因爲一物必須進入他物，才有運動。」只有異於他物的東西才是運動的；這就假定了時間、空間的複多性。「太一因此既不靜，也不是動的。因爲它既不同於非有，也不同於多。在這一切裡，神的情況就是這樣；因爲它是永恆的，是一，自身同一，是球形，既非無限制亦非有限制，既不靜也不動。」由於沒有東西可以從相同者或不相同者發生，亞里斯多德[228]便推出這一結論：「或者是在神之外沒有東西，或者是一切其餘的東西都是永恆的。」

在這種抽象論證的方式裡我們看見了一種辯證法，這種辯證法我們可以叫做形上學的抽象論證。同一律就是這種抽象論證的根據：「無就等於無，不能過渡到有，反過來也不行；因此沒有東西可以從相同者產生。」伊利亞學派的「有」、「太一」只是這種的抽象，這種沉沒在理智同一性的深淵裡。這種最古老的論證方式直至今天都還是很通行；例如在對於所謂上帝的統一性的證明裡，便是這樣。與這種證明相聯繫，我們看見另一樣式的形上學的抽象論證：先做出前提，例如由上帝的權力這一前提，加以形式的推論，就否認上帝有賓詞。這就是我們的抽象論證的最通常的方式。就它的特性看來，可以說，這種論證作爲一個否定的論證是與一切肯定的眞實的存在相距很遠的。

我們從另外一條路走到這種抽象思想，用不著像伊利亞學派那樣的辯證法；我們的途程是瑣碎而細密的。我們說，上帝是不變的，只有有限事物才有變化——（這話同樣可作爲經

228《論色諾芬尼、芝諾和高爾吉亞》，第四章。

驗的原則）；於是在這種抽象的絕對統一性裡，一方面是有限事物和變化，另一方面是不變性。也就由於這種分割，我們才只把有限者當作「有」；而這是伊利亞學派已經駁斥了的。或者我們從有限事物出發到種、類，逐漸拋開那否定的〔論證〕；而認最高的類爲上帝，上帝作爲最高的本質，只是肯定的，但又沒有任何規定。或者我們由無限過渡到有限，於是我們說，有限事物既是有限制的，它的根據必然是在無限者裡面。在所有這些我們熟習的形式裡，包含著在愛利亞思想中即已發生的問題的同一困難：規定是從哪裡來的？在那把有限事物擱置一邊的太一裡，如何去了解規定？以及無限者如何展開其自身爲有限事物？伊利亞學派的思想與我們這種通常的反省思維的區別，在於他們是思辨地進行思維，即思辨地認爲，變化完全不存在。並且他們曾這樣指出，只要我們一假定了「有」，則變化就是自身矛盾的，不可理解的；因爲從「一」，從「有」就排除了否定和「多」的規定。因此當我們在我們的表象裡也承認有限世界的眞實性時，伊利亞學派則是很一貫地往前推論下去，說：只有太一存在，否定者完全不存在；這種一貫性雖說使我們感到佩服，卻仍是一個很大的抽象。

特別值得注意的，是我們在芝諾這裡看見那較高的意識，即一個規定被否定，而這個否定本身又是一個規定，於是在那絕對的否定裡，不是一個規定而必然是兩個對立的規定被否定。最初，運動是被否定了，於是絕對本質被認作靜止的；或者，有限的被否定了，所以絕對本質是純粹無限的：但我們即將看到，這個無限者本身是一個規定，本身是有限的。「有」與非有相對，同樣是一規定；我們立刻即可見到這一規定亦同樣被揚棄。

絕對本質被建立爲「一」或「有」，它是透過否定而那樣建立起來的；它將被規定爲否定者，因而被規定爲無，同一的賓詞既可歸給「無」，亦可歸給「有」：純有不是運動，它是運動的「無」。這點芝諾是預感到的；因爲他預先看見「有」是「無」的對立者，所以他否認太一具有一切必然可以對「無」說的賓詞。但同樣的情形也必然會發生於其餘的範疇。太一是最強有力者，由此即眞正地可被規定爲絕對的消滅者；因爲它的力量正是對他物的絕對否定、空無。「一」同樣是「多」之「無」；在「無」內，正如在「一」內，「多」是被揚棄了的。我們在柏拉圖的《巴門尼德篇》中看到這種較高的辯證法。在這裡，這種辯證法只在一些規定裡透露了一點，還沒有出現在「一」和「有」這些規定的本身。

這較高的意識就是關於「有」之空無性的意識，即把「有」認作一個被規定者，與「無」對立，這種意識部分地出現在赫拉克利特那裡，後來又出現在智者派那裡；在他們看來，「有」並沒有眞理，並不是自身存在者，而只是爲他者，或者只是個人意識的確信和作爲辯證法的反對方面或消極方面的確信。

（二）前面已經提到過，我們在芝諾這裡同樣看到眞的**客觀的**辯證法。

芝諾很重要的方面就是作爲辯證法的創始人，究竟他之爲辯證法的創始人，是在我們上面所說的那個意義下的呢，還是只不過是初步有那個意義，這一點是不確定的——因爲他否定了正對立的賓詞。色諾芬尼、巴門尼德、芝諾皆以下面這一原則爲根據：無就是無，無完全沒有存在，或相同者（如麥里梭）是本質；這就是說，他們肯定對立的賓詞中的一個作爲本質。他們堅執這一點；當他們碰見了一個規定中有對立者時，他們便揚棄這一規定。但這一規定之被揚棄只是透過別一規定、透過我的堅執、透過我所作的區別，即認爲一方面是眞理，另一方面是空無（這是從一個規定的命題出發）；一個規定的空無性並不表現在它本身，並不是它自己揚棄它自己，這就是說，並非它有了一個矛盾**在它裡面**。例如運動：我堅執某物，說它是空無，我又按照前提指出它是在運動；因此就推出說，運動是空無者。但另一個人並不堅執這種說法。我宣稱一個東西是直接地眞的，另一個人也有權利堅執某種別的東西是直接地眞的，例如運動。當一個哲學系統反駁另一個系統時，就常是這樣的情形。人們每每是以前一個系統爲根據，從這個系統出發，去向另一個系統作搏鬥。這樣，事情似乎就容易辦了：「別的系統沒有眞理，因爲它與我的不相符合」；而別的系統也有同樣的權利這樣說。我不可透過別的東西去指出它的不眞，而需即從**它自身**去指出它的不眞。如果我只是證明我自己的系統或我自己的命題是眞的，便從而推論說：所以那相反的命題是錯的，這種辨法是無濟於事的；前一命題對於這另一命題總是表現爲一種生疏的外在的東西。錯誤的思想之所以錯誤，絕不能說是因爲與它相反的思想是眞的，而乃是由於它自身即是錯誤的。

我們看見這種理性的識見在芝諾這裡覺醒了。在柏拉圖的《巴門尼德篇》[229]裡這種辯證法得到很好的描述。柏拉圖在這篇對話裡講了這種辯證法。他讓蘇格拉底說：「芝諾所主張的基本上與巴門尼德相同，即一切是一，但由於繞了一個彎就想欺騙我們，好像他是說了一

229 第一二二六—一二二七頁，史蒂芬奴斯本（第六—七頁，柏克爾本）。

些新的東西。譬如說，巴門尼德在他的詩裡指出，一切是一，而芝諾便指出，多不存在。」芝諾答覆道：「他寫這篇文章的目的乃在於反對那些力求使得巴門尼德的命題成爲可笑的人，因爲他們指出即從他的主張的自身就可表明其如何矛盾可笑，自己反對其自身。因此他是在向那些肯定『多』是『有』的人作搏鬥，藉以指出，從『多』出發也會推出許多比起從巴門尼德的命題出發更加不通的結論。」

這就是客觀辯證法的進一步的規定。在這個辯證法裡，我們看見單純的思想已不再獨立地堅持其自身，而乃堅強到能在敵人的領土內作戰了。辯證法在芝諾的意識裡有著這個（消極的）[17]方面；但是我們也可以來觀察辯證法的積極的方面。按照對於科學的通常觀念，命題總是被認作由於證明而得的結果，證明就是理智的運動，就是透過媒介而達到的結合。這種辯證法一般是：（一）外在的辯證法，即運動的過程（內容）與對於這個運動過程的整個掌握（形式）是區別開的；（二）不僅是我們的理智的一種運動，而乃是從事實自身的本質出發，這就是說，從內容的純概念的運動出發去證明。前者是一種考察對象的方法：提出一些理由，指出一些方面，加以反駁，借此使得通常當作固定不移的對象，都搖動起來。這些理由也可能是十分外在的，在智者派那裡我們對於這種的辯證法將有更多要說的。但那另一種辯證法則是對於對象的內在考察；這是就對象本身來考察，沒有前提、理念、應當，不依

[17] 據英譯本，第二六四頁增補。——譯者

照外在的關係、法則和理由。我們使自己完全鑽進事實裡面，即就對象本身而加以考察，即依它自己所具有的那些特性去了解它。在這樣的考察裡，於是對象自身便顯示出其自身（的矛盾）：即自身便包含有正相反的規定，因而自己揚棄自己；這種辯證法我們主要地在古代哲學家那裡見到。那種從外在的理由去論證的主觀辯證法是沒有多大價值的，因爲人們（只是）承認：「在正當的裡面也有不正當的，在錯的裡面也有眞的。」眞的辯證法卻不讓它的對象有任何剩餘，以致可以說，它只是就一方面看來好像有缺陷；而乃是就對象的整個性質看來，它陷於解體。這種辯證法的結果是空無，是否定；它裡面所包含的肯定方面還沒有出現。這種眞的辯證法是與伊利亞學派的工作分不開的。不過在他們那裡（哲學）理解的意義和本質還沒有得到廣大的發展；而他們只是停留在那裡，說：由於矛盾，所以對象是一個空無的東西。

芝諾關於物質的辯證法，直到今天還沒有被反駁；我們還沒有超出他的論證，而仍讓這問題處在不確定的狀況中。據辛普利修斯說：「芝諾證明，如果『多』存在，則它會又是大，又是小：如果多是大的，那麼它在體積上（在一般的量上）就會大到無限」，超出那作爲無差別的限制的多，進而成爲無限，而無限者即不復是大，不復是多，無限就是「多」的否定；「如果多是小的，那麼它就會小到沒有體積」；而成爲一個原子，非有者。「這裡他指出，凡是既無體積、又無厚度、又無品質的東西，也就是完全不存在的東西。因爲如果把它加在另一物上，而此物並不因之增多；因爲它既沒有體積，加上去，也絲毫不能增加他物的體積，因此所加者，將是『無』。同樣，如果把它減去，則他物亦不因而有所減少；因此它將是『無』。」[230]

「如果存在者是存在的，則它必然有體積和厚度（廣袤），是彼此外在的，是彼此離開的。並且同樣的道理也適用於其他的東西；因爲這個東西也有體積，並且在它裡面也有相互不同的東西。但對於某種東西說一次，和老是說它，乃是一樣的；在它裡面沒有什麼東西是最後者，也沒有一個東西比另一個東西更不存在。如果『多物』存在，則它們既是小又是大：是小則它就會小到沒有體積；是大則它就會大到無限。」[231]

這個辯證法的較詳部分，亞里斯多德[232]曾經給我們保存下來；芝諾對運動曾特別做了客觀辯證法的研究。但像我們在柏拉圖的《巴門尼德篇》所看見的那種詳盡性，他還沒有達到。我們看見在芝諾的意識裡，那單純的不動的思想消失了，而成爲自身思維的運動。當他排斥感性的運動時，他承認了思維的運動。辯證法之所以首先向運動攻擊，其原因即在於辯證法本身就是這種運動，或者運動本身就是一切存在者的辯證法。一個東西，作爲自身運動者，具有辯證法於自身內，而運動就是：自己成爲對方，揚棄自己。亞里斯多德引證這點說，芝諾否定了運動，因爲運動存在著內在矛盾。但這話不可以了解爲運動完全不存在；像

230 辛普利修斯注亞里斯多德，《物理學》，第三十頁，a。

231 辛普利修斯注亞里斯多德，《物理學》，第三十頁，b。

232 亞里斯多德，《物理學》，第四卷，第九章。

我們說「有象，沒有犀牛」那樣。至於說有運動，說運動的現象是存在的，芝諾完全不反對這話；感官確信有運動，正如確信有象一樣。在這個意義下，芝諾可以說是從未想到過要否認運動。問題乃在於考察運動的眞理性；但運動是不眞的，因爲它是矛盾的。因此他想要說的乃是：運動不能享有眞正的存在。於是芝諾就指出，運動的觀念裡即包含有矛盾；他並且提出四個證明來反駁運動。這些證明建築在空間和時間可無限分割上面。

（一）芝諾的證明的第一個形式是這樣的，他說：「運動沒有眞理性，因爲運動者在達到目標以前必須走到空間的一半。」亞里斯多德對這點陳述得這樣簡短，因爲他前此曾經詳盡地研究並發揮這問題了。這話應當一般地來了解，這是預先假定了空間的連續性。運動者必須達到某一目的地；這一途程是一個全體。爲了要走完這全部途程，運動者首先必須走完一半。現在這一半途程的終點就是他的目的地。但這一半又是一個全體，這一段空間（或途程）也還是有它的一半；因此這運動者首先又須達到這一半的一半，如此遞進，以至無窮。芝諾在這裡提出了空間可無限分割的問題。因爲空間和時間是絕對連續的，所以可以沒有停頓地分割下去。每一個量——每一時間和空間總是有量的——又可以分割爲兩半；這種一半是必須走過的，並且無論我們假定多麼小的空間，總逃不了這種關係。運動將會是走過這種無窮的時點，沒有終極；因此運動者不能達到他的目的地。

人們都知道，犬儒學派人錫諾普的第歐根尼對這種關於運動的矛盾的證明曾如何用十分簡單的方法去反駁；他不發一語地站起來，走來走去——他用行爲反駁了論證。233 但這個軼事又繼續說，當一個學生對他這種反駁感得滿意時，第歐根尼又斥責他，理由是：教師既然用理由來辯爭，他也只有用理由去反駁才有效。同樣，人們是不能滿足於感官確信的，而必須用理解。

這裡我們看見〔壞的〕[18] 無限〔或純現象〕初次出現了，在它的矛盾裡發展了，達到了對它自己的意識。運動，純現象自身是對象，並且作爲一個被思維的、就它的本質說是被假定的東西而出現：即〔我們試從時點的形式來考察〕在它的純自身同一和純否定性的區別裡，在它的點的區別裡，與連續性相反。對於我們，在表象裡假定空間中的點，或假定在連續性的時間中的時點，或假定時間的現在作爲一個連續性、長度〔日、年〕，並沒有什麼矛盾；但它的概念是自相矛盾的。自身同一性、連續性是絕對的聯繫，消除了一切的區別，一切的否定，一切的自爲性。反之，點乃是純粹的自爲之有、絕對的自身區別，並與他物沒有任何相同性和聯繫。不過這兩方面在空間和時間裡被假定爲一了；因此空間和時間就有了矛盾。首先就要揭示出運動中的矛盾；因爲在運動中那從表象看來相反的東西也被建立了。運

233 第歐根尼·拉爾修，第六卷，第三十九節；塞克斯圖斯·恩不里柯，《皮浪學說概略》，第三卷，第八章，第六十六節。

[18] 據英譯本，第二六八頁增補。——譯者

動正是時間和空間的本質和實在性；並且由於時空的實在性表現出來了，被建立了，則同樣那表現的矛盾也被建立了。而芝諾促使人注意的就是這種矛盾。

空間的連續性，以及由二分空間而得的限度，均被假定爲肯定的東西。但那由二分得來的限度，並不是絕對的極限或自在自爲的東西，它是一個有限度的東西，而又是連續性。但這種連續性亦復不是什麼絕對的東西，而乃是建立反對者於其內，二分的限度；但這樣一來，連續性的限度又沒有建立起來，那一半還是連續性，如此遞進，以至無窮。一提到「進到無窮」，我們就想像著一個「他界」，這是不能企及的，外在於表象，而爲表象所達不到。那是一個無窮的向外馳逐，但卻呈現在概念裡——一種向外馳逐，由一個相反的規定到另一相反的規定，由連續性到否定性，由否定性到連續性；兩者皆呈現在我們前面。這種無窮進程的兩個環節中的一個環節，可以被肯定爲主要的一面。現在芝諾首先這樣假定了這種連續的無窮進程，以致有限的空間終究是不能達到的，既然有限的空間不能達到，因此就只有連續性了；換句話說，芝諾肯定了有限空間中的無窮進程。

對芝諾的矛盾，亞里斯多德的一般的解答是：空間與時間並不是無窮分割了的，而只是可以分割的。但是既然時空是（潛在地，不是實在地）可分割的，似乎它們也就應該是實際上無窮分割了的；因爲若不然，它們就不能被分割至無窮；這是表象的看法（於反駁亞里斯多德的解答時〕[19]的一般的答覆。因此貝爾（Bayle）[234]說亞里斯多德的解答是「可憐的」：

「承認這個學說是正確的，實無異於對世界開玩笑；因爲如果物質是可以無限分割的，則它必包含有無限數目的部分。那麼它就不是一種潛在的無限，而是一種實在地、實際地存在的無限。但是即使承認這種潛在的無限，會由於它的各部分之實際地被分割而變成無限，也不會失去什麼好處；因爲運動是和分割具有同樣性質的東西。運動接觸空間的這一部分時，並不接觸其另一部分，它是一部分跟著一部分地接觸所有各部分的。這不就是把這些部分實際上區隔開來了嗎？一位幾何學家在一塊石板上畫出一些線，把每半寸每半寸都一一指示出來，不就是這樣做的嗎？他並不把石版打碎成半寸半寸的，但他卻是在上面做了一種分割，指出了各部分的實際區別；我相信亞里斯多德不會否認：如果在一寸長的物質上畫了無數條線，也就是做出了一種分割，把那種照他所說只是潛在的無限變成實際的無限。」這個「如果」眞好！

從哲學看來，單純的概念、普遍，乃是無限性的或純粹現象的單純本質，無限性就是純概念的運動。可分性、可能性〔即潛在性〕是普遍；它既是連續性也是否定性，「點」便在這裡面假定了，但只是作爲其中的環節，而不是作爲自在有爲的存在。我能對物質做無限分

[19] 據英譯本，第二六九頁增補。——譯者

234 見貝爾，《歷史的和批評的辭典》，第四卷，芝諾條，附注E。

割，但也只是「我能」罷了；我並不實際地對物質做無限分割。正因爲無限者的性質是這樣，所以它的環節沒有一個是具有實在性的。不會有這樣的情形，即一個環節是潛在的，或實際地發生，既不是絕對限度，亦不是絕對連續性，以致另一環節卻老是沒有發生。這是兩種絕對相反的東西，但作爲環節，這就是說，它們是在單純的概念裡或在普遍裡，也可以說，在思維裡；因爲在思維（一般的表象）裡那被假定的東西同時存在而又不存在。那被表象的東西本身，或就它之爲表象中的形象而言，並不是實物：它不是「有」，也不是「無」，所以普遍，不論在意識內或意識外，乃是一中立的（即非有非無的）單純統一。空間和時間是限量，有限度的量，因此是可以經過（衡量）的。一如我既沒有眞實地無限地分割空間，同樣在運動中的物體也沒有眞實地經過無限的空間；那一定的空間作爲有限的東西呈現在那裡，爲那運動的物體而存在著。所以在運動中空間是作爲一個普遍的東西爲那運動者而呈現著。那被分割的空間並不是絕對的點積性（即非連續性），而那純粹的連續性也不是未被分割的和不可分割的；同樣時間也是普遍的東西，不是純粹的否定性、點積性，而也是連續性。兩者皆表現在運動裡：純否定性表現爲時間，連續性表現爲空間。運動本身正是這對立中的實際的統一，這兩個概念（即否定性和連續性）在運動裡從表象看來得到了實在性，而且普遍在這運動裡得到這兩個概念的統一、作爲統一的普遍性的環節，和兩者在統一中的相互分離，以及兩者在相互分離中的統一。

時間和空間的本質就是運動，因爲本質是普遍；理解運動即是在概念的形式內表達它的本質。運動作爲否定性和連續性的統一，是被表達爲概念、爲思想；但在時空裡，連續性以及點積性均不能單純地認爲本質。從表象看來這兩個環節本身都是不可分離的。假如我們把空間或時間表象爲可以無限分割，則我們因而就會得到無限數的點，但裡面也同樣存在著連續性，這就是包括無限數的點的空間。但這種連續性作爲概念即意謂著所有這些點都是相同的；因此正確講來，它們不是被當作點，被當作相互外在的「一」。

運動是作爲時空對立之統一的無限者。這兩個環節（時空）也同樣表現爲存在的東西；它們是那樣的無區別，以致我們不假定它們爲概念，而假定它們爲存在。在作爲存在的時空裡否定性就是有限度的量，它們是作爲有限度的空間和時間而存在著。而實際的運動就是透過一個有限度的空間和時間，並不是透過無限的空間和時間。

芝諾的其餘的命題也可以從同樣的觀點去了解，不要把它們了解爲反對運動的實在性的辯駁，像最初看來那樣，而須把它們了解爲如何規定運動的必然方式，但同時又須指出規定運動的方法應如何進行。推翻對方的反駁即意謂著指出這些反駁的空無性，好像強些反駁必然會站不住，根本不須提出來一樣。但我們必須像芝諾對於運動所曾思維過那樣去思維運動，而使得運動的假定本身進一步向前運動。

說運動者必須達到一半，是從連續性，亦即分割的可能性，單純的可能性——出發而得到的肯定；因爲這種分割的可能性無論在任何可以想像的每一細小的空間裡都永遠是可能的。人們很自然地就承認必須達到一半：這樣一來就必須承認一切，承認達不到一半；一次那樣說就等於說了無數次。反之，人們總以爲，在一個較大的空間裡是可以承認（達到）一半；但人們設想著必須來到這樣的一點，在這裡分割成兩半已不復可能（亦即在我們不可能），即必然會達到這樣細小的一個空間，對它已不復能說一半：這就是說，來到一個不可分的、不連續的，沒有〔餘地的〕空間。但這個想法是錯的，連續性本質上是一個規定。當然空間內有最小的東西，這裡面包含有連續性的否定，但這是抽象的否定；但抽象地堅執著那假想的一半一半地分割，也同樣是錯的。當接受一半一半的分割時，就已經接受時空連續性的中斷性了。我們必須說：沒有一半一半的空間，空間是連續的；一本書、一塊木頭，我們可以把它劈成兩半，但對於空間我們卻不能這樣做，因爲空間只有在於運動中。人們馬上可以這樣說：空間是無限多的點、亦即無限多的限度所組成，因此是不能通過的。人們假想著可以從這樣一個不可分割的點過渡到另一個點；但是這樣他們便不能前進一步了，因爲不可分的點是無限的多。連續性被分裂成它的對方，不確定的多，這就是說，不承認有連續性，也就沒有運動。人們錯誤地主張，以爲達到一個沒有連續性的東西時運動是可能的；殊不知運動就是聯繫。

因此當我們以前說，連續性是無限分割的可能性的根據時，則意思是說，連續性只是假定，不過對這種連續性所假定的，乃是無限多的、抽象地絕對的限度之存在。

（二）「第二個證明」（這個證明同樣以連續性爲前提並假定了可分割性）叫做「阿基里斯」，那行走如飛的人。古代的哲學家喜歡使思想上的困難穿上一層感官表象的外衣。有兩個往同一方向運動的物體，其中的一個走在前面，另一個與它有一定的距離，比它運動得更快，在追趕它，我們知道，第二個是可以追得上頭一個的。但芝諾說：「那走得慢一點的永遠不會被那走得較快的追趕。」這一點他是這樣證明的。追趕者需要（一定的）時間，才能「達到被追趕者於這一個時間開始時出發之處」。當第二個達到第一個動身的地方時，第一個已前進了一步，留下一段新的空間，這又需要第二個費一部分時間才能走過；依此遞推，以至無窮。例如：乙在一小時內走兩哩，甲在同樣時間內走一哩。如果他們彼此相距兩哩，則乙在一小時內就達到甲在這一小時的開始所在的地方。而甲所留下的這一段空間（一哩），乙於半小時內就可以走過，如此以至無窮。較快的運動對於第二個物體爲了走過那中間相距的一段空間毫無幫助；所需的那一點時間，那走得較慢者也永遠可以利用，並且「因此他永遠占先」。

當亞里斯多德討論這點時，他簡略地這樣說：「這個證明還是假定了同樣的無限分割」，或假定了透過運動的無限分割。「這是不眞的；因爲走得快者將趕上那走得慢者，如果容許他超過那局限他的限度。」[235]這個答覆是不錯的，包含了一切。就是說，在這種看法裡承認了兩個彼此分離的不同的時點和兩個彼此分離的不同的空間，換句話說，它們是有限度的，它們彼此互爲限制。反之，當人們承認時間和空間是連續的，則這兩個時間點或兩個空間點便是連續的、互相聯繫的：則它們同樣是兩個，也不是兩個，而是同一的。（一）就空間而論：在同一段時間裡甲走完距離 bc，而乙走完距離 $ab+bc$。在表象裡我們最容易解決這問題：即因爲乙走得較快些，他在同一段時間內比起那走得慢的人可以透過較長的距離；

235《物理學》，第六卷，第九章。

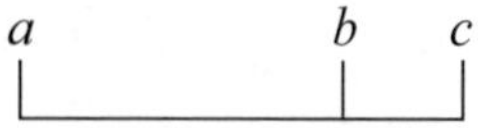

所以他可以走到甲出發的地方，並且還可走得更遠。（二）但這應該有的一段完整的時間，卻可分爲乙走過 ab 的一段時間和乙走過 bc 的一段時間。甲先有第一段時間以走過 bc；所以甲到了 c 的時點，就是乙到了 b 的時點。照亞里斯多德說，必須超出的那個限度，那必須通過的，就是時間；既然時間是連續的，所以要解除這困難就必須說：必須把那被區分爲兩個時段的時間當作是一段時間，在這段時間裡，乙由 a 走到 b，又由 b 走到 c。在運動中，這兩個時點當然是一個時點。當我們一般地說到運動時，我們總是這樣說：物體在這一個地點，然後走向另一個地點。由於它在運動，它已不復在第一個地點，但是也還不在第二個地點；如果它在兩個地點中的一個地點，則它就是靜止的。人們說，它是介於兩個地點之間，但這並沒有說明什麼；因爲介於兩個地點之間它還是在一個地點，因此這裡還是存在著同樣的困難。但運動的意思是說：在這個地點而同時又不在這個地點；這就是空間和時間的連續性，並且這才是使得運動可能的條件。芝諾在他一貫的推理裡，把這兩點嚴格地相互反對了。我們也使空間和時間成爲點積性的；但同樣也必須容許它們超出限制，這就是說，建

立這限制作爲沒有限制、作爲分割了的時點，但又是沒有被分割的。

在我們通常的表象裡，也有芝諾的辯證法所依據的同樣的規定。我們很可以這樣說——雖然並不願意——：在一個時段裡可以走過兩個空間的量（即距離）；但不說：那走得較快者把兩個時段合成一個時段，而是假定一個確定的空間去說它。因此就那走得較慢者喪失他的優先而論，我們必須說：他失掉了一段時間的優先，也就是間接地失掉了一段空間的優先。

芝諾認爲只是限度、分割、時間和空間的點積性的環節就其整個（抽象孤立的）特定性而言是有校準的；因此就發生了矛盾。造成困難的永遠是思維，因爲思維把一個對象在實際裡緊密聯繫著的諸環節彼此區分開來。思維引起了由於人吃了善惡知識之樹的果子而來的墮落罪惡，但它又能醫治這不幸。這是一種克服思維的困難；但造成這困難的，也只有思維。

（三）據亞里斯多德說：「第三個形式就是『飛矢不動』」，這是因爲「那自身運動的東西永遠在」自身同一的「此刻」，在自身同一的「此處」，是在「不可區分的東西內」。它是在此處，此處，此處。所以我們說，它永遠是一樣的；但我們不把這叫做運動，而叫做靜止：凡是永遠在此處在此刻的東西就是靜止的。換言之，關於飛矢也同樣可以這樣說：它是永遠在同一空間和同一時間內；它不能超出它的空間，它不能占據一個別的，亦即較大的或較小的空間。在這裡變成他物的可能就被取消了；限度一般地建立起來了，但限度也同樣只是環節。在此處、此刻本身內是沒有區別的。在空間內，這一點和那一點同樣是一個此處，這個是此處，這個是此處，而另一個又是此處……；而這個「此處」永遠是同一的「此處」，它們彼此間完全沒有區別。所以，在這裡，「此處」的連續性，相同性就有校準地建立起來以與複多的「意見」對立了。每一個地點都是不同的地點，因此也是同一的。複多性〔不同性〕只是意想的。眞的客觀的區別不出現在這些感性的關係裡，而只出現在精神的關係裡。

這種關係也出現在力學裡；即關於兩個物體中哪一個在運動的問題。這不只需要兩個地點，至少三個地點，才能決定哪一個物體在運動。但至少這是不錯的，即運動完全是相對的；在絕對空間裡（例如眼睛）不論是靜止的或運動的，都是完全一樣的。或者按照牛頓的命題，當兩個物體相互環繞運動時：於是就發生這樣一個問題：究竟是一個還是兩個在運動。牛頓想要用一個外在情況，用線的緊張情況來決定這點。當我在一個船上向著與船行的方向相反的方向走時，則我的這種行走，對船說是運動，對別的東西說是靜止。

在前兩個證明裡，**在前進**中的連續性是占優勢：沒有絕對的限度，也沒有被限制的空間，而是絕對的連續性，超出一切限度。而現在這裡所堅持的恰好相反：即絕對的限度，連續性的中斷，沒有到對方的過渡。關於這第三個證明，亞里斯多德說：「它起源於假定**時間是此刻**所構成；因爲如果我們不承認這點，則這結論就站不住。」[236]

（四）「第四個證明是採取兩個相等的物體，在一個場所，在一個相等的物體旁邊，以相等的速度，彼此向著相反的方向運動，一個從這場所的一端出發，另一個從中間出發。由

236《物理學》，第六卷，第九章。

此就可以得出結論說，一半的時間是相等於它的兩倍。這個結論的錯誤基於芝諾假定了在運動的物體之旁和在靜止的物體之旁的東西在相等的時間內以相等的速度走過相等的距離；但這是錯的。」[237]

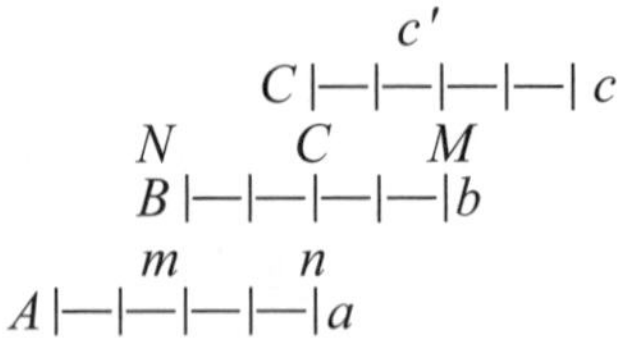

假如在一定的空間上，例如在一塊平板上（Aa），有兩個與它同長度並彼此同長度的物體，其一（Bb）以它的末端（B）放在平板的中心（m），另一（Cc）向著同一方向，只是接觸平板的一端（n），並且它們向著相反的方向運動，而前者（Bb）假定在一小時內就達到平板的一端（n）：於是就得到這樣的結果，即其一（Cc）在一半的時間透過同一的空間

325

237 《物理學》，第六卷，第九章。

（CN），而另一要在雙倍的時間內才透過這空間（mn）；因此一半相等於雙倍。這就是說，「這第二者（c'）經過了那整個第一者（Bb）。」在第一個半小時內c'從M走到C：

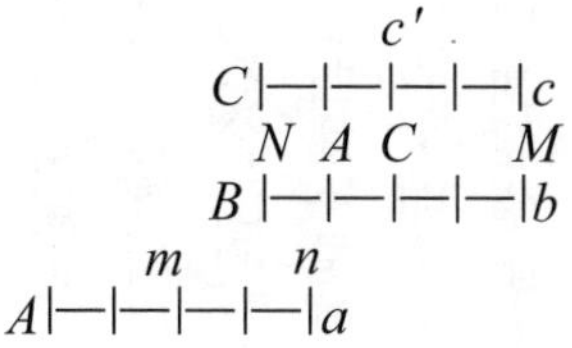

在第二個半小時內經過了A到N，整個講來由M到N；因此是雙倍：

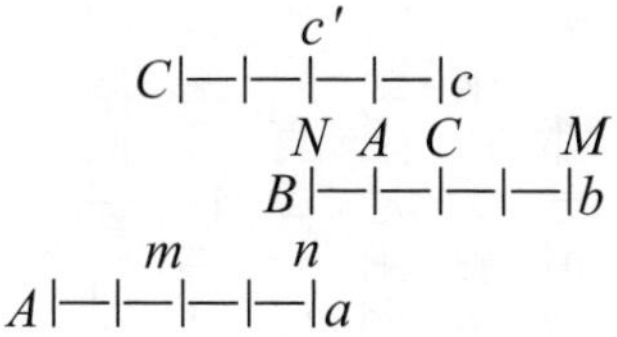

這第四個形式討論的是存在於相反的運動中的矛盾。對立在這裡具有另一種形式：（一）但普遍者作爲共同的東西又是完全屬於每一部分，而每一部分單獨只作它一部分的工作。（二）只有每一部分單獨爲自己所做的工作，才被認爲是眞實的（存在的）。這裡一個物體所走的距離是兩個物體所走過的距離的總和；猶如當我向東走兩尺，從同一出發點的另一人向西走兩尺，於是我們就有了四尺的距離，這就是把兩人所走的距離加起來，在兩人的距離裡，兩者都是積極的。或者我向前走兩步，向後退兩步，我仍在同一地方，雖說我已經走了四尺遠，但我卻仍沒有離開那地方。因此運動也是空無；因爲由於向前走和向後走在這裡是相反的（矛盾的），而相反的東西必自己揚棄自己。

這就是芝諾的辯證法。他曾經掌握了我們空間和時間觀念所包含的諸規定；他曾經把它們（即時空的諸規定）提到意識前面，並且在意識裡揭露出它們的矛盾。康德的「理性矛盾」比起芝諾這裡所已完成的並沒有超出多遠。

芝諾的辯證法的普遍原則，伊利亞學派的普遍命題因此是這樣的：「眞理只是太一，一切其他的東西都不是眞的」；正如康德哲學得到的結果：「我們只認識現象。」大體上他們的原則是相同的，即：「意識的內容只是一個現象，沒有眞的東西」；但兩者也有一個區別。即芝諾和伊利亞學派人是在這樣的意義下說出它們的命題的：「感性世界以及它無限複多的形象本身只是現象；這一方面本身沒有眞理。」康德的意思與此不同。他主張：「由於我們面向著世界，應用我們的思維活動去規定外在世界」（對於思維，那內心給予的世界也是一個外在的世界），「由於我們面向著它：我們把它造成現象；那是我們的思維的活動，它把

327 如許多的範疇——感性的、反思的範疇等等——給予外界事物。因此只有我們的認識是現象，世界自身是絕對眞實的。只是我們範疇的使用，我們的行爲給我們摧毀了外在世界：凡我們所做的這一切，都毫無用處。外在世界成爲一個不眞實的東西，即由於我們投給它一套的範疇。」這是一個很大的區別。這種內容在芝諾看來也是空無的；但在康德看來，乃是因爲它是我們的製作品。在康德看來，乃是精神的東西摧毀了這世界。照芝諾看來，這世界、現象界本身就是不眞的。照康德看來，我們的思維、我們的精神活動是不好的東西；這乃是精神的一種過度謙卑，把知識當作沒有價值。在新約內基督說：「難道你們不比麻雀更好些嗎？」作爲能思維者的我們就是這樣；作爲有感性者的我們是與麻雀差不多好或壞。芝諾的辯證法的意義比起這種近代的辯證法還有較大的客觀性。芝諾的辯證法還只限於形上學；後來在智者派那裡便得到一般的應用了。

我們現在結束了伊利亞學派。伊利亞學派繼續傳播下去，一方面在留基伯那裡，一方面在智者派那裡：後者把伊利亞學派的概念擴展到一切現實和意識對現實的關係上面；前者是伊利亞學派的學生，在時間上說較晚，進一步發揮了概念的抽象性，但是轉向於與意識相對立的物理學問題。此外據稱還有一些別的伊利亞學派人，但是對我們已沒有什麼興趣。坦納曼[238]說：「那樣地出乎意料以外，伊利亞學派系統會得到許多贊成者，而塞克斯圖斯還提到一個叫做塞尼亞德的。」

238 第一冊，第一九〇頁。

肆、赫拉克利特

如果我們拋開那些尚未把「絕對」理解為思想的伊奧尼亞派，同時也拋開那些畢達哥拉斯學派，那麼，我們就得到伊利亞學派的「純有」和否定一切有限關係的辯證法。（在伊利亞學派看來），[20]思維便是（做出）這樣一些現象的過程：「有」（疑誤，似應作「變化」。——譯者）、世界本身也不過是現象，只有純有是真實的。芝諾的辯證法抓住了存在於內容本身中的那些範疇。這種辯證法也還只能稱為主觀的辯證法，因為辯證法只限於靜觀的主體一邊，而那「一」是沒有這種辯證法的，是沒有這種運動的，是（孤立的）一，是抽象的同一。芝諾的主觀辯證法更進一步的發展，就必然是主觀辯證法變成客觀辯證法，亦即把這種運動本身了解為客觀的東西。亞里斯多德譴責畢達哥拉斯的數和柏拉圖的理念，因為它們是事物的本體，事物分享它們——這是一種空談，哪裡有什麼現實的東西呢？亞里斯多德也譴責泰利斯，說他拋棄了運動；在巴門尼德那裡，我們看到「有」和當作在主體中的運動的辯證法。現在，赫拉克利特把絕對本身了解為這種過程——了解為辯證法本身。（於是）辯證法（就有了三方面）[21]：（一）外在的辯證法，即達不到事物內在本質的反復

[20] 據英譯本，第二七八頁增補。——譯者

[21] 據英譯本，第二七八頁增補。——譯者

推論；(二)關於對象的內在的辯證法，但陷於主體的靜觀；(三)赫拉克利特的客觀性，亦即認辯證法本身為原理。這是必然的進步，這也就是赫拉克利特所做出的進步。「有」是「一」，是第一者；第二者是「變」——赫拉克利特進到了「變」這個範疇。這是第一個具體者，是統一對立者在自身中的「絕對」。因此在赫拉克利特那裡，哲學的理念第一次以它的思辨形式出現了：巴門尼德和芝諾的形式推理只是抽象的理智；所以赫拉克利特普遍地被視為深思的哲學家，雖說他也被誹謗。〔像在茫茫大海裡航行〕，這裡我們看見了陸地；沒有一個赫拉克利特的命題，我沒有納入我的邏輯學中。

赫拉克利特在第七十屆奧林匹亞賽會（公元前五百年）時就有聲譽了，他是以弗所人，[239]有一段時間是和巴門尼德同時的。從他起始，哲學家才從公共事務和祖國的利益分離，或撤退。我們看見：(一)希臘「七賢」都是政治家、統治者、立法者；(二)畢達哥拉斯學派的貴族聯盟；(三)哲學——為學術而學術的興趣。赫拉克利特則獻身於學術，完全為了哲學而生活在孤寂之中。關於他的生平，除去他與他的家鄉人——以弗所人——的關係外，所知甚少。他與家鄉人的關係，主要是下面這一點：他們都輕視他，[240]但也更深刻

239 第歐根尼·拉爾修，第九卷，第一節。

240 第歐根尼·拉爾修，第九卷，第十五節。

地爲他所輕蔑[241]——這個關係，正如現今社會中每一個人都獨自生活而輕視一切其他的人一樣。我們知道赫拉克利特是遠離群眾的。在這個高貴的精神裡，其所以產生這種輕蔑，是由於他對於他的家鄉人們的觀念和日常生活之違反眞理有著深刻的感覺；在不同際遇中所發出的有關這一點的個別詞句還保存了下來。第歐根尼·拉爾修[242]講到，赫拉克利特曾說過這樣的話：「以弗所人中一切成年人都應該絞死，城邦應交給尚未成丁的人去管理。」——（正如現在人們想的，只有青年善於統治），「因爲他的家鄉人曾驅逐了他的朋友赫爾謨多羅——他們當中最傑出的人物，至於他們這樣做的理由是：在我們當中不應當有最傑出的人，誰若是這樣傑出的人，就讓他到別處去和別人居住。」在雅典的民主政治之下，也由於同樣的原因，人們放逐了偉大的人物。普羅克洛[243]說：「高貴的赫拉克利特罵他的人民愚蠢無知、沒有思想。他說，他們有什麼理智和深識遠見呢？多數人是壞的，少數人是好的。」……「他的家鄉人曾請求他參加公共事務的管理；但是他拒絕了，因爲他不贊成他們的憲法、法律及國家機關。」第歐根尼·拉爾修繼續說道[244]：「安底斯泰尼引用一件事作爲

241 第歐根尼·拉爾修，第九卷，第三節。
242 第歐根尼·拉爾修，第九卷，第二節；西塞羅，《杜斯古朗問題》，第五卷，第三十六。
243 法布里修注塞克斯圖斯·恩丕里柯，《反數學家》，第七卷，第一二七節；《普克羅洛文集》，古桑（Cousin）編，第三冊，第一一五—一一六頁。
244 第歐根尼·拉爾修，第九卷，第六節。

赫拉克利特心靈之偉大的證明，說：他把王位讓給了他的兄弟。」

波斯國王大流士一世曾邀請赫拉克利特到他那裡，請他分享希臘的智慧，因爲他（赫拉克利特）的著作《論自然》包含著世界理論的巨大力量，但是很多地方是晦澀的；請他去爲國王解釋那些需要闡明的地方。[245]（這自然是不太可能的，雖然赫拉克利特具有東方的情調）——據說赫拉克利特在他的回信中，強烈地表現了他對人們當作眞理和正義的東西的輕蔑。他寫道[246]：「那樣多的世人生活著，對於眞理與正義都是陌生的，他們由於可惡的愚昧而保持著無節制的和虛妄的意見。但是我呢，由於我已遺忘了一切罪惡，遺棄了跟隨我無度的忌妒和居高位的傲慢，我將不來波斯，而滿足於我的卑微並保持我的素質。」

他將他的著作（僅僅一種）放在以弗所的黛安娜（月神）廟裡，這部著作有些人名之爲《繆斯》（即藝術之神），有些人叫它爲《論自然》。[247]這部著作似乎在近代還存在著；我們所得到的殘篇是蒐集在史蒂芬奴斯版的《哲學詩篇》（*Poësis philosophica*）一書中。[248]史萊馬赫也曾蒐集過這些殘篇，並依獨特的計畫加以編排，名爲「以弗所人赫拉克利特——

245 第歐根尼．拉爾修，第九卷，第十三節。
246 第歐根尼．拉爾修，第九卷，第十四節。
247 第歐根尼．拉爾修，第九卷，第十二節、第六節。
248 第一二九頁以下。

晦澀的人，按他著作的片段及古人的記述整理而成」，這本書收在沃爾夫和巴特曼的《古代學術文庫》第一卷第三一五至五三二頁（一八〇七年柏林出版）；計有七十三段。克勞澤曾企圖以更多的批判和語言學知識來整理它。他做了更為全面的蒐集（特別是從語法學者那裡）。但是由於缺少時間，他把這個蒐集交給一位青年學者來整理，但這人已經死了，所以這個蒐集沒有問世。這一類蒐集一般都是很冗長的。它們包含著大量的博學材料，這些東西寫起來比讀起來還更容易。

赫拉克利特被認為是晦澀的；並因其晦澀而聞名。西塞羅[249]在這裡有如他習慣的那樣，有一種不好的想法；他以為赫拉克利特是故意寫得如此晦澀。但是這種說法是很膚淺的，西塞羅把他自己的膚淺說成是赫拉克利特的膚淺——即故意寫得晦澀。赫拉克利特的晦澀使他得到「晦澀的人」（σκοτεινός）的綽號，這乃是忽略語法及不完善的語言的結果；這也是亞里斯多德的意見。他從語法的觀點認為晦澀是由於缺乏標點斷句：「人們不知道，一個字是屬於前面，抑或是後面。」[250]德米特里（Demetrius）[251]也是這樣說。蘇格拉底談到這本書

249 《論神的性質》，第一卷，第二十六章；第三卷，第十四章；《論目的》（或論至善），第二卷，第五章；《哲人言行錄》，第九卷，第六節。

250 亞里斯多德，《修辭學》，第三篇，第五章。

251 《論演說術》，第一九二節，第七十八頁，史奈德（Schneider）編。

時說：「他〔赫拉克利特〕所了解的是深邃的，他所不了解而爲他所信仰者，也同樣是深邃的；但是，爲了鑽透它，就需要一個勇敢的游泳者。」[252]但是這個哲學之所以晦澀，主要由於在它裡面表現了一個深奧的、思辨的思想；這種思想對於理智永遠是艱深的、晦澀的：反之對於理智，數學倒是很容易的。概念、理念對於理智則是格格不入的，是不能爲它所把握的。

柏拉圖曾經特別勤勉地研究過赫拉克利特的哲學。在他的著作中我們看見很多地方引用它，並且無可爭辯地他是透過赫拉克利特的哲學而獲得他的早期哲學素養的，所以赫拉克利特能夠稱作柏拉圖的老師。同樣，希波克拉底也是赫拉克利特學派的哲學家。

赫拉克利特的哲學所描述給我們的，初看起來似乎是很矛盾的，但是可以用概念來打通它，我們發現了他是一個有深刻思想的人，他是前此〔一切〕意識[253]的完成——一個從理念到全體性的完成，而這個全體性就是哲學的開始，或者說，這個全體性說出了理念的本質、無限的性質〔作爲對立的統一〕。[22]

332

---

252 第歐根尼．拉爾修，第二卷，第二十二節；第九章，第十一－十二節。

253 按：「意識」，英譯本，第二八二頁作「知識」。——譯者

[22] 依英譯本，第二八二頁增補。——譯者

〔一、邏輯原理〕[23]

這個勇敢的精神第一次說出了這樣深刻的話：「有不比無多」，它是同樣的少；[254]或者：「有與無是同樣的」，[255]本質是變。眞理只有被當作對立物的統一；我們看見在伊利亞學派那裡的抽象理智：唯有「有」存在。用我們的話來表達赫拉克利特的意思應說：絕對是有與無的統一。當我們聽到「有不比無多」這個命題時，似乎它並沒有產生多少意義，而只是一般的否定，毫無思想性。但是，我們還有另一種說法，它更確切地表明了他的原理的意義。赫拉克利特說：「萬物皆流轉，無物常駐、亦無物永爲同一之物。」關於赫拉克利特，柏拉圖繼續說道：「他把事物和一條河中的水流相比——人不能兩次涉入同一水流」；[256]因爲水流動著；而人觸到的是別的水了。他的後繼者甚至說：「人一次也不能涉入」，[257]因爲水

[23] 譯者增補。

254《形上學》，第四卷，第七章（又《形上學》，第一篇，第四章）。

255《形上學》，第四卷，第三章。

256 柏拉圖，《克堤拉斯篇》，史蒂芬奴斯本，第四〇二頁（柏克爾本，第四十二頁）；亞里斯多德，《形上學》，第一卷，第六章；第十三卷，第四章。

257 亞里斯多德，《形上學》，第四卷，第五章。

流當下變異著；它是什麼，而馬上已非什麼。亞里斯多德[258]繼續說，赫拉克利特提出「只有『一』是常住的；一切別的都從這裡面改造出來」、變異出來、形成出來。「除此『一』外，一切別的都流轉著，無物是鞏固的」、無物是持久的；這即是說，眞理是「變」〔即生成〕，不是「有」——對於這個一般的內容，加以進一步的規定即是「變」。伊利亞學派認爲，只有「有」是存在的，是眞實的；「有」的眞理是「變」——「有」是第一個思想，是直接的。赫拉克利特說，一切皆變；這個「變」就是原則。這個思想包含在這句話裡：有不比無多；「變」存在而也不存在。絕對對立的範疇連成了一個東西；在裡面我們發現了有，也發現了無。不僅發生屬於變，而且消滅也屬於變；兩者不是孤立的，而是同一的。這些都爲赫拉克利特所道出。有不存在，無亦不存在；無不存在，有亦不存在；這就是二者同一的眞理。

這是關於從有過渡到變的偉大思想；它還是抽象的，但同時它也是第一個具體的思想，是相反的範疇的第一個統一。所以在這種關係裡這些〔相反的〕範疇是不安寧的，因爲生命的原則存在其中。因此亞里斯多德指出的早期哲學所缺乏的就補償起來——缺乏運動；現在這種運動在這裡本身就是原理。這樣，這個哲學就不是過去了的哲學，它的原理是基本的，並且出現在我的「邏輯學」的開端中——緊接在討論有與無之後。

---

258 《論天體》，第三卷，第一章。

人們能認識到：有與無都只是沒有眞理的抽象物，第一個眞理只是變——這是人們在認識方面所得到的一個偉大的洞見。理智把兩者孤立起來，認爲單是一方即是眞的和有校準的；與此相反，理性在他物中認識到此物，認識到在此物中包含著此物的對方——所以全、絕對應規定爲變。

赫拉克利特又說：「對立物存在於同一東西中」，例如「蜂蜜是甜的也是苦的」，[259]這樣，有與無是在同一物中。塞克斯圖斯解釋道：「和懷疑學派一樣，赫拉克利特是從人的一般觀念出發的；沒有人會否認：健康的人說蜂蜜是甜的，有黃疸病的人說它是苦的」，如果它僅僅是甜的，那麼它就不能因他物而改變它的性質，它就會無論何處甚至在有黃疸病的人那裡都是甜的。芝諾開始廢除對立的賓詞，而在運動上指出對立物來——運動是界限的設立，也是界限的廢除；芝諾只是從無限的消極面（由於它的矛盾）來說無限是不眞實的。在赫拉克利特那裡我們看見說出了無限本身，或說出了無限的概念、本質：無限或絕對的存在是對立的統一——即一般對立的統一、純粹對立的統一、有與無的統一。如果我們不把存在本身的觀念認作充滿內容的觀念，那麼，純有不過是個簡單的思想（在它裡面否定了一切確定的東西），這就是絕對的否定；但是沒有什麼東西是同樣的，或者說，沒有什麼東西恰恰是自身相同的；像這種絕對的過渡到對立物，芝諾還沒有達到，因爲他還停留在「無不能生

259《皮浪學說概略》，第一卷，第二十九章，第二一〇—二一一節；第二卷，第六章，第六十三節。

有」這個命題上。在赫拉克利特那裡，否定的環節是內在的；因而這裡所處理的是整個哲學的概念。

首先我們看見的是有與無的抽象，即在完全直接一般的形式中的有與無；但是進一步我們看見赫拉克利特以較爲確定的方式去把握這個對立。這個統一是實在的東西與思想的東西的統一，是客觀的東西與主觀的東西的統一；主觀的東西只能是過渡到客觀的東西的變化過程，否則它就沒有眞理性；客觀的東西乃是過渡到主觀的東西的變化過程。眞實的東西是這種變化的過程；赫拉克利特曾經用確定的形式說出了這些不同的（對立的）東西變爲自身合一的過程。例如：亞里斯多德說，[260]赫拉克利特一般地把「全體與非全體（部分）結合起來」——全體把自己變作部分，而部分的意義是變成全體——把「一致與衝突結合起來」，同樣把「和諧與不和諧結合起來；從一切（對立物）產生一，而從一產生一切」。這個「一」不是抽象的東西，而是自我分化的活動；與我們在赫拉克利特這裡看見的深度相對比，那種僵死的無限是一種壞的抽象。塞克斯圖斯．恩丕里柯[261]引證道：「赫拉克利特曾說過：部分是與全體不同的東西，而它也是與全體同一的東西；本體是全體和部分。」上帝創造世界，分化其自身，產生了聖子等等——這一切具體的東西都包含在這個範疇裡。柏拉

260《論宇宙》，第五章。
261《反數學家》，第九卷，第三三七節。

圖在《會飲篇》[262]對話中說到赫拉克利特的原理：「一與自身離異，復與自身合一」，這就是生命的過程，「正如弓與琴的和諧一樣」。然後他讓《會飲篇》中的發言者厄里西馬科斯（Eryximachus）批判這一點：「即和諧產生不和諧，或和諧從對立的東西中產生：因為和諧並不是從高音與低音（只要它們是不同的）中產生，而是由於音樂的藝術把它們統一起來。」但是這對於赫拉克利特並不是個矛盾，他正是這樣想的。簡單的東西、一種音調的重複並不是和諧。差別是屬於和諧的；它必須在本質上、絕對的意義上是一種差別。和諧正是絕對的變或變化——不是變成他物，現在是這個，然後變成別的東西。本質的東西是：每一不同的、特殊的東西之與他物不同——不是抽象的與任何他物不同，而是與它的對方不同：它們每個只在它的對方本身被包含在它的概念中時才是存在的。變化是統一，是兩個東西聯繫於一，是一個有，是這物和他物。在和諧中或在思想中我們承認是如此的；我們看到、思維到這個變化——本質上的統一。精神在意識中與感性的東西相關聯，而這個感性的東西就是精神的對方。音調也是這樣；各種音調必須互相不同，因為是這樣地不同，所以它們仍能統一起來——而這就是音調本身。屬於和諧的是確定的對立及它的相互對立面，正如顏色的和諧一樣。主觀性是客觀性的對方，不是一張紙的對方——如果是後一種情形，那就完全是無意義的事；它必須是它的對方，而在這當中恰恰有著它們的同一性：這樣，每

262　史蒂芬奴斯本，第一八七頁（柏克爾本，第三九七頁）。

一個都是對方的對方，也就是它的對方的對方。這就是赫拉克利特的偉大原理，它可能顯得晦澀，但它是思辨的；而思辨的眞理對於理智永遠是晦澀的，理智堅執著有與無、主觀與客觀、實在與理想的分離。

〔二、實在的形態〕[24]

赫拉克利特在他的闡述中並不停留在概念的說明，即純粹邏輯的說明；而是在他用以論述他的原理的一般形式之外，赫拉克利特給了他的理念一個較富實在性的說明。這種實在的形態主要是自然哲學的，或者說，它的形式更加是自然的形式；因而他也被視為伊奧尼亞學派，並因此而使自然哲學活潑了。可是歷史家們關於他的原理的實在形態有著不一致的說法。大多數說，他把存在著的本質認爲是火，[263]但另外一些人說是空氣，[264]還有些人說是蒸氣，而不是空氣；在塞克斯圖斯[265]那裡甚至時間被稱爲最初存在的本質。問題是：如何來理解這種不同的說法？人們不能完全相信這些描述都是由於作者們的疏忽；因爲這些見證人都

[24] 譯者增補。

263 亞里斯多德，《形上學》，第一卷，第三章、第八章。

264 塞克斯圖斯．恩丕里柯，《反數學家》，第九卷，第三十六節；第十卷，第二三三節。

265 《反數學家》，第十卷，第二六一節。

是最優秀的見證人，如亞里斯多德和塞克斯圖斯・恩丕里柯。他們都不是偶爾提到而是確定地論及這些形式，但是沒有注意到這些差異與矛盾。似乎我們在赫拉克利特文章的晦澀上可以找到一個較爲接近的原因，這種晦澀由於表達的混亂是能夠引起誤解的，但是進一步考察，這種困難就沒有了，這種困難只在人們僅僅表面地觀察時才會出現。在赫拉克利特的具深刻意義的概念裡就存在著超越這種障礙的眞正出路。一般說來，赫拉克利特不能再像泰利斯一樣把水或空氣之類的東西認作絕對的本質——不能再用從一個最初的東西產生出其他東西的方式——因爲他所思想的是有與無的同一或無限的概念。所以在赫拉克利特那裡，存在著的絕對的本質不能作爲一種現存的特質（如水）而出現，反之水是作爲自身變化著的東西而出現，換句話說，水只是過程。

（甲）抽象的過程——時間。如塞克斯圖斯所表明，[266]赫拉克利特曾說：「時間是第一個有形體的本質。」「有形體的」是一個笨拙的詞語。懷疑學派常常選擇粗糙的詞語，也可以說，他們首先把思想弄得粗糙些，是爲了可以對思想不去加以理會。有形體的，意即抽象的感性；時間是對於過程的抽象的直觀，它是第一個感性的本質。因而時間是眞正的本質。當赫拉克利特不停留在對「變」加以邏輯的說明，而要給他的原則以存在的形態時，那麼，時間的形式必然首先呈現；因爲正是在感性和直觀中時間是最初作爲變而呈現的東

266《反數學家》，第十卷，第二三一—二三二節。

西，時間就是變的第一種形式。時間在直觀中是純粹的變。時間是純粹的變化、是純粹的概念、是從絕對的對立中和諧地產生的單純之物。它的本質既是「有」又不是「有」，除此而外別無特性；純粹抽象的有和抽象的無直接在一個統一之中，而又有分別。不是說時間究竟存在或不存在；而是說時間是這樣的東西：它在有中直接地不存在，在非有中直接地存在，時間是這種從有到非有的轉變，是這種抽象的概念，但是就其對我們的關係而言，這種概念是在客觀的形式中（即被直觀的）。在時間中沒有過去與未來，只有現在；現在存在是爲了不存在，馬上就消滅了、過去了，這非有也同樣轉變爲有，因爲它是存在的。時間就是對於這種（由有到無，由無到有）的轉變的抽象直觀。假如我們要述說赫拉克利特當作本質的東西在純粹形式中（他在這種形式中認識到本質）對於意識是如何存在的，那麼，除去時間以外，我們就不能指出別的東西了。因而，說時間是變的第一形式，乃是完全正確的；這是和赫拉克利特的思想原理一致的。

（乙）作爲過程的實在的形態——火。但是這種純客觀的概念必然進一步實現它自己。在時間中有與無只是被視爲消極地或直接地消失的兩個環節。除此而外，赫拉克利特更以較詳的物理方式來規定過程。時間是直觀，然而是完全抽象的直觀。假如我們要以實在的方式來表象時間是什麼，即是說，假如我們要說明這兩個環節是作爲一個獨立的全體，作爲一個現存的東西，那麼，問題就是：什麼樣的物理的東西是相應於這個範疇的？帶著這樣的環節的時間就是過程；了解自然，就是說把自然當作過程來闡明。這就是赫拉克利特的眞理，這就是眞正的概念。因而對於我們是很明顯的，赫拉克利特不能說本質是空氣或水之類的東西；因爲它們自身（這是首要的）不是過程。而火則是過程；因此他把火當作最初的本質，這就是赫拉克利特的原理的實在形式，自然過程的靈魂和本質。正好在過程中諸環節區分開來，如在運動中：（一）純粹消極的環節；（二）現存對立的環節——水和空氣；和（三）靜止的全體——土。自然的生命就是這些環節的過程：靜止的全體——土——分裂爲對立，這些環節的對立的建立——消極的統一，回復到統一，現存對立的燃燒。火是物理的時間；它是絕對的不靜止，是長存性的絕對消失，火是其他東西的消失，但也是它自身的消失，它是不停留的。因而我們了解（即是完全一貫的）赫拉克利特是可以把火稱作過程的概念的，這是從他的基本範疇出發的。

（丙）現在他進一步規定了火，繼續發揮它，把它作爲實在的過程；火自身就是實在的過程，它的實在性就是全過程，於是在這全過程中更進一步、更具體地規定了諸環節。作爲有形體事物的變形者，火就是變化、確定東西的變易、氣化、蒸發；因爲在過程中它是那種東西的抽象的環節，而空氣和蒸氣卻不是。赫拉克利特用一個完全特殊的字眼來稱呼這個過程——氣化（因太陽而產生的煙、霧）；這裡氣化只是表面的意義，它更多的意義是：過渡。亞里斯多德[267]關於赫拉克利特的這方面說道：「靈魂是原理，因爲靈魂是氣化，是萬物的源起」，而這個氣化、變「是最無形體的東西，並且是永遠流轉的」。這也是適合赫拉克

[267]《論心靈》，第一篇，第二章。

利特的基本原理的。[268]

赫拉克利特進一步規定了實在過程的抽象環節，他把這過程區別出兩方面：「向上的路和向下的路」，一條是分裂的路，一條是合一的路。它們必須這樣本質地來理解：分裂是實現，是對立面的建立；另一面是：統一自身的反映，是這個現存對立的揚棄。與此相應，赫拉克利特提出下面這些進一步的特性：「敵對、仇恨、鬥爭和友誼、和諧」，分割與合而爲一（用神話的方式來說就是：愛[269]等等）。「在這兩方面中，敵對、鬥爭是差別發生的原理，但導向燃燒的是統一及和平」。[270]就人與人的敵對而論，就是一個人自認爲獨立，敵視另一人，或各人自爲，一般說這就是分裂、實現；而團結與和平就是從自爲存在沉落到無區別性或非實在性。任何東西都是一個三合體，是本質的統一；自然就是這種絕不靜止的東西，萬有都是從這個到那個、從分裂到統一、從統一到分裂的過渡。

他對這個現實過程的較詳細的規定，有一部分是有缺陷的和矛盾的。在這方面，現在我們從關於赫拉克利特的記載中徵引一些材料，據說他曾如此規定這個過程：「火首先轉化

---

268 約翰·斐羅朋注亞里斯多德，《論心靈》，第一篇，第二章，第二十頁。

269 參看亞里斯多德，《形上學》，第一卷，第四章。

270 第歐根尼·拉爾修，第九卷，第八節。

（變化）爲海；海的一半轉化爲地，另一半爲閃電。」[271]閃電就是躍出的火。這種說法是很一般性的，而同時是很晦澀的。第歐根尼．拉爾修[272]說：「火凝縮變爲潮溼，到固定時它就變成水」，熄滅的（燒盡的）火就是水，就是過渡到冷卻的火，「但乾涸的水變成土；而這就是下降的路。接著土又變成流質（被熔化），從它又產生潮溼（海）：從此潮溼又產生海的氣化，從此氣化而發生萬物」，氣化之物再變成火，火作爲火焰冒出來：「這就是上升的路」。因此這一切都是火的一般變形。「水自身分裂爲黑暗的氣化之物，變成爲土——純粹的、發光的變成火，在太陽系裡它發起火來；火花變成隕星、行星和星辰。」它們並不被視爲靜止的、死的星體，而被視爲在變中、在永恆的產生中的東西。這些東方式的、形象化的詞句是不能以粗糙的感性的意義來了解的，亦即不能說這些變化是在外在知覺中出現的，反之，它們是這些原素的本性；土永恆地給自己製造著太陽和行星。

自然就是這樣的圓圈。在這個意義上我們聽見赫拉克利特說道：「宇宙並不是上帝造的也不是人造成的，它過去是、現在是，而將來也是一團永遠活生生的火，它按照它自己的

271 亞歷山德里亞的克雷門，《基本問題》，第五卷，第十四章，波特本，第七一二頁（史蒂芬奴斯「哲學詩篇」，第一三一頁）。

272 第歐根尼．拉爾修，第九卷，第九節。

規律燃燒和熄滅。」[273]我們可以理解亞里斯多德所引用的話了，原理是靈魂，因爲靈魂是氣化——是世界的自己運動的過程；火就是靈魂。與此相聯繫的亞歷山德里亞的克雷門還有另一種說明[274]：「對於靈魂（有生命的東西）說來，死就是變成水；對於水說來，死就是變成土；反過來從土裡產生出水，而從水中產生靈魂。」因此一般講來這個過程就是熄滅的過程，對立回復到統一的過程，熄滅者重新甦醒的過程，從「一」中發生的過程。有幾個人[275]錯誤地把靈魂的熄滅、火的熄滅於水和最後產生的燃燒敘述成世界的燃燒。說赫拉克利特曾講到世界的燃燒，即在某一時間（有如我們觀念中的世界末日）之後世界將在火裡毀滅，這不過是幻想的表象而已。但是立刻我們從最確切的段落[276]中看到，世界的燃燒並不是像他們所意謂的那樣，而是持久的燃燒、友誼的生成，宇宙的普遍的生命、普遍的過程。「赫拉克利特說，生命既像死亡一樣交織在我們生活中，同樣也交織在我們的死屍中；因爲當我們生活時，我們的靈魂已死亡並埋葬在我們身中；但當我們去世時，我們的靈魂又復活並生活

---

273 亞歷山德里亞的克雷門，第五卷，第十四章，第七一一頁。

274 《基本問題》，第六卷，第二章，第七四六頁（史蒂芬奴斯「哲學詩篇」，第一三一頁）。

275 坦納曼，第一卷，第二一八頁；《哲人言行錄》，第九章，第八節。歐瑟比由《福音之準備》，第十四卷，第三章。

276 參看斯托拜烏斯，《自然的牧歌》，第二十二章，第四五四頁。

起來。」[277]

關於赫拉克利特說火是有生命的、是靈魂，這話還有一種可能顯得很奇怪的說明，即：「最乾燥的靈魂是最優良的靈魂。」[278] 誠然我們不致把最溼潤的靈魂當作最好的，但卻可從另一方面說，最生動的靈魂是最好的；在這裡乾燥的意思即是火熱的，所以最乾燥的靈魂就是純粹的火，而這個東西不是不生動的，它就是生動性自身。

這就是眞實的生命過程的諸主要環節。我在這裡要逗留一片刻，因爲這裡已一般地表述了對於自然的思辨考察（自然哲學）的整個概念。這種哲學自身就是過程，在這個概念中一個環節、一個原素過渡爲另一環節、另一原素：火變爲水，水變爲土和火，關於原素的變化及與不可變性的爭論是早已有的爭論。在這個概念裡區隔普通的感性的自然探究與自然哲學。從思辨的觀點看來，單純的本體自在地變形爲火及其他原素；而從另一種觀點看來，所有過渡都被取消了，水就正是水，火就是火，如此等等——沒有概念，沒有絕對的運動，僅有發生，即僅有已存在的事物之一種外在的分離。如果說前一種觀點主張變化，那麼後一種觀點就相信能夠指出相反的一面來；誠然它也主張水、火等等不再是簡單的元素，而是把它們分碎爲氫氣、氧氣等等——但是仍主張它們的不可變性。它同時也公正地主張，從思辨的觀點看來，自身應該是什麼的東西，也必然還是具有實在的眞理性；因爲如果思辨的概念就

277 塞克斯圖斯，《皮浪學說概略》，第三卷，第二十四章，第二三〇節。

278 普魯塔克，*de esu carnium*，第一卷，第九九五頁。希蘭德版。

是自然及其環節的本質的話，那麼它也必然是現存的了。（人們想像思辨的概念只存在於思想或內心之中——這就是說，人們不知它在何處。）思辨的概念也是現存的；但是自然科學家由於他們狹隘的概念而閉眼不見它。

我們常聽到他們（自然科學家）說，他們只是觀察並說出他們所見的；這話並不是眞實的，而（事實上）是：他們不自覺地透過他們（有限和呆板）的概念直接改變著所見之物。而這個爭論也就不是觀察與絕對的概念之間的對立，而是褊狹的固定呆板的概念與絕對的概念間的對立。他們認爲變化，例如水變爲土的變化，是不存在的。直到最近這種觀點還被主張著，因爲當水蒸發的時候，曾留下一點土的殘餘。拉瓦節曾做一個正確的實驗，把所有的盛水器都稱過；他得到一點土的殘餘，但是他從比較中得出結果，說這點殘餘是從盛水器來的。他們承認有一種表面的（變化）過程，這過程並不能克服（或改變）實體的性質：「水並不變成空氣，而只變成蒸氣，同時蒸氣又永遠凝縮成水。」但是在那裡也跟在這裡一樣，他們只把片面的有缺陷的過程固定起來，並把它當成絕對的過程。當我說：「自然過程是各種條件的全體」時，意即如果這些條件缺少了幾個，就要產生與具備所有條件時不同的東西。鐵變成磁鐵，並不是當我燒紅它的時候，而是用某種方式使它們相互摩擦的時候；誠然也有這種情形，摩擦之後，鐵還是一樣的鐵。機械的分割永遠僅僅是可能的；一棟房子能分割成石與磚，這些東西是作爲石與磚而存在著的。他們只是在這個意義上說及全體與部分的關係，而沒有說及思想的環節；他們得到這些環節，然而這些環節對於他們是自在的、不可見的、潛伏的，而不是積極的（作爲環節），但是在這裡這些環節還是被當作表象。但在實在的過程中，在自然過程中，他們有這種經驗：溶解了的結晶體成爲水，而在結晶體中水則消失了，變硬了——成爲「結晶水」；土的氣化並不以蒸氣的形式（就外表狀態而言）出現在空氣中，而是：空氣始終是完全純潔的，亦即氫氣在純潔的空氣中完全消失了。他們曾完全白費氣力地在空氣中去尋找氫氣。他們同樣又有這種經驗：在完全乾燥的空氣中，他們既不見潮溼，又不見氫氣，而這種空氣卻轉化爲雲霧和雨等等。這就是他們的觀察，但是他們由於凝固的概念而敗壞了對於變化的一切知覺；這就是說，他們帶來了關於全體與部分的固定概念，帶來了從部分構成一件事物的概念，帶來了關於一種表現正在發生的東西的已經預先存在的概念。結晶體分解產生水，他們就說：「那並不是發生了水，水在以前已經存在其中了」；水在過程中分解，產生了氫氣和氧氣：——「這些不是發生的，而是在以前就作爲部分而存在了，水就是這些部分構成的。」但是他們既不能在結晶體裡指示出水，也不能在水裡指示出氫氣和氧氣來。他們對待「潛熱」也是同樣的。正如對於知覺和經驗的一切表達一樣，當一個人說話時，在他的話裡就有一個概念，他是不能制止這概念在意識裡再行產生的——因爲在這一切裡都常包含著普遍性和眞理的微波。因爲概念正是本質；但是只有對於有教養的理性，它才成爲絕對的概念，而不像在這裡一樣限於規定性中。他們必然地達到他們的界限，這樣，他們的苦惱就是在水裡找不到氫氣。溫度計，從高地用氣球帶來的充滿空氣的瓶子，都不能給他們指示出氫氣是存在的。結晶水不再是水了——變化了，變成土了。

回到赫拉克利特吧！他就是第一次說出了無限的性質的人，亦即第一次把自然了解爲自身無限的，即把自然的本質了解爲過程的人。哲學存在的開端必須自他始——這開端便是長存的理念，這個理念在所有哲學家中一直到今天還是同一的理念，正如它過去是柏拉圖和亞里斯多德的理念一樣。

〔三、過程之爲普遍及其對意識的關係〕[25]

在他所講的理念〔過程〕方面還缺少這點：即把理念〔過程〕的本質、理念〔過程〕的單純性當作概念、當作普遍性來認識。人們可能覺得這裡找不到亞里斯多德所說的不變的靜止的東西。過程尚未當作普遍來理解。赫拉克利特誠然說過：一切皆流轉，無物常駐，僅「一」常存。但這還沒有表達出眞理和普遍性；這是在對立中存在著的統一的概念，而不是自身反省的抽象的概念。這個與運動、與諸個體的過程相統一的「一」就是普遍、類、理智，或者就其無限性說，即作爲思想的單純的概念。作爲這樣性質的理念是尚待規定的——即阿那克薩哥拉的「心靈」。普遍是在對立中的直接的單純的統一，是不同的東西回歸到自身的過程。但是這在赫拉克利特那裡也有了。赫拉克利特把這個普遍、這個在對立中的統一——有和無是同樣的東西——叫做「命運、必然性」。[279] 必然性的概念正是

[25] 譯者增補。

279 第歐根尼·拉爾修，第九卷，第七節；辛普利修斯注亞里斯多德《物理學》，第六頁；斯托拜烏斯，《自然的牧歌》，第三卷，第五十八—六十頁。

這種概念：存在者作爲被規定者，具有這樣的性質（這性質構成它作爲一個個體事物的本質），即它是什麼，正由於它與它的對立物相聯繫；這就是「貫穿在全體的存在中的絕對關係（λόγος）」。他把這絕對關係叫做「乙太的軀體，萬有變化的種子」。[280]在赫拉克利特看來這就是理念，就是普遍本身，就是本質。這就是靜止的過程，如獸類是不變的東西，是接受自己的（回歸自身的）單純的過程。

除此以外，我們現在還必須來觀察，赫拉克利特給本質（即世界，存在的東西）對意識、思想什麼樣的關係。就全體而言，他的哲學有一種自然哲學的形態；原理雖然是邏輯的，但是就其自然形態說它是被理解作一般的自然過程的。Λόγος（法則）如何進入意識？它與個體的靈魂關係如何？這裡我要詳細加以說明；這是一種美麗的、天眞的、淳樸的眞實地談論眞理的方式——這裡談到普遍、意識的本質和對象的本質的統一及客觀界的必然性。

赫拉克利特關於認識所說的話現在保存有很多段落。從他的原理——萬物存在，同時又不存在——直接出發，他解釋道：感覺的確信是沒有眞理的。因爲感覺的確信正是這樣的東西，對於它那存在的東西好像是存在的、確定的——這就是說：這種感覺確信是如此的確信，對於它存在的東西實際上並不存在。這種直接的存在並不是眞正的存在，而絕對的間接性、被思維的存在、思想才是眞正的存在，在這裡存在得到統一的形式。「我們在清醒時所

280 普魯塔克，《諸哲學案》，第一卷，第二十八章。

看見的是死的東西，在睡眠中卻是一個夢」，[281]因爲，只要是我們看見的東西，就是一個頑固的東西、就是固定的形象。赫拉克利特在這方面論及感性知覺道：「人的眼和耳是最糟糕的證人，如果它們有著粗野的靈魂的話。理性（λόγος）是眞理的裁判者，但不是任意武斷的，而是唯一神聖的、普遍的裁判者」，[282]是尺度、是貫穿宇宙的實體的韻律。絕對必然性正是這種在意識中的眞理；但是，這種東西並不是每一種關涉到個別東西的思想，也並不是每一種在其中僅有形式或表象的內容的關係。而是普遍的理智，對於必然性的已發展了的意識，主體與客體的統一。「廣博的知識並不能教導人的心靈；否則它就已經教導海希奧德、色諾芬尼和畢達哥拉斯了。唯一的智慧是：認識統治萬有時理性。」[283]

塞克斯圖斯進一步敘述了主觀意識即特殊理性對普遍理性、對自然過程的關係。這種關係帶著高度的物理形態；它有點像我們所了解的做夢的或瘋了的人與清明意識狀態的關係。清醒的人是以一般的方式，即適合於事物的方式，也即是其他的人用以對待事物的那種方式來對待事物。塞克斯圖斯像這樣告訴我們有關這點的規定[284]：「所有我們周圍的東西都

281　亞歷山德里亞的克雷門，《基本原理》，第三卷，第三章，第五二〇頁。
282　塞克斯圖斯．恩丕里柯，《反數學家》，第七卷，第一二六—一二七節。
283　第歐根尼．拉爾修，第九卷，第一節。
284　《反數學家》，第七卷，第一二七節。

是合邏輯的、理性的」，這就是必然性的普遍實質。普遍性有著清明意識的形式；客觀的存在、客觀性是合理的，但並不因此就是伴有意識的。而且只要我們是在這種清明意識狀態和意識的客觀性的客觀合理的聯繫中，那麼，雖然我是在有限中——作爲一個有限者，我是在外在的聯繫中，那麼，不管在睡夢中和清醒時，都是在這種聯繫的範圍內；但是只有當我們有了理解、清明意識和自覺，而不是在睡夢中時，我們才意識到這種聯繫的必然方式、客觀性的形式——在有限性中的理念。

「如果我們經由呼吸而吸入這種普遍的本質，那麼我們就變得理智；但只有清醒時我才是如此，在睡眠中我們就忘記了。」這種理解的形式就是我們所謂「清醒」的東西。這種清醒、這種對外在世界的意識是屬於理智的範圍的，不過是一種情況；而在這裡卻被當作理性意識的全體了。「因爲在睡眠時」，（據說）「感覺的通路關閉了，我們內在的理智和外在世界的聯繫隔斷了，只有呼吸（與外在世界）的聯繫保持著，就彷彿」（只是）這種聯繫（即清明意識的情況）的「一條根」*，它在睡眠中也存留著——這並不是特殊化的，而是抽象的成分；因此這種呼吸和一般的呼吸是有別的，即與他物對我們之存在是有別的。人的理性就是這個與客觀事物相聯繫的過程。因爲我們不是與全體聯繫，所以我們只有做夢。「這樣一隔離，理智就失去了它從前曾有過的意識的力量。」[285] 僅僅作爲孤立的個別性的精

---

* 編按：意爲「植物藉由根與土地相連接，而呼吸就像植物的一條根，人在睡眠時藉由呼吸與外在世界相連接」。

285 塞克斯圖斯．恩丕里柯，《反數學家》，第七卷，第一二九節：μνημονική δύναμις，指使觀念成爲自己所有

神就失去了客觀性；它不是在個別性中的普遍思想，也就不是那種把自身作爲對象的思想。

「但是它（理智）在覺醒的人中，透過感覺的道路，像從窗戶往外看一樣，便與外界建立聯繫而獲得邏輯的力量」——這是樸素的唯心論。「正如炭近火則燃燒，離火即熄滅一樣，部分也是這樣」——必然（見上）——「當部分（理智）與在我們身體中的環境相隔絕時，由於這種隔離，它差不多變成非理性的了」；這種思想正與以爲智慧是上帝在睡眠中、在夢遊中給予的那些人們的意見相反。「但是在與無數通路的聯繫中必然性就同樣與全體聯繫起來」。[286]覺醒是實際的客觀的意識，是對普遍、對存在的認識；雖然裡面還有自爲的存在。[287]

「這個全體、這個普遍而神聖的理智——和它相結合，我們就是邏輯的（有理性的）——，在赫拉克利特看來，就是眞理的本質。因而那種對一切人顯現爲普遍的東西，就有信念，因爲它分享了普遍而神聖的邏各斯；但是那種屬於個別人的東西，由於相反的原因，自身是沒有信念的。赫拉克利特在《論自然》一書的開端說道：『因爲環境是理性

的力量；Mnemosyne（追憶女神），Mneme 並不就是我們的記憶力（Mnemosyne 是文藝女神之母），通常是指一切的觀念和意識。

286 塞克斯圖斯·恩丕里柯，《反數學家》，第七卷，第一三〇節。

287 值得注意的是坦納曼（《哲學史》，第一卷，第二三三頁）說，赫拉克利特說過：「思想的根據、思想力是在人之外。」這點他是引用塞克斯圖斯·恩丕里柯，《反數學家》，第七卷，第三四九節。

（Vernunft，λόγος），所以人們在他們聽見以前和他們剛聽之初都是無理性的。因爲一切事物之發生既均是按理性而發生：當他們來研究我所指出（解說、敘述、闡明）的言論和作品時（這些言論和作品是我依照每一事件的性質去區別並解說其眞實關係而指出——解說、敘述、闡明的），他們還是無經驗的。但是其他的人並不知道他們清醒時所行的，亦如他們遺忘了在夢中他們所行的一樣』。」[288]

赫拉克利特繼續說：「我們依照對神聖理智（Verstand，λόγος）的分享而做一切事，想一切事。所以我們必須」僅只「遵從這個普遍的理性。但是許多人生活著，好像他們有一種自己的理智；但是，理性不是別的，只是對於宇宙的安排（結構）的方式（ἐξήγησις τοῦ τρόπου，轉折、變化，τῆς τοῦ παντὸς διοιχήσεως）之闡明——（意識、闡述、洞見）。所以，只要我們分享關於它的知識，我們就是在眞理中；但是，只要我們有著特殊的東西」——（個人特有的東西）——「我們就是在錯誤中。」[289]多麼偉大而重要的字句啊！人們不能比這更爲眞實、更爲樸素地來表現眞理了。意識只有作爲普遍性的意識才是眞理的意識；但是，個別性的意識和個別的行爲，一種在內容或形式方面特別異樣的創新，是非眞理的，是壞的。因此錯誤只在於思想個別化——罪惡與錯誤是由於與普遍分離。人們通常認

288 塞克斯圖斯，《反數學家》，第七卷，第一三一—一三二節。

289 塞克斯圖斯，《反數學家》，第七卷，第一三三節。

爲，當他們思想某物時，則他們所想的必須是特殊的東西；這是一種錯覺。

赫拉克利特儘管主張感覺知識中沒有眞理，因爲一切存在的都流轉著，感覺確信的存在當其存在時是不存在的；但他也同樣認定在知識中客觀的方法仍然是必要的。我所知道的合理的與眞實的東西是既從對象性中，亦從感性中，從個別中，從確定和存在著的東西中回歸〔到普遍性〕。而理性自身所知道的也同樣是必然性或存在的普遍性，這就是思想的本質，亦即世界的本質。斯賓諾莎[290]的眞理觀與此相同：「在永恆的形式下觀看事物。」理性之自爲存在並不是一個沒有對象的意識、一個夢，而是一種自爲的知識；但是這種自爲存在是覺醒的，或者說是客觀而普遍的，是對一切人都是同一的。夢是對某種唯我所知的東西的一種知識。幻想和幻想一類的東西正是如此的夢。同樣，感覺是這種方式，即某物僅爲我而存在，我有某物在我——作爲主體——之中；感覺無論被說成多麼高尚，但實際上它對於我——作爲主體——乃是我所感覺到的，而不是離我獨立的對象。而眞正說來這個對象對於我是作爲自身獨立存在的東西，而我對於我自己說，是沒有主觀性的；同樣，這個對象並不是一個幻想的對象，不是僅爲我所造成的對象，而是本身普遍的對象。

除此以外赫拉克利特還有許多另外的殘篇和個別的語句等等。例如：「人是有死的神，

290 《倫理學》，第二部分，命題四十四，繹理二（保羅本，第一一八頁）。

神是不死的人；對於前者死亡就是生，而生活就是死。」[291]神之死是生，神之生是死。神聖是那種透過思想而超越了單純的自然性的提高；單純自然性是屬於死亡的。〔在塞克斯圖斯（《皮浪學說概略》，第三卷，第二十四章，第二三〇節）那裡我們又讀道：「赫拉克利特說，生與死都結合在我們的生活以及死亡裡；因爲當我們活著時，我們的靈魂是死的，並埋葬在我們裡面，但當我們死時，我們的靈魂超升並活著。」〕[26]

關於赫拉克利特，在事實上我們可以說，蘇格拉底曾說過的同樣的話：赫拉克利特的還殘留給我們的東西是優越的；但已遺失了的，我們必然設想，大概也是同樣優越的。或者，如果我們希望命運是公正的，我們的後代永遠保存最好的東西；那麼關於赫拉克利特的殘篇我們至少必須說：它是值得保存的。

291　法布里修注塞克斯圖斯．恩不里柯，《皮浪學說概略》，第三卷，第二十四章，第一八五頁，附注C（赫拉克利特，《荷馬寓言》〔Heraclides, *allegoriae Homericae*〕，第四四二—四四三頁，加爾本；亞歷山德里亞的克雷門，《教育論》，第三卷，第一章，第二五一頁，波特本）。

[26]　據英譯本，第二九七頁增補。——譯者

伍、恩培多克勒、留基伯、德謨克利特

在研究恩培多克勒時，我們同時研究留基伯和德謨克利特。在他們那裡出現了感性事物的理想性，同時也出現了普遍的規定性或到普遍的過渡。恩培多克勒是一個畢達哥拉斯學派的義大利人，他傾向於伊奧尼亞派，留基伯傾向於義大利派。

一、恩培多克勒

恩培多克勒的殘篇曾多次蒐集起來。（一）萊比錫的施圖爾茲蒐集了四百餘首詩歌：「阿格里根特的恩培多克勒；他的生平和哲學闡述，從古代纂述家蒐集來的殘餘詩篇，施圖爾茲整理、解說、並著導言和索引。一八〇五年萊比錫（哥申版）出版，共七〇四頁。」（二）派朗曾蒐集了恩培多克勒和巴門尼德的殘篇：「恩培多克勒和巴門尼德殘篇，派朗纂釋。」一八一〇年在萊比錫出版。在沃爾夫的《文錄》（*Analecta*）有一篇李特論恩培多克勒的文章。

恩培多克勒生於西西里島的阿格里根特，而赫拉克利特則是小亞細亞人。於是我們又回到義大利，歷史在這兩個地方交替著，在作為中心的希臘本土，哲學還未出現。恩培多克勒大約在第七十屆奧林匹克賽會誕生；成名於第八十屆奧林匹克賽會（公元前四六〇年）。[292]據施圖爾茲[293]引多德威爾（Dodwell）[294]的話：在第八十五屆奧林匹克賽會的第二年巴門尼德已六十五歲，因芝諾是生於七十五屆奧林匹克賽會的第二年，因而他比他的同學恩培多克勒大六歲。恩培多克勒當畢達哥拉斯在七十七屆奧林匹克賽會的第一年或第二年死時只有一歲。按多德威爾的說法，恩培多克勒生於七十七屆奧林匹克賽會的第一年（公元前四七二年）。亞里斯多德[295]說：「按年齡，他在阿那克薩哥拉之後，但按事業，是在他以前。」他是否在時間上更早從事哲學思維是不確定的；但是他的哲學就概念的階段說比阿那克薩哥拉的概念是早些、不成熟些。

在關於他的生活情況的記載中，看來他與畢達哥拉斯一樣是一個有異行的人和魔術家。[296]當他活著的時候，他在國人中享有極大的名譽和光榮；他的聲譽傳播甚廣。[297]他死後人們在他故鄉中為他建立了一座雕像。他並不像赫拉克利特那樣離群索居；而是像巴門尼

---

292 坦納曼，第一卷，第四一五頁（《哲人言行錄》，第八卷，第五十九節）。

293 施圖爾茲原著，第九—十頁。

294 《論畢達哥拉斯年代》，第二二〇頁。

295 《形上學》，第一卷，第三章。

296 第歐根尼．拉爾修，第八卷，第五十九節。

297 第歐根尼．拉爾修，第八卷，第七十三、七十六節。

德之於愛利亞一樣，對其國人及阿格里根特國家事務的管理有很大的影響。他有這樣的功績：在阿格里根特國王麥頓（Meton）死後，使阿格里根特有一部自由憲法，並使所有的公民皆有同等權利。[298]同樣他也摧毀了阿格里根特公民多次圖謀奪取他的祖國政權的企圖；而當國人對他的尊敬到達要他做國王的高度時，他拒絕了他們，繼續做一個受人尊敬的老百姓。[299]

正如關於他生活中別的情況一樣，關於他的死也有許多神話。[300]在他的生活中，他的行動很出色，同樣他也想透過他的死而得到尊重，要死得不平凡，證明他是一個不會死的人，他只是遁去了。一說在一次宴會之後他突然消失；一說他與朋友一道在艾特納（Aetna）火山上，轉眼就不見他了。他到底成了什麼，由下面的事實洩露了出來：他的一隻鞋從艾特納火山中拋出來而爲他的一個朋友發現，由此就可清楚地說明，他已跳入火山，他以此方式逃避人們的視線，同時引起這種意見：他不是死了，而是超升於神靈之列了。這個虛構的起源和原因似乎單就在一首詩的一些詩句中便可說明他的佞妄。他說道[301]：

---

298 第歐根尼·拉爾修，第八卷，第七十二節。

299 第歐根尼·拉爾修，第八卷，第六十三—六十六節。

300 第歐根尼·拉爾修，第八卷，第六十七—七十一節。

301 施圖爾茲，上面引證過的書，第五三〇頁。又見第三六四—三七六頁。

「啊！你們居住在黃色的阿克拉加斯大城內的朋友們、忙於崇高工作的朋友們，我向你們致敬！對於你們，我是不死的神，不再是有死之人。我四處周遊，萬人尊敬，獻我以鑽石之冕和綠色的花冠。當我來到繁榮的城市，同樣爲男女所尊敬。千萬人追隨著我，詢問著解救之道，有些人需要預言、有些人索求著醫治許多病症的福音。但是我何必絮絮叨叨於這些東西呢？好像我做了什麼了不起的事情，我這樣在這有死的終歸毀滅的人群中逗留。」但是與這種自己誇讚相關的是：我爲人高度尊敬，但這有什麼價值呢？這訴說出他對於人們給他的光榮的厭煩。

恩培多克勒曾以畢達哥拉斯學派爲師，並和他們交遊，因而有時他也如巴門尼德和芝諾一樣被視爲畢達哥拉斯學派；但是除上面所指出的以外，是沒有其他理由的。他是否屬於畢達哥拉斯盟會是可疑的；他的哲學並無畢達哥拉斯學派的模樣。他也被認爲是芝諾的同學。[302]

關於他的哲學，對於我們說來誠然還保留了許多片段的自然哲學的思想和教訓的言論；在他那裡似乎思想更深入了實在性，而對於自然的認識有了更多的展開和廣度。但是我們在他那裡比起在赫拉克利特那裡更少發現思辨的深度；而是愈益沉沒在實在的觀點的概念——一種來自自然哲學的訓練或對自然的觀察。說到支配他的哲學並主要是在他的哲學中開始出現的確定的概念，那就是化合或綜合。作爲化合來說，就第一次呈現了對立物的統

302 第歐根尼·拉爾修，第八卷，第五十四—五十六節。

一。在這個思想（化合）把握住普遍以前，靜止的對立物的統一（這個在赫拉克利特那裡出現的概念）從表象看來，是被當作化合的。他是那些流傳至今的通俗觀念：火、空氣、水、土四種物理元素的創始人。化學家把元素了解成一種化學上單純之物；那麼這四種元素也不再是元素了。

現在我想簡短地說明他的思想；他的哲學並沒有很多東西。我把所描述的許多個別之點貫通為一個有聯繫的全體。

亞里斯多德[303]簡短地把他的思想這樣總結起來：「恩培多克勒」在三種元素：火、空氣、水（這些中的每一個在從前被這個或那個哲學家視為原理）之外「加上作為第四個原理的土」；並且說：「這些東西永遠常在，並不變易，只是按多少不同而化合、而分離，總合為一，而又從一出來。」碳素、金屬等等都不是那種常在而不變的獨立存在物；所以它們並不意味著什麼形而上的東西。依恩培多克勒看來情形是這樣的：每一個東西之發生是由於四種元素的某種化合。如果我們把這四種元素當作普遍的元素來觀察，那麼對於我們的普通觀念說，它們就不是那些感性的東西。因為從感性看來：還有許多別的不同的感性東西。例如：一切有機物都是屬於另一類；再如，土作為簡單的純粹的土，是不存在的，而只有複雜的特殊性的土。當我們聽到四種元素時，這裡面就包含著由感性的觀念提高到思想。

303 《形上學》，第一卷，第三章；《論生滅》，第一卷，第一章。

關於它們相互關係的抽象概念，亞里斯多德繼續說道，[304]恩培多克勒（與赫拉克利特一樣）「最初」並不只把四種元素作爲原理使用，而且還有「友誼和仇恨」。仇恨（即敵對）我們在赫拉克利特那裡已見過了；不過馬上我們可以看見，它們（即友誼與仇恨）是屬於另一類的：因爲正確地說，它們是某種普遍的東西。在恩培多克勒看來，四種自然元素是實在的，而友誼與仇恨是思想的原則。我在這裡引用亞里斯多德所作的注解來說明。

（甲）「假如人們不只像恩培多克勒那樣支吾不清地說到這一點，而是在它應有的結論中並以理智爲準繩來理解這點，那麼人們就會看到，友誼是善的原則，而仇恨是惡的原則。以致人們在某種程度上能夠說恩培多克勒第一次把善與惡建立爲絕對的原則；因爲這個善是一切善的原理，這個惡是一切惡的原理。」亞里斯多德在這裡指出了「普遍」的痕跡，因爲研討自在而且自爲的原理這個概念，對於亞里斯多德是必要的。但這只能是這樣一種概念或思想，它自身直接是自爲的（自在的並不自爲，而是爲他，如有與無的形式統一）；這樣的原理從前我們還未曾看見，而是在阿那克薩哥拉那裡我們才第一次發現。亞里斯多德在赫拉克利特那裡找不到善的原理，因而他想在恩培多克勒這裡去發現它。我們了解的善是指自在而且自爲的目的，是指自身完全鞏固的東西。我們曾多次表示，亞里斯多德在以前的哲學家那裡找不到運動這一原理；他說，人們不能從「有」去理解變化。現在我們在赫拉克利

304《形上學》，第一卷，第四章。

特那裡在「變」（即生成）的運動中發現了這個原理。但是亞里斯多德把一種更爲深刻的原理叫做「爲誰」、「目的」；善是那種爲自身而存在的東西。目的是一種內在自爲地穩固存在著、自己規定自己的概念；所以它是絕對自爲的眞理，一切其他的東西由於它而有其存在。如果我們把目的（善）作爲眞理來說明，那麼它就還有行動的特徵，自我實現的特徵，自身目的的特徵，自在自爲的概念的特徵——目的自爲地規定著自己，並且同時就是產生自己的行爲；這樣，目的就是理念、概念，這個概念使自己客觀化，而在它的客觀性中與自己同一起來。亞里斯多德在赫拉克利特那裡找不到目的的原理、自我保持等同的原理、堅定不移的原理；所以他強烈地攻擊赫拉克利特，因爲在後者那裡只有變異，沒有回復，沒有目的。他相信現在在恩培多克勒這裡找到了它；但同時他說，恩培多克勒僅僅支吾不清地說到它。

（乙）聯合與分離這兩個普遍的原理是十分重要的思想範疇。但是亞里斯多德進而論及這兩個原理的更進一步的關係和特徵時，譴責「恩培多克勒既沒澈底使用這些原理」，友誼和仇恨「也沒有牢牢把握住它們內部的特性；因爲在他那裡友誼每每實行分離，而仇恨則實行聯合。因爲，如果宇宙的全體由於仇恨而分離爲諸元素，那麼由於這樣火就聯合爲一，同樣每一其他元素也是如此」。分離也同樣必然是聯合。被分離的東西，被分離而站在一邊的東西，它自身就是一個內部聯合的東西——由於這樣，被分離物就得到它的獨立性。在「大全」中聯合起來的諸元素的分離，就是每一元素諸部分自身間的聯合。「但是，如果所有的東西由於友誼而再聚集爲一，那麼，必然從每一」獨立物中「再分離出它的諸部分」。因爲每一獨立的東西都有多種（四種）元素，因此這些元素都是在不同的關係中；化而爲一的東西本身就是一個複合體、被分離的東西（是四種不同的元素在不同的關係中），[27]因而聚集同時也是分離，這是一般地一切特性的情形：它是它自身的對立物，而且它必然表現其自身爲這樣的對立物。一般說來沒有分離的聯合與沒有聯合的分離是不存在的——這是一個深刻的看法；同一性與非同一性就是這樣的彼此不能分離的思想範疇。亞里斯多德的譴責是抓住事物的內核的。亞里斯多德注釋說：「恩培多克勒是第一個」（其實恩培多克勒比赫拉克利特晚些）「提出了這樣原則的人，因爲他不把運動的原理認爲是一，而認爲是殊異的互相對立的。」

（丙）我們已經說過，實在的環節是熟知的四種元素。但亞里斯多德又說：「他」同樣「不把它們當作四種」並列而不相干的東西——像我們所說四個相互沒有關係的東西一樣——「來使用，而是把它們分爲兩個對立面；他把火單獨放在一面，而把其他的土、空氣、水認作同一性質，（另放在一面）。」這種對於它們之間的關係的規定，恐怕是最有趣味的了。

（丁）關於兩個觀念性的環節——友誼與仇恨——的關係和四種實在的元素的關係（這是觀念性的東西的自我實現），恩培多克勒正如亞里斯多德所說的那樣，是不清不楚地論及

[27] 據英譯本，第三一七頁增補。——譯者

它們。他沒有適當地區分它們，而是把它們並列起來[305]——就是說，不是一種理性的關係；以致在他的詩中出現了六種元素（如塞克斯圖斯[306]常常所說：恩培多克勒的六種元素）。亞里斯多德和塞克斯圖斯保存下來了這幾行詩：[307]

我們以土見土，以水見水，
以空氣見神聖的空氣，以火見永恆的火，
以愛見愛，以可悲的鬥爭見鬥爭。

於是我們就常常看見它們被認為是並列的，有著同等價值的；但是恩培多克勒顯然也分別出兩種方式——實在的和理想的——並且曾說出以思想作為它們之間的聯繫。由於我們分享了它們，它們就變得是為我們的了。這裡我們有了這個觀念：精神、靈魂，它們本身就是這些元素的統一和這些元素的同一的整體，[308]靈魂自身，按土的原則與土

305　亞里斯多德，《形上學》，第一卷，第八章；第三卷，第一章；第十二卷，第十章。

306　《反數學家》，第七卷，第一二〇節；第九卷，第十節；第十卷，第三一七節。

307　亞里斯多德，《形上學》，第三卷，第四章；塞克斯圖斯，《反數學家》，第一卷，第三〇三節；第七卷，第九十二、一二一節。

308　亞里斯多德，《論靈魂》，第一卷，第二章。

相關聯，按水的原則與水相關聯，按愛的原則與愛相關聯。[309] 當我們見火時，這個火就在我們之中，客觀的火是爲這個火而存在的，諸如此類。

我們已經說過，在這些實在的環節的關係方面，他把火放在一邊，而把其他三個作爲對立物放在另一邊。他也提到這些元素的過程，但他並沒有進一步去把握它；特出的是他把它們的統一表象爲一種化合。在這個綜合的化合中——這是一種沒有概念的表面的關係，一部分是相關的存在，一部分是不相關的存在——現在必然出現這個矛盾，一方面建立諸元素的統一，另一方面同樣要建立它們的分離：這種化合不是普遍的統一，在這個統一中諸元素作爲環節而存在，在它們的殊異性自身中直接爲一，並且在它們的統一中直接相異；而是這兩個環節——統一與殊異性——陷於彼此分離外在。[310] 聯合與分離是完全不確定的關係。

亞里斯多德引證道：（一）「它並不是一種性質，而只是混合與分離。它只是被人稱作性質。」[311] 那就是說，組成某物（它由它的元素和部分組成）的那種東西，我們還不能叫做性質，而叫做這些元素、部分的確定的統一；例如：一種動物的性質是其常住的基本的

309 塞克斯圖斯，《反數學家》，第一卷，第三〇三節；第七卷，第一二一節。

310 亞里斯多德，《物理學》，第一卷，第四章。

311 亞里斯多德，《論生滅》，第一卷，第一章。恩培多克勒，《自然哲學殘篇》，第一卷，第一〇五—一〇八頁（施圖爾茲本，第五一七頁）。

特性、它的類、它的普遍性——是一種單純的東西。但是恩培多克勒揚棄了這種意義的性質。因爲在他看來每一個東西都是簡單元素的化合；因此它就不是普遍、簡單、自在的眞理——並不像當我們叫它做性質時所要表示的東西。[312]亞里斯多德所謂性質，是指某種按自我目的而自己運動的東西；自然在近代這個觀念已經消失了。

（二）因爲諸元素如此簡單地是自在之物，所以眞正而言，在它們之中就不能有過程；因爲在過程中它們僅僅是變滅的環節，而不是自在之物。如果是這樣孤立自在，那麼它們就是不變異的，換句話說，它們不能組成爲一（或一物）；因爲在一中恰揚棄了它們的存在（或它們的自在存在）。但是，這種一又恰爲恩培多克勒所建立：事物由諸元素組成；這裡同時建立了諸元素的統一。亞里斯多德正確地說道[313]：「恩培多克勒和自己及現象界矛盾。因爲有時他主張沒有一種元素是導源於他物的，而是一切他物均導源於諸元素；但同時他又透過友誼「讓它們變成一個全體」，透過鬥爭「再從此一中分裂」。「所以由於一定的差別與性質，這個變成水，另一個變成火，諸如此類。如果現在把這些一定的差別抽去（這些差別是可以抽去的，因爲它們是發生的即非自在的）：則顯然是水產生自土，反之亦然。」因爲諸元素所由產生的東西就其統一性說恰恰是水；而從此統一性中所產生的土就是從水中產

312 參看亞里斯多德，《形上學》，第三卷，第三章。

313 亞里斯多德，《論生滅》，第一卷，第一章。

生的。就這樣說來，一不是一，而是水加土加空氣加火；但這是不應有的，只有一存在。因爲它們變爲一，那麼它們的特殊性——水因此特殊性而爲水——就不是自在的，但這和主張它們是絕對的元素或者是自在的，是矛盾的。它們不是自在的；這就是說，它們是在過渡爲他物；「因此恩培多克勒究竟是以一還是以多爲本質，這點是不清楚的。」他把實在之物當作諸元素的一種化合來觀察，但關於它們的起源，他又以爲萬物是由於友誼與仇恨而發源於一。一般說來這是綜合的表象能力的本性；這種時而執著統一性、時而又執著複雜性，而不能把這兩個思想聚在一起的情形，正是通常缺乏思想性的情形；一被揚棄了，因而不是一。

這就是恩培多克勒的主要思想。恩培多克勒的詩人氣質甚於一定的哲學家氣質；關於他，我們並無大的興趣。恩培多克勒的綜合，是作爲相互關係的一種補充而屬於赫拉克利特的。赫拉克利特的思辨理念（作爲過程）一般說來是有實在性的；但是個別的環節並不一一是概念——並沒有實在性。恩培多克勒關於綜合的概念至今仍有影響。

二、留基伯與德謨克利特

留基伯和德謨克利特更令人有興趣些；他們繼續了伊利亞學派。這兩元哲學家是屬於同一哲學系統的；說到他們的哲學思想時，我們應當把他們一起提出來，加以考察。留基伯較年長。德謨克利特是留基伯的學生和朋友；[314]他完成了留基伯所開始的工作；但是在這些工作中到底哪些是屬於他的，則很難分辨——在歷史上是不能指明的。

在恩培多克勒那裡，我們見到特殊性這個原理——分離的原理——的出現。差異性被提到意識前面，乃是一個重要的環節；但是這些原理一方面有著物理存在的特徵，誠然另一方面也有著觀念存在的特徵，但其形式還不是思想的形式。反之在留基伯和德謨克利特那裡，我們發現了更爲觀念化的原理——原子與虛空；思想的範疇更進一步地深入客觀界——這就是關於物體的形上學的開始；或者說，純粹概念獲得了物體性的意義，思想過渡到對象的形式。這個學說就全體而論是不成熟的，是不能令人滿意的。

關於留基伯的**生活情況**[315]我們完全無所知，甚至他生於何處也不知道。有些人說他是愛利亞人，另外一些人說他是阿布德拉人（因爲他和德謨克利特在一起過；阿布德拉在愛琴海岸的色雷斯），一說是梅羅人（梅羅是離伯羅奔尼撒海岸不遠的一個海島），或者如辛普利修斯所說甚至是米利都人。[316]關於他曾聽過芝諾講學，是芝諾的朋友這一說法較爲確定；似乎他和芝諾以及赫拉克利特幾乎是同時的。

---

314 亞里斯多德，《形上學》，第一卷，第四章。

315 第歐根尼·拉爾修，第九卷，第三十節。

316 參看亞里斯多德，《物理學》，第七頁。

留基伯是那個受到惡評的原子論系統的建立者，在近代這個系統得到復興，被認作理性地研究自然的原理。就這個系統本身而論，當然它是貧乏的，在其中找不出多少東西。但是留基伯的偉大功績，在於他區分了物體的普遍性質和感覺性質，如在普通物理學中所說明的。從思辨的意義上說，普遍的性質是指他把物體憑藉概念加以規定，或實際上把物體的本質加以普遍的規定；留基伯不是用膚淺的方式而是以思辨的方式來理解存在的特性。如果說物體有這種普遍的特性，例如形態、不可入性、重量，那麼人們就以爲這不確定的觀念——物體——是本質，物體的本質是與這些特性不同的某種東西。但是從思辨的意義上說，本質正是這普遍的特性；換句話說，普遍的特性是本質的抽象內容和它的實在性。對於物體本身說，它的本質永遠是純粹的個別性——這就是本質的特性。但是物體是對立物的統一，而此統一——作爲這些賓詞的統一——組成了物體的存在；也就是說，這些謂語是普遍性的本質——普遍的概念是本質，或普遍的概念是自在的東西。

讓我們回想一下，在伊利亞學派的哲學裡，「有」與「非有」是對立的，只有「有」存在，「非有」是不存在的；一切消極的東西都出現在「非有」這一邊，如運動、變化、思想等；這些規定都被揚棄了，因爲只有「有」存在。「有」還不是正在回復到自身的和已回復到自身的統一，如赫拉克利特的運動和「普遍」。從區別、變化、運動之屬於感性直接的知覺中這點看來，我們可以說，「只有『有』存在」這個論斷，是既與眼見的現象、又與思想相矛盾的。因爲伊利亞學派所揚棄了的「非有」是存在的；伊利亞學派提出了「有」與「非有」這兩個環節，兩者是各不相干的。但是在赫拉克利特的理念中，「有」與「非有」便是同一的，由此表明（如果我們從這個統一中分解出這種意義的話）：「有」存在，但是「非有」也是同樣存在，因爲「非有」既然與「有」相同一，則它也同樣是存在的。或者說，「有」既是「有」的賓詞，也是「非有」的賓詞。留基伯說出了這一點；在伊利亞學派那裡實際上已經包含著的道理，留基伯把它當作存在的說了出來。

但是「有」與「非有」二者是以具有對象性的規定來說明的，或者說，是以它們對於感性的直觀的情況來說明的：這就是充實與虛空的對立。虛空是作爲被建立的存在著的「非有」；但是與之相反，充實一般是被建立爲對象（實在）的「有」。這就是萬物的基本實質及產生[317]——「爲他之有」和「自身反射」（即自在之有）是僅僅感性地、而不是自在地被規定出來；因爲和虛空一樣，充實是自身相等的。

「充實」是不確定的，以原子爲它的原理。絕對者是原子和虛空；這是一個很重要的規定，雖說是貧乏一點。因此這個原理是說，原子和虛空是眞實者，是自在自爲的存在。不是像我們所說的那樣，只是單獨原子這一個東西，譬如像我們想像的那樣在風中浮游著，在原子之間還同樣必然地有「虛無」，他們把虛無規定爲消極的東西，爲「虛空」。所以這裡就是原子論系統的第一次的出現。

關於原子這個原則本身，現在可以進一步指出下面的這些規定和意義。

317　亞里斯多德，《形上學》，第一卷，第四章。

（一）首先就是「一」、「自爲之有」的規定；這樣的規定我們還不曾有過。巴門尼德的主要規定是「有」，抽象的普遍；赫拉克利特的規定是過程；「一」、「自爲之有」的規定則應歸諸留基伯。巴門尼德說，「無」是完全不存在的；在赫拉克利特那裡，有與無是在過程中；留基伯則把積極者當作自爲存在的「一」，而把消極者規定爲「虛空」。

自爲之有是一個基本的必然的思想範疇。原子論的原則並不是已經過時了，從這方面看來，它應當是永遠存在的。「一」現在存在，永遠存在，並且必然出現在每一邏輯的哲學[318]裡作爲一基本的環節，但不是作爲最後的環節。對於「一」、「統一」、「有」的較具體的規定，現在就達到這樣的階段，即「一」就是「自爲之有」。「自爲之有」就是「有」之作爲單純的自我關聯的「有」。但是重要的是，自爲之有也可加以較豐富的規定；「自爲之有」是透過否定「其他之有」而達到的自我關聯。當我說，我是自己爲自己時，這並不是說只是我存在，而是在我裡面否定一切他物，把只要顯得是外在的他物從我裡面排除開。自爲之有就是對於其他之有的否定，而其他之有又是對我的否定，所以自爲之有就是否定之否定；而否定之否定我稱之爲絕對的否定性。我是自爲的存在，因爲我否定了其他之有、否定了那否定者；而這種否定之否定因此也就是肯定。所以這種在自爲之有中的自我關聯是肯定的，是「有」，這「有」又同樣是結果，是透過他物作媒介而達到的結果，但這也就是透過

318 黑格爾，《邏輯學》，第一卷，第二篇，第三章。

對於他物的否定；「自爲之有」裡面是包含著間接性（即媒介）的，但這種間接性也同樣是被揚棄了的。

「自爲之有」是一個偉大的原則。「生成」是從有到無和從無到有的轉化，在這轉化過程裡，每一個都被否定了；但是建立一種理論，說兩者（即有與無）都存在著，單純地在自身內，這就是「自爲之有」的原則，這原則在留基伯這裡得到自覺，並成爲絕對的規定。「自爲之有」是從「有」「生成」的進程。在邏輯發展進程裡，誠然首先出現「限有」（或譯「定在」）。[319]但「限有」是表現著的，是映像。它屬於現象界範圍，因此不能成爲哲學的原則。哲學在歷史上的發展必須與邏輯哲學的發展相一致。但在這裡我們必須指出，有些概念乃是在邏輯上有而在哲學史上卻沒有的。譬如，「限有」就是這樣，假使我們把「限有」作爲原則，於是我們在意識裡將會具有這樣一些想法：有許多東西，這些東西是相對的，它們是在那裡，是有限的，並且它們相互間存在著某種關係；這就是我們的無思想的意識的範疇。

在留基伯那裡我們現在看見了「一」、「自爲之有」的原則；這是主要之點。「一」在留基伯那裡還是抽象的「一」。這個原則實際上還是很抽象的，雖說它是努力在使它自身具體化；但在這裡還是很貧乏的。這個原則的主要的規定就是「一」與統一、「有」相對

---

319 黑格爾，《邏輯學》，第一卷，第一篇，第二章。

立；在另一形式中，單一性（原子是個體的、不可分割的、主觀性的規定），普遍性與個體性、主觀性相對立。這原則是在一切事物中都涉及的，此其所以是偉大的規定；我們首先知道，在這些貧乏的規定裡，我們所得到的是什麼東西，即使在具體事物中，我們也認識到這些規定是主要實質。譬如，在自由、權利、法律和意志裡，所涉及的便只是關於普遍性與個別性的對立。心靈也是原子，「一」；但作爲自在之「一」，無限充實之「一」。

在留基伯和德謨克利特那裡，原子的原則（後來在伊壁鳩魯那裡出現）仍然還是物理的，但也可以出現在心靈方面。在意志範圍內，我們可以提出這樣的看法，說在國家內個人的意志可當作原子、絕對。這就是近代關於國家的理論，這些理論也有其實際的校準。國家必須建築在普遍意志上面，人們說普遍意志是自在自爲地存在著的意志——或者建築在個人意志上面；後者是原子式的，盧梭的社會契約論就是這樣，所有這些說法都是從「一」這個思想範疇來的。

「一」的原則完全是觀念性的，完全屬於思想，即使我們也願意說：原子存在。原子可以被當作是物質的，但它是非感覺的、純粹理智的；留基伯的原子並不是物理學上的「分子」（molécules）、細小部分。所以在留基伯那裡出現了這樣的觀念，即「原子是看不見的」，我們不能夠看見原子，「由於原子體積的細小」，[320] 像人們在近代關於分子所說那

320 亞里斯多德，《論生滅》，第一卷，第八章。

樣。但這只不過是一種方便的說法；我們不能看見「一」，因爲它是思想的一種抽象，我們不能用玻璃管和量尺指示出原子（同樣也不能指示出原子在視和聽方面的感覺性質），人們可以指出的，聚集而成的物質是永遠存在的。所以，在近代，人們想要憑藉顯微鏡去研究有機體的內心——靈魂——想要進入，特別是看見或感覺到有機體的最深處。因此，「一」的原則完全是觀念性的，但並不是說它好像只是在思想裡、在頭腦裡；而是說，思想是事物的眞實本質。留基伯所了解的也是如此，所以他的哲學完全不是經驗的。與此相反，坦納曼[321]說錯了：「留基伯的系統是伊利亞學派的反面；他認爲經驗世界是唯一客觀實在的世界，物體是唯一種類的存在。」但原子和虛空並不是經驗中的事物。留基伯說過，我們藉以認識眞理的，並不是感官；這是較高意義的唯心論，不是主觀唯心論。

（二）原子的譯義是「個體」，只是一提到原子我們便立刻表象出一個具體的個體罷了。這些原則須加以高度注意，因爲它們是一種進步；但只要我們進一步去探究，它們的不充分之處也就立刻出現了。〔據亞里斯多德所述〕，[28]留基伯關於一切具體的，實在的東西的觀念是這樣的：「不過充實者不是單純的東西，而是無限的多。這種無限的多，在虛空中運動；因爲虛空是存在的。它們的聯合」（聚集）「造成事物的產生」，這就是說，造成

321 第一冊，第二六一頁。

[28] 據英譯本，第三〇四頁增補。——譯者

一個為感官所能見的存在著的事物，「它們的解散和分離，造成事物的滅亡。」一切其他進一步的範疇均包括在這裡面。「原子的主動和被動在於它們的接觸：但是它們相接觸，並不使它們成為『一』；因為眞正的」（抽象的）「一，不能變成多，眞正的」（抽象的）「多，不能變成一。」或者說：「原子事實上既不主動也不被動」，它們永遠是為虛空所分離開的。因為如果原子能主動和被動，則它們將會有相互關係；這就是說，它們是有相互關係的「一」，而不是絕對的「多」，換言之，不是自在自為地存在著的「多」。而在留基伯那裡，關聯和分離、主動和被動的關係只有「虛空」，一個本身純粹否定的東西，亦即外在於原子的東西；它們的關係是它們以外的某種東西。譬如，當我數金錢，一塊，二塊，三塊……，對這些金錢來說，既不是主動，也不是被動；它們保持著原樣，它們之間並沒有關聯。因此，原子表面上好像聯合在我們所謂「事物」裡，但由於虛空而彼此分開。這虛空也是運動的原則，因為原子在虛空中運動；而這虛空對於原子同樣是一種引誘，引誘它們來充實這虛空，否定這虛空。這就是他們（原子論者）的一些原則。[322]

我們看見，我們直接來到了原子論思想的極限；因為當我們一談到關係時，我們便超出了這種思想。（一）第一，像已經提到過那樣，有與非有是思維的對象，而從表象看來，作為在相互關係中的不同的東西（因為兩者本身是沒有差別的），就是充實與虛空，亦即是為

322 亞里斯多德，《論生滅》，第一卷，第八章。

著意識而建立起來的有與非有。（二）但充實體亦同樣具有否定性在自身內，作爲自在自爲的東西，它是一個自身排斥對方的對方；它是「一」，並且是無限多的「一」。而虛空是不排斥對方的，乃是純粹的連續性；「一」與連續性是對立的。（三）今兩者既是如此固定，所以從表象看來，讓原子浮游於存在著的連續性〔即虛空〕之中，它們時而分離開，時而又合攏——是最自然不過的了；所以原子的聯合只是一種表面的聯繫，雖是一種綜合，但這種綜合卻不是由被聯合的東西的本性所規定，反之，在這種綜合裡，基本上這些自在自爲的東西還是分離開的，它們本身是沒有聯繫的，它們是特殊化的。

但是這種關係乃是完全外在的關係，獨立的東西與獨立的東西相結合，彼此仍然是獨立的；所以這只是一種機械的聯合。照這種看法，一切有生命的、精神的……東西只是湊合起來的；變化、發生、創造因此也僅僅是一種聯合。這裡立刻就表明了整個學說的空疏性。又在近代，特別是透過伽桑第，這種原子論的觀念又得到復興。但主要的問題是，只要人們把原子、分子、細小部分等等當作是獨立自存的東西，則它們的聯合就只是機械的；被聯合者總是彼此外在，它們的結合只是外在的，一種湊合。

這個觀念是如此地空疏，所以我們無需加上近代對於這個觀念所部分地加上的東西，若說，在某一時間內曾經有這樣一團混沌，一個爲原子所充滿了的虛空，這些原子後來就得到如此的聯合和調整，由於這樣，這個世界就從此產生出來了；因而現在還是如此，並且永遠如此，那自在自爲地存在著的東西就是虛空與充實。自然科學在這樣的思想裡所尋得的令人滿意的方面也正在於這點，即在原子學說裡，存在者是存在於它的作爲被思想的對象和與它對立的被思想的對象的對立中，由此便可以作爲自在自爲的存在者了。因此原子論者一般地總是反對認爲世界的創造和保持是由於一個外來的本質的看法。自然科學在原子論裡首先感覺到可以從世界沒有本源的那個說法裡解放出來。因爲如果自然被表象爲被另一個東西所創造和保存，則自然就會被表象爲不是自在之物，它的概念在它自身之外；這就是說，它有一個外在於它的本源，它本身沒有本源，它只有從另外一個東西的意志裡才可得到理解，就它本身來說，它是偶然的、沒有必然性的、沒有對自身的理解的。但是在原子論的觀念裡我們有了自然之自在性的觀念，這就是說，思想發現它自身在自然之內；而這就是令概念感到愉快的事：恰好即在把握自然之時，就把自然建立爲概念。自然在它的抽象本質中，只以其自身爲根據，是單純的、自爲的。確定的感性存在，與「一」對立或者作爲與意識對立的確定的﹙有限的﹚感性存在，必定有一個根據：它的原因就是它的對立物；它的根據就是這對立物的統一，它自己的規定。原子與虛空正是這種單純的概念。但我們也就不能在這個形式的說法裡，即提出一個極其一般性的簡單原則：「一」與連續性的對立；思想在自然裡發現其自身；或本質本身是一個被思維之物，看見或發現更多的東西了。

如果我們從一個較廣大、較豐富的自然觀出發，而要求根據原子論來說明自然，則人們立刻就會得不著滿足，且立刻會看到原子論不澈底、不充分的地方，因而不能更有所進。但我們必須立刻超出這些思想。連續性與非連續性的對立就是﹙必須超出的﹚第一點。它們是純粹思想的兩個環節，是必須立刻超出的。因爲這些否定的概念、「一」恰不是自在自爲的；原子是不可分割的，自身等同的，換言之，原子的本質是被視爲純粹連續的，它們可說是直接地結成一團。人們的表象當然可以把它們分離開，給它們一個感性的表象的存在；但它們是等同的，所以它們是純粹的連續性，還是仍然與虛空一樣。

但凡是存在的都是具體的、有特質的。試問這些特質如顏色、形狀是從哪裡來的呢？〔原子的聯合〕完全是某種外在的和偶然的東西。在這裡面我們找不到質的差別；「一」，作爲自在自爲的存在，失掉了任何特質。我們試假定不同的物質，電、磁、光，其分子是在做機械的旋轉：則我們（甲）完全沒有涉及統一；（乙）關於現象的推移我們也沒有說出一個理性的字句，只是字句的往復循環。

（三）留基伯和德謨克利特曾想要更進一步；所以才提出「聯繫」來，亦即揚棄原子的獨立性和自在自爲的存在。要解釋一根植物，就得問：它的特性是從哪裡來的？我們如何用原子論的原則去把握殊異性呢？（在政治方面，殊異性來自個人意志。）在留基伯那裡就有了比原子表面的聯合與分離更爲確切的區別的需要；他是這樣去尋求解答的，即他給予原子更多的規定。因此原子也就被規定爲非等同的，當然原子的差別也是無限的。留基伯曾試圖把「這種差別」更詳細地規定爲「三個方式」。亞里斯多德[323]引證說：「他曾經說過，原子是不同的，（甲）形狀不同，如A別於N；（乙）次序（地位）不同，如A N別於N A；（丙）位置不同」，是直立的或躺著的，「如Z別於N。一切的區別都應是從這裡來的」。 374

323《形上學》，第一卷，第四章。

我們看見，這些仍同樣是外在關係、不相干的規定。形狀、次序和位置乃非本質的關係，是不涉及事物性質本身的關係，而它們的統一和聯繫只是在另一個東西裡面；這種聯繫是無質的差別的，不是透過概念、透過本質而聯繫起來的，仍是事物的無質的差別的存在。就本身而論，這種區別已經是有矛盾的。原子既然是完全單純的「一」，便說不上有什麼形狀、次序；它們相互間完全是等同的，是不能夠有這樣的差別的，因此它們的位置也是沒有區別的。這些規定本身是很貧乏的。這就是把感性的東西歸結爲少數的規定；但感性的東西是被視爲獨立的、在物質中的。

關於留基伯，亞里斯多德[324]說過：「他想要把對於現象和感官知覺的思想弄得更細緻一些」，由於他斷言「無」與「有」一樣，同是存在著的，而這種「有」與「無」同一的看法必然是在概念中的；「所以他認爲運動、產生和消滅是自身存在的」，生成，作爲感性直觀的對象，由於是原子的分離與聯合，本身也是單純的，自在自爲的存在。不過這種分離與聯合事實上並不在原子本身內，而乃是外在於原子的；因爲原子是純粹獨立的東西，它們的本質不是過程。但是如果他現在更進一步，把原子當作是自身形成的東西，則他誠然是把原子的本質弄得如此地更接近感性直觀了，卻還是不接近概念。原子形成的過程還須向前進展，而從連續性與分離性的規定向前推進，還有一段很長的途程。

324《論生滅》，第一卷，第八章。

留基伯把一切進一步的規定都限制在一點，即一切其他的區別都須從原子的這些規定去理解。所以我們看到他引用了形狀這個規定。亞里斯多德[325]說：「德謨克利特和大多數別的古代哲學家，當談到感性事物時，是很笨拙的，由於他們想要把一切可感覺的東西都弄成一種可以捉摸的東西；因爲他們把一切東西歸結到觸覺。」一切感性的特質都「歸結到形狀」、歸結到分子的不同聯合，這種分子的聯合使得某一東西成爲「有味的」、有香臭的東西。白與黑是如此地不同，他們說是這樣形成的：「黑色是粗糙的，白色是平順的（原子形成的）」；這種嘗試也是近代原子論所作的。這種嘗試表示理性的衝力，只是它的方式是錯誤的。這樣一種分子的排列乃是毫無意義的、不確定的普遍性。這種物質的原則是機械的；從笛卡兒出發的法國哲學家是站在這一方面的。一切具體的東西只是外在的湊合，沒有內在的性質，進一步到非機械規定的過渡也是沒有的，即使有，這過渡也顯得是貧乏的、淺薄的、空疏的。在這種哲學的這些規定裡包含有本質的和非本質的——第一性和第二性——的性質的區別；與本質的性質相聯繫，就得出這樣的結論：物質是獨立的和物質是有重量的。

我們更進一步看到，留基伯企圖根據原子和虛空的原則來構造世界，這看起來好像很奇特。至於留基伯如何用這些貧乏的規定進一步向前走，以及由於他把這些思想當作是絕對的

---

325 《論感覺》，第四章。

東西，因而不能從這些規定裡超越出來，而他卻想借這些規定來表象世界的全體，一個同樣空虛的表象，關於這點，第歐根尼．拉爾修[326]曾給我們一個描述，這個描述看起來似乎十分沒有意義，但事情的性質不容許有更好的說法了。它除了讓我們確見留基伯對於世界的表象的貧乏性外，再沒有什麼可作的了。

他的描述是這樣的：「原子由於無限者的分離以不同的形狀驅使其自身」（這裡出現了原子的抗擊）「進入太空」——「由於相互的抵抗和一個震撼的搖擺的運動」——；[327]「在這裡聚集起來，它們形成了一個漩渦，在漩渦中它們互相衝擊，以多樣的方式旋轉著，於是相同的與相同的就分開了。但假如它們處在平衡狀態，由於它們的數量眾多，他們便不能向著什麼方向運動：所以那較精微的原子走入虛空的外層，有點像跳躍了出來，其餘的原子彼此仍留在那裡，它們糾纏在一起，互相衝撞，並構成第一個圓的系統。但這個圓的系統好像一個殼，停留在那裡，這個殼包著所有各種物體在它裡面；由於這些物體向著中心逼近，形成一個漩渦運動：於是這個殼變得很細薄，因爲按照旋轉的傾向，它們不斷地聚集在一起。由於這樣，地球便產生了，因爲這些導向中心的物質停留在一起。這種像一層殼那樣的週邊由於外面的物體結成一起又得到增加；由於它（週邊）同樣在做漩渦運動，它吸引一切與它接

---

326 第九卷，第三十一—三十三節。

327 普魯塔克《諸哲學案》，第一卷，第二十六章；斯托拜烏斯，《自然的牧歌》，第二十章，第三九四頁；坦納曼，第一冊，第二七八頁。

觸的東西到它自身。一些物體的聯合又形成一個系統，最初是潤溼的和泥濘的，後來成爲乾的，並且在全體的漩渦中旋轉；後來成爲燃燒的，這樣就完成了星球的性質。那最外的圈子是太陽，內圈是月亮」。

這是一個空洞的陳述。在這些對於圓周運動的沉悶的、混亂的表象裡，和在後來稱爲引力與抗力的觀念裡，是沒有多大興趣的，也不能從此更走多遠。不同的運動在這裡被假定爲物質的本質；原子所藉以運動的原則是虛空，與肯定對立的否定。這原則和它的進程是值得高度重視的；但一進到具體事物時，則對這些具體事物更進一步的規定便顯得貧乏了。

* * *

德謨克利特可確定是阿布德拉人（在愛琴海岸的色雷斯），這個城市後來由於市民的愚蠢行爲而有不好的名聲。他大概是生於第八十屆奧林匹克賽會（公元前四六〇年），或第七十七屆賽會後第三年（公元前四七〇年）；有一些人說他是生於第七十一屆賽會（公元前四九四年）左右。[328]第歐根尼．拉爾修[329]指出，他比阿那克薩哥拉年輕四十歲（依這說法，

328 第歐根尼．拉爾修，第九卷，第四十一節；坦納曼，第一冊，第四一五頁。

329 第歐根尼．拉爾修，第九卷，第三十四節。

他不生於第七十屆賽會，而是生於第八十屆賽會）；在蘇格拉底的年代，他還活著，甚至比蘇格拉底還年輕些。他與阿布德拉人的關係傳說得很多；關於這點第歐根尼・拉爾修講述了許多很糟糕的軼事。他是很知名的，因為他離群索居；他是很富有的；他的父親當澤爾士在希臘行軍的時候曾做東招待過他。[330]有人說他把大量財富都耗費在往埃及和深入東方的旅行方面；但後一點卻不值得相信。他的財富據稱有一百塔侖特[331]之多；如果一個古希臘幣塔侖特值一千到一千二百塊德國銀元的話，那麼無疑地，他將會有足夠餘裕的金錢作為旅行費用。至於他是留基伯的朋友和學生這一點，是一致的描述；但他們在何處聚會過，卻沒有描述。「當他結束旅行回到祖國之後，他過的是隱遁的生活」（他受到阿布德拉人尊重），「由於他的全部資財都消耗盡了，而他就接受他的兄弟的照拂。他在他的本國人中受到很高的尊敬」——並不是由於他的哲學，而是「由於一些預言。按照法律，一個用盡父親財產的人」死後得不到光榮的安葬，這就是說，「不得葬在祖宗的墓場。於是為了使得這種汙辱和惡言」——好像他是由於放蕩不檢而浪費他的財產——「無存在餘地，他在阿布德拉人面前宣讀他的著作 Διάκοσμος（《宇宙秩序論》）。於是阿布德拉人贈送給了他五百塔侖特，並且公開給他修造了一個雕像，當他大約活了一百歲而死以後，又很隆重地安葬了他。」[332]至

---

330 Valer. Maxim. Ⅷ. 7; exterm. 4.

331 第歐根尼・拉爾修，第九卷，第三十五—三十六節。

332 第歐根尼・拉爾修，第九卷，第三十九節。

於要說這也是一種阿布德拉人的愚行，但就把這段故事傳布給我們的人來說，至少他們是沒有這種看法的。

我們已經提到過，德謨克利特整個接受了留基伯的系統。他說過：「按照意見有熱，按照意見有冷，按照意見有顏色、甜和苦；按照眞理只有不可分割的〔原子〕和虛空。」[333]無疑地，根據描述，他曾更多地發揮了留基伯的思想；我們誠然還保存著一些他的思想，但這些思想沒有值得引證的。

「靈魂是圓形的原子」。[334]我們進一步看見，他已涉及意識的關係：就中他涉及對於感覺的起源的解釋；據他看來，表象起始於與事物相似的細微表面原子脫離出來，流入眼睛和耳朵等等。[335]此外，由於形狀、次序和位置（一般的形態）既是自在之物的唯一的規定，究竟這些環節是如何作爲顏色、不同的顏色等等而被感覺到的，這一點他卻並沒有給予說明。在這裡面，我們看不見什麼別的東西，除了：（甲）實在在這裡保持它的權利，不像有的人只談說幻象；（乙）理性的努力眞正地趨向於理解現象和知覺的事物。

由此我們看見，德謨克利特曾經對於自在和自爲兩個環節較明確地說出來了。因爲在

333 塞克斯圖斯·恩丕里柯，《反數學家》，第七卷，第一三五節。
334 亞里斯多德，《論靈魂》，第一卷，第二章。
335 普魯塔克，《諸哲學案》，第四卷，第八章。

他看來，只有虛空、原子和它們的規定是自在的，而無關重輕的、不同的存在如熱、冷等等，乃是爲他物而存在的。但這樣一來又同時爲壞的唯心論打開了大門，這種唯心論對於與意識相聯繫的對象，便以爲只需要說一聲那是我的感覺，那是我的，於是一切就完事了。照這樣看法，感性的個別性誠然被揚棄爲存在的形式，但個別性仍停留其爲同一之多樣性；這乃是建立一感性的無思想性的感覺的多樣性，在這種多樣性裡沒有理性，而這種唯心論更不能與理性有何關涉。

陸、阿那克薩哥拉[336]

這裡有一道光芒開始放射出來（誠然它還是很微弱的）：心智被認爲是原理。關於阿那克薩哥拉，亞里斯多德這樣說道：[337]「那一個說生物和自然裡面的理性乃是世界和一切秩序的原因的人，與前此那些胡亂說話的人比較起來，乃是一個頭腦清醒的人。」亞里斯多

336 紹巴赫（E. Schaubach），《克拉佐美納伊人阿那克薩哥拉殘篇》，一八二七年萊比錫版。

337 《形上學》，第一卷，第三章。

德說，[338]阿那克薩哥拉以前的哲學家，「可以比作那一類擊劍者（我們稱他們爲自然哲學家），他們在舞劍時雖亦常有些好的擊刺，但卻非出於他們的技術，這些哲學家也好像對於他們自己所說的話並無自覺的意識。」阿那克薩哥拉才初次具有這種自覺的意識，因爲他說，思想是那自在自爲地存在的普遍者，純粹的思想就是眞理。阿那克薩哥拉就像醉漢中間一個清醒的人；但是他的擊刺有時也還是落空的。

我們已看到，曾經有人把「有」、「變」、「一」當作原理，這些乃是思想，是普遍的，非感性的，並不是幻想的表象；但是它們的內容，以及內容的各部分，卻是取自感性事物的，所以這些乃是有某種規定的思想。現在阿那克薩哥拉說，普遍者並不是神靈、感性的原理、原素，也不是各種在本質上有定的思想（各種反思的規定），而是思想自身，是自在自爲的，是沒有對立的普遍者，在自身中包含著一切，這就是實體。這裡我們不可把思想本身想像成主觀的思想；我們想到思想活動時，總是立刻想到那種在我們自己意識裡面那樣的思維。反之，這裡所指的卻是完全客觀的思想、普遍者、主動的心智；有如我們說宇宙中以及自然中有心智、理性，又如我們談到自然裡面的類，這些類就是普遍者。犬是獸，獸就是犬的類、犬的實質；犬本身就是獸。這個法則、這個心智、這個理性本身是內在於自然中，是自然的本質；自然不是從外面形成的，像人們製造椅子一樣。桌子也是按照理性造成

338《形上學》，第一卷，第四章。

的，不過這是一個外在於木材的心智。而當我們一談到心智時，我們就立刻想到這個外在的形式，彷彿這就是心智。在這裡，心智所指的卻是普遍者，普遍者就是客體自身的內在本性。這就是原理。在此以前，我們只見過各種思想，現在才見到思想自身被當作原理。

Νοῦς（心靈）並不是從外面安排世界的思維實體；如果是這樣，阿那克薩哥拉的思想就會完全被破壞、就會失去它的全部哲學意義。因爲如果「心靈」是一個外來的個體，一個個別的東西，則它就會完全陷於表象的地位，而二元論也就會產生出來。一個所謂思維實體，就不再是思想，而是一個主體。眞正的普遍者並不是抽象的，普遍者（善、美、目的）正是這種在自身中而且從自身中自在自爲地規定特殊者的東西，不是外在的目的。

在談他的哲學之前，我們必須先考察一下他的生平。隨著他，哲學才出現於希臘本部，在他之前，希臘本部是沒有哲學的，隨著他，哲學才來到雅典；在此以前，小亞細亞和義大利是哲學的所在地。阿那克薩哥拉本人是一個小亞細亞人，大半時間卻住在雅典。雅典是希臘最強大的城邦，同時也是藝術和科學的所在地和中心。

阿那克薩哥拉生活在希波戰爭和伯里克里斯時期之間的偉大年代。他恰逢那希臘的雅典生活的最美麗的年代，並接觸到它的衰落，或毋寧說接觸到它的衰落的開始，美麗的雅典生活死亡的開始。馬拉松之役是在第七十二屆奧林匹克賽會時；薩拉米之役是在第七十五屆奧林匹克賽會時；在第八十一屆奧林匹克賽會時（公元前四五六年）阿那克薩哥拉來到雅典。

阿那克薩哥拉生於第七十屆奧林匹克賽會時（公元前五〇〇年），較德謨克利特爲早，就年紀而言，也比恩培多克勒年長，但大體上他與他們及巴門尼德是同代的人；他和芝諾年紀一樣。他的故鄉是利底亞的克拉佐美納伊，離科洛豐和以弗所不遠，位於一條聯結一個大的半島和大陸的地峽上。[339]

阿那克薩哥拉結束了我們所講的這個時期，在他之後，開始了一個新的時期。依照那個被人喜愛的譜系遞嬗的見解，即原理總是師徒相傳這個見解，因爲他是一個伊奧尼亞人，他就被當作伊奧尼亞學派的繼續者，當作一個伊奧尼亞派哲學家；因爲克拉佐美納伊的赫爾摩底謨是他的先生。[340]爲了支持上面這個見解，他還被塑造成阿那克西美尼的學生，可是阿那克西美尼的生年卻被放在第五十五－五十八屆奧林匹克賽會之間，因此比他早了十五次奧林匹克賽會（即是早了六十年）。

他的生平可用下列的話來簡述：他獻身於科學的研究，避開社會政治生活，旅行許多次，而最後，有的說，在他三十歲時，但更可能是在四十五歲時，來到了雅典。[341]他來得正好，在這個城邦最燦爛的時候來了；伯里克里斯正統治著雅典，把它提高到了最光輝的境地，當時可說是雅典生命中的黃金時代。伯里克里斯結識了阿那克薩哥拉，並和他交往甚

339 第歐根尼．拉爾修，第二卷，第六－七節。
340 亞里斯多德，《形上學》，第一卷，第三章。
341 第歐根尼．拉爾修，第二卷，第七節；坦納曼，第一冊，第三〇〇頁。

密。[342]當時雅典已達到了它的美麗偉大的最高峰；特別是此時雅典與拉棲代蒙〔按：即斯巴達〕的對立最饒興趣。雅典與拉棲代蒙是兩個競爭著執希臘牛耳的希臘國家。我們說到雅典就要注意到它與拉棲代蒙的對立，這兩個有名國家的原則的對立。拉棲代蒙人沒有什麼藝術和科學。而雅典之成爲科學和美術的所在地，必須歸功於它的制度和它的整個精神的特質。

拉棲代蒙就它的制度來說，也值得給以很高的評價。拉棲代蒙人以他們的一貫的制度統制了他們的嚴峻的多里亞精神〔按：即斯巴達精神〕；一個這樣的制度，其主要的特點就是：個性、一切個人的特性都從屬於普遍者，從屬於國家的目的、國家的生命，或更確切點說，都爲這些而犧牲：即是說，個人只有在意識到活動、生命、行爲都是爲了國家時，才意識到他自己的榮譽和價值等等。一個具有這樣高度統一性的民族，在其中個人的意志眞可以說完全消失了，於是形成了一種不可戰勝的團結一致；因此拉棲代蒙占據了希臘人的首位，執希臘的牛耳，正如我們看到特洛伊時代亞該亞人的情形一樣。

這是一個偉大的原則，一個每個眞正的國家必須有的原則，不過它在拉棲代蒙人那裡卻停留在片面性中；這種片面性爲雅典人所避免，因而雅典人就變得更偉大。在拉棲代蒙，特性、個性是被輕視的，因此個人不能夠有獨立的自由發展和表現；個性沒有得到認可，因此也就沒有獲得與國家的共同目的契合一致，互相統一。這種共同的生活，這種特殊性、主觀

384　385

342 普魯塔克，《伯里克里斯傳》，第四章。

性的權利的摒棄，在拉棲代蒙人那裡發展得很厲害；我們發現這同一個原則在柏拉圖的理想國裡面也以其特有的形式出現。

但是普遍者之成爲一種有生命的精神，卻只有當個別意識作爲個別意識而存在於其中的時候，普遍者並不是構成個人的直接的生命和存在，單純的實體，而是構成那有意識的生命。正如脫離普遍者的個體性是毫無能力的、會趨於毀滅的一樣，片面共同的、現行的倫理習慣也同樣不能抗拒個體性。拉棲代蒙精神不考慮意識的自由，而它的普遍者又與意識的自由相隔絕，因此這種自由必然會迸發出來，而與普遍者相對立。雖則斯巴達人最初乃是作爲使希臘擺脫其僭主的解放者而出現，連雅典也靠他們來驅逐庇西特拉圖的後裔，但他們對其同盟者的關係，不久就變成爲一種庸俗的、卑鄙的武力壓迫，而在內部、在本國中，也形成了一種暴戾的貴族政治，同時固定的財產平等（或財產規定，即每個家族永遠保持自己的遺產，並借禁止私有貨幣、貿易和商業以防止發生財產不均的可能）也變成了一種貪婪，這種貪婪與普遍者相對抗，是殘暴而卑鄙的。

特殊性這一重要環節，由於沒有被吸取到國家裡面，因此沒有得到合法化，倫理化（首先是道德化），而是作爲罪惡出現。理念的一切環節是存在於一個合理的有機組織中的；如果肝臟被孤立成爲膽汁，它並不會因此而增多活動或減少活動，而會作爲敵對的東西，表現爲與身體、與身體組織相隔絕的東西。

反之，梭倫不僅使法律上的平等、精神的統一成爲雅典人的制度，而且他也給予個體性以充分發揮的機會，把政權付託給人民（而非給民政官），雅典人民驅逐了他們的僭主之後，就自己掌握政權，於是眞正地成了一個自由的民族。個人自身之內有著全體，而個人的意識和行爲又在全體之中；自由意識的發展，必須在全體裡面才能找到。

雅典人也有民主，並且是比斯巴達更純粹的民主。每個公民都感到實質上與法律、與國家處於和諧中；但同時卻允許個體性、精神、個人的思想去自由選擇、表現、發展。這樣我們就看到，在這個原則裡面，個體性的自由得到了偉大的表現。這個主觀自由的原則，最初顯得與希臘道德的一般基礎、與法律的一般基礎，甚至與神話還是相聯結的；因而這個原則在它的發展之中，由於精神、天才能夠自由產生自己的靈感，於是就產生出那些造型美術的偉大藝術品，和那些詩歌和歷史的不朽作品。主觀性的原則，至此爲止，還沒有採取這樣的形式，即認爲特殊性本身應該得到自由，而其內容亦應是一個主觀的特殊內容，至少要與一般的基礎、倫理、宗教、法律有所區別。因此我們看不到特殊化觀念的表現，而是看到偉大的、倫理的、堅實的、神聖的內容在這些作品中成爲意識的對象，普遍地被提到意識前面。以後我們將看到主觀性的形式將自由地實現出來，並進而與實體、倫理、宗教、法律相對立。

在阿那克薩哥拉那裡，我們看到了主觀性這個原則的基礎，雖則還是完全一般性的基礎。他生活於比蘇格拉底稍早的時期，但他們還是相互認識的。他來到雅典的時候，雅典的原則就是上面所講的那樣。

在希波戰爭之後，雅典征服了希臘諸島的大部分，以及色雷斯一群海權城邦，勢力遠達黑海。在這個高貴的，自由的，有教養的人民裡面，作爲國內第一人，這幸運是屬於伯里克里斯的；這種情況在個性的評價方面，使伯里克里斯的地位提高到很少有人能夠與他匹敵。在人類的大事裡面最偉大的事，莫過於統治具有一個共同意志的人們的意志，因爲這個統治著的個性必須是最有普遍性而又最富有生命力的；對於凡人，不會有比這更好的命運了。他的偉大個性，是既深刻又完整，既嚴肅（他從來不大笑）又堅毅而沉著。[343] 雅典占據了他全部的時間。修昔提底斯爲我們保存了一些伯里克里斯對人民的演說詞，沒有比這些演說詞更好的了。在伯里克里斯的統治之下，出現了倫理社會最高度的文化，這是一個交錯點，在這裡，個體性尚服從於共同性，並包含於共同性之中，不久個體性就要飛揚跋扈，它的活動就要走到極端，因爲國家之爲國家還沒有獨立地組織好。由於雅典國家的本質是共同的精神，而個人對共同精神的宗教式的信仰是他們的本質，所以當這種信仰消失了的時候，民族的內在本質也就消失了，因爲對於他們，精神並不就是概念，和我們的國家中不一樣。到概念的最速的過渡就是「心靈」，就是作爲本質而折回自身的主觀性，而非抽象的東西。

雅典是藝術和科學的傑出人才薈萃之地。當最偉大的藝術家雲集雅典的時候，最著名的哲學家和智者們也居住在那裡：有埃斯庫羅斯，索福克里斯，阿里斯托芬，修昔提底斯，亞波羅尼亞的第歐根尼，普羅泰戈拉，阿那克薩哥拉和其他小亞細亞人。小亞細亞本身則落於

343　普魯塔克，《伯里克里斯傳》，第五章。

波斯人之手，而隨同它的自由的喪失，他們的哲學也逐漸死去。

阿那克薩哥拉這個時期住在雅典，在伯里克里斯從事政治之前，他是伯里克里斯的朋友。但也有人說，他後來弄得很窘迫，因爲伯里克里斯怠慢了他，沒有油供給阿那克薩哥拉點燈。[344]

更重要的是，阿那克薩哥拉如同以後蘇格拉底和其他一些哲學家一樣，被控告爲蔑視人民所信奉的神。理智的散文與詩意的宗教觀點發生了衝突。有人確定地說，[345]阿那克薩哥拉把太陽和星辰視爲燃燒著的石塊（另外還有人說，[346]他還犯了用自然的方式解釋先知們視爲奇蹟——預兆——的事物的過失）；下列的事與這個說法亦很吻合，就是他曾預言在愛戈斯·波大莫之戰那天，在雅典人對呂山德交戰而喪失他們最後的艦隊的地方，有一塊石頭會從天上墜下來。[347]

一般而言，泰利斯、阿那克西曼德等人，可以說是把太陽、月亮、大地和星辰當作物體，用各種不同的方式來表象它們——對這些表象是不值得再作更多的考慮的；因爲這一

344 普魯塔克，《伯里克里斯傳》，第十六章。
345 第歐根尼·拉爾修，第二卷，第十二節。
346 普魯塔克，《伯里克里斯傳》，第六章。
347 第歐根尼·拉爾修，第二卷，第十節；普魯塔克，《呂山德傳》，第十二章。

方面是屬於一般知識的。所有他們關於這類對象的表象中，都包含著這樣一個共同點，就是神被他們逐出了自然界。他們破壞了關於自然的那個詩意的觀點，這個觀點賦予一切本來被視爲無生命的東西以一種獨特的生命，以及一些感覺，並且人們還可以說，賦予它們一種大體上猶如意識一樣的存在。他們使這種詩意的觀點降到散文的觀點。太陽被當作是物質的東西，正如我們現在所認爲的一樣，不再是一個活的神；對於我們，這些東西只是單純的物體，外在於精神，是沒有精神的對象。人們可以從思維引申出事物；思維所要做的就是：把這一類的對象，以及關於這些對象的可以稱之爲神聖的、詩意的觀念，連同所有的迷信都驅除掉，把它們降爲可以稱之爲自然事物的東西。因爲在思維裡面，精神認識它自己是眞正的存在、現實。思維就是它自身與存在的統一；對於精神，那非精神的、外在的東西在思維裡面就自己降爲物體、降爲精神的否定物。

我們不必爲喪失這種觀點而感到悲傷，好像隨著這種觀點的喪失，那種與自然的合一，美麗的信仰，無邪的純潔和精神的天眞都消失了。這種觀點很可能是無邪而天眞的，但理性正是從天眞和與自然的統一中走出來的。當精神把握了自己、實現了自己的時候，它就必須因此立刻把它自己的對方作爲意識的否定物與自己對立起來，就是說，把對方規定爲非精神的、無意識無生命的東西，然後才由這個對象返回自身。我們在古代人的神話裡所遇見的，就是這種把運動的東西固定下來的辦法。譬如他們就說，阿爾戈斯船上的水手把赫勒斯滂海峽的石岩固定了，這些石岩在以前是像剪刀一樣運動著的。同樣地，進步的文化也把以前被認爲本身具有運動與生命的東西固定下來，並把它變成靜止的東西。

這種神話觀點向散文式觀點的轉變，在這裡進入了雅典人的意識中。這種散文式觀點的前提，即是人們在內心中有了不同於以前所有的要求出現。在這種要求裡面，就有著那種有力的、必然的轉變的跡象。這些轉變是由於思想能力的增強，由於自我的覺識，由於哲學而在人們的觀念中引起的。

用主張無神論的罪名來加以控告，這種事情我們在蘇格拉底那裡還會更詳細地來談。在阿那克薩哥拉這裡，這件事表面上是由於特殊的原因，很容易理解，這原因就是雅典人忌妒伯里克里斯；就是那些人與伯里克里斯爭奪雅典的最高位置，而又不敢直接地（公開地）反對他，於是便在法律上攻擊他的朋友；由於忌妒他，就企圖透過控告他的朋友來傷害他。由於這個原因，有人還控告了他的女友阿斯帕西亞；而可敬的伯里克里斯，爲了救她免於判刑，就必須帶著眼淚懇求某些雅典公民把她釋放。[348]雅典人民享有自由，可以要求自己授之以大權的那些大人物這樣做，他們這樣做了，也就承認了自己對人民的屈從；由於大人物擁有權勢，於是人民就要向他們進行報復，使自己成爲復仇女神，把自己放在與大人物平等的地位上：而這些大人物就必須表白自己對人民的依賴、臣服與無力之感。

關於阿那克薩哥拉被控訴的結果如何，傳說互相矛盾而不確定；至少伯里克里斯是救了他免於被判處死。或者照有些人所說的，當伯里克里斯把他帶到人民面前，替他求情，而他

348 普魯塔克，《伯里克里斯傳》，第三十二章。

自己也以他的老邁、憔悴和衰弱引起了他們的同情之後，僅被判處流放。另一些人又說，他借伯里克里斯的幫助逃出了雅典，被缺席判處死刑，但這個判決並沒有執行。還有人說，他被免刑釋放；但由於因這件控案感到煩悶，並且恐懼會再度被控，所以他就自願離開了雅典。大約當他六十歲或七十歲的時候，在第八十八屆奧林匹克賽會時（公元前四二八年），他在蘭普薩庫斯死去。349

〔一、普遍的思想原理〕[29]

他的**哲學**和以前的哲學的聯繫是這樣的：在赫拉克利特的作爲運動的理念中，一切環節都是絕對變滅無常的；恩培多克勒把這種運動收攏到統一裡，但卻是一種綜合的統一，留基伯和德謨克利特也同樣是如此的，不過，在恩培多克勒那裡，這個統一的諸環節是火、水等實際存在的原素，而在他們那裡，這些環節則是純粹的抽象，自在地存在的本質、思想；但這樣普遍性就直接地被設定了，因爲那些對立的原素再不以感性爲依據了；統一從對立中回到它自身，成爲有普遍性的統一（在恩培多克勒的綜合裡，對立者仍然與統一相隔離而孤

349 第歐根尼．拉爾修，第二卷，第十二、十四節；普魯塔克，《伯里克里斯傳》，第三十二章；梅納鳩注哲人言行錄，第二卷，第七節。

[29] 譯者增補。

立，思想自身並不就是存在）。作爲純粹、自由的過程自身的思想，乃是自身規定的普遍者，與有意識的思想是沒有分別的。在阿那克薩哥拉這裡，則展開了一個完全不同的天地。

亞里斯多德[350]說：「阿那克薩哥拉首先開始了這些規定」，因此他第一個把絕對本質表達爲「心靈」或普遍者表達爲思維（並非理性）。亞里斯多德和其後的另外一些人[351]引述了一件枯燥無味的事實，說是有一個叫赫爾摩底謨的，也是克拉佐美納伊人，首先提供了這個概念；但是「清楚地」規定了這個概念的，卻是阿那克薩哥拉。這件事實對這問題的解決很少幫助，因爲我們關於這個赫爾摩底謨的哲學再沒有聽到什麼別的；他的哲學思想不可能是很多的。另外有些人曾對這個赫爾摩底謨做了許多歷史的研究。這個名字另外還出現過一次：（一）據傳說，畢達哥拉斯在投生爲畢達哥拉斯之前，曾經投生爲另外一些人，這個赫爾摩底謨就是那些人中之一。（二）我們還聽到一個關於赫爾摩底謨的故事，說他具有一種特殊的稟賦，他的靈魂能離開他自己的肉體。[352]但這件事最後弄得很糟糕；因爲他和他的妻子發生了口角，而他的妻子很清楚這件事的實況，於是就對他們所認識的人們指出，這個

350 《形上學》，第一卷，第三章。

351 塞克斯圖斯．恩丕里柯，《反數學家》，第九卷，第七節。

352 普林尼（Plinius），《自然史》，第七卷，第五十三章；布魯克爾，《批評的哲學史》，第一冊，第四九三、四九四頁注。

爲他的靈魂所離棄的肉體是死了，於是在靈魂回來之前，肉體就被焚化了，這一定會使靈魂大吃一驚。這個古代的故事究竟有什麼根據，就是說，我們究竟應怎麼看待這個故事，是不值得費神研究的；我們可以把它設想成一種出神的狀態。我們還有一堆像這樣的關於古代哲學家的故事，如關於腓力西德斯，埃庇米尼得斯等人的；例如埃庇米尼得斯——（一個懶蟲）——曾睡了五十七年之久。[353]

阿那克薩哥拉的原則，是他把 νοῦς（心靈）、思想或一般的心智視爲世界的單純本質、視爲絕對。「心靈」的單純性並不是一種存在，而是普遍性（統一性）。普遍者是單純的，與自身有別的，不過這種差別立刻就被揚棄了，同一性就被建立起來，自爲地存在了；本質並不是一個自在的假象、個別性，並不是自在自爲地規定了的反思。這個自爲的普遍者，如果被隔離，就只是作爲思維純粹地存在著。普遍者也作爲自然、作爲客觀的本質而存在著，但是這樣就不再是純粹自爲的，而是具有作爲直接物的特殊性在它裡面了；譬如空間和時間就是自然本身中最有觀念性、最有普遍性的東西。但是並沒有純粹的空間、時間和運動，而是這個普遍者本身內便直接具有特殊性，一定的空間、空氣、土等；我們不能指出純粹的空間，正如我們不能指出純粹的物質一樣。因此思維就是普遍者，不過是純粹自爲的：我是我，我等於我。我把一些東西與我區隔，但我卻保持著純粹的同一性；沒有運

353 第歐根尼．拉爾修，第一卷，第一〇九節。

動，但有一種沒有區別開來的差別，一種爲我的存在。在所有我所想的東西裡面，如果思維有一定的內容，則這內容就是我的思想，我就是在這個對象中爲我所意識到。

但是這個自爲地存在的普遍者也同樣與個體發生一定的對立，換言之，思想與存在相對立。這裡，本來應該考察這個普遍與個體的思辨的統一，看看這統一是如何被建立爲絕對統一的；但是這一點——即理解概念自身，在古代人那裡當然是找不到的。我們不應當希望他們有這個純粹的概念，即那個實現自身爲一個系統、被組織爲宇宙的心智。關於阿那克薩哥拉如何說明「心靈」，如何提出「心靈」的概念，亞里斯多德[354]進一步說道：普遍者有兩方面：（一）作爲純粹的運動，和（二）作爲靜止的、單純的普遍者。因此必須做的就是把運動的原理指示出來，指示出這就是那自身推動者，就是思維（獨立地存在的思維）。因而亞里斯多德說：「『心靈』對於他」（阿那克薩哥拉）「是與靈魂同一的」。因此我們把靈魂區別爲自身推動者，直接個別者；但是作爲單純者的「心靈」就是普遍者。思想是爲了某物而運動的，目的就是那最初的單純者（類就是目的），而實現自己爲結果的，就是最初者；在古代哲學家那裡，善與惡就是作爲肯定和否定的目的。

這個規定是一個很重要的規定，不過在阿那克薩哥拉那裡，它還沒有得到很詳細的發揮。前此的一切原理（亞里斯多德首先區別性質，ποιόν〔按：指形式原理〕，然後是物質

354《論靈魂》，第一卷，第二章。

和質料〔按：指物質原理〕），除了赫拉克利特的過程是第三種原理即運動原理之外，都是物質性的：現在阿那克薩哥拉這裡，出現了第四種原理，即理由、目的範疇以及「心靈」。目的就是那自身具體的東西。亞里斯多德在上面（二二二頁）所引的一段後面補充道：「照這些人的意見」（伊奧尼亞派等）「和照這一類的原因」（水、火等），「因為它們不足以產生（γενῆσαι）出事物的本性，因此哲學家們就如上面所說的那樣，為眞理自身所迫，不得不進一步去尋求次一原理。因為，一方面一切都是善和美的，而一方面又有別的東西產生出來，這一點上或其他的原理都不足以說明，而那些哲學家也似乎沒有想到這一點，似乎也不宜把這種事情委之於機會和偶然。」善與美表達了單純的、靜止的概念，變則表達了運動中的概念。

隨同這個原理，現在出現了下列的規定：（一）一般的心智乃是自身規定的活動性；在此以前，是沒有這個規定的。赫拉克利特的「變化」只是過程，還不是獨立自存的規定者。在自身規定的活動性中，同時也就包含著一個事實，就是：因為活動性造成過程，所以活動性保持自身為普遍者、自我等同者。火（依照赫拉克利特即是過程）是變滅的；它是到別的東西的過渡，不是有獨立性的東西。火也是循環，復歸於火；但火的原理並沒有保持在它的規定裡面。在這裡被設定的，只是向對立物的過渡，而不是那在兩種形式中仍保持自身的普遍者。（二）在「心靈」裡面存在著普遍性的規定，雖則這個規定還沒有正式地表達出來；在這規定裡面，普遍者保持在對自身的關係中。在「心靈」中有著（三）目的、善。

我剛才在上面（三五九頁—譯本三五五頁）曾談到目的的概念。但我們卻不可把目的設想成在我們裡面、在意識裡面的那種形式的〔主觀〕目的。我們有一個目的；它是我的觀念，它是自爲的，可以實現出來，也可以不實現。在目的裡面便包含有實現的活動：我們完成這個規定；產品必須合乎目的，如果一個人不是笨拙的，則他所製造出來的東西裡面必定不會不包含目的。這是一種從主觀性向客觀性的推移；我不滿足於我的目的僅僅是一個主觀的東西；我的活動就是要除掉目的中的主觀性這個缺點，把它變成客觀的。目的必須在客觀性中保持其自身，譬如我有建造一座房子的目的，因此我就活動起來；房子就產生了，目的就在其中實現了。

但是我們不可停留在這種主觀目的的觀念上面，在主觀目的中，我和目的兩者彼此獨立地存在著，像我們平常慣於做的那樣。譬如說，作爲智慧實體的神，乃是依照目的來統治世界的；這樣一種看法就是認爲目的獨立存在於一個有表象能力、有智慧的實體中。目的的普遍者卻在於：目的是一個自爲的固定規定，然後這規定又爲活動性的規定所設定，再向前活動以實現目的，給予目的以實際存在；但這實際存在是爲目的所統治的，而目的又在這實際存在中保持著自己。這就是說，目的是眞實的東西，是一個事物的靈魂。善給予自身以內容；因爲善作用於這個內容，而這個內容又轉向別的東西，所以在實在裡面最初的規定仍保持著自己，沒有什麼別的內容產生。先前已經存在的，和以後在內容外在化之後存在的，兩者乃是同一的東西；而這就是目的。

這方面最好的例子是生物；生物就是這樣保持著自己，因爲它本身就是目的。生物存在著、工作著、有欲求，這些欲求就是它的目的；它對於這些目的毫無所知，而只是單純地生活著，但這些目的乃是最初的規定，這些規定是固定的。動物工作著去滿足這些欲求，就是說，去達到目的；它與外物發生的關係，一部分是機械的，一部分是化學的。但是他的活動的關係，卻不是停留於機械的、化學的境地。產物、結果毋寧說就是動物自身，它乃是自身的目的，它只是在它的活動中產生出它自身；那些機械的以及其他的關係在它的活動裡面是被消滅、被推翻了。反之，在機械的和化學的關係中，結果乃是另外的東西；化學的東西是保持不住自己的。在目的裡面則結果是開端，開端和結局是相同的。自我保持乃是不斷的產生，在這過程裡沒有什麼新的東西發生，活動由復歸自身以產生自身，永遠只是那原有的東西。

因此，目的的性質就是這樣。「心靈」就是這種活動，它把一個最初的規定作爲主觀的東西建立起來，卻又把這個主觀的東西變成客觀的；這樣一來，這個主觀的東西就變成了它的對方，但這個對立又再被揚棄，致使那客觀的不是別的而就是原來那個主觀的東西。最普通的例子就能表明這一點。當我們滿足我們的欲求時，我們是把主觀的變爲客觀的，而後我們又把它取回來。這樣，這個最初自己規定自己、既而又對對方動作的活動，便陷於對立中（自己建立對立），卻又消滅了這對立，統治著這對立，在對立裡面折回自身——這個活動就是目的，「心靈」，思維。心智是在自身規定中保持自身的東西。從這時開始，這些環節的發展就是哲學的任務。

如果我們更精確地考察這個思維的發展在阿那克薩哥拉那裡達到了怎樣的程度，如果我們尋找「心靈」的進一步的具體意義，則我們就會發現，除了這個自身規定自身的活動，這個建立了一個尺度、一個規定的活動之外，就沒有別的東西了；他的發展並沒有超過尺度這一規定。關於「心靈」，阿那克薩哥拉並沒有給我們做出什麼發展或更具體的規定；這還是待做的工作。所以，除了關於自身具體的東西的抽象規定之外，我們還沒有得到什麼更進一步的東西。

關於阿那克薩哥拉對「心靈」的更詳細的規定，亞里斯多德[355]說道：「他並不是經常很明確地區別靈魂和『心靈』。他雖然屢屢說到『心靈』是美與公正的原因，有某些美的和公正的東西存在著；但『心靈』對於他常常不是別的，而就是靈魂。既然他或別的人說，『心靈』推動一切，那麼『心靈』就只是推動者。」往後亞里斯多德[356]又引述阿那克薩哥拉的規定說：「『心靈』是純粹的，單純的，沒有痛苦的」，亦即不被什麼別的東西從外面規定的，「不與他物混雜的，不與任何其他東西共處的。」這些乃是簡單的、自身規定自身的活動的規定，這個活動只對自己發生關係，與自己等同，不與他物相同，它是那個在它的動作中保持與自身相同的活動；這些賓詞，也許說得不錯，但就其本身說來，仍不免是片面的。

355《論靈魂》，第一卷，第二節。

356《論靈魂》，第一卷，第二節；又《物理學》，第八卷，第五節；參看《形上學》，第十二卷，第十節。

〔二、種子〕[30]

以上是阿那克薩哥拉的原理的一方面。我們現在必須考察「心靈」進一步的發揮與發展。阿那克薩哥拉的哲學的這一部分，初看起來，會使我們爲這個原理所引起的希望近於消失。另一方面，與這個普遍者對立的是「有」，物質（一般的「多」），是可能性（δύναμις與前者之作爲ἐνέργεια（現實性）相對。因爲既然善、目的也被規定爲可能性，則普遍者也是可能性；不過普遍者作爲自身推動自身者，也可以說就是自在地現實的，自爲的存在是與自在的存在、可能性、被動性相對立的。[357]亞里斯多德在一段重要的文章裡說[358]：「如果有人說阿那克薩哥拉採取了兩個原理」，則這人乃是從阿那克薩哥拉自己的話推論出來的，雖然阿那克薩哥拉「自己在這方面並未清楚確定地說明過。」這話聽起來好像自相矛盾，因爲一般人的見解都認爲「心靈」就是阿那克薩哥拉的原理；但其實這話也完全正確。「阿那克薩哥拉說，最初一切都是混合的。在還沒有什麼東西被分開來的地方，也就不會有什麼不同的東西存在；既沒有什麼白的、黑的、灰的，也沒有其他的顏色，而是無色的；沒有質，也

[30] 譯者增補。

357 亞里斯多德，《形上學》，第四卷，第四節；第十二卷，第六節。

358 《形上學》，第一卷，第八節。

沒有量，也沒有規定性。除了『心靈』，一切都是混合的；因爲『心靈』是不混合和純粹的。」[359]

這另外一個原理是以「種子」（ὁμοιομερῆ）這個名字著稱的；這就是說，存在的東西、個別的物質（如骨、金屬、肉之類的東西）本身是由許多自身相同的部分組成的，這些部分同時都是非感性的。亞里斯多德的表述中所用的名詞ὁμοιομερές，即相同的部分，以後就成爲它的通行的名字（里默把 ὁμοιομέρεια 翻譯成：「個別部分與整體的相似。」把 αἱ ὁμοιομέρειαι 譯成：「原素、原料。」作爲部分的ὁμοιομερῆ 似乎是較晚的名詞）。[360] 如果我們把它拿來跟留基伯和德謨克利特的觀念加以比較，就會顯得更確定些。作爲客觀實體的這種物質或絕對者，我們在留基伯和德謨克利特那裡，以及在恩培多克勒那裡，已經看得很確定，即是，單純的原子——在後者是四個原素，在前兩者是無限多——只是被認爲在形態上有所不同，原子綜合、結集起來就是存在的萬物。亞里斯多德[361]關於這一點更

359 參看亞里斯多德，《形上學》，第一卷，第八章：由此便可推定，他必定是說原則是一（因爲一是單純而不混合的）以及另外的東西，這另外的東西具有這樣一種性質，即當它被規定而分有某種形式之前，是無規定的。

360 塞克斯圖斯，《皮浪學說概略》，第三卷，第四章，第三十三節。

361 《論天體》，第三卷，第三章：阿那克薩哥拉反對恩培多克勒關於原素的看法。恩培多克勒說火、土之類的物體是組成萬物的最基本的物體；但是阿那克薩哥拉反對這個看法。他的原素是一些有相同部分的東西，如肉、骨之類。土和火是混合物，是由這些種子和其他一切種子組成的，每一種子包含著一堆有相同部分的物體，分開來是看不見的；這就說明了爲什麼一切其他物體均由這兩種物體而生。

詳細地說：「阿那克薩哥拉關於原素的說法，與恩培多克勒相反。」（但在別一段卻說，跟 400
恩培多克勒一樣，在物質問題方面，阿那克薩哥拉「採取了許多原理」，而且可以說是「無限多的原理」）。[362]在這方面他是和恩培多克勒相反的，就是：「恩培多克勒取火、空氣、土、水爲最基本的原素」，即四種單純的、最基本的存在物，是不混合的，不變的，自在和自爲地永存的。「透過它們的結合，就產生了萬物。相反地，阿那克薩哥拉則這樣來了解原素（實體底基本規定），認爲」那存在的、多樣的、性質上有定的、個體化的東西，「例如肉，乃是單純的，最基本的東西；反之，如水、火」之類的東西（存在物的自在，或一般的原素），則完全是「這些最基本的原素的混合」，一切存在物的無限混合，這混合包含著無窮小的部分。肉是由許多小的肉的部分組成的，黃金是由許多小的黃金的部分組成的，諸如此類。

如同對於伊利亞學派一樣，這個原則對於他也是有效的：相同的東西是從相同的東西產生出來的；任何向對立的東西的推移是不可能的，任何相對立的東西的聯結是不可能的：「無中不能生有。」因此對於他，一切變化只是相同的東西的分離和結合；眞正意義的變

---

362 《形上學》，第一卷，第三章：克拉佐美納伊的阿那克薩哥拉雖然年紀比恩培多克勒大，哲學活動卻比較晚，他說原理在數目上是無限的；因爲他說幾乎一切由有著相同部分的東西組成的事物，都採取水或火的方式，只是由於結合與分離而產生與消滅，並不在別的意義下生和滅，而是永恆的。《形上學》，第一卷，第七章。

化，應該是從自身之無中產生出來的一種生成過程。「生成的東西，早已存在」，不過是不可見的、自在的。因此發生只不過是「從已經有和早已存在的東西出來的生成，不過這早已存在的東西因爲它的微小而不被我們覺察到而已」。[363]那些原素也只是從這混合的混沌中出來的；它們的一致性只是表面的。具體的東西的發生是這樣的，即無限多的原素開始分離，相同的東西從這混沌中分離出來，相同的東西找到了相同的東西。而這樣也就等於從不同的東西分離出來。「沒有什麼發生和消滅；發生只是聚合，消滅只是分離。」（亞里斯多德，《形上學》，第一卷，第三章，前注引處）他在其作品的開端這樣說：「一切都會是混同的（ὁμοῦ）」——混同的當然是不確定的，像在一個混沌中那樣無區別；「然後『心靈』把它分離開，從而造成了各種不同的形體。」[364]「心靈」是推動者，把相同的結合在一起，而後又把它們分開。[365]關於恩培多克勒和阿那克薩哥拉之間的不同，亞里斯多德（《物理學》，第一卷，第四章）更補充說道：「前者認爲這些情況有一種更替，後者則認爲只有一種一次性的出現。」

363 亞里斯多德，《物理學》，第一卷，第四章：「認無中不能生有……」以下。
364 第歐根尼·拉爾修，第二卷，第六節；塞克斯圖斯·恩丕里柯，《反數學家》，第九卷，第六節。
365 亞里斯多德，《物理學》，第八卷，第一章：「萬物在一個無限的時期中是混在一起而靜止不動的，然後『心靈』把運動加到上面並把它們分離開來」以下；《形上學》，第一卷，第三章，結尾。

阿那克薩哥拉的概念和德謨克利特的概念在這樣的範圍內是相似的，即兩人皆認爲一種無限的「多」是最基本的東西；但是在阿那克薩哥拉這裡，最基本的原理的規定看來是：它包含著那種我們看作組合成的而完全不是自爲地單純者的東西。例如肉的部分和黃金的部分便被認作最基本的原理，完全個體化了的原子，這些原子結集起來而形成看來是組合的東西。這比較接近普通的看法。人們便是認爲食物包含著與血、肉同類的部分。[366]消化不外就是分開同類的東西，予以吸取，並把不同類的東西拋開。營養只不過是增多；死亡就是與相同的東西分離，並與不同類的東西相混合。那把同類的東西從混沌中分開，把同類的東西集合起來，並且又把同類的東西再分解開的，就是「心靈」。「心靈」的這種活動是單純的，是自己對自己發生關係的，純粹的，形式的；因此本身是無內容的。

這就是阿那克薩哥拉的一般看法，它完全和在近代（譬如說在化學裡面）占統治地位的看法相同。化學元素是：氧、氫、碳、相對單純的金屬等等。化學宣稱：如果人們想知道肉、木、石等等眞正是什麼東西，人們就必須提出它們的單純的組成部分；而這就是最後的東西。化學還補充說，許多東西只是相對單純的，例如白金就是由三、四種金屬組成的。人們一向把水和空氣當作是單純的東西，但現在化學已把它們拆開了。在這個化學的觀點中，自然物的原理被視作性質上有定的東西，因此就是不變的、不移的。依照這種見解，人

366 亞里斯多德，《論動物的發生》，第一卷，第十八章，阿那克薩哥拉很合理地說：食物中的肉的部分加到肉上。

只是一大堆碳、氫、一些土、氧化物、磷等等。物理學家所喜歡的觀念，是認水和空氣爲眞正實有的氧、碳所組成，只需要用分離方法就可以把它們弄出來。一切消化和生長都不是眞正的同化作用，每一個內臟器官只是吸取它自己的特殊成分；肝臟等都有一種嗅覺，使得這個動物能從各種植物、物體等等中把它自己的成分吸取過來。

這完全是阿那克薩哥拉的哲學觀點，即是認爲那無限多性質上有定的東西乃是單純的東西（肉我們當然已不再視爲單純的，而是由氫等所組成的），並且又假定其他的東西僅是由這些單純的東西聚合而成的。當然，阿那克薩哥拉的這種看法與近代化學的看法還是不同的；我們認爲是具體的東西，對於他乃是一種性質上有定的東西（最基本的東西）。不過，關於肉，他也還承認它的各部分並不全是相同的：它之被稱爲肉，乃是由於那些與別的東西混在一起的某種在數目上占優勢的部分。是的，每種東西都包含著其他一切東西：水、空氣、骨、果實等等；反之，水也包含著眞正的肉、骨等等。因此，阿那克薩哥拉回到了無限多的原理。感性的東西首先是由所有的那些小部分堆積而發生的，這堆積中有一種小部分占了優勢；因此在無論什麼東西裡面，都有其他的一切東西。在某種種子結集得最多的地方，就使得那個整體對我們顯出是這種特定的東西。[367]

---

367 亞里斯多德，《物理學》，第一卷，第四章：因此他們（但不僅限於阿那克薩哥拉一人）主張每一個東西都曾經混合在每一個東西裡面，因爲他們把每一個東西都看成從每一個東西裡面出來的。但是，據他們說，事

這個見解是與泰利斯和赫拉克利特的看法完全不同的，在他們那裡，不單有那種從一物變爲他物的可能性，而且根本上就有那種現實性。赫拉克利特的「過程」根本就是肯定這些同等的、性質上的差異能夠互相轉變爲對方；這種變化乃是一個有意義的規定。變化應在兩種意義下來理解，即就存在來說的變化和就概念來說的變化。如果談到的是古代哲學家那裡的變化，則人們通常總是慣於把所指的變化理解成就存在來說的變化，並且就去研究，是否像水這樣的東西能透過化學的處理，透過加熱、過濾等，被變成爲土；在這裡，有限的化學是有它的限度的。另外一種卻是就概念來說的變化；而這就是赫拉克利特的意義，和一切古代哲學裡面所用的意義。譬如說，水是在時間空間本身裡面，而不是在曲頸瓶中進行轉變，但這種從一種性質到另一種性質的推移，卻就是在這些哲學裡所指謂的。在每一種哲學裡面都出現這樣的意見，即認爲水變成了空氣，就是說，概念中有這種內在聯繫：一種東西如果沒有它的對方就不能存在，對方對於它是必要的，沒有什麼東西能夠在這種聯繫之外獨立地存在，自然的生命就在於一物對他物發生關係。人們誠然習慣了這種看法：認爲如果我們把水取掉，植物和動物就會很糟，但石頭卻能依然存在；同樣在顏色方面人們能夠這樣

物看起來是彼此不同的，並且根據混合物內無數組成分子中在數目上占優勢的小部分的性質而獲得不同的名字。他們說，這是因爲沒有一個東西純粹全部是白的、黑的或甜的，是骨或肉，一件東西的性質是因其中所包含的多數成分性質而定的。《形上學》，第四卷，第五章。

作，譬如說把藍色拿掉，綠色和紅色卻仍然存在。這種事人們可以在經驗上很容易地指出來；人們說，每件東西在性質上都是獨立的。但這只不過是就存在來說；就概念來說它們只是透過彼此才存在；這就是內在的必然性。在生物那裡，人們一定已注意到這點；在那裡情形是不同的，在那裡概念已經存在：如果我們把心割去，則肺……等等也就會完結。自然只能在統一性中存在。正如腦子只能在與其他器官的統一中存在一樣。

在阿那克薩哥拉把絕對的實體規定爲普遍者的同時，我們看見，在這裡，在客觀的實體或物質中，普遍性和思想卻離開了阿那克薩哥拉。自在的不是眞正的感性存在。超出感性的東西的第一步上升乃是感性事物的否定，乃是非感性的東西，亦即看不見、聽不見的東西，這就是一般的自然哲學家所達到的最高的、非感性的東西，那對我們而存在的東西的單純否定物。但那積極的方面卻是：存在的實體自身乃是普遍者。那客觀的是「心靈」，但是心靈的對方卻是那些單純的東西的一種混合，既非肉也非魚，既非紅也非藍；但這個單純的東西卻並不是絕對單純的，就它的本質來說卻是由種子組成的，不過這些種子是這樣細小，以致不能被感覺到。然而它們的細小並不取消它們的存在，它們乃是被保持著的；所謂存在的東西，卻正是那種可見、可聞……的東西。這些無限小的種子，在更精確的考察之下，卻完全消失了；譬如肉是肉，但也是一切東西的一種混合，即是說，它不是單純的。進一步的分析同樣指出了這個觀念的混亂；如肉，如果我們取掉了不是肉的東西，那麼或許肉是變了，或許肉還是肉，而是不會變的。這樣的一個觀念必然會多多少少自身搞得很混亂：從一方面說，每一個組成的東西就其主要因素而言，是最基本的，而這些部分合起來又造成一個有形體的整體，這個整體本身卻必須包含一切。「心靈」則只是聯結者和分隔者，只是劃分者或安排者。這對我們來說就夠了。我們很容易被阿那克薩哥拉的種子弄得混亂；但我們必須緊緊把握住這個主要的規定。

種子是一個特出的觀念。這個觀念和阿那克薩哥拉的另外一個原理是怎樣聯繫的呢？如果我們拿這個觀念跟「心靈」的原理參照著來看，則那些關於個體的觀念，比它們初看起來的時候會更爲一貫。因爲「心靈」是自身規定自身的東西，所以目的就是內容——在與對方的關係裡面保持自身；它不生也不滅，雖則它是在活動中。因此阿那克薩哥拉認爲具體的原理永存著並且保持著自己，這個看法乃是一貫的。他取消了發生和消滅；只有變化，只有結合體的結集和分解。這些原理是具體的，充滿內容的，它們是許多的目的；在所發生的變化中，原理是保持著自身的。變化只是外表的結合和分離；相同的東西和相同的東西走在一起。那混沌的混合當然也是不同的東西的共同存在；但那只是集結，不是一個不可分的有生命的組成的東西，這後者卻保持著自己，把相同的東西跟相同的東西聯結起來。儘管這些看法還是粗糙的，但它們仍然眞正與「心靈」相配合。

〔三、兩方面的關係〕[31]

至於「心靈」對這種物質的單純思辨的關係，可以說兩者都沒有被思辨地設定爲「一」。因爲物質並沒有被設定爲「一」，概念並沒有滲透在物質自身裡。這裡概念部分地成爲淺薄的，「心靈」是一切東西裡面的推動的靈魂；「它在動物中是作爲靈魂，無論在大的或在小的動物裡，在較好的或在較壞的動物裡面，都是一樣。」[368]但是作爲世界的靈魂、作爲整體的有機的系統，在阿那克薩哥拉那裡，「心靈」對於現實的東西仍是一個空名。對於眞正的生物，因爲靈魂被理解爲原理，所以古代哲學家就不再要求別的原理（因爲靈魂是自己推動自己的），但是，對於那作爲整個系統的一個環節的動物的規定性，他們卻又要求尋出這些規定性的普遍者。阿那克薩哥拉就稱「心靈」爲這樣一種原理；而事實上，作爲單純本質、作爲在差異中自身相同者、分割自身者、建立現實者的絕對概念，也必須被認作這樣的原理。但是，如果說阿那克薩哥拉曾在宇宙裡面指出了「心靈」，或是曾把宇宙理解爲一個合理的系統，關於這些，不但找不出什麼痕跡，而且古代哲學家們還明白地說過，他是不理會這些方面的；正如當我們說，世界、自然乃是一個偉大的系統，世界是被很聰明地

[31] 譯者增補。

368 亞里斯多德，《論靈魂》，第一卷，第二章。

安排了的，或世界是普遍合理的時，從這些話裡，我們一點也看不出這個理性是如何實現的，也看不出這世界如何是可理解的。

阿那克薩哥拉的「心靈」還是形式的，雖則他已看見了原理和它的實現的同一性。亞里斯多德就認識到了阿那克薩哥拉的「心靈」之不足之處[369]：「阿那克薩哥拉在建立世界系統（κοσμοποιΐαν）時誠然需要『心靈』：當他要證明一件事情的必然性（即需要提出這種必然性的根據）而感到困難時，他就拉出『心靈』來；在別的時候，他就寧用『心靈』以外的一切其他東西來說明。」

阿那克薩哥拉的「心靈」仍然是個形式的東西，這一點沒有比柏拉圖的《斐多篇》[370]中那著名的一段表示得更清楚的了，這一段之所以值得注意，是因為它陳述了阿那克薩哥拉的哲學。柏拉圖作品中的蘇格拉底很確定地指出，蘇格拉底和柏拉圖所關心的，是在他們看來絕對者是什麼，以及何以阿那克薩哥拉不能使他們滿足。我引述這個，是因為它最能引導我們認識古代哲學家們的哲學意識中的主要概念。蘇格拉底對「心靈」有更密切的關係；「心靈」的規定是屬於他的。柏拉圖讓蘇格拉底在這裡敘述出（這同時也是蘇格拉底的雄辯的一個例子，因而是相當長的），他與阿那克薩哥拉所發生的關係是怎樣的。在這裡面，我

369　亞里斯多德，《形上學》，第一卷，第四章。

370　史蒂芬奴斯本，第九十七—九十九頁（柏克爾本，第八十五—八十九頁）。

408 們還看到那些出現在蘇格拉底哲學裡面的主要形式。「當我初次聽見人家宣讀阿那克薩哥拉的一個作品，說他說『心靈』是世界的安排者和原因」，即那個自在自爲的規定者，現實的實現者，「那時我就爲這個原因而高興；並且我就認爲，如果事情眞是這樣，即概念果然支配全部實在，則它必會把每件東西都安排得最好」，目的會被表現出來。「現在，如果有人想要知道個體的原因，知道它如何生成、如何消滅，或者它是怎樣的；那麼他就必須去研求：每件東西如何在對它最好的狀態中存在，或在某種方式上被動地或主動地存在。」「心靈」是原因，或一切都是被做得最好，這兩者是同義的；如果拿它和相反的情形比較，就會顯得更清楚。還有：「基於這個理由，一個人只要去考慮」（尋求，σκοπεῖν）「什麼東西對他自己和對別人都是最好的和最完全的，這個人也就必然會知道什麼是較壞的，因爲關於這兩方面的知識其實是同一種知識。我像這樣思索著（論證著），感到很高興，以爲我可以相信自己已在阿那克薩哥拉身上找到了一位老師，可以依照我所認爲對的意義，指出存在的原因」，善的原因——因此「我相信他會告訴我，地究竟是平的還是圓的，而當他告訴我這個時，他又會對我說明這事情的原因和必然性，他會對我指出這個或那個乃是更好的；而如果他們對我說，地是在中心，他就會對我說明，地處於中心是更好的」。就是說，指出地的自在自爲地規定的目的，而不是把「地在中心是有用的」指出來作爲外在地被規定的目的。「而當他對我指出了這個之後，我就意料到，他不會再提出什麼別種的原因了（那時我也不要另外的原因）；我也會以同樣方式指出太陽、月亮和其他星體的原因，指出它們相互間的速度和運轉以及其他情況的原因了。因爲他給個別的東西指出了其原因，並且給一切的東西 409

指出了共同的原因，所以我想，他會給個別的東西提出對它最好的東西爲原因，爲一切東西提出對一切都是最好的東西爲原因。」——即自由的、自在自爲地存在的理念，絕對的最終目的，「這個希望是無論用多少東西來跟我交換我也不肯放棄的，我非常迫切地抓住了他的著作，盡可能早點來加以閱讀，以便儘早學會善和惡。但這最美好的希望現在消失了，因爲我發現他根本不用思想（νοῦς），也不用任何理由來構成萬物，而是求助於空氣、火、水和另外許多亂想出來的東西」。在這裡我們看到，我們稱爲自然原因的那個東西，如何與最好者、依據「心靈」而存在者（對最終目的的關係）對立起來，如像萊布尼茲的哲學中作用因和目的因相對立一樣。

蘇格拉底臨死前一小時，在監獄裡又用下面這個方式解釋了這點：「阿那克薩哥拉在我看來好像是這樣：正如有人說蘇格拉底做任何事都是出於理智，然後他進一步來對我所做的每一件事說明理由時卻首先說，我之所以現在坐在這裡，是因爲我的身體是由骨頭和肌肉組成的，骨頭是結實的（堅固的）」，足以支持我的身體，「有接頭」（關節）「把骨頭聯結起來，肌肉則是能夠伸縮的，並且有皮和肉包住骨頭（借這種能力，即借骨頭可以在有能伸能縮的肌肉的關節的地方舉起來運動我們的四肢，所以我現在坐在這裡）：然後，如果他更進一步爲我現在和你們在此談話找尋相似的原因，他便提出聲音、空氣、聽覺和一千種其他的東西；而那眞正的原因」（自己的自由的決定，單純機械的外在的東西所從屬的決定）「則漏掉不談，那就是：雅典人認爲把我判罪是較好的，而因此我也認爲在這裡坐著是較好的，認爲留下來受雅典人所給我的處罰是較公正的」（我們必須記得，蘇格拉底的一個朋友曾爲他的逃走安排了一切，但他卻拒絕了）：「因爲，要不然的話，天曉得，這些骨頭和肌肉早就已在麥加拉或波奧底亞了，要是它們聽從那些人認爲最好的勸告，要是我不認爲不逃跑避開而受國家加於我的處罰要比較公道和美麗的話。」柏拉圖在這裡正確地把兩種理由和原因對立了：即指出出於目的的原因和外在的原因（化學作用、機械作用等等）相對立，以證明此處由一個有意識的人的例子所表現出來的那種乖謬。阿那克薩哥拉好像要規定一個目的，並從它出發去說明事物；但他立刻又放棄了它，而走到完全外在的原因方面去。「但是稱那種東西」（這樣一些骨頭和肌肉）「爲原因，是不妥當的」（錯誤的）。「如果一個人說，沒有這種骨頭和肌肉以及我所有的其他東西，我就不能做出我認爲最好的事：那他是完全對的。但是，如果說我由於這種原因就做了我所做的事，並且做了我理智地做的事；如果說我不是出於選擇最好的才做它們，如果這樣斷言，這人就是表現了很缺乏腦筋；這就等於說：不了解如何區別出一個是眞正的原因，而另一個則僅是若沒有它原因就不能發揮作用的東西」——只是條件。柏拉圖評論阿那克薩哥拉的話，就是：「心靈」僅僅是形式的，而且始終是形式的。

這是一個很好的例子，它向我們指明：在這種說明方式中，我們感到看不見目的。而另一方面，這又不是一個好例子，因爲它是從有意識的任意選擇的範圍內取來的，這裡是深思熟慮，而不是無意識的目的。（一）在這個對阿那克薩哥拉的「心靈」的批評中，我們大體上可以看到，它指出了阿那克薩哥拉未曾把他的「心靈」應用到實在裡面。但是（二）蘇格拉底的批評的積極的方面，從另一方面看來，我們認爲也是同樣不能令人滿意的，因爲它走到了另一個極端，即要求自然有一種好像不在自然之中，而在自然之外，落在一般意識之中的原因。因爲善和美的東西，有一部分是意識本身的思想；目的和合乎目的的行爲，首先就是意識的行爲，而非自然的行爲。或者說，當目的在自然裡面被設定時，作爲目的的目的卻落在自然之外；作爲目的的目的並不在自然本身中（它只是在我們的判斷中），在自然之中，只有我們稱之爲自然原因的東西，要理解自然，我們只需找尋並說出自然的內在的原因。依照這個見解，譬如說在蘇格拉底這個例子中，我們就區別開了他的有意識的行爲的目的和理由，與他的實際行爲的那些原因；後者我們當然會在他的骨頭、肌肉、神經……等等裡面去找尋。既然我們驅除了那個依照目的——作爲我們的思想，而非一種自然的存在——去考察自然的看法，我們也就從自然觀中驅除了其他一些被人喜愛的目的論的看法；例如說，草生長是爲了給動物吃，而動物存在並吃草，是爲了我們能夠吃動物。樹的目的是長出果子來給人吃，並供給我們木材來取暖；許多獸類有皮毛以供製作溫暖的衣服；北方的海把木材沖到岸邊，是因爲在這些岸上沒有木材生長，這樣一來，居民就得到了木材……等等。像這樣來理解，目的、善就在事物本身之外。一件東西的本性就被視爲不是自在自爲的，而是在與另外的東西所發生的關係中，而後者對於前者其實卻是不相干的。樹、草作爲自然的存在物，乃是自爲的；而這種目的性，如草之被吃，對於草本身乃是不相干的，正如人們用動物的皮來給自己製作衣著這件事對於動物也是不相干的一樣。

因此，蘇格拉底就很可能在阿那克薩哥拉身上感到看不見這種自然觀。不過我們很熟悉的這種善和目的性的意義，從一方面說，並不是唯一的意義，也不是柏拉圖的意義，從另一方面說，卻也是必要的。我們必須（甲）不要這樣片面地來看善或目的，不要把它只放在能知覺的實體本身中，與存在對立起來；而要把它從這個形式中解放出來，就它的本質來看它，這樣它就是普遍者、類、整個存在的理念了。理念是眞正的原因，但卻是復歸自身的原因：目的，作爲普遍者的目的，乃是自在地存在的最初者，運動是從它發生出來的，而它又變成結果，目的不僅在實現之前先行存在於意想之中，而且也存在於實在裡面。生成是運動，透過運動便生成一個實在和總體；在動物、植物裡面，本質就是類，類是使動植物開始運動和使動植物產生的東西。這個總體就是整體（植物、動物等），但這個整體並不是外面的東西的產物，而是它自己的產物，它是一起頭就存在的，是最初者、自身產生自身的東西；因此它叫做目的，它之爲普遍者，正如它在它的生成中之爲存在者。理念並不是一個特殊的事物，它除了以實在爲內容外，不能有別的內容或顯出別種樣子。這個普遍者，（一）作爲尙待實現的東西，普遍者，乃是目的：胚胎或種子、嬰孩，乃是尙未實現的目的，是作爲普遍者的普遍者；（二）那產生出運動的東西和實現過程乃是同一物：那本來已經自在地存在的東西變成了——植物，動物。對立只是可能性與現實性的純粹形式的對立；活動的、衝動的實質和產物是同一的。實現過程、運動一直貫穿著這個對立；普遍者中的否定者就是這個過程，運動自身。類、普遍者把自己建立爲個體，而與個別和普遍相對立；在生物裡面，類是在互相對立的兩性的矛盾中實現它自己，而它的本質卻是那普遍的類。作爲個體，它們就尋求自我保存、吃、喝等等；但它們由此帶來的卻是類。個體消滅了，只有類才是永遠被產生出來的；植物只產生了同樣的植物，普遍者是根據。

（乙）依照這點，就要把那被胡亂稱爲自然原因者與目的因區別開來。如果我現在把個別性孤立起來，只把它看成運動和運動的諸環節，則我就指出了所謂自然原因；例如，這•個生物是如何產生的？——是由於它的父母的生殖。這些果子的原因是什麼——是樹，樹•的液汁如此分泌，恰好使果子產生出來。像這類的回答給出了原因；亦即與一種個別性相對立的個別性，但它們的本質卻是類。但自然不能把本質作爲本質表現出來。生殖的目的就是揚棄存在的個體性；但是自然雖然在存在中帶來個體性的揚棄，卻並不是用普遍者來代替個體性，而是代之以另外一個個體。骨頭、肌肉等等產生出一種運動；它們是原因，但它們自身又是別的原因所引起的，如此以至無窮。而普遍者卻把這些原因包含在它自身裡面作爲環節，這些環節在運動中確實是作爲原因而出現的，雖則這些部分自身的基礎乃是那個整體。最初者並非是那些原因，倒是植物的液汁等等所變成的那個結果。正如在發生中這最初者只是作爲產物、作爲那構成開端和終點的種子而出現，不過這些產物乃是不同的個體，而本質則是同一的。

（丙）這樣一個類本身卻仍不過是一個特定的類，本質上要與別個類發生關係，譬如植物的理念與動物的理念發生關係。普遍者是向前運動的。植物爲動物所吃……等等，乃是外在的目的性；這是對於植物之爲類的限制性。植物的類之實現絕對總體，是在動物裡面，動物的類之實現絕對總體，是在有意識的實體裡面，正如土之在植物裡面實現絕對總體一樣。這就是整體的系統；每一個環節都是過渡的。這是雙重的看法：（一）每一個理念自身就是一個圓圈，植物，動物乃是它的種的「善」；（二）那普遍的「善」，這就是說，每一個理念都是那普遍的「善」的一個環節。如果我把動物只看成外在地合乎目的性、爲別的東西而被創造，這就是片面的；動物乃是本質，乃是自在自爲的普遍者。但是如果這樣來考察也是片面的：即認爲植物只是自在自爲地存在的、自然的產物，自身的目的，禁錮在自身裡面，只回歸到自身，不是在這種被吃、被當作衣服穿的個體性中等等。它是一個本身完整的圓圈，但它的完成同樣又是到另一個圓圈的推移；它是一個旋渦，它向著這個旋渦的中心回歸，而這中心又是在一個更高的、吞沒了它的圓圈的周線上。

因此那個普遍者就是目的（善）；它是善的，它的普遍者（那個共同的善）也同樣是善的。蘇格拉底總是講至善、目的。目的這個形式，在蘇格拉底那裡，正就是我們這裡所謂「心靈」的表現。如果我們說，事物的本性必須依照它的概念去認識，則概念就是那自立的、獨立的對事物的看法。概念就是事物自在自爲的本質。它實現它自己，它變化；但卻在這種與他物錯綜糾結中保持它自己。它控制著各種自然原因之間的關係，這個概念就是目的。目的（依照一般想法）首先就是存在於事物外面的規定，於是就認爲事物是有用的，認爲它們是爲了一個目的而存在。但是這個規定卻不是事物自身所有的，而是外在於事物的。我們不應該用外在於目的的東西來表象目的。我們對世界的最終目的的說法，就是這樣。最終目的乃是內在於世界的。不過人們也同樣可能把這種目的的想作是外在的。

這些說明在這裡是必需的。因爲，從這裡起我們就看見思辨的理念更加推進到普遍，而以前它只是被當作「有」，理念的諸環節和理念的運動只是被說成存在的。在談及這一過渡時所必須避免的是：我們不要以爲由於這一過渡，「有」就被揚棄了，我們就過渡到那與

「有」相對立的意識中去了——如果是這樣，普遍就會完全失去它的思辨的意義——須知普遍乃是內在於自然的。普遍之所以會有意識的意義，乃是由於我們以為理智、思想（νοῦς）創造世界、安排世界，猶如個人意識的活動一樣，在個人意識的活動裡「我」站在這一邊，有一個實在、物質與我對立，我則（可以任意）[32]制定它，如此這般地分配和安排它；可是普遍、思想在哲學中必須沒有這種對立。存在、純粹的存在本身就是普遍者，如果我們記得存在是絕對抽象、純粹思想的話。但是當存在被這樣設定為存在時，它就有這種與「折回自身的存在」相對立、與思想相對立的意義；我們不能同意這種看法。其實普遍者是直接具有這種折回在自身之內的。

古代哲學家們眞正只達到這一點；看起來成就好像並不太多。普遍者是一個貧乏的規定，每個人都知道普遍者；但是卻不認識普遍者之為本質。思想誠然已達到了感性事物的不可見性（達到了超感性的東西），但沒有達到積極的規定性，而只達到了一個沒有賓詞的絕對者或單純的否定者，只是達到了今天一般的見解的地步，而沒有達到把絕對設想為有積極內容的普遍者。這樣，在阿那克薩哥拉這裡我們就看到「心靈」之為普遍者、絕對者，自身設定了內容，並在內容中保持它自己。我們以這個思想的發現結束第一篇。我們帶著這個原理進入第二個時期。第一個時期的收益並不大。誠然有些人會以為其中有些特殊的智慧，但

---

[32] 據英譯本，第三四七頁增補。——譯者

是思維還是幼稚的，規定還是貧乏、抽象而乾燥的；思維在這裡還只有少許的規定，而這些規定還是站不住的。如水、「有」、數等等原理，都是站不住的；普遍必須再向前進行。只有在阿那克薩哥拉這裡，我們才看到普遍者被規定爲自身規定的活動性。

我們還必須考察普遍者與存在相對立時的關係或與**存在發生關係**的意識本身。他規定這種意識的關係是以他對於本質的規定爲依據的。在這上面就不能發現什麼令人滿意的東西，因爲他（一）一方面把思想認爲是本質，而卻沒有把這個思想實現在實在裡面；以致（二）這個實在自身因此就只是無思想性的，只是一大堆種子，就是說，只是一大堆感性的自在的存在，這些自在的存在只不過是感性的存在，因爲實存的存在是種子的一種堆積。意識對本質的關係同樣也可以是多方面的。因此阿那克薩哥拉既能夠說，眞理只存在於思想中，存在於合理性的認識中；而同樣地又能夠說，眞理復存在於感性的知覺中，因爲在感性的知覺中有種子，而種子是自在的。

於是我們就見到他認爲：（一）如塞克斯圖斯所描述，[371]「理智（λόγος）是眞理的標準」。「感官由於微弱而不能判別眞理」——感官微弱，因爲種子是無限小的；感官不能把捉它們，不知道它們應當是觀念的東西，思想的東西。關於這一點，他的一個著名的例子

371《反數學家》，第七卷，第八十九—九十一節。

是這樣的：他斷言「雪是黑的，因爲雪是水，而水是黑的；」這裡他是以論證的方式來說出眞理。[372]

（二）「阿那克薩哥拉曾說過，在對立者之間有一個中介；因此一切都是不眞的，因爲對立的雙方都是混合的，所以那混合體既非善又非不善，因此就沒有什麼東西是眞的。」[373]亞里斯多德[374]另外有一次引述了他說，「他給他的學生的警句之一是：他們把事物當作怎樣，事物（對他們）就是怎樣。」（就是它們對他們顯得是怎樣。）這可能是指這個事實，即既然存在的東西是種子的一種堆積，而種子又是存在的本質，因此感性的知覺就感知到了事物的眞理。

從這裡還不能得到更多的東西。但是在這裡意識對存在的關係開始有了一種更確定的發展，認識的性質開始發展爲對眞理的認識。精神在這要是前進了一步，把本質宣稱爲思想。因此本質存在於意識本身之中；本質是自在的，但是也同樣在意識中。只有當意識認識了存在時，存在才成爲存在；只有當意識知道本質時，本質才成爲本質。精神不再在一個外物裡面尋求本質，而是在自身中尋求；因爲以前看來是外在的東西其實是思想，這就是說，意識具有這個本質在它自身裡面。但是這個對立的意識乃是一個個別的意識。這樣

372 塞克斯圖斯·恩丕里柯《皮浪學說概略》，第一卷，第十三章，第三十三節。
373 亞里斯多德，《形上學》，第四卷，第七章。
374 亞里斯多德，《形上學》，第四卷，第五章。

一來，事實上自在的存在就被揚棄了；因爲自在的存在正是那沒有對立的東西，不是個別的，而是普遍的。自在的存在固然是被認識了；但存在者是僅僅存在於認識中，換言之，除了那在意識的認識中的存在以外，沒有別的存在。我們在那飽受斥責的智者派的處世哲學裡面，看到普遍者的這一發展，在這一發展中本質完全走到意識方面去了。我們可以這樣來看這個問題，就是：普遍者的消極的性質現在是在發展中。

譯後記

黑格爾的《哲學史講演錄》（一般簡稱《哲學史》）是一部重要的古典哲學著作。本書是根據格洛克納（Hermann Glockner）為了紀念黑格爾逝世一百周年，在一九二八年重新刊行的德文本《黑格爾全集》（以後簡稱格洛克納本）第十七卷譯出的，而格洛克納本則是根據米希勒（Karl Luldwig Michelet）本重印的。米希勒本是整理黑格爾哲學史的三種演講手稿和提綱，以及三種學生筆記編纂而成，在一八三三年出版，其第一卷亦即德文本《黑格爾全集》第一版第十三卷，以後簡稱米希勒第一版本。

此外，我們參考了一八九二年出版的英譯本《哲學史》，英譯者是霍爾丹（E. S. Haldane）。霍爾丹的英譯本乃是根據米希勒改訂之一八四〇年出版的德文本第二版譯成。但是我們沒有取得米希勒第二版德文本原本。

格洛克納根據米希勒第一版本重印，而不根據米希勒第二版本重印，而我們根據格洛克納本翻譯，只參考英譯本，乃是因為第一版與第二版比較，確有一些優點。第一版較第二版篇幅稍多，內容更充實，而且更接近黑格爾當時講課的原語句，因為第一版把他當時在課堂臨時、隨口插入的題外的話也都筆記下來，並保存下來了。第二版經過編者米希勒加工太多，編排或較好，文字或稍順暢，但距黑格爾講課原狀稍遠。不過兩個版本在編排方面雖然出入很大，內容基本上是相同的。我們根據格洛克納本翻譯，發現有脫漏或意思欠明白之處，參照英譯本也得到一些幫助。在此必須指出，英譯本錯誤很多，關於東方哲學部分和關於哲學意義較深的地方，譯錯的地方特別多。本書邊碼則是米希勒第一版德文原本（全集第十三卷）的頁碼。

此外，我們還參考了霍夫邁斯特（Johannes Hoffmeister）於一九四〇年出版，根據原始資料完全重新編排的黑格爾《哲學史》第一卷。霍夫邁斯特本除分別印出了黑格爾在海德堡時期和柏林時期的手稿（主要是〈導言〉部分）與提綱外，又廣泛蒐集了各國圖書館所收藏的黑格爾《哲學史》學生筆記共十二種（有一種得自列寧格勒圖書館，有一種得自波蘭圖書館，有一個提綱的手稿是從美國哈佛大學圖書館抄來的），加以編排而成，而且還標出時間先後。因爲黑格爾一生到一八三〇年止，共講了九次哲學史（一八三一年十一月開始講第十次哲學史，但只講了兩個鐘頭就逝世了）。不過霍夫邁斯特本只是供給深入參考研究的資料，不能作爲翻譯的底本，而且直到現在，我們也只看到第一冊，講完東方哲學爲止。本譯本中凡根據霍夫邁斯特本有所增補的，均用〔　〕號補入，並由譯者加以說明。我們採納霍夫邁斯特本關於東方哲學，特別關於中國哲學的資料增補入中文譯本的特別多。

由於我們參考並酌量採用了英譯本和霍夫邁斯特本的資料，來充實並校正了格洛克納本，因此可以說，這個中文譯本的內容，比德文第一版本和第二版（英譯本）都更豐富些。

黑格爾《哲學史》的翻譯工作是由北京大學哲學系外國哲學史教研室主導的。本書中〈導言〉壹、貳兩部分是由賀麟譯出，參部分由王太慶譯出。〈東方哲學〉是由王維誠從英文譯本譯出，又經王太慶根據德文本整理、賀麟根據霍夫邁斯特本增補。〈希臘哲學〉中的引言、七賢、伊奧尼亞哲學、畢達哥拉斯與畢達哥拉斯學派是王太慶翻譯整理而成。伊利亞學派、留基伯與德謨克利特是賀麟譯出。赫拉克利特及恩培多克勒是楊祖陶譯出。阿那克薩哥拉是方書春譯出。全書均經宗白華及方書春根據德文本校閱一遍，賀麟與王太慶除校閱了其他譯者譯稿外，並負最後編排整理的責任，王太慶並依照德文第一版標出原版頁數於書側。在本書中我們力求名詞統一，其中有少數名詞含義較豐，在不同的地方用不同的中文名詞翻譯，也是經過集體商討的。*此外，湯用彤曾閱讀過〈東方哲學〉部分的譯稿，馮友蘭曾閱讀過〈中國哲學〉部分的譯稿，陳修齋曾閱讀過〈導言〉部分的譯稿，苗力田曾閱讀過大部分譯稿，他們都曾經提過有益的意見。

用集體的力量翻譯哲學史上的經典著作這還是初步試作。譯文方面有不妥當的地方，還希望讀者們多提意見。

---

* 編按：本書譯名以臺灣慣用譯名爲主。

索引*

*編按：因詞條多次出現，索引頁碼只列首次出現頁碼。

二畫

三畫

四畫

五畫

六畫

七畫

八畫

九畫

十畫

十一畫

十二畫

十三畫

十四畫

十五畫

十六畫

十七畫

十九畫

經典名著文庫 197

哲學史講演錄　第一卷

Vorlesungen über die Geschichte der Philosophie：Erster Band

作　　者 —— 黑格爾（Georg Wilhelm Friedrich Hegel）
譯　　者 —— 賀麟、王太慶等
導　　讀 —— 楊植勝
發 行 人 —— 楊榮川
總 經 理 —— 楊士清
總 編 輯 —— 楊秀麗
文庫策劃 —— 楊榮川
本書主編 —— 蔡宗沂
特約編輯 —— 張碧娟
封面設計 —— 姚孝慈
著者繪像 —— 莊河源
出 版 者 —— **五南圖書出版股份有限公司**
地　　址 —— 106 臺北市大安區和平東路二段 339 號 4 樓
電　　話 —— 02-27055066（代表號）
傳　　眞 —— 02-27066100
劃撥帳號 —— 01068953
戶　　名 —— 五南圖書出版股份有限公司
網　　址 —— https://www.wunan.com.tw
電子郵件 —— wunan@wunan.com.tw
法律顧問 —— 林勝安律師
出版日期 —— 2023 年 7 月初版一刷
定　　價 —— 560 元

國家圖書館出版品預行編目資料

哲學史講演錄 / 黑格爾 (Georg Wilhelm Friedrich Hegel) 著；
賀麟，王太慶等譯．-- 初版．-- 臺北市：五南圖書出版股份有限公司，2023.07-
冊；　公分．-- (經典名著文庫；197)
譯自：Vorlesungen über die Geschichte der Philosophie
ISBN 978-626-366-181-3(第 1 卷：平裝)

1.CST: 黑格爾 (Hegel, Georg Wilhelm Friedrich, 1770-1831)
2.CST: 學術思想 3.CST: 哲學史

109　　112008810